文脉守望

听前辈讲上外故事（第一辑）

主　编　曹德明
副主编　周　承　孟庆和
编　委　（以姓氏笔划为序）
冯　辉　衣永刚　朱鸣华　陈万里　杨希钺
施　行　糜佳乐　缪　迅　廖文其

上海外语教育出版社
外教社 SHANGHAI FOREIGN LANGUAGE EDUCATION PRESS

图书在版编目（CIP）数据

文脉守望·听前辈讲上外故事 / 曹德明主编.
—上海：上海外语教育出版社，2014（2020重印）
ISBN 978-7-5446-3853-1

Ⅰ.①文… Ⅱ.①曹… Ⅲ.①上海外国语大学—校友—访谈汇编
Ⅳ.①G649.285.1

中国版本图书馆CIP数据核字（2014）第244896号

出版发行：上海外语教育出版社
（上海外国语大学内） 邮编：200083
电　　话：021-65425300（总机）
电子邮箱：bookinfo@sflep.com.cn
网　　址：http://www.sflep.com
责任编辑：杨莹雪

印　　刷：上海信老印刷厂
开　　本：787×1092 1/16 印张 28 字数 428千字
版　　次：2014 年 11月第 1版 2020 年 9月第 2次印刷
印　　数：3 300 册

书　　号：ISBN 978-7-5446-3853-1 / G · 1217
定　　价：50.00 元

陈毅市长在上海俄文学校开学典礼上作报告(1950年2月19日)

1950年初陈毅市长（左四）亲自主持上海俄文学校校务会（左三为华东人民革命大学校长舒同、左二为副校长温仰春、左一为上海俄文学校校长姜椿芳）

东体育会路校门右立柱上隐约可见“国立暨南大学”字样（1951年1月）

教学楼（1950年代）

教职员工及学生宿舍（1952年）

学校运动场(1950年代)

图书馆（1951年）

学校食堂（1950年代）

东体育会路华东革大附设上海俄文学校大门

东体育会路华东革大附设外文专修学校大门

东体育会路上海俄文专修学校大门

西体育会路上海俄文专科学校大门

西体育会路上海外国语学院大门

大连西路上海外国语学院大门

大连西路上海外国语大学大门

松江校区上海外国语大学大门

上海外国语大学虹口校区全景

上海外国语大学松江校区全景

目 录

讲好上外故事 守望 SISU 文脉

故事构成历史。人类文明在故事的传承中延续、进步。我们学校走过了 65 年的路程,65 年的建校史就是千万个上外人的、与上外有关的故事构成。本书是由上外人第一次如此系统地讲述出来的上外故事,它们翔实、新鲜、独特,充满生命力和感召力,让人沉思其中,心生感慨。

历史蕴含文脉。那些流传下来的故事才构成了我们所认识的历史,其中蕴含深厚的文脉,是故事的精华,历史的核心。字典上解释"文脉"即"文化的脉络",是"各种元素之间的对话与内在联系,指局部与整体之间对话的内在联系"。英文中把"文脉"翻译成"context",意即相互间的关联,这更加形象和直观。文脉的本质是文化,是文化传统,是我们当下从事一切工作、开展一切活动的最大"背景"和"语境"。

"脉"不能断。马克思对传统有过专门的论述,他说,人们自己创造自己的历史,但是他们并不是随心所欲地创造,并不是在他们自己选定的条件下创造,而是在直接碰到的、既定的、从过去传承下来的条件下创造。一切先辈的传统,会一直影响着后来人。认识"文脉"的存在只是开端,在故事中寻找文脉只是起步,在故事中找到延伸至今的"文脉"才是当代人最艰巨的任务和历史的使命。如何从故事的万千细节中找到"文脉"的理路,就是检验后辈人的智慧和担当了。

"守"是为了"望"。登高才能望远,"望"是"守"的目的。"一切历史都是当代史","文脉"的守护是确定纹理、明确方向,最终向更远处延伸之,唯有守护方能前瞻。守望绝非因循守旧、墨守成规,守望是承前启后,继往开来。守望首先是传承,不仅要传,更在于承接和延续,承接和延续则必须要创新,创新才能"望",或者,"望"就是创新。

上外的“文脉”就是上外的“格”。上外的校训“格高志远、学贯中外”，这也是上外精神的核心。我一直在思考和追问的问题是，上外的“格”是什么？上外的“格”去哪里找寻？这当然是一个很大的命题，大到一时让人无从回答。但我相信，这是一个真命题，每一个上外人都应该思考和回答这一命题，对这一命题的回答，一千个上外人会有一千个答案，而追问和回答就是我们事业和工作的动力。

讲好上外故事，守望“西索(SISU)”文脉。故事不仅仅是“故”的“事”，我们当下所做的一切与上外有关的事都是讲述上外故事，也是在这个意义上，我经常跟老师和学生们说一定要讲好上外故事，我们的故事都会成为历史，对历史我们要心怀敬畏，心怀敬畏就必须讲好故事。上外第一任校长、中国大百科全书奠基人姜椿芳在建校初期开创了学校办学服务国家战略的传统；人民教育家王季愚校长在改革开放初期提出尊重外语教育规律、培养复合型人才的外语教育思想。这些传统被继任者传承、坚守、并不断创新。那么，我们今天的使命是什么？我们如何继续上外故事？我们如何才能讲好上外故事？上外英译简称SISU，据说，这个词在芬兰语中有非常美好的含义，包括了坚忍不拔、百折不挠、勇往直前等意思，芬兰人在面对挑战的时候，总是用“Sisu”来给自己打气，鼓励自己勇敢面对挑战。

期待这本书是一个美好的开端，我们一起讲好上外故事，讲上外的好故事。

上海外国语大学党委书记　姜锋
2014 年 7 月

序二

口述历史 传承文脉

一所大学的传承，除了学术积累和学派绵亘之外，根基在于文脉。

一

文脉，是大学发展和演进的历程，是学科成长、学人探索的轨迹，是在时代变迁中不断沉淀、积累、升华的个性与特色。有着65年历史的上外，其文脉在于为人师者不拘一格、孜孜以求的思索，和对人类文化精髓的吐故纳新；在于莘莘学子勤勉不怠、矢志创新的精进，和对民族大业、人类进步的拳拳之心。

这种文脉，是上外人得以凝聚的身份认同。它起源于上外人的记忆之中：是师长的教诲、同窗的竞技、书卷的墨香、晨读的琅琅；是虹口的砖瓦红楼、松江的各式建筑、惬意的草坪、满园的桂香；是倾心育人的责任、耕读编译的志向、纵横外交的驰骋、抗美援朝的豪迈。这种文脉，因上外而生成，因上外人而延续。

文脉虽无处不在，但对于百年基业而言，仍如新植一般，需时时呵护。如若没有故事的传诵和传承，便难以鲜活立体，绵延不绝。可以说，一所没有故事的大学，是单薄的、平淡的，因缺少个性而渐趋平庸；一所没有故事的大学，是记忆的荒野、文化的沙漠，缺少了师生共同体的趣味和他们对于历史的解读与诠释。

故事，既是校园文化的组成部分，是充满活力和丰富趣味的际遇、思想和经验，也是鲜活的历史与文脉的经络。时光荏苒，岁月蹉跎，大学之所以成为人类智慧与精神家园的集合，除了传承不息的学术火焰，还有让人高山仰止的学人风范，让我们能在困惑时、迷茫时、动摇时、痛

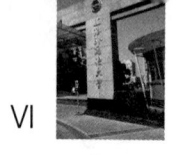

苦时，寻求精神的慰藉和行动的力量。

二

这本《文脉守望——听前辈讲上外故事》，正是一本传承文脉的故事汇集，集中讲述了作为新中国建立后举办的第一所外语类高校，上外老校友们筚路蓝缕的创校历程、奋发有为的辛勤耕耘和求真务实的奋斗往事。她将带我们走进那段热火朝天、激情燃烧的岁月，重温前辈们自强不息、投身事业的历程，记述他们如何把一所培养国家急需人才的俄语专科学校，建设成为培育高端外语人才的知名高等学府。

事实上，这本书的形成，源于一个我们已开展近两年的同名项目。而这一项目的缘起，来自我们对前人有点儿已经慢慢淡去的记忆。

两年多前，我去拜访一位定居新西兰的耄耋校友。回顾历史，老校友兴致高昂，谈笑风生，与我聊起许多在上外的往昔旧事，念念不忘师长教习点化，追忆同窗风华正茂。而同样作为上外的学生，我虽在校求学、工作已近四十载，却对他们口中的上外历史细节知之有缺。这位老校友对我们一行而言，就如一座历史的宝库，更是一本鲜活的校史，他用讲故事的方式为我们留下了许多值得思考的问题。而这些镌刻着上外文脉的昔日往事，则让我们更感过去搜集故事的工作尚不周全，应当让更多的老校友、老教师来讲述他们与上外的故事，叙述他们的人生，汇成一个在档案卷宗之外的、更加丰富、立体、真实的上外。

回校后，经过同仁们的讨论，一致同意成立专门的项目组，通过口述史的形式，开展这一桩富有文化意义的工作。为了向前辈致敬，更是对前辈负责，学校成立了由我牵头、周承副校长具体负责领导的项目组，汇集了校长办公室、校友会、宣传部、科研处、团委、信息技术中心等多个部门力量，并获得了查明建、郑新民等教授的支持和帮助，同时还调动了90多名各专业研究生、本科生同学担当志愿者，形成了老中青三代结合、师生共同合作的工作团队，这也间接构建了故事传承与传诵的工作机制。

可以说，这一项目开展的过程，本身就是文化传承的过程。由于经验所限和条件制约，第一辑所选的采访口述对象，大多是建校初期的创校员工、在校学生，以及部分专业创设时期的教职员工和学生。他们中不少年事已高，有的侨居在世界各地，有的大病初愈，还有的已久卧在床。然而当他们欣然接受采访后，每一个人都进行了精心准备。有的老先生重新穿上了多年前站在讲台上的"工作服"；有的老教授手书了大纲，还寻找了许多当年的记录材料；有的老校友不辞辛劳回到母校，现场讲解建校初期的建筑布局；有的老先生不仅一一校订了采访者的记录稿，还不断搜集材料，联络当事人追问确认细节……先生们以治学般的严谨态度、豁达的人生观和对母校的殷殷期盼，为我们这些在校的师生员工，树立了一座上外人薪火相传、至真至善的丰碑。

在采访和记录的过程中，这个项目也在潜移默化中增进了青年一代对于上外的感情。自2001年学校主体搬迁至松江后，事实上产生了一定的"文化断层"，尤其是近年来大量进校的青年学子和青年教师，对学校的昔日往事、前辈们的精神风貌还知之不多……然而，在投入这个项目后，他们有机会与学术上的"祖师奶奶"和"宗师爷爷"们面对面交流，聆听前辈们的谆谆教诲，从前辈身上感受到了谦虚豁达、温文尔雅、博学广闻和格高志远的风骨。在项目运行的两年时间里，通过和学生的交流，并阅读他们逐步成熟的文字，我充分感受到了这些志愿者们的成长：他们越来越愿意为此付出，准备得越来越充分，对上外的感情也越来越深。看他们为前辈送上祝福写下祝语，读他们饱含深情的文字，听他们讲采访时的动人故事，我真心感受到，《文脉守望》这个项目已不单单是文化传承，而成为了育人的一个新载体。听故事、知校史的过程，成为了我们大家寻找历史自觉与文化自信的方式；文脉的传承历程，也有了新的篇章，故事还在这里延续。

三

两年间，我们采访了40多位长者，搜集了近200小时的录音，拍摄了100多个小时的影像，整理了60多万字的口述稿。这些都是参与项目的师生们，在忙碌的学习和工作之余，在烈日炎炎的酷暑和寒风料峭的冬日，在北京的胡同和上海的里弄，在出国留学的异国他乡，辛勤奔走而积累下的成果。

从某种意义而言，他们是在与时间赛跑。两年里，项目组的师生们都在愉快地、亟不可待地汲取前辈给予的营养。然而让我们悲痛的是，与学生们畅谈往昔的余匡复、顾柏林两位先生，最终还是未能如约看到本书的出版。我们愿以此书告慰他们高尚而又博雅的灵魂，也倍加珍惜他们给我们留下的宝贵精神财富。因此，从这一层意义出发，这一项目的继续，又何尝不是对上外历史的抢救？

这本书集的编辑与出版，是许多同仁共同努力的结果。孟庆和同志投入了大量精力，不单指导、带领学生赴外地长时间采访，还担纲起了文稿编辑的主要工作，并与杨希钺、施行、糜佳乐、缪迅等同志对所有的学生采访记录和手记进行了逐字逐句的修改，并结合已出版的相关材料，补充完善内容，统一了文本格式与风格。衣永刚同志则承担了大量项目策划、采访人联系与初稿审定工作。冯辉、陈万里等同志参与了统筹、协调工作。没有他们的奉献和打下的良好基础，这一书集的出版恐怕要费不少周折。

除特别注明外，本书的口述内容都经口述者本人审定，标题为编者所加。因篇幅原因，许多口述者精彩的陈述还未能在书中体现，我们将通过其他有效途径在校内进行传播，或在日后的出版物中加以补充。每一段口述记录和整理的工作人员名单都予以标注，如有遗漏请与我们及时联系。

为了体现文化传承，口述人在本书的排序以入校工作或学习时间先后进行排列。今后我们还将深入开展这一项目，让更多的上外人来讲述他们的故事、上外的故事，让更多的故事呈现在读者的面前。

由于时间和经验有限，或者回忆略有偏差，书中难免有遗漏或有失偏颇之处，还望读者不吝赐教，以便日后修订时参考。

最后，祝愿每一位口述者身体康健，感谢参与者与读者朋友对这一项目的关心和支持。

现在，就让我们一起打开这本书，听前辈讲故事，领略一所大学的文脉吧。

上海外国语大学校长　曹德明
2014 年 7 月

SISU

格高志遠
學貫中外

李钟英于北京人民大会堂(2014 年 8 月)

李钟英,1925 年 4 月生于河南卫辉市,第七届全国人大常委会副秘书长。1949 年毕业于上海交通大学机械工程系(在交大学习期间加入中共地下党),同年 7 月进入华东人民革命大学学习,结业后留校参加创建华东人民革命大学附设上海俄文学校(今上海外国语大学)。先后任上海俄文学校教育股副股长(股长为陈毅市长夫人张茜)、上海外国语学院马列主义教研室副主任(当时未设主任),并讲授中国革命史、马列主义哲学课。1961 年 4 月,奉调北京外交部政策研究室工作,先后担任外交部办公厅副主任、中国驻马来西亚大使馆参赞、国务院办公厅外事组组长、国务院港澳办公室副主任、国务院外事办公室主任、中央外事工作领导小组副秘书长兼办公室主任、澳门特别行政区基本法起草委员会委员。1988 年起任第七届全国人大常委会副秘书长,全国人大外事委员会顾问。1998 年离休。

王其祥,李钟英之妻,1926 年 4 月 26 日生于上海。1945 年 6 月考入南通学院纺织工程系,1949 年 6 月毕业。1949 年 7 月到华东革大学习,1949 年 11 月参加创建华东革大附设上海俄文学校工作。先后在教育股、辅导室、俄文教研室任干事。1952 年底至 1958 年在马列主义教研室党史教研组从事教学工作,其间,1956 年至 1957 年在上海中级党校党史班进修一年。1959 年至 1961 年 5 月先后在上外院长办公室、院刊编辑室、法语教研组工作,任法语教研室副主任。1961 年 5 月奉调外交部,到外交学院英语系干训班学习。1964 年 5 月分配至外交部政治部国外工作部亚非处工作。其间,参加外交部赴南通如皋四清工作队半年,外交部干校劳动一年。1975 年派往驻马来西亚使馆领事部工作,任二秘。1978 年回外交部原单位。1986 年 4 月离休。

忆往昔峥嵘岁月稠

口 述 人：李钟英、王其祥
采访整理：张人文、周婧达、廖文其、孟庆和
采访时间：2013 年 8 月 4 日
采访地点：北京李钟英、王其祥夫妇寓所

我们探访了参与我校第一期学员招生工作、经历了上外白手起家岁月的两位老校友——李钟英、王其祥夫妇，听他们讲上外建校之初的往事。

首先，李钟英同志说："上外的建立与发展和国家大环境的变迁息息相关。新中国建立之前，中央就确定了'一边倒'的外交方针。1949 年 10 月 1 日，新中国成立，前苏联是第一个承认我国并与我建交的国家。随着两国交流频繁，需要大量俄语翻译，建立俄文学校培养俄语干部成了国家当务之急。上海市长陈毅建议成立上海俄文学校并委任姜椿芳同志牵头，在华东人民革命大学四部的基础上组建'华东人民革命大学附设上海俄文学校'，就是今天的上外。1950 年，朝鲜战争爆发，我国派出志愿军援朝，战争中抓获大批美国俘虏，这就需要相当数量的英语翻译。我校接受任务后便增设了英语班，培养英语翻译，组成语文工作队远赴朝鲜参加工作。几十年来，随着国家建设和外交工作发展的需要，上外已从一个短期训练班式的学校逐步发展成了今天拥有多语种、多学科的上海外国语大学，成为全国的重点大学之一，对此我们感到由衷的高兴。"

一、 思政教育，呕心沥血

李钟英夫妇在上外工作期间主要从事政治思想教育工作，他们对政治思想工作在学校中的重要性深有体会。

建国之初，国内外形势复杂，学生来自四面八方，思想观念上新旧杂存，对党和新政权的认识参差不齐。要培养新中国新型外语干部，首先要培养学生的革命人生观和世界观，因此加强对学生的思想教育非常重要、非常突出。校领导为具体落实政治思想工作，在教务处设立教育股，股长是陈毅市长的夫人张茜同志，李钟英同志是副股长，王其祥同志是股内工作人员之一。

学生入学最初的两个月重点进行思想教育。每天安排两小时上俄文课，其余都是政治学习时间。政治课形式一般是先上大课，外请有关领导或专家作报告，然后分班分组学习，把学到的理论联系社会和自己的思想实际进行讨论，加深理解。随着学校发展，教育股改为辅导室，李钟英同志是副主任。辅导员都深入到学生中，参加讨论，了解情况，汇总研究，安排下一步的学习。他们和学生打成一片，关系非常密切，两位老人至今还记得部分学生的名字，有的还有联系。

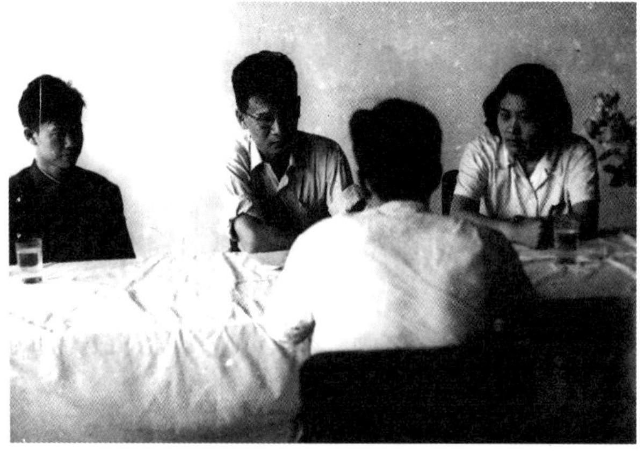

1950 年代李钟英(中)主持《中国革命史》课堂讨论(左一为木椿老师、右一为贾海宝老师)

随着国家的发展、对干部素质的要求提高，中央决定在高校设立四门政治理论课。我校将辅导室改为马列主义教研室，下设中国革命史、马列主义基础、政治经济学、哲学四个教研组。李钟英同志是教研室副主任（当时未设主任），并负责哲学组的教学工作。他在大学攻读的是机械工程，虽对哲学有兴趣，但终究不是自己所学专业。可是现在任务在身，只能用大把精力研读哲学著作，除向图书馆借书读外，还用自己的钱买书。用他自己的话说，那时每月的钱除了买香烟，其他的就买书了。为了提高专业水平，经组织批准，他曾到复旦大学旁听苏联专家的辩证唯物主义和历史唯物主义课。后又以调干身份到中国人民大学哲学特别班学习一年。除了本校的教学工作外，还参加了全国高校教材的编写工作。他边学边教边编书，工作很辛苦，但乐在其中。

王其祥同志分在中国革命史教研组，这与她攻读的纺织机械工程学毫不搭界，真是犯难了。领导安排她去上海中级党校学了半年党史课，此外靠自己的努力和同志的帮助才开了课。她还津津有味地回忆了在法语教研室做思想工作的情况。教研室建立时，师资匮乏。学校聘请到几位资深的法语老师，又招了前法租界翻译、巡捕房员工、天主教堂嬷嬷等参加法语教研组工作。因为人员来源不同，思想观念各异，矛盾较多，团结不太好。为加强思想工作，校领导调她到法语教研室担任副主任，专职搞思想工作。她兢兢业业，先拜人为师，向大家学习法语，旁听老师上课，倾听学生的反映并开展对老师的家访，深入各家各户，促膝谈心，了解情况、交流思想，解开矛盾，促进团结。

二、白手起家，筹建学校图书馆

两位老人当年在华东革大结束了两个月的学习后留校工作。1949 年 11 月，又一起参加我校第一期的招生工作，招生工作结束后又参与政治思想教育工作。期间，王其祥同志被暂调去筹建图书室。当时学生学习情绪很高，要求读俄文课外读物，但学校是白手起家，除了姜校长编的俄文教材外，别无其他材料。为此，姜校长亲自领导筹建图书室。他委托时代出版社挑选适合初学俄语者的课外读物，并调王其祥去做具体工作。面对几百

本名目繁多的中俄文书籍，毫无图书管理经验的她真感到棘手——该怎么给图书分类？姜校长非常耐心地给她讲图书分类方法、出借图书应做的准备工作等，使她慢慢入了门。王老笑着说，当时她只懂得几个俄文单词，对俄文原版书愁得直挠头，只能请教老师，弄清书的内容再分类、编号、贴签。经过几个月的筹备工作，把涵盖俄文童话、诗歌等通俗读物、名著小说、专业技术类丛书等几百本图书整理出来，供学生借阅。那时候还没有借书证，凭胸前别的校徽借书，规定两周内归还。那时学生还不多，大部分都认识，没出什么大差错。这个简陋的图书室就是今天上外建筑精美、藏书丰富的图书馆的雏形。

三、 清贫自在，乐而忘忧

李钟英夫妇回忆，建校初期，学校条件很简陋，学生宿舍的墙是泥涂的竹编片，房顶用茅草铺盖而成，冬寒夏热。教工则住在部队曾驻扎过的筒子楼，每层楼共用一个卫生间、一个盥洗室。值得一提的是住在王其祥同志对门的是陈毅市长的夫人张茜同志。她和大家同住筒子楼，只有每周六下班后，陈毅市长才派车将夫人接回家与亲人团聚。王其祥同志说，“我当时觉得特别不可思议。旧社会的官太太都是贵夫人，住别墅或高楼大厦，可是陈市长的夫人却跟我住在一个楼里。”

李钟英、王其祥夫妇在北京寓所接待孟庆和（2011 年 6 月）

建校初期，我校实行供给制，每人每月 5 毛零用钱，没有固定工资，生活所需全由国家供给。他们俩结婚时除自购一张床外，房间、家具由学校分配。他们把两人的被褥放在一起，新房就布置好了。他们笑着说："我们没有结婚证，万一离婚都拿不出证据。"当时，员工申请结婚只要组织批准就合法了，也没举行婚礼。两老介绍了他们的结婚情况："在学校会议室，校领导、本单位同事、双方家属代表（四人）和我俩围坐在会议桌旁，金昔明主任主持，涂峰书记讲了话，大家分吃糖块，就算把婚结了。"

尽管日子清贫，但生活却充实快乐。由于学校大环境开放融洽，人与人的相处也自然亲切。他俩说，那时，同事间不论职位高低都互称同志。学校员工不多，结构层次少，大家都在一层楼上办公、一个饭厅吃饭（少数老同志已成家有孩子的打饭回家吃）。休息时大家在一起打"克朗棋"（当时流行的一种娱乐器具）或串门聊天。领导没有高高在上的架子，同事间亲如一家，有病互相照顾，有困难大家帮助，有意见拿到会上开展批评与自我批评。两老坦言，在上外工作的 11 年是他们最快乐的时光，回想起来，记忆犹新。当时的同志至今还和他们保持联系。

四、修身自娱，颐养天年

1961 年 5 月，李钟英同志奉调外交部工作，夫人随调。两人离开了为之奉献 11 年的上外，在中央机关一直工作到离休。

离休后，二老安享晚年生活。"活到老，学到老"，用在他们身上恰如其分。李老对摄影情有独钟，常背着相机照相，回来后，用电脑加工照片，曾多次参加本单位的摄影展。他还买摄影书籍研读，其乐无穷。王老自己打趣说，"七十学画画"，"八十学上网"，让自己的兴趣爱好为生活增添情趣。如今两人年纪大了，身体也不好，很少出门，但也不闲着。李老放下相机，在家看书读报、上网，间或用"iPad"玩游戏。王老则通过"伊妹儿"与友人联络，甚至还有自己的网上银行和 QQ 账号，日子过得很充实。

二老家中挂了不少照片和画轴，多数出自两人之手。客厅中一幅北京

颐和园十七孔桥照片尤为让人印象深刻，浅色的桥身伫立在蓝天碧水之间，显得安静端庄，这是李老的作品。沙发对面墙上挂着一幅一人来高的丹青出自王老之手。画中淡粉色的花朵明快优雅而饱含生命力，这恰似作者的气质——乐观、谦和、富于美感。

访谈实录

我们探访了参与我校第一期学员招生工作，经历了上外白手起家岁月的两位老校友——李钟英、王其祥夫妇，听他们讲上外建校之初的往事。

在谈及上外的建立与发展这一问题时，李钟英夫妇认为，这和国家大环境的变迁息息相关，然后，如数家珍般地向我们叙述了上外发展史。他们侃侃而谈，而我们从中感受到的是他们对母校那一份爱的情感……

采访者：二老是老前辈，也是上外的老校友。对我们来说，采访也是一种受教育，也是一种学习。作为采访的开卷，可否请你们谈谈上外的建立过程？

李钟英(左)在北京寓所与孟庆和合影(2011年6月15日)

李钟英：我先说吧。我认为，学校的发展与国家大环境的变迁息息相关。

我国在建国之初实行了“一边倒”政策，处处向苏联学习，俄语人才供不应求。正是在这种形势下，由陈毅市长提议、姜椿芳同志牵头，“华东人民革命大学附设上海俄文学校”诞生了（就是今天的上外），旨在为国家培养懂俄语的知识分子。

1950 年朝鲜战争爆发，我国派遣志愿军援助朝鲜，与美国俘虏交流沟通就需要英语人才，学校便增设了英文系，培养的英语翻译人才组成语文工作队远赴朝鲜。

建校之初可谓一穷二白，每一步的发展都有上外学子的努力与付出。

采访者：李老师，据我们所知，您是 1949 年上海交通大学机械工程系毕业后进入华东人民革命大学学习的，毕业后分配到上海俄文学校工作。可否问一下，您当时为何选择这个专业？是形势所迫还是出于您的个人兴趣？

李钟英：小时候就埋下了种子。我家离铁路近，平时经常跟别的小伙伴在铁路旁边玩，每天看到火车经过，都非常兴奋。我们那时候很调皮，把铜板放在铁轨上，火车一经过就“啪”地飞溅，这使我在心中埋下了对机械的兴趣。我一直想知道车轮是怎么转的，所以就有了报考交通大学机械工程系动力专业的念头。

那时候交大在重庆，全国还没有统一招生。1943 年我高中毕业，报了三所学校，也考了三次，交大一次，昆明的西南联大一次（这是北大、清华、南开三所学校联办的），四川的同济大学一次。我的第一志愿是交通大学，结果考上了两个，一个是西南联大，一个是同济大学，交通大学落榜了。那怎么办呢？跟我一起考的同学都去了西南联大，我那时候是穷学生，没有路费，去不了。而同济大学比较近，就在宜宾，所以我就到同济去了。在同济大学学了一年，那时候是用德文上课的，不用英文，我学了一年德文。第二年我又重新考交大，考上了。

采访者：您选择的机械工程跟您后来从事的外交工作有很大的差别，那么，进入大学后，您有没有对自己的人生有过规划？

李钟英：能考上交大我是很高兴的，至于毕业之后干什么我根本没想过。后来进了华东人民革命大学学习，毕业后又被分配到上海俄文学校工作，这些都是意料之外的结果。1954 年，国家实施五年计划，进行大规模经济建设，号召技术干部归队。我在上外搞政治思想工作，上海市委组织部把我叫去，问我想不想回到技术岗位上去。我毕业之后根本没有从事过技术工作，教思想政治课倒是很熟悉了。我就说不想归队，那些技术知识我也都快忘了。组织部说不要紧，只要我愿意归队，组织上可以把我送到交大去回炉。之后就再也没有进一步的消息了，我还是继续在上外工作。

采访者：我们了解到，您在交大求学期间曾参与学生运动，加入了中共地下党，是怎样的志向促使您做出这一选择？

李钟英：在国民党统治期间，学生运动就开展得轰轰烈烈的。毛主席讲过，这是开辟的第二战场。第一战场是武装斗争，第二战场就是国民党统治区的学生运动。我是 1946 年到上海的，前一年，也就是 1945 年解放区要招收青年干部，我报了名，那是地下党组织的。我们四个人一批，在重庆坐船顺流而下前往河南解放区。我走到四川丰都换船时生病了，走不了，听到了日本投降消息，那是 8 月 15 日。我们怎么办呢？还得去啊，我们还是走到了河南。日本投降后解放区就收缩了，到那边后关系接不上了，我们就留在了河南。路费也没了，我们同班的有一个河南人，他到一个中学里去当教员，我也跟着去了，至少可以赚点工资，就在那里待了一年。1946 年暑假，解放区没去成，我到上海复学，复学以后我就参加了学生运动，但课还得继续上。

采访者：您到上海俄文学校工作后，参与了学校的创建。当时您和王老师都参与了俄文学校第一批学员的招生工作，可以跟我们讲讲那时候的情况吗？

李钟英：1949 年 5 月上海解放。7 月份华东革大开学，我就去学习了，一直到 9 月份，共两个多月。之后就分配工作，我和王其祥是一起留下的。

王其祥：那时共留了 30 个人，都是应届毕业生，是理科、工科、医科、农科技术方面的人才。我是南通纺织工学院毕业的，学的是纺织工程，后来专学人造丝制造。以后也是响应国家的号召到了华东革大。当时有好多人对共产党抱着怀疑的态度,“华东革大将来是不是派我去当炮灰呀?”不敢去。后来地下党组织(刚解放时共产党员未公开身份)就号召进步学生,也就是参加过学生运动的骨干带头报名参加华东革大的学习,跟着就来了一批学生。我们南通学院大概有20个学生,组成了一个小组。毕业之后,有些人有顾虑,还不愿意留校。

采访者:当时您家人支持您留校吗?

王其祥:不太同意,因为留校任教享受的是供给制,所以家人还是觉得我最好出去工作,还能赚工资。我的一个想法就是服从组织分配,学校能把我留下来,是我的荣幸。全校几千个学生才留了30个,我们班里就留了我们三个人。所以我就觉得非常高兴。正好李钟英也留下来了,我们在一起工作后就认识了。

华东革大原来的班子是为了解放台湾的那一批干部班子,到了上海以后,那时候需要有一个对青年知识分子的改造工作,所以就成立了革大。我们是第一期的第一批,全部是理工医农应届毕业生。其中有一些中共地下党员,李钟英就是,我不是,但我是党的外围组织成员,叫“新青联”,即新民主主义青年联合会的成员。

采访者:可以讲一下你们在华东革大读书期间的相关情况吗?

李钟英:主要是政治思想学习。因为主力军就是解放初的青年学生,当时大多数不是党员。交大的党员还比较多,单独成立了一个班。王其祥所在的南通纺织工学院是另外一个班,他们班一个党员都没有。后来就把我调到她那个班,跟他们一起学习,汇报情况,听大报告、小组讨论、批评与自我批评、参加劳动,最后写一个思想总结。那个时候我们什么档案都没有,就每个人都写一个总结,实际上就是自传,我写得很详细,从小的时候一直写到解放。组织上就是根据这个东西来了解干部的。学员经过学习之后提高了思想觉悟,树立了革命人生观、世界观,以及阶级观念、群众观念、劳动观念,组织就凭着你写的这个总结,给你分配任务。

采访者:你们留校后参加了上外(当年的上海俄文学校)的组建工作,那么在组建学校的过程中有没有遇到什么阻力?

王其祥：没有，去参加组建上外的就三个人，除了我和李钟英外，还有一个杜方炯，他已经去世了。杜方炯是学汽车的，李钟英是学火车头和动力机的。就我们三个人留校参加筹建上海俄文学校，其他人都被分配到技术岗位上去了。

李钟英：我是 1949 年 11 月报的到，12 月参与招生工作。记得 1950 年 2 月 19 日有一个开学典礼，是华东革大校长舒同做的报告，他是当时华东局的宣传部长。我当时是俄文学校的教育股副股长。

采访者：您跟陈毅市长夫人张茜坐在对桌？

李钟英：她是股长，那时连办公桌都没有，只有一个没有抽屉的大桌，我们面对面坐着。她上班期间主要是去听俄文课，工作主要由我管。领导怎么布置，我就怎么干。虽然没有经验，但是很有热情。我的具体工作就是负责做计划，因为学生进来之后，有每天两个小时的俄文课，其他时间都要进行政治思想改造，要请一些知名人士来校做报告。为此，姜椿芳校长在锦江饭店请了一些各方面的名人吃饭，我也参加了。当时都请了哪些人我不记得了，但是有一个人我印象很深刻，是我请的，他就是冯定，华东局的宣传部副部长，哲学家，后来任北大的哲学系教授。

王其祥：我记得还有一个沈志远，他是经济方面的专家。

李钟英：对了，陈毅也到学校做过一次报告，其中谈到的一个问题我记忆犹新。苏联对日宣战以后进入东北，日本投降后他们把东北工厂的机器搬走了。这件事社会议论很大。陈毅在做报告的时候就回答了这个敏感问题。报告后我们要搜集学生的反映，我们就是做这些工作。1952 年后，学校的教学正规化了，教育股的职能开始有了转变。

采访者：王老师，当初您和李老师都是在教育股吗？您是负责什么工作的？

王其祥：我是李钟英的部下，直接要跟学生见面，到班里去搜集情况，回来跟领导反映。我对口中级班。

采访者：当时学校是怎么招收学生的？是通过什么样的形式考试呢？

李钟英：首先是在《解放日报》上登广告和招生简章，第一期学员大多是社会青年，没有口试只有笔试。第二期，也就是1950年招的英语班就有了口试。记得1950年因去朝鲜开展工作的需要，就从社会上招收有一定英语基础的学员，学校设置了英文班。

采访者：刚才听二位多次提到姜椿芳校长，他应该是在你们心中印象很深刻的一位校长，能不能给我们讲一下？

李钟英：姜校长在我们心中有着重要的地位，他非常有个人魅力，大家都佩服他。记得他当时给大家作报告，有条有理，他的报告如果要记录下来，不需要过多的整理，真的就是一篇文章，是出口成章的。他俄文也非常好。

王其祥：他谦虚、儒雅，一看就是一个非常有学问的人，值得我们尊重。

李钟英：他在一期、二期的学员中非常有威信。学校要立一个姜椿芳的塑像也是一期、二期的学员发起的，当然，教职员也响应，我们俩也捐了款。

采访者：王老师，您是参与过创建图书馆工作的，您跟姜校长也有比较密切的接触，能给大家讲一下您创办校图书馆的工作经历吗？

王其祥：那时学校的情况也是一穷二白，所以学生就提出来需要一些课外的读物，姜校长就把我从俄语教研组调出来，要我主持图书室的筹建。叫我去时代出版社挑选一些图书。这个出版社是姜校长主办的，主要出版一些苏联翻译作品，还有一些俄文原版的小说、诗歌和政治、文化方面的书籍。他用车把我送到那里，其实他事先都已经把书准备好了，我就把这些书运回来，为学校图书馆的筹建打下了基础。

但问题也来了，我学的是工程，不懂得图书分类，也不懂如何出借。姜校长非常耐心的跟我讲，就按门类分吧，文学的、文艺的、军事的、政治的，分开就行了。

还有一个问题就是我不懂俄语，碰到问题就去教研组请教那个叫伊丽娜的苏侨老师，她跟我关系特别好。我就拿一些俄文书去请教她。这样日积月累，就基本上完成了图书分类。

接下去就是出借办法了，怎么借，怎么还，凭什么来借都是问题，因为那时还没有学生证。姜校长就拍板凭校徽借，把名字和班次记下来，就可以出借，但最多只能借两个星期，对不按时还的同学要去催。

采访者：好的，我们还想了解一下学校当时的办学条件？

王其祥：学校的校舍原来是暨南大学的校舍，教室还是不错的，很大的玻璃窗，但是住的宿舍特别差。

李钟英：教室不错；宿舍很差，就是竹子片糊上一点泥，不挡风不挡雨。后来就把这些拆掉了，改成了砖瓦房。最先开始建的是女生宿舍，在学校的东南角，盖了一个三层或是两层的小楼，男生宿舍盖在哪里，我就不记得了。

王其祥：起初我们住在玻璃走廊边的宿舍，一间一间的，现在叫筒子楼。那里有各部的办公室和卧室，他们办公室和卧室是一起的，睡在哪儿就在哪儿办公，还有就是我们工作人员的宿舍。涂峰校长是住在玻璃走廊的一个教室里面，因为他年纪大了，那里阳光好一些。其他的教职员都一律住在小楼里面。陈毅同志的夫人张茜来了俄专以后，也住在这个楼里面，她就住在二楼，我们门对门，所以接触也比较多，知道她的生活情况也比较多，经常还聊聊天。她也跟我们一样，共用筒子楼里面的一个厕所，共用盥洗室，所以当时的条件非常艰苦。她给我的印象非常深，因为我是从旧社会来的，知道旧社会的官太太大都是盛气凌人，而陈毅同志的夫人不一样，没有一点特殊，直到周六晚上陈毅才开车把她接回去。

李钟英：那时候师生关系也好，教职工和上级领导也没有隔阂。我们住在学校里面，星期天大家放假，大家都会到一个凉快的阳台（玻璃走廊上的屋顶）打康乐球。涂峰是一个积极分子，我也是个积极分子，星期天我们就一起玩。

采访者：有什么印象深刻的同事吗？

王其祥：我印象深刻的就是金昔明、周有珊、还有就是涂校长，我们关系特别好，他是研究哲学的，对墨子等古代的哲学很有兴趣。那时候上下级观念没那么强烈，大家亲如兄弟。

还有印象深刻的就是马列主义教研室的那些老师了。至今我们还保持联系,他们到北京来都会找我们,我们去上海也会找他们。现在还会通过 Email 通信。大家都觉得这个关系是终生难忘的,都亲如一家。我病了,还有生孩子,他们就来医院照顾我。他们有什么困难,也跑到我们家,我们家就像是同事俱乐部。总之,在上外的这 11 年是我们永生难忘的。

采访者:校史资料说,1950 年我们学校由华东革大附设上海俄文学校更名为华东革大外文专修学校,当时为什么改名呢?

王其祥:因为增加了英语班啊,就不能叫俄文学校了。抗美援朝后需要英语干部,很快就增加了英语班。后来又增加了东语系,就是东南亚语,印尼语、缅甸语。语种多了,俄文学校名称就不适合了。

当时,学生都是从社会上招的,公开招考,要考笔试和口语的。李钟英参加口试工作,我参加笔试工作,还要改卷子。叫我改卷子也真是很惭愧的,我的水平可能还不如学生,他们都是英语人才。但学校没人,只能硬着头皮上,改卷子的时候要请教别人。

采访者:那您的英语是什么时候学的?

王其祥:我在上海长大,上海有一所女校叫康德女中,是法国人天主教会办的。抗日战争后搬到了租界内,我就在那个女中上的学。

高中时分文理科了,我学的是理科,物理数学都是用英文上。后来大学有好多课程是用英文原文的,如基础化学、高等数学都是用英文,物理也是用英文版。这样有一点外语基础了。我的外语基础不很扎实,语法比较差,所以让我去招生也是有一点困难的。

采访者:请问李老师,后来您去马列主义教研室担任副主任,您是否也教授哲学?

李钟英:学校的四个教研室是:哲学教研室、马列主义基础教研室、政治经济学教研室,还有一个是中国革命史教研室,四个教研室后来合而为一,我是教研室副主任,当时没有主任。

哲学我没基础的,但上过中国革命史,以中国人民大学的教材为蓝本。当时复旦大学请了苏联专家讲辩证唯物论,我去学习两个月。后来学校又

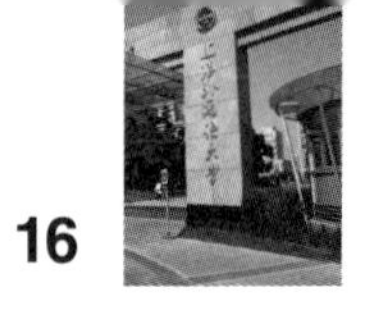

派我到人民大学特别班进修哲学,回来就可以开课了。当然,也靠自学,拼命读书,图书馆没多少书,我就自己买。我差不多隔一个星期就要逛一趟福州路,去新华书店买书。马列全集出一本我买一本,列宁全集买全了,斯大林的我也买全了,另外还有些单行本。我的工资基本上都用于买书,古典哲学,黑格尔的,普列汉诺夫的,我都读。苦读书,然后就自己消化消化。我在上海市委党校也学了一期,都是短期的,并不是很系统,但也有成绩。我在人大学了一年后写了本小册子,寄给了上海人民出版社,竟然正式出版了。

其实,这也是在完成中央给的任务。因为上课都没教材呀,分配给上海的任务就是写一本辩证唯物主义历史唯物主义的书,江苏省也要写一本,北京也要写。上海的一本我编写。后来又说一个人写一本不行,要合起来。我们就和江苏合起来了。从北京回来以后,上海、江苏联合出版了一本书,就是《辩证唯物主义历史唯物主义》。

采访者:您教中国革命史,当时怎么上课,上小课班还是大课班?

李钟英:就是上大课,几个班合起来在阶梯教室上。更多的精力要放在课后辅导上。辅导也有些资料,就是贺干之、何华编的一些中国革命史的辅导书。

王其祥:我和李钟英是在一起的,其实是边学边干,觉得很累。结果我就从那里调出来去院刊编辑室编校刊了,当编辑室副主任,之后又去院长办公室当秘书,然后又被调到法语教研组任副主任。为什么调我去呢,因为我搞过政治思想工作。那时法语教师的来源有“包打听”和法租界的律师,以及法租界教堂里的嬷嬷,成员比较复杂,思想上问题比较多,所以校党委就派我当副主任,主要是搞思想政治工作、统战工作。这样,就一直做到我们被调到北京去为止。

采访者:那您教书教了多久啊?

王其祥:教中国革命史时间不长。在上海党校学习半年,回来以后就教课,大概一年半的时间,后来我就不干了,我觉得这个理论教学紧跟形势太吃力了,我也没有这方面基础,我是学工程的。李钟英到中宣部编哲学教材,中宣部就知道有这么个人了,后来就把他调到北京来工作,我们全家就跟着一块去。这样就离开了上外。

我们到北京后有三个去向，一个是中宣部，一个是外交部，一个是《人民日报》，但得由中宣部决定。

一到北京，就有专车把我们接到外交部。因为我们来自外语学院，所以才进了外交部？是不是有这层原因，我们不得而知。后来我被分到外交部政治研究室。

我到外交部业余学校工作了一段时间。外交部的业余学校是晚上上课，上外文，后来增加了外交史的课。我被派去那里做英语学校的政治思想工作，我说我干不好，组织上就让我到外交学院的干部学院学习英语。后来外交部成立政治部，有一个国外工作部，专门做国外事务官的政治思想工作的，就又把我抽调出来。

采访者：刚才二位为我们回顾了上外的历史，那么，你们对上外人还有一些什么样的期许和建议呢？

李钟英：对于学生来讲，在学习期间重要的是实践。我想，不管是学语言的还是学新闻的，特别是学新闻的，都要关心社会，不能光读书，对社会问题要多了解一点。

王其祥：我希望上外不满足已有的成绩，要为国家、为社会做更大的贡献。

肖章(1950 年代)

肖章,男,1922 年 10 月生,浙江省宁波市人。新中国电影翻译先驱,著名电影翻译家。上世纪 40 年代,在上海杜美戏院(今东湖电影院)从事英美影片翻译工作时,结识了姜椿芳先生。1952 年毕业于上海俄专(即今上海外国语大学),退休前为上海电影译制厂翻译组组长,现为上海电影家协会名誉理事、上海翻译家协会及上海外文学会会员。新中国建国前参加上海越剧革新,编写神话剧《嫦娥奔月》、讽刺现代剧《贼夫人》等并在沪公演。建国后一直从事译制片翻译至 90 年代。40 多年来,先后翻译了苏联、法国、西德及东欧诸国各类影片 130 余部,代表影片有前苏联的《白痴》、《白夜》、《母亲》、《奥赛罗》、《一个人的遭遇》、《国际女郎》(获 1994 年国家优秀译制片及全国电影百花金鸡奖最佳译制片奖)、捷克的《绑架》、原东德的《科伦上尉》、原西德的《英俊少年》、法国的《红与黑》,以及美国的《魂断蓝桥》首译版等。1958 年、1959 年、1960 年先后随中国电影代表团出席在保加利亚、匈牙利、罗马尼亚及民主德国召开的国际科教片会议、国际电影技术会议,并为卡罗维发利国际电影节筹备会议担任口译工作。1979 年参与编写大型《法汉词典》,1994 年合编《德汉成语词典》,1999 年合编《法汉成语词典》,2006 年主编《英汉俚语大词典》及撰写《中外电影史话》并出版。传略已辑入《中国电影家列传》。

新中国电影翻译先驱

口 述 人：肖章
采访整理：胡芳州、于琪、盛乐云、孟庆和
采访时间：2012 年 11 月 17 日
采访地点：上海徐家汇路肖章寓所

2012 年 11 月 17 日，我们和孟庆和老师一同登门拜访了肖章先生。肖老先生的家坐落在一座具有上海特色的老大楼里。先生知道我们要来，事先还留了灯给我们。在昏暗的楼道里，有那么一盏温暖的灯在 C 座的门口亮着。我们按响门铃，门很快就被打开了，肖老先生的精神状态很好，中气十足地拉着我们进屋。首先入目的是非常简洁的室内家具，墙上挂着许多书法和画作，据了解，这些字画都是先生的得意之作。在经过简单的介绍之后，我们就开始了采访。

肖章先生是上外 1949 年的第一批学生。通过考试进入上外（当时的校名为华东人民革命大学附设上海俄文学校，简称上海俄专），当时一共录取 300 多名学生，肖老先生就是其中之一。回忆起当时的学生生涯，肖老先生感慨万分，情绪也比较高涨。他回忆说："当时，进入上外就不容易，要先思想改造三个月，剩下的八个月才开始学习俄文。"上外最早的校址是在宝山路的暨南大学旧址，在 1950 年的时候迁至东体育会路，也就是现在的虹口校区。当时的学生都参与到学校建设中去，有些还协助教学楼的建造。当时的学习环境也十分艰苦，设施都很简陋，老师也不是特别的专业，但是学生们都很刻苦。先生说："原先呢，后门口就是个豆浆摊子，我们每天都去吃早饭啊，之后就去学校学习。"

1952 年毕业后，肖先生因为成绩优异，俄语知识扎实，被姜椿芳校长挽留，留校任教，教授语法和翻译。当时，陈毅的妻子张茜在上外担任教研室的主任，并且在上外学习俄文。也可以说张茜既是肖先生的学生，也是肖先生的领导。当时上海宣传部长彭柏山的妻子朱微明也在肖先生的指导下进行俄文的学习。肖先生介绍说，当时上课是一个中文教师加上一个俄文老师。由于俄文老师大部分是俄侨，也没有系统地学习过教育方法，所以当时的教材等都是老师们自己编纂的，上课水平全看老师的个人能力。在许多教师的共同努力下，上外适应国家对人才的需求，培养了一批又一批优秀的俄语人才。

1954 年，肖先生被调到上海电影制片厂担任译制片组的组长。肖先生笑着回忆道：“当时小组有四五个人的，我怎么好一去就当组长呢，但是当时的水平啊都是半吊子的啦，上外教得好，我俄文英文都好，所以就做了组长啊。”说起外语，先生也打开了话匣子，先生自己精通英、法、德三国语言。先生最早就读于上海著名的澄衷中学，后进入麦氏英专学习英语。期间，由于太平洋战争爆发，老先生的一位德国亲戚回国避难，寄住在老先生家，两个年轻人在一起时就经常用英文交流，肖老先生也从对方处学到了不少德文。老先生自豪地说，虽然德语口语一般，但是看书写文章是完全没问题的。英专毕业后，上世纪 40 年代初，肖先生进入犹太人开办的杜美戏院（今东湖电影院）担任影片翻译工作，主要是英美大片的中文字幕译映。先生通过翻译电影结识了当时的时代出版社社长姜椿芳先生（后来的上外首任校长），姜椿芳也在那儿做电影翻译，主要翻译苏联电影。也可以说姜先生是肖先生的俄语启蒙老师。肖先生上午在杜美戏院附近的东正教堂学习俄文，下午就去戏院翻译影片。在那个时候，只是翻译比较重要的句子，并不是全篇的翻译。肖先生删改后的剧本，也一度被俄国人

肖章翻译的《英俊少年》电影海报

采用。这是肖先生非常自豪的事情,讲述的时候神采飞扬。也是这段工作经历让肖先生对电影译制产生了浓厚的兴趣。

1957年,上海译制片厂成立,肖先生就进入译制片厂工作。工作期间,肖先生和同事以及长春电影厂的前辈们经常出国参加影展和调研活动。每次肖先生都要担任翻译工作。先生开玩笑说:"我都不是做调研去的啦,就是去做翻译的啦,翻译做得好。"

40多年来,先生翻译过130多部国内外知名的电影,比如《魂断蓝桥》的第一版翻译,著名电影《好兵帅克》、《英俊少年》等。此外还翻译了传记、剧本、小说和有关戏剧电影艺术的论文。

经过多年的翻译实践,肖章积累了不少有益的经验。他认为,文学艺术作品的翻译要求用形象化的语言表达出艺术的意境,是一种艺术的再创作。翻译上行文遣字的妙用或神来之笔,往往在于一心一得之间,要有灵感和智慧,这绝非翻译机器或电脑所能代替得了的。而电影翻译与其他文艺作品的翻译相比较,则更有独特之处,如译出的电影对白,通过配音后不仅要使人听之有形象感,而且要使人感到译文与原片人物的口型、表情、性格、气质以及画面上能见到形体动作相一致。因此,译文语句的长短、倒顺、节奏以及某些单字发音的开口与闭口,全要受到原片画面上规定情景的严格限制。此外,电影翻译还必须考虑到译出的台词能让配音演员朗朗上口,绘声绘色地传达给观众,与原片的表演、情趣达到艺术上的统一。

他还认为,翻译应该"求真喻俗"。"求真"者,就是必须根据原作的主题、样式、人物性格和时代背景的要求,忠实地反映原片的语言艺术,因而不能拘泥于原文的表面字句,而是要透彻地理解原片作者的艺术意图;"喻俗"者,就是要使译文既能表达原文的语言色彩,又能为我国观众所熟悉和易于接受。我国译制的外国影片来自世界各国,它们有不同的语言、风俗习惯,有不同的时代与社会制度,影片的种类五花八门,样式、流派也不尽相同,但通过翻译、配音,我国观众可以充分欣赏外国优秀的电影艺术,而翻译则是整个译制工作中的第一道重要的环节。如若剧本翻译的基础不好,那再好的配音演员也难以获得出色的艺术效果。因此,肖老先生总是一丝不苟,力求做到"求真喻俗"。有时,他为一字一句的斟酌而废寝忘食,尽可能地使语言纯正,富有艺术性,符合原片语言的时代感和形象感。

译制片的台词是配音演员通过自己的声音来塑造剧中人物形象的主要依据。肖老先生认为,经过翻译的台词必须口语化、形象化和汉语化,而这三者又应该是一个完整的、相互关联的统一体。只有这样,译制片不仅能体现原片的思想,而且还能保持它原有的意境和艺术魅力。例如苏联影片《白夜》有这样一个结尾:一个幻想者衔着烟斗,嘴里缓缓吐出一个个的烟圈,烟圈缭绕上升,连续不断。这时响起幻想者的内心独白:“难道那些曾经耗尽我全部青春的梦想和幻觉能跟这五个不平常的白夜相比吗?不,不能比!那是零,一个愚蠢的大零!”肖老先生在翻译时理解了幻想者作为一个小知识分子此时此刻复杂而痛苦的心情,然后再结合画面,把最后那句台词改译成:“……那是零,一个空的大圆圈!”他在翻译苏联影片《唐·吉诃德》时,也有类似的情况。剧中的一个牧人在向桑乔诉说有个女人想欺辱他时,有那么一句话:“……那当然是魔鬼在捣鬼!”这里的所谓“魔鬼”就是指那个女人。根据这种理解,就把它译成:“……那当然是狐狸精在捣鬼!”经他翻译后,上述两句台词语言既生动活泼,又意思贴切,取得了良好的艺术效果,给人留下深刻的印象。为了使我国观众容易接受,除了口语化、形象化外,老先生努力使译出的台词汉语化。例如,西德影片《英俊少年》中运用了一句西德俗语“最笨的渔夫捉到的鱼最肥”,他把这句俗语转译为:“俗话说得好,笨人自有笨福。”又如,《唐·吉诃德》中,桑乔有这样一句台词“人穷了就会有人来欺侮”,他译成:“常言道,墙倒众人推。”这些译词,保持了原文的意思,又使我国观众一听即懂。有的台词如果直接译出来,不仅语言别扭,难以上口,而且难懂费解,甚至使人听之不知所云。遇到这类台词,他就进行意译。例如,在东德影片《科伦上尉》中,卡杨凯夫妇俩有这样一段对话:

卡杨凯夫人:现在我们是丈夫和妻子了。
卡杨凯:现在可以随便说出去了。

他把这两句话译为:

卡杨凯夫人:我们现在又成为夫妻了。
卡杨凯:这下完全名正言顺了。

经过意译的译文,我国观众易于接受,也保持了原片的语言色彩和生活气息。

肖老先生翻译的电影作品中大部分是苏联影片，诸如：高尔基的《母亲》、《夜店》、《马尔华》，阿·托尔斯泰的《两姐妹》，陀思妥耶夫斯基的《白痴》、《白夜》，以及《奥赛罗》、《唐·吉诃德》、《生活的一课》、《我了解他》、《最后一步》、《崇高的职责》等等。其他还有罗马尼亚的《记忆中的街道》、《边塞擒谍》，捷克斯洛伐克的《绑架》、《风山疑案》，民主德国的《科伦上尉》、《五天五夜》，匈牙利的《黎明》、《为了十四条生命》，保加利亚的《穷街》、《卡洛扬》，波兰的《真情实况》、《新婚之夜》，阿尔巴尼亚的《他们也在战斗》、《最初的年代》，法国的《塔曼果》、《仅次于上帝的人》，朝鲜的《土地保卫者》，西德的《英俊少年》等。

肖老先生在四十多年的电影翻译工作中能取得这些成绩，积累了不少有益经验，最重要的在于一个"勤"字。业精于勤，正如他现在经常对青年同行们说的："一要勤学，要抓紧青春的大好时光，要多读书，要像海绵吸水一般，尽量多吸取些知识，当电影翻译应该是个博学的杂家；二要多译，不管是不是应该完成的工作任务，要多动笔翻译，多作练习。一分耕耘一分收获，只有勤奋才能有收获。"

退休后，先生并没有赋闲在家。先生开始钻研书法和绘画，家中墙上的书画作品全是先生的墨宝。不仅如此，先生还把自己工作多年的经验总结成稿，发表在了众多杂志上，比如在《上海影人理论文选》中的《电影翻译艺术特色琐谈》等等。

谈起上外六十周年校庆时，老先生脸上洋溢着自豪的笑容："回去过，回去过！从来没有想到过上外可以发展得这么的好啊，现在的上外真的是很不错的啊。"当问及对上外学子的寄语的时候，老先生开怀一笑："学生嘛，当然是要好好读书的呀，上外是个好地方，要好好享受大学四年的光阴啊！"

朱纯在寓所接受采访

朱纯,曾用名朱光祖。1923 年生,湖南省汝城县人。上海黄埔军校同学会副会长,中共党员。抗战开始入湖北省联合中学,被分配到恩施高中分校。1942 年年底报考录取到黄埔军校防空学校代办十九期炮科。1943 年初,随高炮营长经重庆转赴贵阳防校报到。军校毕业后,分配到重庆高炮 45 团担任少尉排长,后被征调到铜梁空军入伍生总队任少尉教练班长。半年后,随高炮 45 团迁往南京。1947 年,经人介绍进入新成立的联勤干训班担任中尉科员。工作到 1948 年年终停办。

1949 年初,偕祖父一道由南京来到杭州。经人介绍入《天行报》担任记者。杭州解放不久,《天行报》停办。经编辑介绍,改在《西湖报》工作,并担任采访科长。年终,考入华东革大上海俄文学校(今上海外国语大学)。在校工作 41 年,历任助教、讲师、副研究员。1990 年底在上外退休。退休前参加上海黄埔军校同学会,1997 年 7 月,经第三次会员代表大会选为副会长。

著有《外语教学心理学》(此书 1994 年出版,已再版 17 次),与人合著《教学设计》、《电教教材制作》等。

风雨年代　从容一生

口 述 人：朱纯
采访整理：马怡敏
采访时间：2014 年 5 月
采访地点：上海朱纯寓所

一、 陈毅夫人张茜担任我们的主考官

1949 年底，在我到处寻找工作之际，突见报载《上海俄文学校招生简章》。我赶紧到上海参加考试。考试地点在育才中学。

入场后，一位女同志在座，她是主考官。她不是别人，正是陈毅市长夫人张茜同志。考试快结束时，张茜特别向全体考生提了个问题："你们用俄语参加考试的人，如不能录取中级班，是否愿意读初级班？"她提出这个问题，从我个人理解，实际上是让大家有更多录取的可能。我立即在考卷上写下了"愿读初级班。"不久，报上发榜，我果然被录取在初级班里，这真是要感谢张茜同志对考生的关怀。

那时，张茜才 27 岁，她也在这里学俄语。在大家的印象中，她是那样的青春秀美。碰到校长姜椿芳上翻译课，她是必到的，而且听得非常认真，笔记也做得很仔细。作为市长夫人，以后又作为外交部长的夫人，她没有一点高官夫人的架子，和其他同学一样穿着列宁装。

作家连晓植编写的、由中国青年出版社 1987 年 9 月出版的长篇传记《张茜》中只提到一句话："到上海后，张茜曾任上海俄语专科学校的宣传股长。"（其实是教育股长）在"后记"中补充一句说"她酷爱文学，在她幼年的时候就开始攻读许多文学名著，并在其中汲取营养。……很多人都以为张茜可能是出身于大家闺秀和最高学府，这真是一种很有趣的推测。实际上她只是一位中等师范一年级的学生，以后的文化水平，完全是靠她刻苦自学得来的。”

我想，这是对张茜的最真实写照。

1949 年的俄文学校尚是一穷二白，老师们上课大多是自己编教材。最早流行的，是姜椿芳编著的《俄文读本》。姜椿芳的笔名是贺青，我们又把它称之为《贺青读本》。他是真正的学者。在我的记忆中，姜椿芳做过地下党，办过出版社，写过、翻过很多东西，翻译水平很高。“当时俄文专科学校的苏侨教师有活动，用俄语主持的时候，就会请姜椿芳去做口译。”

二、 我与胡孟浩竞选学生会主席

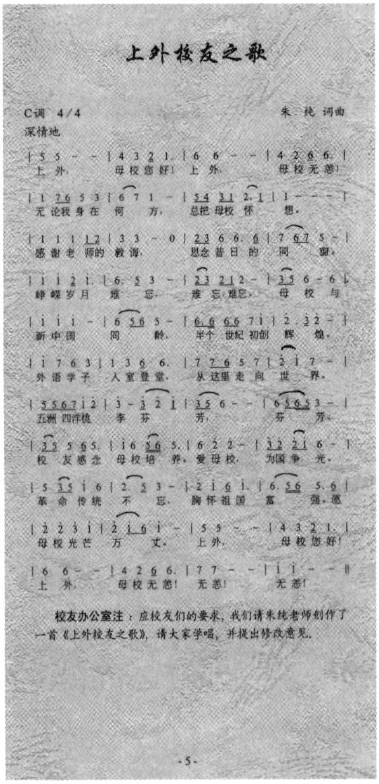

上外校友之歌

C调 4/4 朱纯 词曲
深情地

上外，母校您好！上外，母校无恙！
无论我身在何方，总把母校怀想。
感谢老师的教诲，思念昔日的同窗。
峥嵘岁月难忘，难忘难忘，母校与
新中国同龄，半个世纪初创辉煌。
外语学子入室登堂，从这里走向世界。
五洲四洋桃李芬芳，芬芳。
校友感念母校培养，爱母校，为国争光。
革命传统不忘，胸怀祖国富强，愿
母校光芒万丈。上外，母校您好！
上外，母校无恙！无恙！无恙！

校友办公室注：应校友们的要求，我们请朱纯老师创作了一首《上外校友之歌》，请大家学唱，并提出修改意见。

-5-

为庆祝建校 50 周年，朱纯创作了《上外校友之歌》

50 年代开创了我新的学习生活。我很活跃，喜欢参加歌咏队、话剧队的活动。入校后继续谱曲、唱歌、演戏。当时我的同班同学，一位来自同济大学的胡孟浩，十分热衷于社团活动，能说会道，能拿主意，风头很劲。在组建学生会时，他是主要候选人，我也被列入候选人中。选举时正好有位代表邵洁缺席未选成，后邵洁到场，要由她确定胡孟浩与我之间选一个人担任主席。她不假思索地选择了胡孟浩。于是胡孟浩就当上了学生会主席。

经历了思想改造后，学校里成立了助教班，一面帮助二期同学思想改造，又同时帮助他们学习俄语。当年的俄语教育往往都是速成教育，俄文学校一期、二期的学生毕业之后，有一大部分人都到北京，在那里为来自苏联的客人当翻译和做各个方面协调的工作。我被留在学校里担任助教。

三、《外语教学心理学》深受师范院校欢迎

学校根据苏联专家建议办师范班，建立教学法教研室。教研室由徐渊、阮福根和我 3 人组成，徐渊为主任。给师范生讲授教学法课程。外语教学法是一门崭新的课程。我从俄语实践课教学到教授教学法，跨度非常大。我和另外两位老师徐渊、阮福根在苏联教学法专家的帮助之下，自己研读、学习教学法之后，再将学到的教给师范生。除了教学法课之外，还要带领学生进行教学实习，到交大、女子八中等学校去上课，进行讲评，检验教学成果。在几年教学法教学的基础上，我编出了《外语教学心理学》。该书以教育心理学、学习心理学、心理语言学和试验心理学等方面的研究成果为基础，结合信息技术、传播理论的发展和外语教学的实际状况，探索外语教与学的客观规律，以期有助于外语教师和外语学习者提高教与学的效果。1994 年出版后，连续印刷 17 次，每年增印一次，有些师范院校还采用它作为外语教学法的参考教材。

四、 高校外语电化教学由此发端

电化教学在上外一贯受到重视。最初，在苏联专家的建议之下，教学法教研室便成立了语言实验室，由我负责。让我没想到的是，这个语言实验室慢慢就发展成了后来风行全国的电化实验室、电化教学馆、教育技术中心，直到现在的信息技术中心。

此时此刻坐在学校视听室上课的同学可能不知道，上外教学设备的电子化过程，从那个年代就已经悄悄开始了。

上外将电化教研室扩大为电化教学馆，我开始负责录像教材的制作。那个时候，我集导演、制片人于一身，去各个学院邀请教授做演员、任编剧，筹划拍摄各语种的录像教材。为了拍《我们在国外》（*We Are Abroad*）的片子，我邀请了英语学院的老师写故事，找老师分配角色，根据剧情特点寻找拍摄地点，我须写好分镜头剧本带领大家出去拍摄，每次外拍要动员许

多人参加，拍后还须剪辑，有时还须配音。

最初的电化实验室只是一个阶梯教室，每个座位上有 7 个插孔，插上耳机之后，可以听到俄语、法语、英语、西班牙语等 7 种语言的广播。每到晚上电化教室开放的时候，教室里都挤满了人。那时有位叫虞泉银的同志，每晚无偿收录各种语言的广播。由我做成各种语言的循环带循环播放。

在上外工作的 41 年中，我从事过电教研究、录像教材制作等工作。与人合著《教学设计》、《电教教材的制作》等。合译苏联小说《热的雪》、《德语灵格风》、《第二次世界大战史》第 5 卷、《苏联哲学论著选集》第二卷，另译部分苏联歌曲。编导制作英语录像教材《我们在国外》、《英语自学之友》，法语录像教材《法语起步》，汉语录像教材《汉语情景会话》等。

我认为，1949 年底考入上外，是我生命中的一件大事。

五、 32 年艰苦入党路

1949 年考入上外后，1950 年初开始接受党的思想改造。那时我把事情看得很简单，以为懂了就行了。因此在思想改造一结束就急于表示要求入党，但未送上书面的入党报告。1952 年，工作初步稳定后，在政治学习基础上向党组织提出了第一份“申请入党的报告”。当时党组织虽未接纳我入党，却也指定了沈毅同志作为联系人，我经常受到他的指点。每次重大的学习活动之后或学期结束总结工作，我也表示了入党的要求，但没有一次次地提出书面报告。多少也有点怕人笑话，直至 1982 年 9 月，才给党组织写了份“我为什么申请入党?”这以后才有了 1984 年的入党。从 1952 年到 1984

1984 年朱纯(左)在支部大会上入党

年整整 32 年，这是党组织对我的教育和考验。

几十年来，在人民的学府里，长期受教育，永远有一颗感恩的心在胸中跳动。一批批年轻的外语学子从身旁走过，我为他们的成就欣喜，为他们祝福。我今年已 92 岁，仍希望有更多的时间向年轻人学习。

胡孟浩(2001 年)

胡孟浩,男,1927 年 8 月出生,中共党员,教授。1951 年,毕业于华东人民革命大学附设上海俄文学校(今上海外国语大学);1960 年,获莫斯科大学研究生部俄语语言与文学副博士学位。1978 年 8 月,任上海外国语学院副院长。1981 年,任上海外国语学院常务副院长。1981 年 11 月—1990 年 3 月任上海外国语学院院长。曾担任中国外语教学研究会副会长、国务院学位委员会第二届外国语言文学学科评议组成员兼召集人,中国俄语教学研究会主要发起人并担任首任会长。1988 年,获国际俄语教师联合会(МАПРЯЛ)颁发的普希金奖章。撰有《现代俄语中几种由复合句转化为简单句的句型》、《俄语第二格名词用作修饰语的词序问题》、《俄语无连接词复合句研究简史》、《俄语句子的最小结构模式》等论文,著有《俄语无连接词复合句研究》、《现代俄语句法研究》、《外语教育与俄语句法研究文集》等,主译苏联科学院《俄语语法》(1980 年版)及其他译著多部。

1980 年代初期,在外语类高校改革中率先提出并创建复合型人才培养专业,明确要求"把以培养外国语言文学专业人才为主的外语学院逐步办成多科性的应用文科类的外国语大学。"

1984 年成为我国第一位俄语语言文学专业博士生导师。

敢为人先　勇于担当

口 述 人：胡孟浩
采　　访：张人文、衣永刚、董牧孜、吴伟
整　　理：衣永刚、张人文
采访时间：2013 年 3 月 15 日
采访地点：上海外国语大学立泰苑

胡孟浩是华东人民革命大学附设上海俄文学校第一届学生，经过短期强化学习，提前毕业留校任教。上世纪五十年代中期赴苏联莫斯科大学留学进修，攻读副博士学位，留学期间担任莫斯科大学中国留学生会主席。获得副博士学位后归国继续在我校执教，并于六十年代初期任我校俄语系系主任。"文革"期间，作为"当权派"，他受到严重冲击和迫害。粉碎"四人帮"以后，胡孟浩教授继续担任系主任，1978 年起任上海外国语学院副院长，1981 年 11 月起任院长，直至 1990 年。

下面是胡孟浩校长接受采访时口述的主要内容：

一、 率先在外语类高校中创设复合型人才培养专业

1977 年，我国恢复高考制度。1978 年，我开始担任上海外国语学院（1994 年更名为上海外国语大学，简称"上外"）副院长。上外开始恢复招生，头两年学校共招了六七百人，大部分是农村回来的知识青年，成绩也很不错，后来这些人有的留在学校，有的出国深造，有的进了国家部委。

1981 年 5 月 6 日，我们尊敬的老院长、深孚众望的俄语教育家王季愚同志不幸逝世。同年 11 月，国务院任命我担任上海外国语学院院长，我深感重任在肩，任重而道远，决心全力以赴，很好地完成党和国家交给的任务。

1983 年 9 月,邓小平为北京景山学校题词,提出:“教育要面向现代化,面向世界,面向未来”。“三个面向”后来正式列入 1985 年 5 月 27 日通过的《中共中央关于教育体制改革的决定》。我就任院长后的重大使命,是如何贯彻好党中央提出的改革开放方针以及邓小平同志提出的教育要“三个面向”的指导思想,选准我校的办学方向。

我们学校是解放初期建立的,一直到 1981 年底都是主要培养外国语言文学的专业人才,特别是外语教学师资和翻译人才。但是在对外开放的新形势下,我国同世界各国在外交、经济、贸易、科学文化等各个领域中的交往日益频繁,外语院校的毕业生往往不懂经济贸易、法律、新闻、对外文化宣传等业务,不能很好地适应“四化”建设和对外开放的需要。应该说这是一个矛盾。我们认为,今后不仅要办好语言文学专业,而且要根据国家和社会发展的需要增设一些新专业,例如国际新闻、国际经济贸易、国际经济法律、外事管理、对外汉语等专业,培养有理想、有道德、有纪律、有文化的新型外语人才,使毕业生不仅具有外语交际能力,而且掌握上述某一专业的知识和技能。我们进一步研究了学校的实际情况之后认为,我校有条件陆续增设这些新专业,因为我校除了一些语言文学专业的师资之外,还有不少外语教师过去长期从事过外贸工作和外贸教学工作、司法工作和法学教学工作、国际新闻工作以及对外汉语教学工作。他们不仅学有专长,而且实践经验也较为丰富。于是,我们下定决心,从 1982 年起逐步调整我院的专业结构,条件成熟一个,就增设一个新专业,使我校的毕业生更能适应时代发展的需要,适应对外开放的迫切需要。我们的改革设想,得到了上级领导的认可。

2013 年 3 月胡孟浩在立泰苑接受采访

1982 年初,中宣部给上外下达了一项任务:培养一批精通外语的新闻记者。1983 年 6 月,经教育部批准,上外英语系增设国际新闻专业,从英语专业三年级的学生中选拔 30 名,学习英语新闻采写、国际关系等课程。改革之所以从新闻专业开始,是因为当时英语专业有些老师曾从事过新闻工作。

钱维藩教授就是其中的一位，他毕业于圣约翰大学新闻系，曾任英文《字林西报》的记者和编辑，有几十年的新闻工作经验，他不仅英文底子好，专业知识也很精通，我们便请他做国际新闻专业的主任。就这样，上外的第一个复合型专业——国际新闻专业诞生了。

有了第一次的成功经验，上外又陆续增设了国际贸易、国际经济法、国际会计、对外汉语、教育传播与技术等专业。

1984 年，在上外建校 35 周年的校庆大会上，我作了题为《改革教育体制，培养新型外语人才》的报告，第一次提出“我们专业外语院校的毕业生不仅要熟练地掌握一门外语，而且还要掌握有关学科的一些基本知识……我们的总目标是：把单科性的专业外语学院逐步改办成多科性的应用文科类的外国语大学。”

1986 年，国际新闻专业有了第一批毕业生，许多用人单位都争着要人，求大于供的十多倍。毕业生一到岗位上基本上能独立工作，普遍受到欢迎，这说明我们的办学方向选准了。我们要继续前进，把以培养外国语言文学专业人才为主的外语学院逐步办成多科性的应用文科类的外国语大学。

为全面实现培养复合型人才的目标，我们在全校范围内增设选修课和讲座，以扩展学生的知识面，增强适应工作的能力。新增的课程涉及面很广，包括经济、文化、历史、法律、宗教、心理学等，其中有相当一部分直接用外文讲授。著名导演谢晋、演员孙道临、《新民晚报》记者卢璐、美国登月宇航员 Charles Duke 等都曾应邀到上外给同学们做讲座。除了学校的课程和专业改革，我还注重与国外高校的交流与合作。1988 年，我赴牛津大学访问，与牛津大学校长会面，正式签订了校际交流协议，同时还与牛津大学出版社建立了联系，对方向上外捐赠了价值一万英镑的图书。这在当时的上海高校中是史无前例的。当时我们和牛津大学的关系非常密切，不断有交流项目，我们经常派教师到牛津大学去交流访学，对方也有教师到上外来。随后，上外又与世界上四五十所大学建立了联系。建立了广泛的校际交流之后，上外从英、美、德、日、俄等国家聘请的专家、教师也逐年增多。

1987 年时任上海市长江泽民视察我校并与学生亲切交谈(中立者为胡孟浩)

二、 推动学科发展，让中国俄语教学走向世界

我们为了加强国内俄语界的合作交流,推动全国的俄语教学与研究,1980 年春,会同北京外国语学院、北京师范大学、北京大学、四川外国语学院、西安外国语学院、南京大学等校的同志们着手筹建中国俄语教学研究会。1981 年 5 月,在上海召开了成立大会。承蒙大家错爱,我被推选为首任会长。同时,老一辈的俄语学家姜椿芳、师哲、曹靖华、赵洵等同志应聘担任研究会的顾问。从此,冷落多年的全国俄语教学研究活动,得以恢复并逐渐活跃起来。

为了进一步推动外语院校的教育改革,加强校际合作交流,1984 年,我院党委书记张显崇同志和北京外国语学院院长王福祥教授、四川外语学院院长群懿教授、广州外国语学院院长桂诗春教授共同倡议组织一个民间组织性质的外语院校协作组,定期开会商讨大家关心的与外语院校教育改革有关的问题,交流信息,扩大联系。这一倡议得到全国 12 所外语院校领导的赞同。在教育部的支持下,1984 年在我院召开了协作组的筹建会议。

1986 年 4 月，在西安外国语学院召开了外语院校协作组的成立大会，会上着重讨论了师资培养以及管理体制改革等问题。大家认为很有收获，这样的会议今后应每隔一两年召开一次，长期协作下去。

1984 年 10 月，我受教育部的委派，率领俄语教学代表团访苏，代表团成员有教育部高教一司副司长付克同志、南京大学副校长余绍裔教授、黑龙江大学华劭教授、北京大学俄语系主任武兆令副教授和北京外国语学院俄语系主任蔡毅副教授。阔别了 24 年，我们终于又来到莫斯科，访问一些苏联高校和研究机构，受到苏联语言学界新老朋友的欢迎。我们会见了国际俄罗斯语言文学教师联合会（俄文缩写 МАПРЯЛ）的秘书长科斯托马罗夫院士。在十分友好、坦率的交谈中，科斯托马罗夫教授代表协会表示希望中国俄语教学研究会能作为中国俄语教师的代表加入 МАПРЯЛ 这一国际组织，我也表达了相同的愿望。1985 年 8 月，该国际组织开会一致决定接纳中国俄语教学研究会作为该组织的集体会员单位，并向我们发出邀请信，邀请我国俄语教师代表团出席 1986 年在布达佩斯召开的 МАПРЯЛ 年会。中国俄语教师同国际俄语教师恢复交往，得到了我国俄语教师的普遍欢迎。

在访苏期间，苏联同行希望我国能将苏联科学院《俄语语法》（1980 年版）全书译介给中国俄语教学界，我们接受了建议。这部巨著，共三百余万字，翻译工程浩大，我校会同北外、黑大、北大等兄弟院校的俄语教授们，经过两年多的通力合作，终于在 1986 年年底将全书译成出版。这是我国俄语界为介绍苏联的俄语研究成果所作的一次巨大努力。

在此之前，我们已经做过苏联科学院《俄语语法》（1970 年版）的推介工作。打倒“四人帮”后，为了把十年动乱所损失的时间补回来，我们力图把俄语教学和科研恢复到“文革”之前的水平。然而，那时候我们掌握的图书资料少得可怜，1968 年至 1972 年，我们几乎未曾从苏联进口过任何书刊，造成了图书资料的一个空白点。1972 年以后才进了一些苏联书刊，但数量少得可怜。打倒“四人帮”后，我想起了早些时候进口的苏联科学院《俄语语法》（1970 年版），我认为这部书与传统使

苏联科学院《俄语语法》（1980 年版）

用的语法书相比，颇有独到之处，尤其在简单句体系方面有很大的变动，值得译介给大家学习和研究。当时要出版此书的译本是很困难的。于是，我就和同事王德孝教授等人合作，再邀请国内一些颇有影响的俄语句法学家，一起从事苏联科学院《俄语语法》（1970 年版）的介绍工作，把写成的文章汇编成论文集加以出版，取名为《苏联当代俄语句法论文选》。

1984 年 12 月，我被选为中国外语教学研究会副会长。1985 年，我应聘担任国务院学位委员会外国语言文学学科评议组的成员。在此之前不久，该评议组同意在我校设立全国第一个俄语语言文学专业博士点，于是，我作为导师，于 1985 年招收了三名俄语博士研究生。1986 年，北外和黑大也被批准设立俄语语言文学专业博士点。1987 年，国家教委批准上外俄语语言文学专业为重点学科。1988 年，国际俄语教师联合会（МАПРЯЛ）颁予我普希金奖章和奖状，这象征着俄语教学的最高荣誉。

三、外国语大学大有文章可做，坚持走多学科并行发展道路

出于多种原因，相当长一段时间内我国培养的俄语人才不多，高级的俄语人才更少，而后有成批俄语教师退休，俄语人才出现了青黄不接的状况。随着高校俄语专业招生人数的增加，俄语硕士点、博士点的增设，我国俄语界必将后继有人，人才辈出。现在，中国已有 120 多所高等院校开设俄语专业，50 多所高校具有硕士学位授予权，全国俄语专业学生总数超过 2.5 万人，俄语教育已进入健康快速发展期。作为在俄语教学界工作了三十多年的一名老兵，我对俄语教学怀有深厚的感情，非常高兴看到这一兴旺景象。

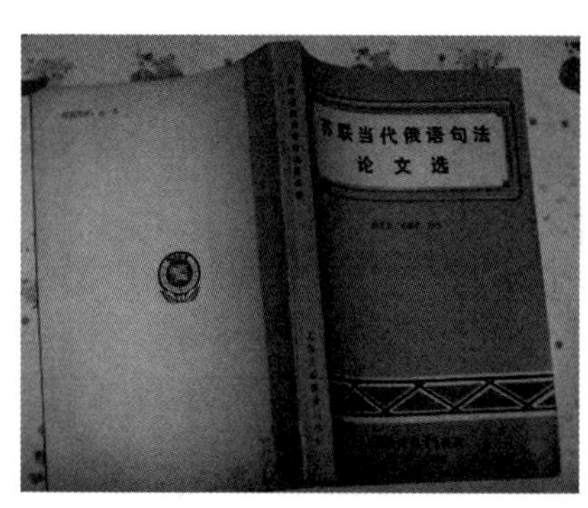

胡孟浩主编：《苏联当代俄语句法论文选》

现在回想起来，在进行大刀阔斧改革时，也遇到过很多困难和阻碍，但早年的留学经历造就了我敢作敢当、坚持到底的性格。人要排除一些私心杂念，如果这个事情是对国家、对集体

有利的，我们就要敢于坚持。我想人们最终是可以理解的，如果老是怕，什么事情都做不成。

虽然退休多年，但我还经常在思考外国语大学将来的发展方向。美国没有“外国语大学”，西欧国家也没有“外国语大学”，俄罗斯有，中国有，日本和韩国有。在中国，外国语大学在改革开放初期承担的使命与现在所应当承担的使命也是不同的。我们应该对这一问题进行深入的思考，“外国语大学”本身大有文章可做，年轻的一代需要研究一下，“外国语大学”是在什么情况下产生的，它的历史任务是什么，将来的发展怎么样。在这些问题上应该有一些明确的认识，否则对我们的发展是有阻碍的。我认为外国语大学有很大的舞台和发展空间，但是发展思路一定要明确。我们的事业需要年轻一代来继承和发扬光大，上外人应该把传播中国文化作为己任，让全世界受益，我们应该为全世界作贡献。

1991 年胡孟浩在“‘中国文化与世界’国际学术研讨会”上讲话

鲍世修(1980 年代)

鲍世修,1929 年 5 月出生,江苏东台人。中共党员。军事思想家,军事资深翻译家。毕业于华东人民革命大学附设上海俄文学校(今上海外国语大学)。现为国家马克思主义理论研究和建设工程军队问题课题组首席专家、中国军事科学学会高级研究员、中国马克思恩格斯研究会顾问、中国翻译协会理事、《中国军事科学》杂志特邀学术顾问、中国国际友人研究会理事。曾任中国军事科学院马克思主义军事理论毛泽东军事思想研究所所长、研究员、教授等职。熟悉英、俄、德语,长期从事马克思恩格斯军事著作的译校和研究工作。曾撰写专著和大量学术论文,培养过研究生。是国家级有突出贡献的专家,享受政府特殊津贴。在军内外马克思主义理论研究领域和翻译界享有较高知名度。

鲍教授自上世纪 90 年代初退出现役后,除继续跟踪马克思主义军事理论研究各个当代课题的研究外,还积极参与地方科研机构和高校教学科研部门的专家咨询工作。先后应邀去德国、法国、芬兰、瑞典、挪威、俄罗斯和美国参加国际会议和进行学术考察和交流。

上外是我们的母亲

口 述 人：鲍世修
采访整理：赵欣欣、李一祺
采访时间：2013 年 8 月 3 日
采访地点：北京军事科学院附近餐厅

鲍老在上外学习的时间并不长，然而却对母校有着十分深厚的感情。2011 年，他应邀回母校给党校学生讲课的时候，提起母校在他们这些学生心中的地位，他说，“其实很简单，是母亲。”

今年已年过八旬的鲍老一头银发，面庞消瘦，走起路来上身会微微向后倾斜，双手要扶在腿上。采访开始前，他将记者一行人带到了军事科学院的院史馆——这里记录了他在军事科学研究的道路上取得的辉煌成就。

“作为上外毕业的学生，我做了我应该做的，我没有给母校丢脸。”参观结束时，老先生这样讲道，满脸的笑容。

一、上外的第一批“毕业生”

1949 年 12 月，华东人民革命大学附设上海俄文学校（今上外）成立。此时，已在同济大学工学院读了一年半的鲍世修做出了他人生中的一个重要决定——转入上海俄文学校学习。

“一方面是由于当时新中国刚成立，作为青年人对于如何投身于火热的国家建设中去是很有上进心的。在同济工学院要念五年，而我希望早点为国家服务。第二对外语学习非常爱好。”鲍世修从懂事起就学习英语，进入同济大学的第一年还旁听了一年德语课。当时中苏关系正处于蜜月

期，鲍世修便开始琢磨学习俄语。

“上海俄文学校当时是在陈毅市长的要求下，以短时间内培养出高质量俄语人才为目的建立的，是要培养符合国家需要的、有献身精神、专业能力又强的人才。”这样的定位让当时正是热血青年的鲍世修找到了出路。

1950 年 2 月 6 日，第一期学员在东体育会路 330 号（原暨南大学一院旧址）正式上课。学校举行了隆重的开学典礼。对于那一天的情形，鲍世修记忆如新。

“姜椿芳校长那天做了一个让我印象深刻的报告，他首先强调了为人民服务的重要性，说上外不是一所简单的学校，它是一所革命学校，是为了人民的生活幸福服务，为国家建设服务。”鲍世修回忆道。“当时还有俄语专家来讲话，姜校长做翻译，我们佩服得五体投地。”鲍世修曾专门写过一篇文章来纪念老校长，题目是《阳光雨露惠我终身——忆姜椿芳校长对我的苦心哺育》。

鲍世修说，开学典礼上的讲话指点了他的人生道路，首先就是引他走上学好俄文服务人民和社会的革命道路。当时学校性质比较特殊，对学员的培养是政治思想和语言学习两方面并举。鲍世修入校后先接受了三个月的政治教育，然后开始俄语学习。

2013 年 8 月 3 日鲍世修接受采访

学校采用小班教学模式，每个班 30 多人，配一名俄国老师和一名中国老师。老师和学生们打成一片，同学之间平时也用俄语交流，“学习环境非常好”。

暑假过后，学校根据国家需要，挑选成绩较好的同学组建了两个俄语速成班。鲍世修被选中，他的同学里有后来成为上外校长的胡孟浩。

良好的语言学习环境，加上自身的勤奋和之前学习语言的基础，鲍世修学习俄语的速度很快，然而令他没有想到的是，他的“用武之地”也来得异常快。

1950 年 11 月，学校领导找鲍世修谈话，因为工作需要，希望提前把他送到外面工作。“我当时很惊讶，觉得太急了，本来需要学两年的。但学校说考察过我的情况，认为我已经准备好了。”在接受思想教育的时候，鲍世修曾经表态只要国家需要，随时服从分配。就这样，在学习俄语不到半年的情况下，鲍世修投入到了军队系统的翻译工作中，并从此开始了他奋斗一生的事业。

二、研究马恩军事经典著作五十载

离开母校后，鲍世修最初被分派到华东装甲兵部队，在徐州坦克师里做苏联教官的口译员。他白天跟着军官上课，晚上要查找资料，学习坦克方面的专业知识，翻译第二天上课的提纲。三个月的时间，每天都在紧张忙碌中度过。

1959年，中央军委责成军事科学院负责，组织专门班子翻译和编纂马克思、恩格斯、列宁、斯大林军事文选。鲍世修从济南军区奉调来京，在叶剑英元帅手下工作。三年时间，夜以继日，鲍世修和其他同志一起最终完成了这一既光荣而又艰巨的任务，并从此同马克思恩格斯军事著作的译校、学习、研究结下了不解之缘。

五十载倾力耕耘，半世纪历尽艰辛。在马克思恩格斯军事经典著作研究的道路上，鲍世修一走就是五十年，著述等身。

如今已经年过八十的鲍老仍笔耕不辍。他将视角转向国家安全，致力于中美关系的研究，参加各种国际会议，做研究，写报告。

“恰恰是通过这些活动，让我感觉到我做的事还有用。我从工作中能感到乐趣，虽然很忙，但是精神上感觉很充实，不觉得累。”

三、上外——母亲

即使已经成就显著，鲍世修却始终不会忘记母校对他的影响。他说上外对他来说是“根本”。“不仅是语言方面，学校还教会了我怎样做人，如何把自己学到的东西奉献给社会。”鲍世修说，对于他们这一代上外毕业生来说，不管自己为国家为社会做了多么大的贡献，也不管自己在事业上取

得了多么骄人的成绩,他们"从来不敢居功","从来都把这看作是母校早年辛勤培养的结果"。他们对母校始终抱着感恩的心情。因此,他们无论走到哪里,都以自己是上外毕业生而骄傲,也非常注重维护母校在外的声誉。

"我在国外做研究的时候,国外对我的英文介绍里都会提到我是上外的毕业生,我就会非常谨慎,因为我是以上外毕业生这样一个身份出现的。"

怀着对母校的深厚感情,鲍世修在毕业后多次回母校探望。他对母校近年的发展感到十分欣慰。"上外现在已经不仅仅是国内一流的语言大学了,而是发展成为综合性的大学,很不容易,我为上外而感到骄傲。"

采访临近结束,鲍老由衷地表达了自己对上外学子的期待。"首先要热爱国家,热爱民族,时时刻刻想着为民族争光。第二条要有开创性,不守旧。第三必须要善于与别人相处。包括与国内外的朋友相处,与外国人相处要懂得相互之间的差异,要尊重别人,别人才能尊重你。另外要有团队精神,自己一个人成不了大事,团队要带领好。外语也要棒,这条是必须的了,沟通能力要强……"鲍老微皱眉头,语重心长地讲着这些,他好像还没有讲完,好像还有好多话要讲,仿佛想把一生所得全部倾诉给他挚爱的母校——他热爱的母亲。

访谈实录

采访者:您是当年上海俄文学校的第一批学生吗?当时的情况是怎样的呢?

鲍世修:我们学校 1949 年年底成立,新生入学报到注册,是在第二年的年初。上海俄文学校的全称是:华东人民革命大学附设上海俄文学校。这所学校的性质比较特殊。她对学员的培养,是两方面并举:一方面是政治思想教育,另一方面是语言培训。当时学生享受供给制待遇,学杂费全免,膳宿由国家提供,着装统一。学校对大家的要求和承诺是:学成后,学校将根据国家建设的需要指派工作,个人则应无条件服从分配。

我 1950 年 1 月入校，先接受三个月的思想政治教育，然后转入俄语单科学习。可是，这上半年真正用来学俄语的时间并不多。因为两个多月之后就放暑假了。暑假以后，学校根据国家各建设部门对俄语翻译人才的迫切需求，紧急从全校初级班学员中挑选了约 50 名过去已有一定外文基础、入校后俄语学得较快较好的同学，组建了两个速成班。我有幸被学校选中。当时的同班同学有胡孟浩、张茜、王仲英、徐捷等人。老师是一位苏侨，叫格利亨高斯，对教学要求甚严。当时，从全国情况看，俄语人才非常紧缺。速成班开课不久，记得就在当年的 11 月 7 日，学校学生管理部门就找了我去谈话，说是由于客观上急需，学校决定让我提前结束学业马上去部队报到工作。我当时很惊讶，觉得这实在太急了，本来需要学两年，现在一年还不到，就要出校。学校说，我们对你这段时间的俄语学习情况，进行了考查和评估，认为你已具备了当一名初级俄语翻译的基本条件。回想那年上半年进行思想改造时自己曾做过学成后坚决服从分配的表态，因而，听完学校管分配的干事一席话后，自己遵守诺言，当即愉快地接受了学校的指派。

后来了解到，专程派人来学校要人的，是华东军区装甲兵司令部。当时，他们之所以那样急迫地到处调集俄语翻译人才，是有其一定原因的。因为这时抗美援朝战争已经开始，志愿军也已开赴前线。但是，上到战场，与侵略军一对比，志愿军的装备明显有欠缺。其实，我国政府为应对这场战争，早就在做着准备。当时我国向苏联买了两个坦克师的装备，实际上是四个坦克团。为帮助中国官兵尽快熟悉坦克部队装备的性能，掌握其使用技能和管理，苏联派他们的官兵随装备一起过来，进行一对一的指导，争取三个月之内完成全部教学。这样呢，我就被分配到驻徐州的坦克第二师的坦克第三团，担当现场教学的翻译员。当时，我遇到的困难真不少。首先对军事术语不熟悉，再就是，对坦克兵的各有关专业更是一无所知。当翻译只懂得语言是不行的，必须还要有丰富的专业知识。在到部队最初的这三个月里我特别紧张，白天跟着军官去上课，晚上要查找各方面资料，学习有关坦克构造、性能、使用等方面的专业知识，把第二天上课的讲授提纲翻译出来，这样，次日才能跟着去上课。

采访者：您读大学，先是在同济，后来到了上外，是吗？

鲍世修：我在同济已经读了两年半，先旁听了一年的德语，然后正式进入工学院，再读了一年半，上海解放之后来到了上海俄文学校。1950 年 1 月开始进入母校学习。

采访者：为什么来上外学习？

鲍世修：两方面原因，一方面是由于，当时新中国刚成立，我作为一个青年，对尽快投身火热的国家建设中去，是很有上进心的。在同济工学院要念 5 年，我希望能早点儿学成去为国家、社会服务。其次，对外语学习非常爱好。从刚刚懂事就学习英语，到同济后又学了德语。1949 年新中国成立后，中国和苏联的关系特别好，我感觉到学好俄语马上就能用上。而上海俄文学校又是以速成为育才手段的。

采访者：您对上外印象最深刻的是什么？

鲍世修：艰苦创业和为培育高质量俄语人才全力以赴。建立这所学校的任务，是当时上海市的陈毅市长赋予的，他构想中的这所学校能够在最短的时间内培养出符合国家建设需要、有献身精神、专业能力又强的俄语人才。学校的领导和全体员工，受陈市长如此的重托，丝毫不敢怠慢，他们把全部心思、精力和辛劳全都用在排除万难建好学校上，这一点给人留下的印象特别深刻。

采访者：您印象深刻的老师有哪几位？

鲍世修：上海俄文学校的老师，在我的脑海里到现在仍记忆犹新的有两位。一位是姜椿芳校长，他不仅给了我正确的人生道路指向和教我掌握俄语精要的基本要领，而且还教会我怎样踏踏实实地做人和处世。另一位则是我的俄语启蒙老师格莱鲍夫，他当时是我们学校最年长的俄语教师，也是教学最认真、最尽责的一位。他在俄语语音教学上下的工夫，真让人叹为观止。

采访者：有没有很好的同窗？

鲍世修：胡孟浩。我和他中学就在一起，他比我高一班。进入同济大学后又都在工学院。报考上海俄文学校，我俩事先曾一起商量过。1950年初冬我离校后，这些年来，我们保持着良好的同学、战友关系。此外，离校后，一直保持着较多联系的好同窗还有庄寿仓、顾锦屏、周亮勋（已故）等。

采访者：您认为上外对你的影响是什么？

鲍世修：上外对我的影响，应当说，是我后来得以健康成长和尽心尽力报效和服务国家、社会的根本源泉。这一点，不仅是表现在学语言方面，学校还教会了我怎样做人，如何把自己学到的东西，奉献给社会，如何把业务方面的事情做得更好。

采访者：1959年，中央军委责成军事科学院负责组织专门班子翻译和编纂马克思、恩格斯、列宁、斯大林军事文选。您当时从济南军区奉调来京，参与完成这一既光荣而又艰巨的任务。当时是一种什么情况、您个人又是一种怎样的心情呢？

鲍世修：军事科学院是叶剑英元帅提出建议、经毛泽东主席批准后于1958年成立的。他是当时的院长兼政委。1959年，中央军委对全军工作有四条指示。其中有一条是：根据国家发展和军队建设的需要，我军高级将领应当学习马克思、恩格斯、列宁、斯大林的军事著作，并部分地抽读德国军事理论家克劳塞维茨的《战争论》一书。叶剑英院长根据军委的上述指示，马上责成院相关学术部门着手组建编译队伍。院干部组织部门立即在全军范围物色俄语翻译经验丰富、汉语修养也好、为人踏实本分的干部来院参加这一工作。我有幸被选中。叶剑英是全国全军知名的帅才，能调到他手下工作，我内心的喜悦，无以言表。当时我正好三十岁。

采访者：因为这是一项史无前例、具有开创性的任务，您和其他老师们都遇到了怎样的困难？

鲍世修：马克思、恩格斯所写的著作，从时间上算，离我们已有100多年。他们谈的许多情况，包括历史、军事、社会、人文等各个方面，使用的词汇和所涉及的史实、事件都不是我们所熟悉的；他们在各篇著作中所阐释的关于哲学、军事学、历史学、社会学等学科方面的原理和概念，也不是一

般常人所容易理解的。当然，这里还有一个难处在于，马克思恩格斯认识问题的思想深度，远非一般涉世不深的年轻人所能够完全把握，所以，翻译他们的著作，首先要查找许多相关资料，搞清每一个词，每一个概念，每一件史实，每一个原理，然后才能下笔。为了便于部队的中、高级干部较容易地读懂，译者必须为每篇文章中的各个疑难点，做出注释，这样，便无形中加大了工作量。完成这项任务，翻译组一共花了三年时间。在这三年中，大家夜以继日，全身心投入，休息天很少，但工作的劲头一直挺足。

采访者：从1959年起到现在，您研究马恩军事经典著作已经五十余载，发表过多篇相关文章以及学术专著，您坚持这么久做这件事的动力源泉是什么？

鲍世修：应当说，这实际上来自两个方面。

一、我坚信，马克思主义军事理论是科学的。马克思和恩格斯研究军事，由于运用的是辩证唯物主义和历史唯物主义的科学方法，所以得出来的一部分结论，是可以跨越时空的、有永恒意义的。他们在军事学方面的研究，揭示出了作为社会客观存在的战争和军队自身运动、发展的某些固有规律，以及这两个事物的本质特征。

二、我认为，学好了这个理论，我就可以用它来为国家的国防和军队建设以及军事科学的繁荣发展做出自己应有的贡献。

采访者：我看到了您去年发表的一篇文章，那是围绕国家形象的题目展开的。从什么时候起，您开始关注这方面的问题？驱动力又是什么？

鲍世修：你所说的那篇文章，是去年5月《红旗文稿》编辑部刊发的，题目是《国际友人笔下的中国国家形象传播》。我研究撰写这篇文章，的确有其特定的意图和时代背景。长期以来，由于历史的和意识形态方面的原因，西方国家对中国一直存在着许多误解和偏见，中国真实的国家形象在他们那里是被完全扭曲了的。就拿近三十多年来中国社会发展的实际情况来说，不少西方学者从中国社会进步和经济建设成就得出的结论却完全违背客观真实。他们喜欢举出一些数字来说明，中国的GDP如何高速增长，如果依此发展下去，就将超过美国，成为世界上最大的经济强国，从而会给别人造成威胁，这使不少国家惴惴不安。为了阻止国际上这样一些西方人任意糟蹋中国的国家形象的恶劣行径，我们中国人自己就得把一个真实的中国国家形象大范围地推介出去。这就是我写这篇文章的一部分初衷。

采访者：近期，您还在做些什么研究？

鲍世修：我还在做国际大环境下中国国家安全的研究。我整个的研究专注，是国家安全和大国战略解析。一段时间以来，我一直在关注中美、中俄（特别是中美）等大国间关系的现状及其发展走向等等。

采访者：您先是在我军大军区领导机关，后又到身处京畿重地、即“天子脚下”的一所高级军事科研机构供职多年，在您这半个多世纪漫长的军旅生涯中，都有哪些触动过您胸臆的大小事情，迄今仍在您的脑海里留有深刻印记？

鲍世修：是的，尽管我的一生过得十分平凡，但值得我铭记终身的，怕只是一鳞半爪。这里，我想只举其要者。

鲍世修（右）与美国前总统老布什合影（2007 年 10 月）

一，我在工作中提出的政策建议，被党中央采纳，并写入党代表大会的正式文件。在我担任中央理论工程首席专家期间，2007 年 3 月，我根据自己多年进行对外学术交往的深刻感触，给党中央呈送了一份题为《充分运用已取得的学术成果，让中国人在国际学术讲坛上的声音强大起来》的报告。

报告分析了中国学者走向国际学术讲坛所面临的障碍，探讨了加强中国学者在国际学术讲坛上声音的途径，并提出了当前中国学者在国外学术讲坛上应着重阐释的问题。

我这一建议的主要思想，后来在我党第十七次代表大会的《工作报告》中有了反映：

“繁荣发展哲学社会科学，推进学科体系、学术观点、科学方法创新，鼓励哲学社会科学界为党和人民事业发挥思想库作用，推动我国哲学社会科学优秀成果和优秀人才走向世界。”（《工作报告》中第七个问题的第一小题“建设社会主义核心价值体系，增强社会主义意识形态的吸引力和凝聚力”）

我，作为一个普通党员，对国家在思想理论层面对外交往中应注意的问题，向上做了反映，受到党中央这样的重视，被写入如此庄严的党的代表大会的《工作报告》当中，这对我来说，实在是人生的太大幸事，真的让我没齿不忘。

二，脑海里，周恩来总理为国为民日夜操劳的感人形象，几十年屡忆常新。1967 年下半年，“文化大革命”在全国正进行得“轰轰烈烈”，国务院各部已无法履行其固有职能。周恩来总理为稳住全国的生产大局，决定动用军队进驻国务院各部委，对这些掌管全国经济命脉的职能机关实行军管。在这种情况下，我随军事科学院派出的一个军管会办事组来到国家第一机械工业部。

记得在这年冬天的一个下午，部军管会办事组接到通知，让大家下班后暂不回家，留办公室待命。晚九点半后，办事组所有成员被一辆面包车拉到中南海的北门外，在那里又等了一小时左右，经严格验证后，准许我们进入大院。然后，我们按规定路线，被带到了礼堂。直到这时，组织这次集会的官员才告诉我们，周恩来总理马上要来接见大家。这时，礼堂里，除军管会的人员外，坐满了一机部在对如何进行“文革”的看法上持对立观点的两派“革命群众”。

晚11点过后，周恩来总理和李富春、李先念两位副总理，先后依次以急促步伐来到会场。军管会的人员坐在受众席当中面对首长的第一排，我们与周总理之间的距离，也就是两三米，大家内心都有一种对敬爱总理的亲近感和受总理信任、托付的幸福感。

当时，一机部两派，为争夺执掌该部的管理大权，争吵得不可开交，彼此间冲突不断，而部里应办的一些例行公事却无人去管。见到这种状况，周总理非常着急。所以他找了这么一个晚上把言论上和行动上针锋相对的双方全都叫了过来，就是要让他们懂得识大体、顾大局，联合起来，一起把全国机械行业的生产抓好、抓上去。可是，恼人的是，这些人在会上，谁也不听总理的招呼；双方各执一词，互不相让，尽说自己有理，惹得总理不得不生气。尽管如此，总理还是一刻不停地做耐心说服的工作，一片苦口婆心，让人动容。就这样，他不厌其烦地给大家讲了一个多小时。但听的人却仍然无动于衷。

稍后，总理的随行人员给总理送来了药丸和温开水，请他服用，当时，我们军管会的人看在眼里，心中十分难受。又过了一会，时针已跨过零点，经总理这一番动之以情、晓之以理的耐心说服教育，会场气氛和参会人员的情绪才稍稍缓和下来，于是，两派的领头人先后明确表态：坚决按总理的指示去办。

这时，组织这次接见的官员终于向大家宣布：“会议到此结束，周总理马上还要赶到机场去迎会外宾。”听完这位官员的话，我真的是心潮起伏，不能自已。心里默默在想：总理那么大的年纪，真的是为国为民操碎了心。

三，叶剑英元帅亲自教我们怎样搞科研，怎样从事经典著作的翻译。

1959年，也就是在我的而立之年，我有幸被调到北京军事科学院工作。当时叶剑英元帅是该院的院长和政委。到院后，首先让我感到特别兴奋的，是接受叶帅亲自签署的一份任命书，我成了他新组建的翻译马列军事经典著作团队的一名成员。

叶帅虽身居高位，但十分平易近人，非常关心部属。他考虑到，经典著作的翻译不同于一般，要求十分严格；又知道当时调去的这些年轻人过去没有接触过正规的研究工作，要完成好任务，困难肯定不少。因而，他对我们的思想和工作关怀备至，经常细加指点，有时甚至是把着手教，使我们获

益良多。现在回想起来，我在军事科研道路上的成长，最早点拨和开导我的，正是叶帅的循循善诱和科学方法的指导。

“翻译与研究相结合，落脚于研究”，这是叶剑英院长对我们这些年轻的翻译经典著作的生手的一项基本要求。他在一次谈话中，专门讲了翻译与研究的关系。他说，我院翻译不同于一般翻译的最重要的一点，就是所翻译的材料全都有着丰富的学术内涵，而要翻译好这样的材料，不进行认真的研究，是绝对办不到的。从这个意义上讲，翻译本身就是研究。因此，你们必须努力做到“翻译与研究相结合，落脚于研究”，并始终牢记“翻译只不过是工具，研究才是目的”。叶帅以上的这段话，真可以说是指引翻译人员通过走译研结合的道路发展自我、刻苦成才的金玉良言，我后来的成长进步从中受益不少。

四，通过欢送苏联军事顾问团提前回国，见证了中苏两国那些历经各自卫国战争洗礼和军队建设相互合作之路的老军人之间的深情厚谊。

在这次访谈之初，我就曾经说过，离开学校，我到了中国人民解放军的坦克部队。一开始，我在下面连队当了 3 个月讲解坦克构造、性能、使用等专题的教学翻译。在那之后，我被调到军区司令部翻译室工作，服务的对象是苏联军事顾问团。从 1951 年 5 月开始，一干就是八九年。

在此期间，中国跟苏联的关系，自 1953 年 3 月斯大林去世到 1958 年 5 月中共八大二次会议提出开展所谓的“大跃进”和人民公社化运动之前，尽管在党际关系上，争论与不和时有出现，但就整个国家关系来说，还维持着一种正常状态。但在那之后，则逐渐转向冷淡，乃至急剧恶化。由此带来的后果，是苏联政府开始单方面撤退专家。

正是在这样一个大背景下，1959 年 3 月，我所工作的济南军区按照北京总部的要求，在苏联军事顾问团归国之前，组织了一次隆重的欢送大会。记得大会是在军区的“八一”礼堂召开的。参会的人员，中方有军区的各位领导和司、政、后及各军、兵种部的全体干部，苏方则是顾问团全体成员，即除总顾问外，还有司、政、后及各兵种部的顾问。

上面说到的这些顾问，当时来到军区已经有两年多。他们都是参加过苏联卫国战争的将军和上校一级军官。在军区任职期间，他们的实际行动，让人们看到了苏联军人的高尚思想品德和无私的实干精神。正因如此，他们与中方相应的各部门领导人之间都建立起了深厚的同志和战友情谊。而从中国方面来说,我们则一直对他们很尊重,很信任,在生活上也照顾得十分周全,所以他们很愿意在中国多待一些时间以尽他们的顾问之责。

苏联军事顾问团提前撤出中国,是他们政府的决定,作为军人,当然不得违抗,但就他们个人内心感受来说,真的是很不想走。因为,在聘任合约还没有到期的情况下就先走,这首先是违约的;再就是,这样做会直接影响中国军队实现现代化、正规化的进程。所以,他们感到,这一走,很对不起中国同志。

在大会上,济南军区的司令员杨得志上将作了讲话。他首先对顾问们在军区为部队建设付出辛勤劳动而深致谢意,同时表达了军区官兵不愿友人们立即离去的惜别之情。再就是,他还对中苏两支军队在第二次世界大战中共同抗击法西斯军队入侵而结成的战斗情谊作了歌颂。他的讲话,真诚、生动,极富感染力。作为他的翻译,我的内心,也被深深地触动。

接着,苏方的总顾问巴布鲁克将军在会上致了答词。他一面对中方各级领导和官兵,在他们在华任职期间,对他们工作的积极配合和支持以及生活上的精心照顾,表示感谢;对他们不得已而提前回国深致歉意;当然,也为两军长期以来结成的战友情谊深表珍惜。他的这一番话,所有在场的人,听了都深受感动。通过这次欢送会,我的确也见证了中苏两国那些历经各自卫国战争洗礼和军队建设相互合作之路的老军人之间的这番深情厚谊。

五,上海俄文学校同班同学张茜校友给我留下的一点深刻记忆。

前面我曾经提到,1950 年暑假后,我被选拔进入学校专设的速成班。在这里意外地见到了张茜校友。为什么说“意外”,因为新组建的两个速成班的学员,原本都是遴选自初级班,但张茜同学则有点例外。她原本是中级班的学员。在我的印象里,那年,他们家的第 4 个孩子——姗姗刚刚出生,张茜同学因在家休产假耽误了中级班一些课程,休假毕返校后便被编入了新成立的速成班。另外,张茜是当时上海市市长、上海俄文学校的创始人陈毅同志的夫人和 4 个孩子的母亲。她能摆脱一切世俗禁忌和生活家事上的各种牵累,毅然来到学校老老实实坐下来当学生,学俄语,这在某种程度上对我来说,也是一种“意外”。当然,另一方面,她的这一果敢明智的举动,也着实让我钦佩。不过,张茜同学在校期间,留给我印象更深的，是她当学生表现出的认真和勤奋以及做人表现出的朴实无华。

就我记忆所及，张茜到课，很守时，从不迟到。她坐在教室的左侧一排，听课非常专心。回答老师的提问，很认真，慢条斯理，不快不慢，娓娓道来，必等老师表示满意后方才收兵。一天课业完毕，在没有离校前，教室里总还是能见到她伏案用功的身影。

张茜虽是当时上海市父母官的夫人，但为人低调本分，一点也不张扬，穿着朴素，待人接物随和。课间与学弟、学妹们聊天的话题除歌颂新中国建设成就外，就是怎样学好俄语走向社会为人民服务。同学们亲切地称她为大姐。由于她在学校的人缘好，大家也都爱关心她的事。这里特别值得一提的是：陈毅市长在日理万机的繁忙工作之余，隔三差五下班后，亲自来学校接张茜回家。他们伉俪间这种情深意切的表现，一时在校园传为佳话。

1950 年冬天，我离开了学校，很长一段时间，与张茜同学没有直接联系。但她学习和离校后事业上的进步却时有所闻。她毕业后很快便如愿以偿地加入了自己热爱的、介绍苏俄文学的翻译队伍，而且时间不长，就出版了两本译著。这让很多同学都十分羡慕。

进入上世纪 70 年代，张茜被中共中央军事委员会任命为中国人民解放军军事科学院外国军事研究部副部长。当时，我正在这个部当研究员，听到她将来部工作的消息后，真有点儿喜出望外，满以为今后又能够跟她在一起共同磋商翻译方面的各种难题。

但是，让人万万没有想到的是，这时的她，由于“文革”中家人和自身遭受不白之冤，精神上和躯体上受到了重创，以致心力交瘁，一病不起，并于 1974 年 4 月的一天，离开了人世。作为她的部属，我怀着沉痛的心情，在北京解放军总医院，为办好她的丧礼尽了一份微薄之力。在那次向她告别的仪式上，我首次看到了她在读上外时刚出生的女儿丛军，还看到了陈毅元帅和她本人的亲密战友邓小平同志。

我跟张茜同学最后的这次见面，她留给我的印象，仍然是那样安详爽朗，高雅而美好。

采访者：您学习了英语、德语、俄语，为什么对语言这么情有独钟呢？

鲍世修：原因是多方面的。首先是喜欢，当然，也还有赖于其他各种机缘的促成。一、我最初学英语时,看的都是一些内容十分新奇、有趣的读物,如《泰西五十轶事》、《鲁滨逊漂流记》、《木偶奇遇记》等。书里所说的一些故事,非常吸引人,所以常常让人爱不释手。二、自幼就有一个长大一定要到国外去看看的愿望,或者说,就有一个出国留学梦,必须尽早学好外语。三、高中毕业后,选择了入大学时读工科,同济大学在工科方面非常出名,但进本科之前,必须先学一年德语,否则以后就无法适应本科老师直接用德语授课,这就促成我不得不再学一门外语。至于学俄语的原因,我在前面已经说过,这里就不再重复。

采访者:当时上外的教学模式是怎样的?

鲍世修:小班,高强度。老师跟同学们打成一片,课堂上教学水乳交融,课下师生联络不断。当时,同学们都生活在一个非常好的语言环境中。在这个环境中,大家不仅直接用俄语进行交流,而且读苏俄文学读本,看各种题材的俄文电影,唱俄文歌,跳俄罗斯舞,乃至按俄罗斯人的生活习惯安排起居和人与人之间的交往。总之,非常"俄罗斯化"。

采访者:聊聊您在学校的事情。您从同济考到了上外,解放日报还登了您的名字。您还是在宝山路入学的,是吧?

鲍世修:是的,我原是同济大学二年级的学生,1949 年 12 月报考了上海俄文学校。就在这个月的 29 日被录取,学校刊登在当日《解放日报》上的"揭晓通告"中有我的名字。

1950 年 1 月,我报到入学的地方,的确是宝山路原暨南大学二院旧址。

采访者:当时的课程设置是怎样的?

鲍世修:学校在组织教学时,强调思想教育与语言教学要两者并重。首先,是要搞好思想教育,当时上海刚解放不久,许多年轻人从旧社会走过来,对新的思想不熟悉,认识上需要有一个转变。学校安排大家学习社会发展史、新民主主义革命史,还有政治经济学,再就是毛泽东的《改造我们的学习》。在学习中,同学们之间互相帮助,共同提高认识,取得了较好的效果,这就是所谓的"思想改造"教育。这一阶段,时间比较短,就三个月。

在此期间，俄语课每天只有两小时。思想改造教育，实行的是大班教学，即好多个小班拼在一起上大课，再按统一部署开小会研讨消化所学内容。在那之后，便很快转入了专业（即俄语）学习阶段。

俄语专业教学阶段，除每周安排有一定课时的时事政治教育外，全部课程都是围绕语言教学开展的。我们学语言用的课本，是姜椿芳校长亲自编撰的《俄文读本》。说实在的，当时的“课程设置”比较简单。

这里需要补充说一说的是，学校当时尽管没有为学员们开设足够的通识课，但为了扩充他们的知识面和开阔其视野，还是请了不少外面社会上的知名学者和专家来校给大家上大课。举例来说，《平凡的真理》的作者冯定教授就来校做过讲座，给人留下了极深刻的印象。他临上课前两分钟才来到坐满听众的礼堂，讲完后，则一分钟也不停留，立即离开现场。重要的是，他在课里阐释的深刻哲理，已在同学们脑海里留下了深深印记。

采访者：回顾您一生走过的道路，学校为您离校后有效服务国家和社会事先都有过哪一些指引？

鲍世修：一，把个人的成长、成才、事业上的发展追求同民族振兴和国家建设、发展的需要紧密结合在一起的正确人生观。

为了说明这一点，我把 60 多年前姜椿芳校长在我校首届开学典礼上向同学们阐明办学目的和对大家提出日后成长要求的一段话，转引到这里。他说：“我们的学校不是一般的学校，而是一所革命学校。之所以叫‘革命’学校，是因为这所学校办学的目的非常明确，那就是为了满足国家当前建设的需要，为了使我们的国家和人民今后能过更美好的生活，所以大家来到这所学校学习，是为了今后能更好地为国家建设服务，为人民的幸福生活服务，这就是说，你们的学习目的，简而言之，就是为人民服务。”

这就是我们当时得到的最具体、最实在的、准备步入社会的人生指向。

二，关于“只有认真学好所选专业知识，才能有效报效国家和服务人民”的明确认识和觉悟。

1950 年 2 月，上海俄文学校开学之初，姜校长就把首倡办校的陈毅市长请来给同学们做首场政治报告。“只有认真学好所选专业知识，才能有效报效国家和服务人民”的深刻道理，同学们就是在听这一报告时领略到的。陈市长在报告中谈到要处理好学习政治和学习外语的关系时，拿空军打了个比喻。他说：“一个空军人员，如果他立场不坚定，可能驾起飞机到敌人那边去，那这个空军就等于零。但是空军光是注意政治，技术很差，一飞上去就给敌人打下来，那也是等于零。这样的空军有什么用呢？”陈市长用的是形象而浅显的身边事例，说明的却是个人成长、成才的深刻道理，给人印象极深，长时间来难以磨灭。

三，进步成长、刻苦成才、应对涉外工作各方难点必备的宽阔视野。

考虑到学外语的学生毕业后走向社会知识结构方面的特殊需要，我校开办之初，就采取了开放式办学的方法，大量邀请国内各学科领域的知名专家学者，给同学们上大课，开讲座。母校一期的同学们，就都有幸认真聆听过著名的马克思主义哲学家和教育家、《平凡的真理》作者冯定，著名资深的经济学家、《新经济学大纲》作者沈志远的精彩学术报告。

四，扎实、适用的外语专业知识。

外语院校，让学生学得扎实、适用的外语专业知识，是根本。为此，学校为我们一、二期同学选聘了当时国内最好的俄语师资（大部为上海有俄语教学经验的苏侨），采取小班用俄语直接讲授、课上课下不断接触的方式，扎实推进，务求取得实效。事实证明，通过这样精心的教学安排，受业的学生实在获益匪浅。

五，懂得尊重他人、相信集体力量、善于与别人合作共事、共创工作实绩的个人修养。

我校一、二期同学生活的年代与现在不同，他们当时学习的内容和目的都有一定的特殊性。由于上海俄文学校是华东人民革命大学的一个部分，因而学生进校后，首先要经过三个月的“思想改造”学习。这是一个依靠集体力量、充分发扬民主、相互帮助、共同提高的自我教育和学习过程。同学们通过参加这一活动，重新认识了自己，增进了彼此间的了解，更重要的则是，看清了什么才是真诚的同志情谊和怎样去营造这种情谊，共创大业。

采访者：请说说，学校在您的脑海里是个什么样？

鲍世修：回答很简单，是母亲。

我们这批上外早年的毕业生，不管自己为国家、为社会做出了多么大的贡献，也不管自己在事业上取得了多么骄人的成绩，从来不敢居功，而总是把这看作是母校早年辛勤培养和教导的结果。我们对母校始终抱着一种感恩的心情。那么，这一点又具体表现在哪些方面呢？

一，我们以自己为上外毕业生而自豪，非常注重维护母校在外的声誉。

上外和北外是国内知名的两所外语院校，作为上外的毕业生，我们在任何地方的言行和举止，都只能为母校增光，决不能给她抹黑。

二，我们对学校、对老师有着一份深厚的爱。

要说明这一点，2009 年母校 60 华诞大家踊跃集资为姜椿芳校长立像一事，是一个最好的例证。

三，我们十分关心母校的建设，母校开拓办学取得的每一项进展，都使我们欢欣鼓舞。

采访者：讲讲您在学校时，同学们的居住条件和课余生活吧！

鲍世修：当时一间宿舍房大概住 8—10 个人，用的是双人床。房子陈旧简陋，质量很差。有些房，外面下雨，里面漏水。不过，在思想改造教育结束后，同学们待在寝室的时间就比较少了，大部分时间去教室自习；或者找同伴，用俄语交流，把口语操练起来。当时，同学们之间的感情特别好，我记得，在我离校时，同学们依依不舍，说了很多动感情的话语，迄今记忆犹新。

从校舍院落的情况看，最初落脚的宝山路暨南大学二院旧址，面积过于狭小，根本施展不开，幸好在那里待的时间不长，很快就搬入了东体育会路这个稍大的校区。

采访者：那个时候学俄语晚上自习到几点？

鲍世修：10 点以后吧。9 点半就没灯了，熄灯后有时候就去过道里面读书。当时不少同学都是这样做的。大部分人学俄语的热情都是很高的。

采访者：除了学习俄语还安排有劳动么？

鲍世修：劳动就是打扫卫生，整理各自宿舍，共同打扫院子、操场。

采访者：在上外印象最深的记忆还有什么？

鲍世修：应当说，还是姜椿芳校长留给我们的雅致洒脱的身影和亲切、生动、至诚的话语。

裴壮吾近影

裴壮吾，男，1930 年 5 月生，江苏省泗阳县人，副译审。1952 年 2 月，自华东人民革命大学附设上海俄文学校（今上外）军事班毕业后参军，曾任华北军区防空司令部办公室翻译室俄文翻译。1952 年 7 月入朝，在志愿军探照灯 411 团 3 营（驻朝鲜朔州）任前线翻译，期间曾荣立三等功一次，荣获朝鲜军功章 1 枚。1954 年 3 月，调安东（今丹东）防空司令部任翻译。1955 年高炮 511 团进行 100mm 炮改装集训期间担任俄语翻译，所在翻译组荣立集体三等功一次。

1956 年起，先后在防司训练部翻译处、长春空军技术学校、信阳炮校、空军科研部翻译处、空军技术部八处翻译科、空军二高专科研处翻译组、空军上海条令编写点 21 组、空军技术勤务第 8 团任翻译和教员。在长春空军技术学校期间，被评为青年社会主义建设积极分子，记书面嘉奖一次。

1976 年 5 月转业至交通部科学技术情报所，主要从事翻译、编辑、检索工作，公开译著有《公路建设与管理经济学》、《汽车运输经济》（人民交通出版社出版）。1990 年 6 月 1 日，于北京离休。

“二传手”

口 述 人：裴壮吾
采访整理：赵欣欣、范道华
采访时间：2013 年 8 月 3 日
采访地点：北京林科院附近餐厅

采访者：裴老，我们先从您的学生时代聊起，您中学是在哪里上的？

裴壮吾：我上了两个中学，第一个叫做淮泗中学，当时是新四军四师根据地。另一个是淮北中学。淮泗中学解散时，校领导决定我到淮北中学初中班继续求学。

采访者：您后来是怎么进入上外的呢？

裴壮吾：淮海战役前，县文教科长找我谈话，他说我父亲是革命干部，我的家庭是革命家庭。现在缺乏师资，动员我出来当小学教师。于是，我当了一年多小学教师（1948 年 6 月—1949 年 9 月）。上海解放时，我堂哥跟随华东局刘瑞龙当随从秘书。我父亲当时被调去安徽，在雪枫中学担任党委书记。1949 年秋，他回家探亲，返沪时把我带到了上海。到上海后，华东局开了封介绍信，让我到华东革大三部留校组报到。革大四部后来改名上海俄文学校（简称俄专）。俄专成立，开出两批录取名单，我属于保送生，在第二批名单内。

采访者：为什么会保送？

裴壮吾：革大三部留校组曾办了个俄语学习班，我也参加了旁听，感觉很有兴趣。堂哥问我是否想学，我表示愿意。之后，堂哥开证明，刘瑞龙签字。我带着介绍信去找温副校长，他收下了介绍信。

1958年裴壮吾(右)为苏联高炮专家做翻译

采访者：您1950年去俄专，对陈毅市长的报告，还有印象吗？

裴壮吾：有印象，他深入浅出，主要是讲如何树立革命人生观，人民利益高于一切。

采访者：当时共分了多少班级？

裴壮吾：12个班级。

采访者：对当时学习状况还有印象吗？

裴壮吾：我当时背课文能力强，经常受到外籍教师的表扬。

采访者：当时大概有多少老师在教你们呢？

裴壮吾：有十几个，其中中国教师负责语法教学。

采访者：您现在还有没有印象深刻的老师？

裴壮吾：不通信，不来往。同学倒是有。同学中四个人最抱团。一期和二期学生凑了19万元为姜椿芳校长铸铜像，铜像揭幕那天，我们四人全部到齐——庄寿昌(曾任国家副主席荣毅仁秘书、中信公司原常务副总经理），王时凤（先在自动化研究所，后转到常州科技情报所，现仍在常州），梁义彬（北京一期校友会的秘书长），还有我。我们四个人一起参加抗美援朝。四人都在军事二班，是同班同学。

抗美援朝时，梁义彬在苏军防空指挥所，王时凤在苏军高炮师师部指挥所，庄寿仓在探照灯团指挥所，我在雷达探照灯站。当时技术跟不上，需要俄语翻译，任务是向我军传达敌机航向、机型、方位等作战数据。我当时是通过有线电话直接向探照灯三营营部和九连报告这些数据。

采访者：还记得俄专当时的教学模式吗？

裴壮吾：基础课采用贺青（姜椿芳笔名）编写的教材，还有各种讲义。专业学习时，有工业、军事等分科，军事班用的是哈尔滨俄专的教材。

采访者：后来分科的课程学了多长时间？

裴壮吾：半年左右。

采访者：当时学习条件有限，遇到过哪些困难呢？

裴壮吾：困难是有的，而且还很大。比如某个音节的发音问题等。但这些都是小困难，通过练习可以解决。大困难在于俄语的语法关系太复杂，就拿名词来说，就有好多格，之前没有接触过，所以不习惯。刚毕业时，和苏联顾问说话时，由于过多考虑语法关系，难免影响语速和流畅程度。

采访者：那么，您是怎么克服这些困难的呢？

裴壮吾：主要还是在抗美援朝时得到了克服。解除战斗警报，苏军战士便会讲故事，我乐意听他们讲，他们也乐意听我说，不知不觉我就完完全全成为这个战斗集体成员之一了。大约三个月就练就了一口流利的俄语口语了。

采访者：当时在学校，有练习口语的机会吗？

裴壮吾：当时要求全体同学都要用俄语说话，如果说整句汉语，便会被记过，但是一句中可以夹杂少许汉语单词。另外还有其他活动，比如学校

组织军事班参观解放军连队等校外活动。

采访者：您在大学时代有没有对自己的人生立下目标？

裴壮吾：我是个老实人，小时候就是个乖孩子。要说一点理想也没有，那也是假话。既然学了俄语，就要服从组织分配，报效祖国，这也是当时很多同学一致的想法。一个人，任何事都不能脱离现实，被编入军事班，那就要做好当兵的准备，穿上军装了，那就要做好上前线的准备。陈毅元帅要求上海俄专学员是应该"小我"服从"大我"，就是让学员把自己的理想纳入祖国的需要、人民的期待中。做到了，个人理想得以实现；做不到，理想肯定落空。

采访者：两年的上外学习对您以后的翻译事业产生了多大影响？

裴壮吾：当时强调"一边倒"，一切以苏联为榜样，俄语人才大有用武之地。

采访者：您是哪年毕业的？

裴壮吾：1952 年刚过春节。

采访者：毕业后是直接被分配到部队的吗？

裴壮吾：当时我们 20 人来到中央组织部，四人（庄、王、梁、裴）被分配住在华北军区招待所，一段时间之后，接到通知，华北军区唐副参谋长接见我们。被问起选择哪种待遇（供给制、薪金制）时，我们四人异口同声选择了"穿军衣"。

1959 年裴壮吾（右一）与苏联导弹专家合影

采访者：最初到部队，被分到什么部门，做什么样的工作？

裴壮吾：先到了华北防空司令部办公室，跟着苏联顾问做翻译。办公室主任让我当保密员，笔译有秘密等级的军队实力统计，较受信任。

采访者：受信任的原因是什么？

裴壮吾：也许因为我家是革命家庭，父亲和两个堂兄都是中共党员。

采访者：您荣立的集体三等功是在哪年？

裴壮吾：1955 年。

采访者：那么，请谈谈你们的事迹。

裴壮吾：高炮 511 团 100mm 炮改装，集训条件比较艰苦紧张。苏军派来了一个连的官兵。课程分为兵器课和操作课。实弹射击中，让我跟随技术副连长，圆满完成了实弹射击的技术保障工作。高炮集训，最大的困难是备课，最初我跟着一位班长担任兵器课翻译，词汇比较冷僻，翻译转换难度较大。晚上备课到 12 点。

采访者：您一共执行过多少次这样重大的历史任务？

裴壮吾：大大小小有好多次。1957 年海军在青岛有一次演习，恰好那年我陪同苏联专家在青岛休假，这期间我有幸见到了毛主席。此次是周总理检阅了海军。毛主席因患感冒未能亲自检阅。我和专家亲眼看到了伞兵海上跳伞的壮观场面。1959 年随苏联地对空导弹专家组长及两位将军飞赴罗布泊；跟随地对空导弹订货专家押运 24 枚"543"导弹进京，亲眼见证三发导弹击落 RB-57D 高空侦察机。1960 年随空对空导弹专家去东北军工厂，两次成功排除了"545"导弹战斗部（弹头）TNT 炸药出现裂纹的事故。

采访者：在从事军队翻译的时间里，您还见到过其他国家领导人吗？

裴壮吾：见到过不少，就拿十大元帅而言，我见过其中的七位，只有三位（聂荣臻、罗荣桓、徐向前）没有见到。

采访者：我们在黎难秋先生写的《新中国科技翻译六十年》的文章中看到这样一段话："很多科技情报的研究工作人员由于翻译产品是不公开出版的，他们的翻译成果很多，但往往不为人知"，对于这一点您是怎么看待的？

裴壮吾：我翻译过很多这样的材料，尤其是和高炮有关的。由于牵涉到军事秘密，许多翻译作品是不允许署名的，更不可能公开出版。只有《勤务指南》印有我的名字，其他的诸如使用规则、修理指南、测距仪、图16轰炸机说明书等都没有译者姓名。

采访者：请问您毕业之后还去上外看过吗？

裴壮吾：我曾经带着家人去上海，当时想看看母校，于是便去了。老校长铜像处有个座位，在那儿坐了一会儿。

采访者：您觉得母校的变化大吗？

裴壮吾：变化很大，尤其是松江校区，建筑很美，与相关语种国家十分对应，现在我依然怀念母校。

采访者：您觉得今天的语言学习和当年的语言学习在环境氛围上有什么区别？

裴壮吾：主要区别在于物质与精神的关系，物质条件好了，不等于精神上（即学习的上进心）也一定会高起来。要解决这个问题，就得大力抓好德育才行。

采访者：您是一名资深翻译，作为上外的老校友，您对我们后辈的外语学习有什么建议？

1958 年 8 月裴壮吾自罗布泊返京途经嘉峪关机场留影

裴壮吾: 我的亲身体会是,环境虽不能决定一切,但是它的作用是不能忽视的,要深入到实践中去才能有提高。外语固然要学好,但与此同时,德育也必不可少。"又红又专",任何时候都要提倡。

采访者: 在上外的经历,对您的人生有什么样的意义?

裴壮吾: 在母校学到了为人民服务的本领,思想专业双丰收,走对了人生的方向。国防战线上翻译人员的工作是平凡而艰辛的,其作用很像排球场上的二传手,球在他的手中传递是否到位,对主攻的击球效果至关重要。他乃是我军国防现代化事业不可或缺的角色啊。

2011 年中央编译局制作了《顾锦屏编译工作60 年光辉历程》专题片

顾锦屏,1933 年 2 月生于上海崇明。中共中央编译局原常务副局长、特邀顾问、研究员。1949 年 12 月考入华东人民革命大学附设上海俄文学校(今上海外国语大学)。参加了《马克思恩格斯全集》和《列宁全集》等经典著作的编译审稿工作。曾任中国国际共产主义运动史学会会长、中国马克思主义哲学史学会副会长。现为中国马克思恩格斯研究会名誉会长,全国社科基金项目评委,《辞海》编委会分科主编。《马克思恩格斯文集》和《列宁文集》编审委员会副主编。享受国务院特殊津贴。

1954 年开始翻译列宁的《哲学笔记》和《唯物主义和经验批判主义》。

1956 年中共八大期间,列宁的《哲学笔记》作为中央编译局的精品成果成为送给与会代表的礼物。

1958 年参与《列宁全集》中文第一版向国庆十周年献礼工程。

1959 年开始全程参与翻译、审定被称之为马克思主义哲学理论宝库中的三颗明珠:《德意志意识形态》、《反杜林论》、《自然辩证法》。

1986 年——1993 年参加《列宁全集》、《马克思恩格斯全集》、《马克思恩格斯选集》的编辑和译文的修订工作。

近年参加了《马克思恩格斯文集》和《列宁专题文集》及马、恩、列三部画传的编撰工作。

代圣人立言　笔重千钧

口 述 人：顾锦屏
采访整理：张人文、田园
采访时间：2013 年 8 月 5 日
采访地点：中共中央编译局

初夏，一个大雨的午后，我们循着北京西斜街的葱茏翠意，走进了中共中央编译局。敲开三楼办公室的大门，顾锦屏老师正端坐在办公桌前，眉头紧锁地校订手中厚厚的《反杜林论》，眼镜几近滑落到鼻尖。见到我们后，他立刻起身，笑容满面地与我们寒暄，眼光神采奕奕，完全没有耄耋老人的疲惫，只有花白的银丝不经意间走漏了风声。

“我的经历很简单，这一辈子，就做了一件事，而且一做就是六十几年。”老人谦谦一笑，目光睿智、坚定。他的经历，说简单，也真的简单。18 岁进中共中央编译局，从事马列著作翻译与研究；80 岁仍坚守岗位，笔耕不辍。大半个世纪过去了，外面天变、地变，他心中的信仰始终不变。

一、 革命热情结缘上外

1949 年 10 月，新中国成立，中国尚未完全解放。大批年轻人纷纷投身革命，参军参干，参加土改工作队，革命情绪高涨。11 月的一天，《解放日报》上的一则招生广告吸引了顾锦屏的视线——华东人民革命大学附设上海俄文学校（今上海外国语大学）开始招生。当时他还是江苏省太仓师范的一名普师三年级学生，亲历过国民党的反动统治，他心中的革命热情愈燃愈烈。于是他便约了几个同学，怀揣革命理想徒步走了 20 多公里来到昆山，然后坐火车到上海报考俄文学校。

“那时刚解放，国内建设百废待兴，国家为了向苏联学习治国经验，需要大批的俄文干部。当时也有很多苏联专家来到中国，参加新中国的各项建设，我就想：我要学好俄语，向祖国介绍苏联先进的科学知识。”

报名之后不久就开始考试了，当时只考三门课：政治、语文、英语。只有16岁的顾锦屏凭着扎实的知识积累和通过学习毛主席著作初步掌握的革命理论，以较好的成绩被俄文学校录取。他为能进入这个革命学校兴奋不已。相约同去报名考试的同学中，有一位也榜上有名，但由于家人反对，最终放弃学习俄语的机会。“起初我也是瞒着家人去的，正式报到之后才告诉他们。当时上海刚解放，家人对革命学校是心存疑虑的。那时候上海还很混乱，我们在学校里经常看到国民党的飞机在空中飞过，时不时传来轰炸声。”但是既然已经报了到，家人虽有担心也只能默许了。

二、 业精于勤　孜孜不倦

被录取之后，顾锦屏便来到了位于宝山路的原暨南大学分校，开始了在上海俄文学校的读书生涯。虽说是俄文学校，开始时每天只有两个小时的俄语课，其余时间都是政治学习和思想改造。“我们班上的同学来自各行各业，有些是大学生，有些在旧社会那边做过事，还有我们这些小毛孩子，思想状况很复杂。”

一进学校，顾锦屏上的第一堂课便是学习如何建立革命人生观，研读社会发展史，政治学习一直持续了半年之久。“我难以忘怀的是陈毅市长在开学典礼上的讲话。他对我们这些青年学子寄予厚望，要我们勤学苦练，学好外语，做革命的俄语工作者，为新中国的建设贡献力量。他还要求我们必须确立全心全意为人民服务的革命人生观。入学半年的政治学习对我的一生起到了至关重要的作用，我了解了社会的发展方向，明白了中国从新民主主义到社会主义是社会历史发展的必然。将来中国必将走向共产主义，自己应该为之奋斗。”顾老师眯着眼睛，声音洪亮而坚定。

半年思想改造之后，学校又进行了分班。由于勤奋好学、成绩优异，顾锦屏被分到了速成班。速成班课程进度较快，中国老师和苏侨外教都是全俄文授课。当时学校的学习氛围非常浓厚，每天早晨天刚亮，操场上已经坐满了拿着书和小本子念外语背单词的同学。“我那个时候也是这么学的，把单词记在纸条上反复背诵，早饭之前和晚自习后都会见缝插针。”

1951 年，顾锦屏 18 岁。这年 9 月，中央组织部要求学校选送 25 名学生到中央有关部门工作。在新学期开学典礼上，校领导宣布入选学生名单，顾锦屏从未想过自己会成为幸运儿，也就没有仔细听。散会之后，同学们都用羡慕的眼光看着他，问他“小顾，你听到名单没？有你！”他这才知道自己榜上有名。

三、投身马列　笔耕不辍

到北京后，他被分至中共中央俄文编译局翻译室哲学组，从事马克思主义理论著作的翻译工作。“当时从没想，也不敢想，自己要与马列经典相伴终身。那个年代是激情燃烧的岁月，党叫干啥就干啥了。”

进编译局后打的第一仗，是《简明哲学辞典》的翻译。由于没有系统学过哲学，甚至连外文底子也不够深厚，顾锦屏有些迷茫。时任编译局一把手的老局长师哲鼓励他：“你读过师范，我也读过师范，咱俩学的一样。看你文字功底不错，只要肯钻，一定会干好。”受此鞭策，他一头扎进书斋。那段日子，抬头四壁卷册，俯首一张书桌，常常不分昼夜。如此周而复始，磨砺三年，他与同事们一起完成了这本哲学辞典的翻译。

初战告捷，顾锦屏积累了丰富的哲学知识和翻译经验，也为他日后编译马列经典著作打下扎实基础。1954 年开始，他参与了《列宁全集》、《马克思恩格斯全集》的编译工作，挑起马克思、恩格斯、列宁的哲学名著译文的审稿、校稿重担。从一个初出茅庐的小年轻，渐渐成长为多项重大编译工程的“领军人物”。1958 年，他被评为全国社会主义建设青年积极分子，1959 年出席了全国先进生产工作者代表大会。

1950 年代顾锦屏在中央编译局废寝忘食地学习和工作

1978 年，党中央任命他为编译局副

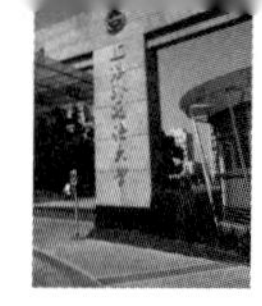

局长。"白天忙局务,晚上忙业务,那些年,一个人掰成两个人用了。"为完成三卷《列宁全集》的审稿任务,有三四年的时间,他以办公室为家,每天伏案至深夜。

顾锦屏经常对后辈说一句话:"代圣人立言,笔重千钧"。马列著作,博大辉煌,翻译好他们的著作,必须有严谨的科学态度,一丝不苟的高度负责精神,他身体力行。在中央编译局,他是出了名的"顶真",小至一个用词,甚至一个标点,都要反复推敲,字斟句酌。有时一本著作需核对各种不同版本,所涉人名一直查到笔名、化名、绰号。如此繁琐的编译流程,直至今日,后辈们依然照章操作,毫不苟简。

1996 年,顾锦屏不再担任副局长,改任局的特邀顾问。2004 年,他 71 岁高龄,按中组部规定办了退休手续。局领导挽留他:"你退归退,干归干,编译局需要你发挥余热。"他欣然同意。他立即投入了党中央实施的马克思主义理论研究建设工程的重点项目:编译十卷本《马克思恩格斯文集》和五卷本《列宁专题文集》。时至今日,依旧笔耕不辍。

从进编译局的第一天起,顾锦屏便坚定了自己的理想与信念,从此心无旁骛,皓首穷经,与前辈、同辈乃至后辈一起,用自己的执着与智慧,将马列经典的海量字符由外文转换成汉字,为中国建立起一座马克思主义的理论宝库。

访谈实录

采访者:顾老师,我们了解到,您是在江苏太仓师范学校读的高中,学了两年半,可以先跟我们讲讲您在师范学校读书期间的经历吗?

顾锦屏:对,当时是叫江苏省太仓师范,离上海很近。当时是穷学生读师范,我是农村出来的,没有钱。我当时还考了上海的格致中学,格致中学还是备取,就是如果别人不来,我就可以参加。格致中学当然是好学校,但是我老家在崇明,到格致上学的话就得住校,学费和膳食费都挺贵的,负担不起。还好同时也考了太仓师范,太仓师范吃饭不要钱,所以我就读了太仓师范。

1949 年 5 月底，上海解放。解放以后我为什么去上海俄文学校呢？因为当时长期在国民党统治下的腐败黑暗，都是我们亲自看到的，那个时候真是革命情绪高涨的年代，也就像电视上说的，叫激情燃烧的年代，参军啦，参岗啦，参加党的工作啊。所以当时下半年，就是（高中）三年级上学期吧，我同班的好多同学就去参加当地土改工作队，有的参加军干校了，因为当时中国还没全解放，所以大家就是纷纷奔赴革命吧，当时年轻人的一种激情。那时候正好看到上海俄文学校招生，已经是 1949 年年底了吧，在街坊那边看到了招生广告，说这是华东人民革命大学的一个俄文学校。当时我就约了几个同学，一起报考俄文学校去了。报考俄文学校还有另外一个原因，当时新中国刚成立，我们中国是一边倒，倒向苏联一边吧，跟苏联关系特别好，需要大批的俄文干部，所以当时也是为了参加革命，才报考俄文学校的。

采访者：那你们报名之后有没有什么考试？

顾锦屏：我们几个穷学生就走路到了昆山，到昆山后坐火车到了上海，报了名，当时 78 个同学呢，报了名没多久就去考试了，三门课，政治、语文、外语，招生条件是 18 岁以上高中毕业或同等学历。我当时还不够 18 岁，（只有）16 岁，所以年龄还不够。但学校要求也没那么严，就同意我报考了。政治课考的是什么呢？开国前不是有政治协商会议吗，就有个共同纲领，我当时在师范的时候还认真地看了这个共同纲领，所以内容比较熟悉。当时一考试，还考的都是共同纲领方面的，所以政治还不错，我自己也还是很满意。语文，写一篇作文，什么作文呢？题目是为人民服务。我当时在太仓也买过一些毛主席的著作，有论为人民服务的，有论人民民主专政的。所以，为人民服务这篇作文，我还是大概符合解放以后的基本思想观点的。考外语呢，我就不知道了，因为什么呢？我当时在师范的时候没有学外语，当时还没有老师，我是凭初中时候在老家学的英语。让我回答问题，我也不太会，但是我知道，外语我肯定是不及格的。

2013 年 8 月顾锦屏接受采访

当时考生里,很多是上过大学,甚至有些是工作过的。我当时就觉得肯定是没戏了。没想到后来过了几天发榜了,发现榜上有名,还在前面呢。说起来应该是我政治回答的不错,语文也还可以,英文差一点呀,也糊弄了一下,说我这也是学过英文,还真录取了,录取了前二三十名吧。当时考取的还有一个同学,后来他没来报到,据说是他家里不同意,因为华东人民革命大学是个革命大学,当时刚解放,虽然中央已经成立了,但还比较乱,国民党还老是来上海轰炸啊,所以他就没来。随我一块去的同学一共录取两名,最后另外一个同学也没去。

采访者:您家里人当时是支持您的吧?

顾锦屏:说实话,也是不怎么支持,我这也是瞒着家里人去的,等到录取了,我就去报到了。当时我的父亲在上海做工,当时他也没办法,因为都已经去报到了。其实他们也是不太愿意我去参加革命学校的,因为那个时候人们的觉悟还没那么高。新中国刚成立,上海的局面也很混乱,国民党飞机经常过来轰炸我们,我们都是亲眼看到的,所以他们都害怕。报到以后我才告诉他们我到革命大学去了。我当时就想,现在学俄语啊,以后还可以当翻译,这以后还有机会出国,当年这个小算盘还是有的。我们去报到的时候还是在宝山路,是暨南大学的分院,我们在那个地方注册报到。

采访者:报到那天是什么情形?

顾锦屏:就是办个手续,然后就是告诉我们学校里面的基本要求,因为我们这是革命学校,衣服是发给你们穿,吃饭不要钱。那时是供给制啊,好像每个月还发点零花钱,可以自己买点儿东西。但是我们当时的干部,都是南下的干部,打山东来的,那些干部都很热情。睡觉是上下铺,吃饭时脸盆里打两个菜,没有什么大鱼大肉,都是些很简单的菜,但是很有一种革命大家庭的气氛啊,大家聚在一起很高兴。当时在宝山路待的时间不是很长,后来就搬到了东体育会路上的暨南大学的本部了,即现在的虹口校区的一部分。

采访者:当时有多少学生?

顾锦屏:一共有三百多个学生。

采访者：第一届？

顾锦屏：对，第一届。其中有高级班，高级班就是学过外语，外语比较好的，还有中级班，就是学过俄语的。我们属于初级班。开始时一天学两个小时俄语，主要是政治学习，为什么呢？因为我们的人员来自各个方面，很复杂，也有在国民党那边干过事的，也有像我们这种小毛孩子进去的，还有的已经是大学生了，人员情况很复杂，思想状况也很复杂。一进去，第一堂课就是要建立革命人生观，就是学理论，学什么呢？学社会发展史。另外就是我们华东革大的一些领导来讲课。我们每天讲自己的经历，自己的思想，就是进行思想改造。

采访者：这个大概持续了多长时间？

顾锦屏：差不多半年时间，在半年时间里主要是政治学习，每天两小时俄语课。用的课本就是我们老校长编的《贺青读本》，我们当时分成几个班，有大班，还有几个小班，我记得我当时是在二班吧，朱友善当班主任。教员是苏侨，当时姜校长请了很多苏联的侨民。我们那个班的教师是个老头，叫格列博夫，我这里还有照片。

这个是录取名单，在这里，你看。当时学校里的老师也很支持，我当时其实是师范学校三年级的学生，应该是1950年毕业吧，就等于是提前半年毕业。学校当时还有一个国文老师拿了相当于一斗米的钱给我路上花。

采访者：您刚进上外的时候学校条件怎么样啊？

顾锦屏：应该是很差，咱们学校所在地原来是国立暨南大学，是平房，就是用石灰大概抹了一下墙面的房子，有那么一排。我们七八个人上下铺一个房间。衣服是发的棉制服。吃饭的时候是几个人一个小组，打两大脸盆菜。

采访者：能吃饱么？

顾锦屏：吃饱是没问题，吃好是肯定谈不上。

采访者：都吃什么啊？

顾锦屏：肯定不是天天有肉，都是大萝卜什么的，不过当时是虽苦尤乐。

采访者：那上课的条件呢？

顾锦屏：上课当然是在暨南大学的那个（校区），现在没有了，玻璃走廊也没有了。暨南大学的学生教室是日本人建的，那种日式的建筑。头半年就基本是思想改造，学理论，学社会发展史，学改善人生观、世界观。我们这些小孩子，也谈什么检查个人主义啊。1950年，五四青年节我被批准当青年团员的，当时叫新民主主义青年团员。十几岁小毛孩子谈不上复杂的思想问题。但这段时间对我的一生起了很大的作用，因为懂得了社会发展的方向，懂了社会发展史，中国从新民主主义到社会主义，是社会历史发生的必然。不管是老师跟我们讲的也好，书上看到也好，这个观念让我树立了一个为人民服务的人生观，将来中国必将走到共产主义，所以就应该为这个事情而奋斗。这个人生观价值观，就是在这半年内树立的，为自己打下很好的基础。选择了走什么道路，是很重要的一条，这个价值观，我一直都很怀念。

我在华东人民革命大学学习时，校长是舒同，副校长是李正文，都来讲课，包括姜校长什么的，都不断地给我们灌输这样一种思想。这段时间虽然说学外语一共只有两堂课，每天两个小时，但是确实给自己的政治思想打下了很好的基础，很难忘记，应该说是终身受用。

采访者：当时姜校长上不上课？

顾锦屏：姜校长讲过翻译课。

采访者：老师一开始还是苏侨为主，那么在思想改造之后呢？

顾锦屏：思想改造之后就分班了，大概分出了速成班，我也分到了速成班里面。速成班就是进度快一些，我也不知道，可能是我第一个学期的成绩还可以，所以把我分到速成班里面去了。在速成班待了一年，当时一个是老姚，一个是混血儿，给我们当老师。政治课就不是每天都有了，主要以俄语学习为主，对话、口语都是用俄文，中文老师就是讲些语法、翻译，俄文原著就是苏侨老师讲的。

我是学了两个学期，然后就稀里糊涂的参加工作。1951 年的暑假完了以后，在新学期开学典礼上，中央组织部宣布名单，要调 25 个同学去工作。暑假的时候在第四人民医院动手术，开学刚刚出院，我觉得是不会调我去的，主要是因为我年龄小啊，想在学校多学几年。我班里面有些三十多岁的人，甚至是四十多岁的。他们知识面广，学习成绩也好。所以我一点思想准备都没有，散会以后，他们叫我说“小顾，你听见名单没？有你。”然后我就赶快去找我的班主任，我的班主任说你没听见名单吗？我说我一点心理准备都没有，不可能有我。他说，是的，有你，你准备一下。

采访者：当时是学校选的人吗？

顾锦屏：咱也不知道，你们现在毕业分配双向选择什么的，当时就是直接分配，就是二话不讲的。

采访者：开学典礼上校长宣布的吗？

顾锦屏：反正就是开学典礼完了之后宣布，说是，中央组织部要调我们学校 25 个同学去北京工作。

采访者：当时班里有几个人？

顾锦屏：当时速成班里人多，从两个速成班里挑了 25 个同学。

采访者：两个速成班里有多少人？

顾锦屏：两个速成班可能有六七十个人，像我们同班同学，班长是王叶梅，他政治成分好，是党员。我们两个班大约有二十几个同学一起来工作。

采访者：那肯定是因为您那个时候成绩特别好吧。

顾锦屏：那个时候成绩还可以吧，反正我考试都是 5 分多，一般都是 5 分多的。

采访者：那您当时考得怎么样？

顾锦屏：那个时候在学校里身体并不好，我住了两次医院，第一次就是“打摆子”。校医给我开了两种“打摆子”药，两种药在一起吃有点反应，老是吐，就送到了华东医院住院，好像在静安寺那边的华东保健医院。后来第二次住医院，是四川路的第四人民医院。不管身体如何，我也心无旁骛的学俄语，当时学校里面的学习风气是非常浓厚的，一到早晨天刚亮，在操场的四角都是拿着小本子、小条子念外语背单词的同学，都是很刻苦的。那个时候就是这么学，单词都写在纸条上面记下来，然后背。早晨在吃早饭之前就这么学，晚上晚自习之前也这么学。我在学校里面学的时间太短了，所以说当时来北京工作我是完全没有准备的，但是宣布了，走就是了。

应当说上海俄文学校的教学水平是很高的，虽然头一个学期是以思想政治教育为主，外语是为辅。但是你看这样短的时间内，我就掌握了俄文的一些基础的东西，会话都能讲，读东西也能读，所以说当时的教学质量是很高的。当时有种热情，学习的动力，想快点走上工作岗位，就是参加革命工作，有一种工作的激情，当然也有学习的热情，所以大家都是很勤奋的。

采访者：您当时除了学俄语外，还有没有看一些其他的中文书籍？因为我们都知道您的文笔是很好的。

顾锦屏：中文的话，应该说是在师范学校的时候打下的基础比较好。读师范出来将来当老师，所以很注重语文，《古文观止》是很熟的，但是在俄文学校这一年半的时间里是没时间读这些的，主要就是读政治，读俄语，所以一直觉得我是先天不足。我没有像其他同学，上过大学，甚至说是大学毕业，我是一个高中还没毕业的学生，现在参加了工作，就要在工作岗位上后天去补。

采访者：您刚进编译局的时候应该是在翻译室的哲学组，刚进来的时候是什么情况呢？

顾锦屏：事实上，那个时候我从来没想过从事马列主义的编译工作，为什么呢？马克思主义是很崇高的，当时刚解放我们在上海学习的时候，马克思主义是很响亮的。我们从上外过来的25个同学，集中在前门外中组部新建的一个招待所。待了几天以后，编译局的人事处长来谈话，给我们分配工作。当时受中组部委托，由中共中央俄文编译局负责分配工作，所以是中央编译局的人事处长带一个翻译专业同志过来跟我们谈话，谈话以后就宣布上海俄文学校的5个同学分配在编译局。其他人有的分到外交部，有的分到工业部，有的分到科学院，反正都散开了，各条战线上都有。

到编译局没有几个月，三个同学走了，最后只留下我和周亮勋两个人。他们为什么走我也不清楚，后来听说是因为他们家里有负担，需要照顾家里，所以就调到工业战线上去了。工业战线是薪金制。我们是包干制，比供给制稍微好一点，就是多几个零花钱吧。我说实话啊，马列主义当然很崇高啊，我们党是靠马克思主义起家的。但是我（刚开始）做这个工作，就显得很茫然了。

采访者：那您之前有没有看过马列的著作啊？

顾锦屏：在俄文学校学习过的马列著作就是我现在正在校订的、恩格斯写的《劳动在从猿到人转变过程中的作用》，马列的原著读得不多。来了以后呢，我们编译局出了"学习译丛"，毛主席亲自题写刊名的"学习译丛"。是介绍苏联马列主义的一些文章，供给我们国内一些学习马列主义的人阅读。当时解放初有学习马列主义的热潮啊，所有干部都要学，我们就是翻译一些苏联介绍马克思主义理论的文章，我也翻译了不少。说实在话，不懂啊，怎么办？我只能是"先天不足后天补"，找一些文章来读、来补。当时哲学组的组长是谁呢？是林伯渠的女儿林立，她去年刚去世吧，90岁，她是我的组长，而她又经常出国，因为她是苏联长大的，拿来了俄文版的《简明哲学辞典》清样稿，尤金是主编，他是建国以后苏联驻中国大使。当时他是苏共中央应毛主席请求派来帮助整理毛选俄文版的，是毛主席的客人，我们局长师哲就陪着他。

采访者：以您当时的俄语水平，能不能看懂这些？

顾锦屏：那个辞典的词条啊，内容很繁杂。既有哲学的，也有科学社会主义的理论，也有经济学的一些东西。不懂啊，怎么办呢？那就找书读啊，当时有从苏联翻译过来的书，我们就找那些书来看，看得真叫废寝忘食了，从完全无知到有所知。我们翻译了之后请老同志帮我们校对、改错。就这样一年之后，基本上报刊文章翻出来就不用看了，就可以直接发表了，所以

说那个时候觉得还是不错的。尽管如此，我还是废寝忘食地学习，白天工作晚上看书，一直这么工作。到1953年的时候，有一次去看电影，我说这个电影怎么拍得这么不清楚啊？别人说没有啊，很清楚啊。然后一查，发现我是近视眼了，所以就得戴眼镜了。

采访者：当时哲学组有多少人？

顾锦屏：我们有四五个人，后来十来个人，我工作的地方就是师哲住的南方胡同，又是工作，又是学习。我跟他曾有过一段对话，我说我的水平太低了，怎么调到这里来工作。他说我看过你的档案，你是学师范的，文凭还可以，我也是学师范，我们是同行。（打开相册）这是我们的老局长师哲，第一任中央编译局局长。

当时我的俄文水平也不高，怎么办呢？我就学《联共（布）党史》俄文版（苏联出版），斯大林主编，当时中国也都提倡学。我就把俄文版和中文版对照看，既学了历史，又学了理论，也学了外语，也学了翻译经验，这本书翻得很好。同时看一些哲学书，这样来提高自己的外语水平。

采访者：当时姜校长是副局长吗？

顾锦屏：我到编译局的时候是1951年9月14日，当时姜校长还没有来。到1952年年初，姜校长从上海调到北京来，在中央宣传部斯大林全集翻译室当主任，同时也带了一批上海俄文学校的同学来到北京，十来个同学。到1953年1月份，毛主席批准成立中共中央马恩列斯著作编译局，由俄文编译局和斯大林翻译室合并，还是在俄文编译局的老地方，这时候才见到姜校长。

采访者：当时您跟老校长有没有什么接触？

顾锦屏：就在一个院子里，姜校长还有中央的任务，不会天天在，在的时候就经常见面。我翻译了《简明哲学辞典》之后，1953、1954年就正式出版了，后来又有修订版。

采访者：翻译这本书一共用了多长时间？

顾锦屏：总共三年吧，一开始没有正式出版，只能看清样。后来正式出版后我又重新修订了一下。

采访者：当时看到自己翻译的第一部作品出版是什么心情？

顾锦屏：当时要求出了东西要写介绍文章，我写的介绍文章还在《人民日报》上发表了，就是介绍《简明哲学辞典》。所以那个时候就看了一些哲学书。1953 年以后我就可以独立工作了，大家水平都不高，我就开始定稿了，把关了。从翻译列宁的《唯物主义和经验批判主义》，到《列宁全集》的 14 卷，当时由我主要负责。他们初校，我最后定稿，应当也算是佼佼者吧。

采访者：您之前曾说过"代圣人立言，笔重千钧"。

顾锦屏：我为什么讲这个话呢？我给年轻人这么讲，我们自己也这么讲。之前《社会科学报》采访我，它的标题叫做"代圣人立言，甘苦谁知"。为什么要改？我讲这是因为马列经典著作是党的指导思想，你如果翻译错了，那是政治问题，所以必须要很认真、慎重。翻译经典著作一个人是不够的，要靠集体的力量。恩格斯曾批评翻译《资本论》的译者，说他翻译得不好。他说："翻译马克思的著作，是一个老老实实的科学工作，马克思字字千钧，所以要有严谨的科学态度。"的确是这样，马恩的思想，如果你没有弄懂，没有把意思准确地翻译出来，不字斟句酌的话，那是不行的。党的干部都要学习马列著作，从中汲取智慧和力量。我们的同志都把这项工作看做神圣的使命，我们当时又是搞马列著作的编译，又是在党中央机关，觉得无上光荣，同时也感到责任重大，所以不能翻译错了。当然，翻译的过程也是提高认识的过程、不断升华的过程。六十年代我校订过的文章，最近又发现问题，又得看，又得改。但总是要有相对真理吧，不可能一下子就明白。可是如果你态度不老实，不是科学态度，那就可能出大问题。

采访者：当时的翻译流程是怎么样的？

顾锦屏：我们的翻译流程是很复杂的。初译，初较，定稿，审稿。然后看清样要看好几遍，还有很多资料和注释要核实。大大小小有一二十道工序，但即使是这样，还经常发生错误。

采访者：那您主要负责哪块工作？

顾锦屏：我一般是负责最后的审定，有些疑难问题不是我一个人能定的，要通过学术委员会的集体讨论，有的还要请教局外的专家。好多专业的东西我们也不懂，只能请科学院的同志来帮忙。所以局内靠集体智慧，局外靠专家。1959 年我们翻译《德意志意识形态》，1959 年是非常困难的。我是总负责，怎么办呢？当时我就找北京大学哲学系的老教授熊伟、洪倩、宗白华等等，请他们修改、提意见。所以我们这是苦差事，投入很大，产出很小。一卷马恩的书也不过五六十万字，列宁的一卷书也就三十多万字，可是我们投入的力量很大。如果说一个翻译没有事业心、责任心，那是做不了的。你看现在的不少译作，错误百出，糊糊弄弄就出了。我们是非常严肃的科学工作，所以必须要全身心投入，稍不留意就要出问题。马恩的思想博大精深，我们怎么可能达到他们的水平呢？所以出现错误是难免的，但是如果以科学的态度字斟句酌，一丝不苟，就会避免很多不必要的错误。所以我强调"笔重千钧"就是指你下笔要很慎重。

采访者：到了 1978 年，您就当上副局长了，之前在接受采访的时候，您曾说当时是"一天上两个班"，白天晚上都要干活。

顾锦屏：1978 年就是"文革"以后了，中央拨乱反正，然后局里让我当副局长。我那时候 45 岁，当时，四十几岁就在中央机关当领导是很少见的。我是常务副局长，所谓常务就是什么事都找你，很忙，白天根本没什么时间搞业务，局里大大小小的事都找我，外面的事也比较多。但是为什么我要继续搞两个班？因为我们编译局的领导不是当官老爷的，不是高高在上发号施令的，这是我们编译局的传统。任务是我们定下来的，我们自己不参与就没有发言权，就没有尽到责任。现在有的干部当头儿之后就高高在上，但我们是专业机构，需要业务干部。不仅要把管理工作做好，也要把业务工作做好，所以我就尽可能抽时间看稿子。因为是中央的任务，责无旁贷。时间哪里来？就靠晚上时间。那时候我就在这个楼上办公，好在我家离得近，下班之后回家吃完饭，看完新闻联播，我就到办公室来看稿子。晚上席子往地上一铺，就睡觉，早上起来回家吃早饭。有两三年我大部分时间都是睡在办公室的，礼拜六回去休息。在这种情况下，我看了三卷。这样的生活尽管很累很苦，但充实。我最讨厌那种摆官架子的，自己发号施令，秘书跑东跑西，我瞧不上！干嘛呀？我们都是为这个事业奋斗的，只不过是工作需要把你提拔上来，你能高高在上？

采访者：姜校长也是跟您一样做的吧？

顾锦屏：是啊。当时搞（翻译）《列宁全集》第一版的时候，恰逢迎接建国十周年，要搞国庆献礼，争取在国庆节之前把《列宁全集》第一版 38 卷全部出齐。那时候我们都全力以赴，姜校长也跟我们一起干活，他看一卷我看一卷，白天晚上都在看。1958 年那时候还是"大跃进"，还有大炼钢铁啊，下乡啊，但这个时候大家都还是不分昼夜全力以赴地努力。（翻译）马列全集最高潮的时候，一个月会出两卷，我们称作"半月刊"，现在一年也出不了啊。所以我们就真的在国庆之前出完了。我们不当官老爷，要身体力行地完成党交给的任务。

采访者：您这翻译工作一做就是六十年，您觉得支撑您一路走下来的动力是什么？

顾锦屏：有人说顾老您还不休息啊。说实在话，今天还在干的也就我一个人了，八十岁的老人就我一个在干了。人家说你干嘛不休息？我说我也想休息，但是现在任务很重。《马恩全集》二版 70 卷，到现在只出到 22 卷，队伍越来越萎缩。我现在身体还可以，还能出把力，我也是尽到历史责任。我不是为了多挣几个钱，我的钱也花不了。我不管社会怎么看，但是这是党的指导思想。过去是这样，现在也是这样。

1990 年 5 月 9 日中央编译局代表团应邀在红场观礼台观看苏联纪念卫国战争胜利 45 周年阅兵式（前排右二为顾锦屏）

习近平主席前年给我们写工作批示，他说："长期以来，中央编译局的同志们以

高度的政治责任感和强烈的历史使命感，认真做好马克思主义经典著作的编译工作，为促进马克思主义中国化发挥了重要作用。希望同志们再接再厉，继续发扬严谨求实、埋头苦干、精益求精、无私奉献的精神和作风，为实施马克思主义研究和建设工程，加强党的思想和理论建设做出新贡献。”这六十年来，我觉得党中央都很重视这项工作，如果说中国把马克思主义丢了，那中国也就变了。没有马克思主义谈得上什么中国特色社会主义啊。这个马克思主义和中国特色社会主义是一脉相承的，正是有了马克思主义作为我党的指导思想，才有中国化的马克思主义理论成果。所以中央领导也很重视这项工作。我刚来的时候，老同志跟我说，毛主席在延安的时候就非常重视马列著作的翻译工作。我记得他在一封信里讲，唐三藏和鲁迅实在是功德无量的。所以翻译工作就是学唐三藏取经，学鲁迅，功德无量。毛主席亲自批示要设立一个马列著作的编审委员会，当时师哲他们都是成员。我记得在“七大”的时候，毛主席说马克思主义很重要，马克思经典著作的翻译很重要，“反正我是土包子，我读马列主义就靠翻译。我们党内真正能读外文的同志不多，所以希望能读外文的同志能多翻译一些经典的东西。”大概在 1945 年“七大”的时候毛主席两次讲到这个。所以说党中央是很重视的，因此新中国一成立就建立了专门机构。

我现在身体还可以，脑子还没糊涂，所以我就继续做下去，尽到历史责任，尽到老共产党员的义务。我也不求什么，你们查过去马列主义的翻译作品，好多都是没有署名的，都是单位的名称。有一次李长春同志讲，社会上了解编译局的不多，大家都不了解，但多少年来他们搞（翻译）了很多，这是一个无名英雄集体。

采访者：回顾您过去六十年的编译生涯，您觉得在上外求学的经历，对您的事业发展有没有什么影响？

顾锦屏：我就是一土包子，没有吃过洋面包，没有喝过洋牛奶。因为过去也没有机会出国，后来短期进修倒是有的。“文革”之前我的工作很忙，等到当上领导之后，我不能出去待半年一年，只能为同志们做些铺路搭桥的工作，争取更多的进修名额。但是我坚守岗位，几十年来从一而终。那么上外进校半年的政治学习，确立了（我的）人生观、世界观、价值观，给我的印象特别深。外语学得也比较扎实，虽然时间短。我当时没有机会出去进修，当时单位成立了外文学习班，请外面的老师来讲课，我就参加这个班，学点东西，一边学一边工作。实践出真知。学校只是打基础，重要的是在工作岗位上、在实践中提高自己。

采访者：当今社会文化多元、思想多元，有些人觉得马列主义已经过时了，您是如何坚定信念，不受干扰的？现在很多年轻人不愿意读这些经典著作，即便读了，也是停留在字面上。您怎么看待这种现象？应该如何解决？

顾锦屏：不可能要求所有人都来读马列。但是对于领导干部来说，现在的问题是太缺乏马列知识了。有些人腐败受贿，他们忘了党的宗旨，不了解马列著作起码的东西。所以说共产党员要读马列著作，为人民服务，为广大群众服务，这些宗旨都是马列主义的主要内容。马克思主义的立场观点方法对于党的干部来说是必须的，所以党的干部不学习马列是不行的。有些人就是不知道马克思主义是什么东西，我还碰到过有人问我马克思是英国人还是德国人。

从延安时代开始，毛主席就非常强调干部要读马克思主义，但是我不知道现在有多少干部还在读，不过中央还在提倡。专门研究马列主义又是另外一回事，但是领导干部起码的东西是要懂的，所以 2011 年习近平同志在中央党校专门讲了要读马列著作，他讲了我们党的思想理论基础就是马克思主义，我听着是很受鼓舞的。但我过去写文章也说过，读马列的书要反对两个倾向：一个是反对教条主义，不能照搬照抄旧的内容；还有一个是反对实用主义。对于年轻同志，马列的东西是基本修养，因为你需要奋斗目标，同时要选择人生道路，那么你不读点马列的书，起码的东西都是不知道的。对确立自己的价值观，确立自己的理想都是有好处的。虽然没有办法要求年轻人都读这个，但是我认为读点马列的书对陶冶情操，选择人生道路，今后怎么奋斗，都是有价值的。马克思的立场观点和方法对现如今怎么看西方，怎么看美国，怎么看日本都是有用的，这可以从马列著作中得到些启迪。

1952 年陈青于朝鲜“三八线”附近的金城战地

陈青，1925 年 3 月出生于天津，祖籍福州。因 1932 年 1 月发生日军侵华战乱，随外祖父、母亲和两个妹妹避难来沪，住姨夫家。小学时期在上海法租界天主教会办的萨坡赛小学读书。初中在震旦大学附中读书。1937 年淞沪战事爆发，因为私自参加过当年四行仓库八百壮士劳军慰问，被学校的教务长（是天主教神父）知晓，欲作留级处分。为避免处分，自行转校考入私立中学，学校用英语原版教材授课，打下了英语基础。

1950 年 8 月考入华东人民革命大学（苏州），同年报考革大附设上海俄文专科学校增设的英文班，被录取。英文班开课三个多月后，学校响应政府号召，组建“抗美援朝语文工作队”。经审查，有 44 名学生被批准入队，陈青是其中一员。学校派总务处长张沛护送 44 人到北京华北军区报到。陈青被分配在第 20 兵团 67 军政治部对敌工作科（简称“敌工科”）任随军翻译，于 1951 年 6 月入朝作战。

朝鲜战争停战后回国，经组织安排转业并分配在上海对外贸易局系统内工作，期间被派往北京对外贸易学院外贸经济系专业学习、毕业。

1959 年调香港华润公司工作，担任外事秘书，并从事转口贸易、进口小麦等工作。1975 年作为轮换干部调回原单位系统内化工进出口公司、对外贸易资讯公司、东方国际集团上海市对外贸易有限公司工作，1988 年退休。

1984 年 11 月 30 日上外成立上海校友会筹备组，被推荐为理事会理事。（童甦副院长为理事长）

现为上海市外事工作者协会会员。

在当年参加抗美援朝后，经俄专（上外）有关部门领导金昔明、周友珊的帮助，他的爱人缪洁君在 1951 年 4 月从外单位调入上外党委办公室任机要打字员，并在学校内入党。因工作勤奋多次被评为校先进工作者，退休后仍被学校聘用直至病倒，在平凡的打字员岗位上默默工作 40 年。

赴朝翻译　情系上外

口 述 人：陈青
采访整理：马怡敏、李相颖、王珺凡
采访时间：2012 年 11 月
采访地点：上海市虹口区陈青寓所

去采访陈青，一见面，他就给了我们不小的惊奇。

88 岁高龄的陈青身材高大，说话中气十足，时不时地还会夹杂一些英语单词，看上去十分健康，也十分健谈。他那十多平方米的卧室里，除了设有一张小床外，还有一张简陋的书桌。与此相对的书柜一侧，装了满满当当的照片、报纸、书籍，为居室增添了几分书香。

冬日的阳光从窗外照进来，把陈青照个透亮。

在明白我们的来意以后，陈青略一沉思，便渐渐地扯开了话题。

采访者：您是一位参加过抗美援朝战争的上外老校友，我们的采访就从您进上外开始吧。那么，可否请您谈谈您进上外的过程？

陈青：说到上外，就得说它的前身，它的前身华东人民革命大学附设外文专修学校。当时的学校和现在的大学不是一个概念，类似于一种干部培训学校，政治气氛很浓，过的是部队式的生活。学习也多为社会发展史、政治、经济方面的课程。学生中有南下的干部和上海的青年学生，同学们称之为“参干”。

1950 年华东革大附设的外文专修学校开始招收英文班，我就去报名。放榜那天，我在“正式录取”一栏里找自己的名字找了很久，心情紧张得很，最终在最后一个找到了自己的名字，心里的石头才落了地，有幸成了上外的第二期校友。

采访者：您在华东革大的外文专修学校学习，也就是从那时起您开始和英语结缘？

陈青：从校名上可以看出学校办校的目的，那是为解放军培养干部和人才。那时的上外还是用的暨南大学的校舍，是日式风格的，课程设置多为政治内容。我在英文班学习，但英语课没有怎么上过，教材也就发了一本 *American handbook*，里面都是讲美国的一些概况。现在看来，英语班的开设是有目的的，是为朝鲜战争的爆发提供翻译。当时胡孟浩、朱立奇、阮福根是我们的管理员，他们管理我们上早操等日常事务。

采访者：您在学校学习了三个月后，便离开上海去了北京，之后奔赴朝鲜战场。请您谈谈您这是出于什么样的考虑？

陈青：战争爆发以后全国进入了战备状态。在经过动员、报名、审查后，我和另 43 位同学被选上去参加"抗美援朝语文工作队"，为军队担任英文翻译的任务。当时抗美援朝已进行到第四次战役，美国已经打至鸭绿江，我军抓到很多美军俘虏，但这个是属于 confidential（机密的），我们是不知晓的。我只是个热血青年，当时也并没有过多考虑战争的危险性，有的是"保家卫国"的热情。

采访者：您在华东革大学的是英语，那么，除了英文班以外，学校当时还开了什么专业？

陈青：还有俄文班，俄文班招了二三百人。当时是"一边倒"的对苏政策嘛，其他专业就没有了。我们去了朝鲜战场以后，英文班实际上就解散了。没去参军的同学有的被分去俄文班，有的被介绍到上海市外办工作。

抗美援朝语文工作队出发前合影（二排右三为陈青）

采访者：您要离开上海去北京了，您还记得过程的一些细节吗？

陈青：记得。姜校长、教务长金昔明，还有其他领导把我们送到了北火车站，而总务处长张沛、党委委员刘玉麟则把我们送到华北军区，由 20 兵团的司令员杨成武接收。军队组织我们吃饭、看戏，杨司令员对知识分子还是很看重的。

采访者：您从北京奔赴朝鲜战场，请您谈谈印象和感受？

陈青：我先后在 199 师、200 师、201 师呆过，师部在不同的地方，塘沽、秦皇岛等。我是随团翻译，主要的工作是教战士们用英语喊一些诸如"surrender"，"hands up"之类的话。这些战士来自不同的地方，有河南的、湖南的等，口音很重，英语的发音很不标准。

到了朝鲜，我被安排在六十七军二十兵团 200 师做翻译。随野战军行军，通过沙盘让美国俘虏指认其火力点等都需要翻译。出于安全，我们只能夜间行动，当时上级让我们躲，就躲。但我们那时候年轻，对危险并没有什么概念。

有一次前线送来一位叫 Green 的受伤的美军战俘，即"活舌头"，抓住他的时候，他一直在喊"easy"、"easy"让我们"轻一点"。这个，我印象太深了，可以说挥之不去。

我的怀旧心理很"strong"。2008 年我让儿子去书城买了朝鲜、韩国、蒙古的地图，在地图上标出了当时我随军所到的城市。自己在朝鲜没有牺牲，没有受伤，能够活着回来是幸运的。

采访者：您当时随身带有词典吗？

陈青：没有，词典太重了，我们都是轻装上阵。不过，好像我是带了学校发的 *American handbook* 的。

采访者：我们看到您柜子上贴着一副对联，是您的字吗？

陈青：是我朋友写的，不过，有一段时间我非常喜欢书法。我母亲生前希望我学好书法，但没人教。我母亲是旧社会裹小脚的女性，不过我的舅舅，也就是妈妈的大哥非常开明，让她读了私塾，所以她认得字，会写魏碑。我母亲过世以后，我突然觉得不会写魏碑很可惜，就去老年大学学了八年书法。

采访者：您的父母对您学习影响很大吗？

陈青：母亲一直鼓励我读书。我出生在天津，1936年来的上海，来了以后就开始念小学，是法国人办的天主教教会学校——萨坡赛小学。

采访者：您是从那个时候开始学习英语的吗？

陈青：不是的，我的小学是法国人办的，小学、初中一直学的是法语，不过我后来上的私立高中的物理、化学课程都是用英语上。我对英语很有兴趣，英语的基础是在那个时候打下的。1937年，谢晋元率八百壮士誓死保卫上海，我和几个同学去慰问他们。但是被法国神父发现了，他认为我们是思想不稳定的学生(因为天主教的教义非常严密)，让我留级。我听说要留级就不想在这个学校继续念了，于是转去一家私立学校，在陕西南路、延安中路那里。

采访者：您有没有接受过正规的英语教育呢？

陈青：没有。不过我会经常说一下英语。现在我兴趣来了，就会看看*Dialogue*。谈起英语我最佩服两个人，一个是安南，他虽然是加纳人，但语音很正宗；另一个是克林顿·希拉里，她的语音特别美，发音很清晰。我教小孙子的第一个英语单词是"Carpenter"。

采访者：从朝鲜回来之后，您还继续学习英文吗？

陈青：归国以后，我被安排到上海对外贸易局工作，之后就被派去北京对外贸易学院(现为中国对外经济贸易大学)学习。后来我常驻香港，担任华润公司的外事秘书，经常需要和各国驻香港的领事打交道。除香港之外，我还被派去过加拿大、英国、法国、意大利、非洲诸国、新加坡、泰国、孟加拉国等。加拿大我去过两次，一次是在三年自然灾害时期，被派去参与进口小麦的贸易工作。另一次是在我国与加拿大建交前期，我被派去参与贸易谈判。在这样的工作环境中，我一直在使用英语，但我的英语"太蹩脚"，人老了，我不想忘记英语，能够用时就要用，能和你们说英语很高兴！

采访者：您做了三个月的上外校友，却和上外有了很深的感情，可否请您谈谈是出于什么样的原因?

陈青:朴素的感激之情吧,我非常感谢上外对我的关爱。其实,我在去朝鲜之前,已有两个孩子,家里情况不是很好,我就向教务处长金昔明和人事处长周友珊反映情况。没想到他们很当作一回事,问我夫人缪洁君会做什么,我说她会打字,金昔明就说让她来学校上班吧。后来她就成了上外党委办公室的机要打字员。

从朝鲜回来以后,我一直在外贸系统工作,外贸系统和上外的联系很多。还有一点,我的老领导韩宗琦曾经是上海外贸局副局长,上海外贸学院与上外合并后,他做了上外的党委书记。

我的爱人一直在上外工作,从1952年一直到走不动路为止。她病重以后她的很多老领导、老同事,比如阮福根、沈文琴、刘喜萍,经常到家里来看望。这都可归结为我这一生和上外的缘分。

采访者:听说您爱人在学校的表现非常突出?

陈青:我爱人忠厚老实,工作勤恳,非常适合这个岗位,让她加班,她总是随喊随到,不分什么白天晚上,因而多次被评为"先进工作者"、"优秀党员"。上外60周年校庆的时候我也来了,遇到老校长胡孟浩,我自我介绍是缪洁君的爱人,他对我说,缪洁君在学校工作的时候口碑非常好。我当时非常感动,这句话我一直记在心里。

采访者:听说您还担任过校友会的理事?

陈青:我是1984年上海校友会的理事,《上外校友之歌》作曲者朱纯担任上海校友会秘书长。有一段时间校友会活动并不多,但我对校友会是念念不忘的。学校每两周寄来的校刊我都很好地收藏着。希望今后的校刊能将我"put in the main list",能按时寄给我一份。我非常想知道上外发生的一切,想了解关于学校的消息。

采访者:您对上外有什么寄语?

陈青:希望上外越办越好。

2012 年 11 月朱立奇(左)在上海寓所与孟庆和合影

朱立奇,1925 年出生。建国前在高校求学时曾先后在上海县中及文绮高中兼课,教物理、英语。1949 年被选为上海市第一届学生代表大会代表。华东人民革命大学附设上海俄文学校(今上海外国语大学)毕业后留校任教。1952 年调华东纺织工学院(即今东华大学)任教,并负责外语教研室工作,曾任院务委员。1972 年支内到航天部〇六一基地工作,曾任《贵州航天》主编,学术委员会副主任。在贵州省曾任《外语学报》主编、贵州省译协会长、贵州省外语学会副理事长、贵州省政协常委、中国译协理事等职,并任航天部教育系列高级技术职称评委会委员。

他通晓英、俄、德三种语言,曾先后翻译出版高校专业教材多种并编著外语参考书多种。著有《朱立奇论文选集》及《英译汉与汉译英》,后者获贵州省人民政府优秀成果奖。

1983 年受航天部嘉奖,1986 年由中共贵州省委授予优秀共产党员称号,1989 年被评为全国优秀教师,1991 年被评为航空航天部有突出贡献的老专家,其事迹载入《航天人物录》及《奉贤县续志》以及国内名人辞典多种。

从穷学生到新中国第一代大学教师

口 述 人：朱立奇
采访整理：查衣帆、宣海伦、姚佳雯
采访时间：2012 年 11 月
采访地点：上海市徐汇区朱立奇寓所

采访朱立奇，学长给我们留下了一位优秀共产党员的形象。

他开篇就谈到，没有共产党就不会有今天的自己。他不时地说那时的上外领导埋头苦干、不出风头，对自己很信任，同志们之间的关系很融洽，其中特地谈到了李钟英、张泽民、唐敦仪、麦毅强等一批德才兼备的干部。说到苏联老师教同学们唱歌时，学长非常热情地为我们唱起了俄语歌曲。谈到姜椿芳校长离校的欢送会，他感慨万千，众人流泪的场景依然历历在目。

其实，朱立奇与上外的情缘可分为两段，即求学阶段和任教阶段。

他称学生时代的上外是一个优良校风的时期。那时，同学们每天早上会利用饭前一小时晨读，虽然是零基础，但大家都是现学现用，课后交流很多，进步显著。在课堂上，苏侨老师要求大家“用自己的话说”，即复述，以培养语言的实际运用能力。

对于姜椿芳校长，朱学长怀有无比深厚的感情。姜校长是“又红又专”的典范，博学多才，为人谦和大度，忧国忧民，充满了人情味。

追忆在上外短暂的教师生涯，学长深情款款。虽然办公条件简陋、生活艰苦，但大家的思想作风端正、相亲相爱、互帮互助。

对于备课，他有自己的一套方法。他认为备课有广义和狭义之分，一名合格教师不仅需要知道课堂内的五十分钟如何安排，还应该在课外博览群书。

朱立奇夫妇与采访学生合影

“你给学生一杯水，你自己就要有一桶水。”对于英语学习，学长说道，“我注重背，‘读书千遍，其义自见’”，只有背得多才能培养语感。同时，他还鼓励年轻人多学几种语言，语言具有相通性，学得多了对于语言的领悟力就能强了。

从朱立奇学长的口述中，我们不仅体味到了上外创学之初的艰难困苦，也感受到了老一辈革命者的优良作风，更对他刻苦学习、踏实做人的品行深感钦佩。学长一辈子跟随共产党的领导，兢兢业业，做学生时心无旁骛，一门心思做学问；当老师时对同学们真心实意，乐意实施课后辅导。虽然入校学习时俄语完全零基础，但凭着自己的努力，不出半年时间便跻身年级前列，并成功考入师资班。工作以后，他不断为自己“充电”，参加上外的夜校培训，学习第三门外语——德语。其学无止境的精神令我们感佩不已。

平日里，他涉猎广泛，钟于写作，勤于翻译。如今，他虽已 87 岁高寿，但精神矍铄、思维敏捷、条理清晰。

采访中途休息时，他还热情地向我们展示自己的证书、出版的书刊、发表的文章，如《奉贤县续志》、《航天人物志》、国务院津贴证书、贵州省优秀党员证书等。

“一个人能力有大小，但我尽了我所处的环境下的最大努力。”从他的身上，我们明白了一个道理，一个出身贫苦的学生最终成为新中国第一代大学教师，其关键不在于幸运，而是锲而不舍的努力。

访谈实录

一个阳光明媚的下午。我们一行三人在校友会孟老师的带领下来到了位于虹漕南路朱立奇学长的家。学长和夫人非常热情地欢迎我们。一番寒暄后，朱老前辈便打开了话匣子，将那段深藏于心的故事娓娓道来。

在整个采访过程中，朱立奇提到最多的词语就是"幸运"。回顾往事，他感慨自己是个幸运的人，对友人与前辈，是感谢；对党和国家，是感激；对于命运的眷顾，是感恩。

一、"陈老总的报告决定我一生的方向"

采访者：您当时为什么会报考上外？

朱立奇：解放前我是个穷学生，我在读高校的同时，在上海县中兼课教英语。学校里面推荐我当学生会会长，同时也是班长。解放以后，上海开了第一届学生代表大会，我就是代表之一。那么陈毅同志呢，非常关心学生，爱护学生，但是因为刚解放，他非常忙，晚上 11 点多，工作完毕以后还抽空到大会来给我们做长长的报告，勉励我们投身时代的洪流。那个时候的领导跟现在不一样，是非常辛苦的。我受报告的影响，下定决心要参加革命。那个时候进革大，进(上外)俄文学校也算是参加革命队伍，因为是供给制的。

陈毅同志有次讲话对我产生了很深刻的影响。他拿"飞行员"作比方，他说"假如你是一个飞行员，你驾驶飞机飞上去，你要保卫自己的领空，而不是飞到人家地方去，"他讲得这样生动，"但是接下去你要打掉来犯的敌机，而不是让敌机来打掉你。"

说得好啊，学习就是驾驶战机，要有进取精神。所以我在母校上外学习是很努力的，说实话，组织上也对我很信任。我确实是都把时间放在学

习上的，星期天我也很少到外面去，都在学校里看书。

说到陈毅同志，我插一句，当了年轻教师后，我们还比较顽皮，有时还学他讲话。他讲话很幽默的，比如（模仿陈毅的四川口音）“兄弟如果不算是冒充的话，也算是一个知识分子，而你们呢，都是高级的，高级的知识分子，懂得几国的语言。”老有趣啊，大家对他还是很尊敬的。

采访者：您还记得陈毅市长的夫人和您做同学时的情况吗？

朱立奇：记得，我连细节都还记得很清楚。不了解的话，谁也看不出她是陈老总的夫人张茜，人非常低调，非常谦虚，很和善，学校有什么活动，班级有什么活动，她都积极参加。当然了，那个时候是解放初期，社会的风尚跟现在不一样。她呢，冬天也是穿着蓝色的列宁装，她是在职进修，在学校教育股担任领导工作。按照供给制，她是可以吃小灶的，但她不要，拿了碗筷，跟我们一起到食堂吃饭。上课老师问她问题，她总是站起来谦恭地回答问题，也能跟同学打成一片。陈老总周末来看她的时候汽车从来不开进学校，停在外面。学生看到他的时候总会立正，向他致意，他呢也向我们挥手致敬，身边也不带警卫员。

二、“就这样我最后被侥幸录取了”

采访者：能描述一下当时您考入上外的情况吗？

朱立奇：那个时候呢，一个是考英语，我英语有一些基础，因为我在抗日战争时候在杜美路育群中学读书，原址是杜月笙的房子，是他的家。太平洋战争以后，日本人侵占了上海的租界，要把他这个家作为地产，杜月笙的手下跟汪精卫政府去打交道，坚持改办学校。汪精卫政府就同意了。那个时候，上海的租界里的大学都是汪精卫政府插手的，一些有骨气的民族精英都不愿意在汪精卫插手的大学里去教书，而愿意到中学里面去。葛传椝算是有骨气的民族精英，我的英语是全国赫赫有名的葛传椝教的，他是英语的泰斗。葛传椝教了我高中三年，给我打下了很好的基础。所以在考上外的时候，我的英语沾了一点光。

至于语文呢，我是喜欢写作的。还有个考政治，那个时候我听到陈老总的报告觉得很受鼓舞,还有在解放前我已经接触到毛主席写的《新民主主义论》这类文章,已经有一点革命的思想。上海解放的时候,学校的同学都回到自己家里去,我作为学生会的会长,就一个人留在了学校里面,参加护校工作。我的思想没有落在时代的后面,就这样我最后被侥幸地录取了。

还有口试。口试是了解一个人思想的窗口。口试的问题围绕一个中心,就是对共产党的认识。我回答的语言都很朴素,后来就通过了。口试是入学必过的关,记得陈毅夫人张茜也参加过口试。

三、“我们那时候已经很满足了”

采访者:您做学生时候的生活条件怎么样?

朱立奇:很艰苦,但我们对宿舍环境已经很满足了。吃饭的时候是一个小的用来放菜的脸盆,八个人合一个,荤的、素的,搭配得很合理。食堂和礼堂是兼用的,开会的时候用这个礼堂,不开会的时候用来吃饭,吃的时候呢,是八个人围着桌子站着吃。炊事员和管理伙食的人都是南下的干部,觉悟很高,我们吃得很满意。可以敞开肚子吃的,不是配给的。星期六晚上改善伙食,脸盆里面放的都是鱼块。穿的衣服就是蓝布制服,春天是单的,冬天有棉的,一个月还有几块钱的零花钱。

我们会适当用零花钱去买些外语参考书。我不吸烟,那个时候物价也平稳,有的同学会订一瓶牛奶。那个时候我们后门口有的居民做点小生意,在早饭的时候卖鸡蛋,但我不怎么吃,省下几个钱给我的老母亲。

我们那个时候学社会发展史,“劳动创造世界”、“劳动创造人类”,学了以后要参加劳动,在学校筑路,大家轮流参加。

采访者:那时有没有学生会组织?

朱立奇:有的。所有学生都是学生会的会员,有一两个会长,其他都是会员。除学生会外,还有团组织,团组织生活丰富多彩。我留校以后,有一次我们教务处的团员过团日,涂校长兴致勃勃地拿了一个 stick(手杖)参加我们的活动,在虹口公园,大家唱唱歌什么的。那时生活艰苦,团日活动结束后，大家回到教务处到办公室准备吃绿豆汤。条件虽然艰苦，但那时大家精力都很旺盛，空余还学唱俄语歌。有一首歌我现在还是记得的，讲的是共青团员的事。（朱老先生哼起歌来）

采访者：当时上课学业压力大不大？学习氛围浓不浓呢？

朱立奇：非常浓厚。我们进去时，要经过三个月的思想改造，那个时候我担任组长，我们的大班主任是老干部张沛，我们班有一个辅导的南下干部叫徐秀文。她以身作则，对我们很亲切，非常热心地帮助我们转换思想，认识共产党、树立革命人生观。姜校长领导外语的教学工作，俄语学习也是他来抓的。他非常内行。我们每天早上早读，吃早饭以前有一个小时晨读。晨读就是一个人把念的书拿来背，要高声朗读。

采访者：早上很早起来？

朱立奇：很早起来，一般五六点钟就起来了。除了晨读外，还有晚自修。进入俄语学习以后，一般情况下是不允许讲中文的，即使回到寝室也要用俄语讲，就是要逼着你讲，讲得差一点没关系，在苏侨的教授面前那是更不用说了。

采访者：我们知道您的英语也很好，但是当时您在学校只学了俄语，英语您是怎么学的呢？

朱立奇：英语我也可以介绍点小经验。我注重背，“读书千遍，其义自见”，我对背很重视。我读高中的时候就读大学课本了，这些课本选用英美名家的作品，深得不得了，高一我就读这本书。那时我就背，比如第一课我还记得是 *I Love Story*（朱老先生背诵了开头几句），这些我都背出来。

四、“那时候，学校里基本上都是苏侨老师”

采访者：学校的外籍老师多吗？

朱立奇：学校里基本上都是苏侨教师。中国教师是个别的，比如夏仲毅教授、吴克元教授，还有朱韵清教授、朱素清教授，屈指可数的几个人。苏联的教师给我们讲课，这样进步就比较快。他们教是教得好的，就是经常逼得你站起来，要求你"用自己的话来讲"。我们一个班大概二十多个人，跟老师接触的机会很多，每次上课站起来讲话的频率很高，一次讲多久随你便，讲上三五分钟，老师也不来限制你。

学校的生活丰富多彩。我们看课外读本，硬是啃下来，啃下来以后要你讲这本书的内容。比如我看了《三十一天》，讲苏联的一个少先队员的故事，老师就要我在课堂上讲。还有唱歌，要学唱苏联共青团的歌。星期六要看苏联电影，免费的。一个满堂灌的环境，对我们学习很起作用。

采访者：课后和这些苏侨老师的交流多吗？在生活中有机会和这些老师接触吗？

朱立奇：蛮多的。他们下了课以后就待在学校里面，要到中午才有大的校车送他们回家，他们大多住在淮海路的公寓里。

采访者：您刚才提到，您在做学生的时候，之前是没有俄语基础的。那么刚进入上外学习的时候，您在学习上有没有遇到什么困难呢？

朱立奇：学习不是一件容易的事情。老师讲的时候都用俄语，所以总有消化不了的地方。学外语不要怕难为情，同学之间尽量讲，哪怕讲错了也不要紧。我算是最终克服了困难，后来考师资班是进校后半年考的，我过了关。

五、"我们自己不知道，当时学校已经打定主意了"

采访者：请您详细说说师资班的情况？

朱立奇：进入师资班是要经过考试的。那时，全国各地迫切需要外语人才，需要会俄语的人才。我们进校后几个月，在教学大楼的阳台上经常看到上海华东局派车子来人事科、组织科找人谈话，其实是问学校要人。我们非常羡慕，却不知道学校已经打定主意了，不管上面谁来要人，优秀生

是不放的。学校已经有办师资班的计划和打算。

采访者：师资班要通过选拔考试吗？

朱立奇：是的，但学校领导是不插手的，由苏侨老师主考，分别考笔试和口试。学校领导有远见卓识，要办好学校，学校需要留些人。我们当时思想很单纯，很爱国的，比如说想报名参加抗美援朝，学校领导是不批的，因为这几个人是要留校的。

采访者：当时第一届学生三百多个人，最后选了多少人呢？

朱立奇：大概二三十个人。为什么说了个模糊数字呢，是因为后来有些人调出去了，剩下的不多。这次考试对我鼓舞很大。在学校里呢，我学习比较认真，但我知道我的资质一般。

采访者：您只用了半年就从俄语零基础进入了年级的前列，特别不容易。

朱立奇：是的。另外，我还乐于写英语文章。英语、俄语的语法有些相通的地方。比方，英语 being，俄语中有 Бытие。学了这个 Бытие，这个 being 我就得到启发了。所以多学了点英语，对俄语也有帮助。

采访者：师资班主要上一些什么课呢？

朱立奇：主要上俄语，阅读和口语是结合在一起的，另外还上了一门翻译课。翻译呢，姜校长给我们做过两次讲座，另外请了许多翻译的名家，比方说草婴、韩金仁（音）啊，好多翻译名家到我们学校来做讲座的。后来浦允南，我们的学长，他学习成绩好，学问也好，给我们上《翻译的理论与实践》。

六、“我从一个穷学生成为新中国第一代大学教师”

采访者：当时，您作为第一代大学教师，谁来指导你们的教学工作呢？还是主要靠你们自己来摸索？

朱立奇：说实话，我们在母校上外学习的时间不长，但作为一个群体来讲,我们都没有辜负党的教育。我们实际上都是自己在工作之中提高的,不断地摸索。

我教学的时候把三个东西结合在一起:首先是教学,第二是科研,还有一个就是翻译。我把这三者结合在一起,另外在业余时间也写写文章。在政治上,我很满意,我觉得,最值得安慰的就是没有走错生活的道路,最幸运的是能在母校受到优质的教育。

采访者:除了翻译之外,您有没有教过其他的课程?教课的时候您是怎么备课的?

朱立奇:我们要写教案。我觉得备课有"广义的备课"和"狭义的备课"两种。"狭义的备课"就是这50分钟你具体要讲什么内容,有什么补充;"广义的备课"就是要博览群书,书要看得多一点,不要太狭窄。教师的水平恐怕更多地要体现在"广义的备课"上,书要看得多一点。像我备教案的时候,说实话,苏联科学院编的四本语法书,很厚的,我都看完的,有句名言说,"你给同学一杯水,你自己要有一桶水"嘛。

我在母校学的是俄语,但考职称的时候,我报的第一外语不是俄语,是英语,俄语是我的第二外语。我到北京,航天部要求严格得很,像考小学生一样考我们。航天部都是留美的老学生来给我考口试。考好以后,按规定第二外语俄语可以免口试,我笑嘻嘻地对主考官说:"我的第二外语口试是不是也可以免考?"他们说:"可以啊。"但结果在贵州基地,就是我一个人去考,考我的倒是有一桌的人。

采访者:您做老师的时候,办公条件很艰苦吧?

朱立奇:哦,吃得还不错的,住的条件是艰苦的。你们现在是高楼大厦了,那个时候我们住草棚子,叫暨南大学,墙壁是泥土和竹片,上面是茅草。当时的校址是在东体育会路上一个老的房子,是暨南大学的,现在大概还是保留下来的吧。那时候我们对面都是老百姓的家,农民的家。

七、"那个时候我们同志之间真是亲如兄弟"

采访者:我们知道您在上外工作不久之后,华纺成立英语教研室,您就调离上外了。当您离开上外时是什么样的心情?

朱立奇: 依依不舍。上外是一个革命学校,是全新的。那个时候我们同志之间真是亲如兄弟。到华纺以后,它是个旧大学,高级知识分子多,情况是完全不一样啊,我担任教研室的领导,大家有人事的关系了。

采访者: 您在文章里面提到了很多院系的领导、同事,能给我们讲讲吗?

朱立奇: 我在留校期间,在教育股辅导室工作,辅导室的组长是李钟英同志,我很有幸在他手下工作,他可以说是我们上外校友一个光荣的代表,非常平易近人,为人非常低调。李钟英的特点是埋头苦干,不喜欢出风头,抛头露面的事总是退在后面。那时候,同学的教学计划都是他定的。他平等对人,也很风趣。比方有的人来办公室,手里刚巧拿了个玩具,他就说:"让我来玩一玩。我们小时候没玩过,现在补补课。"

革大的领导温仰春人很好,他后来到东华大学做党委书记,后来做校长了。他在解放初被冤枉了,毛主席点名批评他的,但用毛主席的话讲,他属于"人民内部矛盾"。温仰春,他是个老革命,的确了不起,"文革"初期红卫兵颠倒黑白、混淆是非地批判老革命、老干部,他写了张大字报"顶回去"。

八、"姜椿芳校长称得上是又红又专的典范"

采访者: 您刚进上外的时候是学生的身份,一年多后,您留校作为学校的老师了,等于是成为姜椿芳校长的同事。这时候您觉得您和姜校长之间的距离更近了吗? 或者您是不是更进一步了解了姜校长?

朱立奇: 说实话,我们这一代人比较拘谨,我的个性也比较拘谨。尽管姜校长厚道、和蔼慈祥,但我们总把他看做一个校长。所以,我们对他都很恭敬,不苟言笑。进师资班以后,我和他接触的机会多了一点。后来,我参加中国译协工作,对他有进一步的了解。他的夫人叫张安英,我们大家谈谈家常什么的,更亲切了。

采访者：这是已经到北京之后了？

朱立奇：对，到北京以后。另外，姜校长的好朋友草婴，他们有兄弟般的友谊。我和草婴非常要好，在北京开会的时候两个人睡在一个房间里面，他也跟我讲了不少姜校长的轶事。他说，姜校长人很谦虚，尽管那时受到冲击，但毕竟级别放在那里的，他到上海来，公家可以招待的，再退一万步来讲，至少母校要给他招待吧，但是他不愿去麻烦人家，结果就住在草婴家里。所以他跟草婴很好。

采访者：1953 年 1 月，姜椿芳校长赴京履职。他当时在欢送大会上说"今天我的心情很复杂"，当时您在现场吧？您是一种什么心情呢？

朱立奇：金昔民把"姜校长进京工作"这一消息告诉我们，大家都很舍不得。实际上，姜校长服从组织分配，到北京去对国家、对党贡献更大。

他是校长，也是很慈爱的长者。当时，有的人掉眼泪了。大家都很舍不得。姜校长对学生也很好，他要去北京的时候，想调几个学生，其中浦允南是一个。后来涂校长知道以后，深夜去敲浦允南的门，告诉他不要去，留在学校，涂校长对浦允南最了解，这不仅为上海外国语学院考虑。他看得远，他了解、爱护下面的人。在那个时候，有"左倾"路线，中共中央编译局要"纯之又纯"，浦允南去不得。

采访者：1984 年在北京开译协大会的时候，是您最后一次见姜椿芳校长。当时他还和你们一批一期校友拍了合影。您还能记得当时和姜椿芳校长最后会面的一些情景吗？

朱立奇：记得的。那时我要回老家处理事情，但火车票很难买。他和我单独谈话，托会务组给我买了一张票子，是软卧的。姜校长在小的事情上也很关心人的。

后来，他的眼睛出了问题，但我们没有料到他会走得这么早。我们都希望他继续为国家做贡献，他的威望很高。

采访者：姜校长对筹建上外是有功劳的。那么，他当时对上外的定位

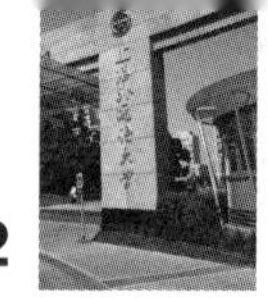

是怎样的?

朱立奇:我觉得姜校长能团结苏联人,这是有气派的。他曾是地下党,对南下的干部没有派系的观念,对涂校长很器重,也很尊重。苏侨都是优秀的精英,对姜校长也很服的。

采访者:您觉得是什么让大家这么服姜校长?是他身上与生俱来的一种气质还是他在专业上非常高的造诣?

朱立奇:可以这样说,他是20世纪50年代的"又红又专"的典范。我听过市里的一个报告会,是金主任和李钟英叫我去的,作报告的就是姜校长。他说,你们看人要看本质,你们不要看我穿了西装大衣,戴了金丝边的眼镜,但我是一个共产主义者。他穿着西装,笔挺的。那个时候我们穿着蓝布的衣服。但是他思想好,为大家工作,这个大家服他的。庆祝苏联十月革命节的时候,陈毅市长讲话,他最后翻译。他出口成章,记下来就是一篇很好的文章。他对同学很和气,一点没有校长的架子,亲如一家人,爱民如子,爱"生"如子。

九、"上外人的特点就是开拓奋进"

采访者:上外历经风雨60余载,作为上外的第一批校友,您对上外未来的发展有何展望?

朱立奇:我觉得现在上外和我们在的时候条件不一样了。现在的上外桃李满天下,发展的方向也是对的,不是单向培养,注重综合素质,开设了各种专业,是综合性的。我们衷心祝愿母校兴旺发达,也为上外人感到骄傲。

母校对我的培养,用马克思的话讲,"A foreign language is a weapon in the struggle of life",让我们掌握了一门外语,为人民服务。那么我一生呢,就是听党的话,跟着党走。说到业务上面呢,我生平有八个字:笨鸟先飞,以勤补拙。这段时间,我觉得是一生最难忘的时间,那个时候大家习惯上很喜欢说我们学校是一个革命的大家庭,的确这样。这些干部对我们非常亲切,帮助我们思想改造,我一生受益。

采访者: 请您用一句话概括一下上外的精神?

朱立奇: 我认为是“开拓奋进”。

倪波近影(2013 年 12 月)

倪波,男,1930 年 3 月生,山东海阳人,离休教授。1945 年 8 月参加革命,1947 年 12 月加入中国共产党,历任山东即东县政府、县委及胶东南海工商分局文书。1949 年 2 月随解放军南下,1949 年 5 月任上海工商管理局秘书。1952 年考入上海俄文专科学校(今上海外国语大学),1956 年 7 月毕业于本校俄语研究生班并留校任教,历任俄语教研室主任、俄语系副主任、主任。参与创建中国俄语教学研究会,曾任中国俄语教学研究会副会长、《中国俄语教学》副主编、国家教委俄语教材编审组副组长。为俄语专业高年级学生开设俄语实践课、汉俄翻译课。长期从事俄语语义学、语用学研究,为硕士生、博士生开设俄语语义学、语用学等课程。主持国家教委"七五"重点项目"俄语语义学"(该项目获国家教育部三等奖和上海市二等奖)、国家教委社科"八五"规划项目"言语行为理论与俄语语句聚合体"。其主要学术成果被收入《当代中国俄语名家学术文库·倪波集》(黑龙江大学出版社,2008 年 6 月版),此书已被列为俄语专业研究生的必读书目。1991 年 8 月获国际俄语教师联合会(МАПРЯЛ)颁发的普希金奖章。享受国务院特殊津贴。

保持革命传统
俄语学科全国赞

口 述 人：倪波
采访整理：孟庆和
采访时间：2014 年 5 月 22 日
采访地点：上海友谊新村倪波寓所

2014 年 5 月 14 日，这是一个阳光灿烂的日子。笔者怀着十分崇敬和兴奋的心情，来到了倪波先生位于友谊新村的寓所。这是一幢上世纪 50 年代上外为讲师以上的教师建造的公寓楼，倪先生的住所位于公寓底层。由于建造年代久远，大门内廊道四周墙壁上的石灰皮已经斑驳脱落。随着一阵门铃声，房门轻轻地打开了，一位个头不高，80 开外的老人微笑着招呼笔者进门，一个不大的客厅展现在笔者面前。客厅朝南，一缕阳光洒在客厅的地板上，客厅家具朴素、舒适、实用。先生热情招呼笔者在沙发上入座，茶几上早已备好水果、茶具，并亲自给笔者斟满茶水。透过客厅落地窗，瞥见一个满园春色的庭院，一棵高高的果树郁郁葱葱，树下是先生夫妇自己种植的番茄、青椒等蔬菜花草。庭院的大门直通社区的小道。一阵寒暄之后，先生愉快地接受了笔者的采访。下面即是笔者根据采访记录整理而成的倪波先生口述扼要，以飨读者。

一、 历经战争磨炼，随军南下进上海

1930 年，我出生在山东海阳县的一个农村。我的童年是在战争岁月中度过的。在八路军的带领下，我参加了儿童团，并担任儿童团指导员，积极为抗战贡献力量，1942 年，日本鬼子在胶东搞拉网式扫荡，我险些丢掉性命。

1945 年 8 月，15 岁的我在胶东解放区参加了革命。我是农村完全小学毕业，读了八年书，从小喜欢读书、练字。字写得也不错，得到老师好评。那时经常听故事，如七侠五义、杨家将、济公传……热爱共产党八路军，参加革命时被安排在县政府和县委担任文书和秘书工作。担任文书工作时，主要任务是刻钢板，即把县政府、县委的文件、通知、报表等刻在蜡纸上，然后油印成文。在担任秘书期间，还负责保管县政府的大印（公章）。不久调任胶东南海工商分局任文书。

1949 年 2 月，上海解放前夕，党中央为准备接管大城市，决定从各解放区抽调干部培训，胶东解放区从各地方机关其中包括驻莱西南南海工商分局抽调一部分干部，背上行囊，步行至益都坐火车到安徽固镇，然后换乘小火轮到蚌埠，再换乘汽车到江苏高邮，过长江，经镇江到丹阳，在这里停留了一段时间，学习进城政策。期间，我们已正式参加人民解放军，陆续穿上军装，佩戴胸章，雄赳赳、气昂昂，坐上军用大卡车，直接开进大上海。

1949 年 5 月 25 日晚上，伴随着几声枪响，我们的卡车已停在四川路桥上，大家纷纷跳下卡车，只见几具国民党士兵尸体横卧在桥上，桥头上有用沙袋垒成的国民党军队的碉堡。我们这些人进入四川路桥边的上海邮政大楼，晚上就合衣睡在邮政大楼的走廊上。第二天我们住进了南京路上的金门饭店（新世界商场隔壁），大家早上吃油条、稀饭，很不习惯，始终有一种吃不饱的感觉。好几个人住一个房间，有的就睡在地板上。住了不到一周，然后搬到霞飞路（淮海路）上的比乐中学。新成立的上海市的工商局、教育局就设在比乐中学内。我们的局长就是后来成为著名经济学家的许涤新。我们穿着军装以军管会的名义接管了旧上海工商局的全部职员，并立即开始工作，打击投机倒把、囤积居奇、哄抬物价，取消证券，维护金融秩序。

“文革”后倪波（左五）接待的第一批俄罗斯专家

我在上海工商局的主要工作也是秘书工作。进了上海工商局感受大不一样。一方面是花花世界、车水马龙，另一方面是人分官员、科员、服务员等级别，差不多全由学历高低决定。我考虑去读书，要当官。从此，我利用业余时间去读补习学校，进了中苏友好协会办的夜校，学了两年的俄语。不久机会来了。

1952 年，经工商局推荐，我们几个人参加了上海俄文专科学校（今上海外国语大学）的全国统考，考入了这所学校，局里本来要求我们毕业后仍回工商局工作。

二、 考入上外学俄语，不要当官当教师

1956 年 7 月，我从上海外国语学院俄语系研究生班毕业，我和其他约十余人一毕业就被定为讲师并留校任教。人们可能要问，一个农村来的孩子是怎么学习的？一是靠自己的奋发图强，集中精力发奋学习。二是靠自己的天分，加上拼劲、死记硬背。两年的夜校俄语学习给我打下了基础。读俄文原著，记俄文单词。我的体会是，学习首先是看书，大量阅读俄文原版的文学作品，我在低年级就开始阅读俄文原著，先从容易的后到经典作家，如托尔斯泰的“三部曲”，肖洛霍夫的《静静的顿河》、《被开垦的处女地》，高尔基的《母亲》、《在人间》、《我的大学》，普希金、莱蒙托夫的作品及诗。总之，俄罗斯作家的大部和部分苏联作家的作品我都涉猎过。快毕业时，我曾对人说过“我不要当官”，为了这句话差不多惹来一身大祸，还算好，仅受了一场批判。从“要当官到不要当官”，我的思想发生了巨大的转折，我热爱俄语，我立志要当一个老老实实的老师——老实做事，为人师表。留校后，我在上外历史最悠久的俄语系任教，既感到荣幸，又感到责任重大，于是我暗下决心，一定要做个好老师。我努力向老教师学习，认真上好每一堂课，不久担任了教研室主任的工作。我们在学生中间开展了一个“俄语通话运动”，俄文叫“Движение за разговор на русском языке”，希望学生在学校里坚持用俄语交谈、交流。

1964 年 4 月，我随时任俄语系主任胡孟浩去黑大俄语系取经学习，得知王季愚同志将调来上海外国语学院任院长，十分高兴，就去她的住处拜访她。整个拜访时间很短，但这次会面却给我们留下了十分深刻的印象。她根本没有官架子，衣着朴素，谈话和蔼坦诚、爽直，而且还有幽默感。这

次谈话，她谈得最多的是如何大力培养各种外语人才，如何既注意数量更重视人才质量的问题，给了我很大的启发。1964 年 10 月 31 日，经国务院任命，王季愚就任上外院长。她一来上外，就到英语系蹲点（调查研究），她多次到俄语系来，每次下来，她都主动同每一个遇到的教职工打招呼。她是那样的平易近人，人们愿意接近她，毫无拘束地与她交谈。她的话语是那样的朴素爽直，不带任何官腔。她的威望是很高的。我们从她身上看到了一个老干部、老知识分子的高尚品质，是我学习的榜样。

三、 拨乱反正抓教学，俄语学科全国赞

“文革”十年，教育工作受到严重摧残。粉碎“四人帮”后，通过民主选举，我走上了俄语系主任的领导岗位。面临“文革”十年造成的俄语系工作的停滞和混乱状态，俄语系的首要任务是拨乱反正、恢复正常的俄语教学工作。我主要抓了几项保证教学质量的工作：一是坚持集体备课制度，以教研室为单位，对所教课程进行认真的集体讨论、备课，并请每位教师轮流写标准教案供其他教师参考（无需每个人单独写，以节约人力资源）；二是为促进教学质量，开展教师间互相听课的活动，并组织优秀教师上公开课，请校内外俄语同行参与听课、评价；三是强调教师晚饭后下班级，辅导学生的外语学习，帮助后进同学补课等；四是系主任、副系主任下班上课、听课制度，以及时了解教学情况，适时解决教学中出现的问题；五是坚持开展晨读，检查和督促学生每天早晨朗读俄语的情况，把晨读内容和当天的课程紧密结合起来。由于采取了一系列保证教学质量的措施，俄语系教学工作走上了稳步发展的道路。

面对俄语系教师比学生多的现状，要保证俄语人才不流失，并且保持专业素质，同时又符合当时研究苏联的需要，俄语系成立了“列宁著作翻译研究室”，“苏联问题研究室”（上外国际关系与外交事务研究院前身），并创办了《苏联问题参考资料》杂志（上外《国际观察》前身）。另有一些教师投入到了《汉俄大词典》的编写工作中。我也参加了词典编写、审定工作。

进入 80 年代，我们强调教师也要搞科研，要写论文，提高科研能力，更

好地指导开展教学工作。许多实践课教师都说忙于教学,无暇顾及科研论文,同时也有畏难情绪。我当时就讲:“我们也要著书立说。”这句话我是在教研室内说的,引起了系里的议论:“倪波要出书啦?”言下之意是自不量力。我说出去这句话就一定要做。多看点书,多向人家请教,先在报刊杂志发表点小文章,小打小闹,慢慢积累。每天业余时间、晚上睡觉前写上二三百字,积少成多,集腋成裘,后来参与教材编写、担任主编,居然得了奖。还承担了国家项目。

经过十几年的努力,终于实现了著书立说的心愿。编著、翻译了五六本书,20 余篇论文,其中得奖三项。尤其是语义学得了国家奖和上海奖。语义学论著成为多数外语院校俄语专业研究生采用的教材(见《当代中国俄语名家学术文库·倪波集》,黑龙江大学出版社,2008 年 6 月版)。

大约在 1980 年,由上外发起,北外、川外等领导参加,在上外招待所小楼上召开了成立中国俄语教学研究会的筹备会议。1981 年 5 月,“全国俄语教育工作座谈会”在上海华东师大招待所召开,与会代表一致同意正式成立“中国俄语教学研究会”,并推举胡孟浩任会长,我是副会长之一。研究会会刊《中国俄语教学》杂志就由我系负责创办。我还兼任过杂志的副主编。当时,全国俄语教学处于低谷,成立研究会和创办俄语杂志,对鼓舞全国俄语教师的士气、发表俄语学术成果、推动发展俄语教育具有相当大的意义。为了推动全国高校的外语教学改革和教材建设,国家教委成立了“高等学校外语教材编审委员会”,我被聘为委员,并担任俄语教材编审组副组长。在此期间,参与组织了全国高校俄语教材大纲的审订、各门课程教材的审稿等。

1983 年,我系成为全国第一个获得俄语语言文学博士学位授予权的学科点。1987 年,国家教委认定上外俄语专业成为当时全国唯一的俄语重点学科,这是一件大事。要办好这个全国重点学科,我们面临的困难重重,一无资金,二缺人才,周围同行的眼睛都瞪着你,办砸了,岂不成为笑柄?我们俄语系有一个特点:大家团结一致,不搞勾心斗角,不搞“窝里斗”。我们靠意气风发,靠团结一致,先制定了五年发展规划,确定了每个教师的任务。大家憋足一股气,新老教师齐上阵,一步一个脚印的实施五年规划。我们提早搞研究生的培养。当时大家不知道硕士应该是什么样子。谁来当硕士生导师?我们靠领导齐上阵,骨干齐动员,“摸着石头过

河”,制定了研究生培养方案、课程内容等,培养了一批高质量的俄语博士和硕士。

四、走出国门去探路,国际交流谱新篇

上世纪70年代,苏联为了扩大在世界上的影响,成立了国际俄语教师联合会(МАПРЯЛ),由于当时中苏关系处于非常时期,苏联未吸收中国参加。到了80年代,情况有了变化。1985年9月,该国际组织开会一致决定接纳中国俄语教学研究会作为该组织的集体会员单位,并邀请中国俄语教学代表团出席1986年在布达佩斯召开的大会。

1986年8月11—16日,国际俄语教师联合会(МАПРЯЛ)在匈牙利首都布达佩斯召开第六次代表大会,这次大会的主题是:俄语语言、文学教学的科学传统与新趋势。中国首次派代表参加大会。中国俄语教学代表团团长是王福祥(北京外国语学院院长),我是成员之一,其他三位成员分别是:北京大学俄语系教授彭克巽、黑龙江大学俄语系教师林宝煊、同济大学公外部主任应云天。这次会议意义非凡,开启了中国俄语教学界参与国际交流的大门。我们五个人都用俄语作了学术报告,受到与会者的热烈欢迎。我的学术报告题目是:НОВАЯ ЛИГВИСТИЧЕСКАЯ ТЕОРИЯ И ОБУЧЕНИЕ РУССКОМУ ЯЗЫКУ(语言学新理论在俄语教学中的运用)。我们在大会上结识了许多国际俄语界的新朋友,了解了各国俄语语言文学教学的情况与动向,明确了当前教学与研究中的实际问题及教学法基本原则。这对我国的俄语教育和研究工作具有极大的借鉴意义。

第一次参加МАПРЯЛ大会之后,紧接着1987年10月19—25日,作为МАПРЯЛ的成员,我国第一次承办了(第七届)国际俄语杂志编辑会议。会议在北外举行,来自苏联、波兰、保加利亚、蒙古、美国、中国的代表参加了会议。开幕式由王福祥主持,我作为中国俄语教学研究会副会长、《中国俄语教学》杂志副主编代表会长、主编胡孟浩院长致开幕词。МАПРЯЛ执行委员会秘书长、普希金俄语学院院长柯斯托马洛夫教授作了专题报告。我主持了会议的闭幕式。这是МАПРЯЛ这个国际组织第一次在中国开展活动。会议期间,我亲自去机场迎送柯斯托马洛夫教授,并陪同他们游览八达岭长城等名胜古迹。

1991 年 8 月,我荣获 МАПРЯЛ 颁发的普希金奖章。

1994 年,我系首次主办“俄语语义学和语用学国际学术会议”,会议邀请了国际相关领域的专家,МАПРЯЛ 主席柯斯托马洛夫院士亲自与会,在国内外俄语界产生较大影响。柯氏在我国期间曾两次来我家作客,我们之间的友谊日益加深。

我对年轻教师和学生的寄语是:学习外语主要靠勤奋,靠一股拼劲。学习外语要大量阅读,靠平时的实践。搞好教学要抓好两手:一是提高教学水平,二是抓好科学研究。教学科研相结合,才能提高师资质量、培养合格人才。

1998 年倪波(右一)在家中接待国际俄语教师联合会主席柯斯托马洛夫(右二)等

钱积学近影

钱积学,1931 年生,浙江嵊州长乐镇人。中共党员。1947 年考入江苏常熟县国立社会教育师范学校,1948 年该校停办,先后转到苏州师范和无锡师范就读。1950 年经华东团校学习后被分配到无锡苏南中苏友好协会工作。1952 年 3 月进上外(当时校名为华东革大俄文专科学校)学习,1954 年进研究生班学习,1956 年毕业留校任教,1958 年任俄语专科教研室主任,1960 年 5 月赴苏联莫斯科参加"社会主义国家高等学校俄语教师讲习班",为期一个月,1960 年调任俄语系党总支副书记,1964 年任联络科科长,1967 年靠边劳动,1969 年调任教育革命组(教务处前身)党支部副书记,1979 年任外事办公室主任,1980 年任教务处副处长(分管专家工作)、中文部领导小组组长,1985 年任留学生办公室主任兼对外汉语系总支书记、系副主任,1991 年离休。

外事工作中的酸甜苦辣

口 述 人：钱积学
采访整理：方人
采访时间：2013 年 3 月 5 日
采访地点：钱积学寓所

我在上外从事外事工作历时 30 年，其中的甜酸苦辣只有自己知道。1964 年起做外国专家工作，1980 年转为做留学生工作，一直到离休（“文革”期间后期有过间断）。对我来说，从事这两项外事工作都要从零开始，感到很新鲜，也有成就感。由于中外文化背景的差异，与外国专家和外国留学生打交道，经常要碰到许多麻烦，一次“狗的风波”惹来一场大麻烦。但是，我热爱这份工作，遇到了困难也总千方百计迎难而上，解决了一个个困难。

一、 专家走，学到手

1964 年，国务院外专局为上外请来了一大批外国专家，他们来自美国、日本、瑞士、埃及、也门、东德等国家。当时，很多国家（包括美国）还没有与我国建交，这些专家是通过非官方途径请来的，这些专家对我们刚成立不久的新中国特别友好，但业务上水平不一，多数人是中学教师，也有社会工作者，只有少数在语言专业和教学方法上造诣较深。不过对当时的教学要求来说，已足够了。他们住上海大厦，上下班有专车接送，工资待遇很高，用这样高昂代价请来的专家怎样在教学上充分发挥作用，是我考虑最多的问题。专家来校一年两年就要走的，人走了，专家的知识要留下来，这是请专家的根本目的。

我深入到各系了解他们对专家的要求，并一起分析中国教师队伍的状况（业务水平、年龄结构、专业培养方向等），拟定出对每个专家的使用方案，提出要改变过去单纯为专家配备翻译的做法，决定给有专长的专家配备一名"合作教师"，明确他们的任务是做专家助手，合作之后，要接专家的班。另一措施是让专家开办教师进修班，重点提高青年教师的专业水平。通过这些措施，充分发挥专家作用，把它们的专长学到手，经过多年的实践，收到了良好效果，培养出来一批我们自己的青年专家。这就是所谓"专家走，学到手"。

二、 狗的风波

不过，专家工作并不是一帆风顺的。1964 年上外请来了首批外国专家，其中教西班牙语的是来自智利国的佰切戈先生及夫人，他俩在 20 多名专家中资历最深、年龄最大、学术水平也最高。他们带来了一条小狗，名叫小佰切戈。在当时，允许专家带狗来华是破例的，因为佰切戈先生是一位对中国特别友好的社会知名人士。1965 年的一个夏天清晨，佰切戈的女儿出门遛狗，小狗见到一位油漆工人，冷不防就扑上去咬了工人一口，工人的腿部被咬伤了，可这位遛狗的女主人却熟视无睹，若无其事地牵着小狗扬长而去。此举立刻引起了在场工人和过路人的不满，一位工人大声质问说："洋人欺负我们中国人的时代过去了，为什么今天还允许洋人的狗咬我们中国人？"

这颗"炸弹"爆炸后，围观的人越来越多，不满的声音越来越高。上海大厦的门卫见状，立即把受伤工人送往医院验伤治疗，同时报了警。接着，这咬人的小狗也被警察扣走了。当佰切戈先生得知自己的宠物被抓走"坐牢"后，大发雷霆，一气之下，他立即给王季愚院长写了一份辞职报告，要求立即回国，理由是他们全家在中国人身安全得不到保障，并要求古巴驻沪总领馆给予协助，他还提出要去陪小狗一起"坐牢"。当时小狗被关在虹口区一肉类加工厂的仓库里。这仓库破旧不堪，卫生条件极差，是一个报废多年的破旧仓库，老鼠到处乱窜。佰切戈先生见状，情绪更加激动，他实在接受不了这一客观现实。

这件事引起了上海市外办、北京外国专家局的高度重视，并指示一定要做好佰切戈先生的安抚工作，妥善处理好狗咬工人的这一事件。

主席台左一为钱积学，左四为胡孟浩校长（1984 年 11 月）

上外立即组织了一个工作小组，以分管外事副院长张培成为首，成员有西语系主任邬孝先、翻译曹建操和我（当时的联络科科长）。可以想象，这是一个十分艰巨的任务，我们和佰切戈先生的谈判就在这个异味很浓的仓库里。从傍晚到深夜，我们以极大的耐心和诚意，摆事实讲道理、不回避矛盾，坦诚交换意见。从充分理解佰切戈先生对小狗的感情入手，逐步上升到讲理说法，从充分肯定成绩、回顾彼此友谊和深厚的师生感情到专家肩负的责任；从讲清小狗咬人的详细经过、群众反响和受伤工人的痛苦遭遇，到我国的有关法律规定。谈判有交锋、也有反复，十分艰苦。但由于我们和专家在一年多来的相处中已建立起十分深厚的友谊，佰切戈先生也是一位通情达理的人，谈判从对立、僵持、激动、缓和到双方接受各自提出的要求，最后达成三点共识：一，专家收回辞职报告，明天继续上课；二，专家亲自去医院看望和慰问受伤工人，并负责支付全部医疗费和误工费；三，学校与有关部门联系请求尽快放狗（经观察未发现有狂犬病的前提下）。至此，狗咬人的事件平息了。这样处理的结果得到了有关领导部门的肯定。结果是工人、专家、学校及上级部门都满意。可没想到 1965 年平息了的风波，在“文革”初期 1967 年又重起风浪，并酿成为全校性的大波澜。我被推到了风口浪尖，并成了赫赫有名的“弄潮儿”，这是后话。

三、 成立中文部

1980 年 10 月下旬的某一天，校党委常委、分管外事的副院长魏原枢召集我们 3 个人（外办副主任付月仙、总务处长孟广培和我，当时我任教务处副处长）开会。会上魏原枢宣布成立中文部领导小组，指定我任组

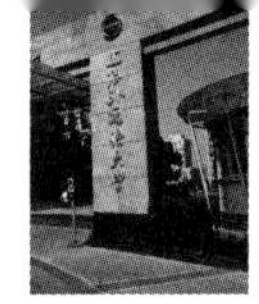

长,主持日常工作,明确中文部的任务是招收外国留学生学习中文。

在中文部成立的第一天,我们三人开了一次会,讨论如何贯彻执行党委的决定,我们接受了一项新任务,大家讨论开了,不知从何下手。当时,我提议讨论我们的工作对象(外国留学生)的定位问题,认识统一了,事情就好办了。讨论得很热烈:一,外国留学生就是学生,可以套用中国大学生的现成的规章制度;二,送上门来的外国人,要把他们培养成亲华派;三,对外国人要提高警惕,要提防混进来的情报特工人员等等。经广泛议论得出了三点共识:1.教学上要求要严格,实行宽进严出的方针,宽进是为了有利于扩大生源,严出是为了保证教学质量,也是为了提高我们上外的声誉。2.政治思想上要加强管理,他们是送上门的我国朋友,是开展民间外交的对象,要尽量让他们多了解中国。3.生活上适当照顾,住宿条件要好一些,不能 6 人一间,要有浴室,电风扇换成空调。这在当时来说,应该是相当前卫的。

10 月底,日本专家永保秋光找到了我,并把"日本青年向中国青年购书会"的负责人横尾达信介绍给了我。横尾说要送日本学生来上外学习中文,希望与我们签订一份协议书。事情是来得那么突然,可以说八字还没有一撇,中文部成立还不到一周,日本留学生倒要上门来了。怎么办?教师呢?宿舍呢?教材呢?留学生来华要办什么手续?学生来了怎么管理?要订什么规章制度?收费标准如何定?……一系列问题都摆到了我们面前,逼上梁山,不上也得上。好在我们三人对留学生工作有了一个初步的统一认识。三个人连夜开会,商定了三条措施:1.走出校门,向兄弟院校学习取经(当时上海地区只有复旦有自费留学生学汉语)。2.按个人的职责分工,拟出计划并立即行动(孟广培负责解决吃住行等事务,付月仙负责招生、接待、收费及涉外事项,我负责草拟协议书、教务方面的工作,包括教师、教学计划、教材等)。我们这"三驾马车"有分有合,运行得十分流畅,效率很高。3.为了应急,1981 年第一期暑期班 30 名学生暂安排在广灵一路 121 号的专家楼,这样可以解决留学生的食宿、教学用房问题。

四、 组织结构的变化

1980 年秋成立了中文部领导小组,筹备和实施外国留学生的招收和教学工作，招生对象是为期一两个月的短期汉语进修生。1982 年开始增加招收一年或一年以上的汉语进修生，领导机构改名为外国留学生中文学习部，部下面设办公室和中文教研室。办公室主任由我、熊光正、张余道、李月松先后担任。工作人员有陈明庚、桂后萍以及后来的黎连。中文教研室有赵贤州（主任）、朱旗、左鸿儒、卞华永及部分兼课教师。

随着国际上"汉语热"的升温，招收规模不断扩大，1984 年经国家教委批准，上外新增对外汉语和外事管理两个专业，这两个专业合并成立了一个新的系，即对外汉语系，培养四年制的中国大学生和外国留学生。原中文部一分为二，中文部办公室改名为留学生办公室，中文教研室划归到对外汉语系，留办和对外汉语系的关系是同属一个总党支的两个独立机构，留办作为校一级（正处级）的行政管理机构，直属一位分管外事的副院长童甦领导，留学生工作面对全院各系。为加强对新建的外汉系的领导，在人事关系上，留办主任由我担任并兼任党总支书记和系副主任职务，张余道兼任系办公室副主任职务。这一时期，学院发展的主要特点有以下几点：

1. 外国留学生的人数及办学规模发展很快

1981 年第一期 29 人，1982 年 101 人，1983 年 147 人，1984 年 211 人，到 1994 年总计达 2 643 人：其中，除短期、长期汉语进修生外，增加了本科生（汉语英语双语专业和汉语经贸专业）。另，留学生的国别变化也大，头两年，生源以日本为主，后随着国际间校际交流的扩展，我们与日、韩、美、英、德、法、澳大利亚、瑞士等 32 个国家和社会团体建立了合作关系，为扩大生源打下了扎实的基础。

2. 教师队伍成长迅速

到 1994 年，对外汉语系有教师 36 名，其中教授 5 人，副教授 12 人，讲师 19 人。更可喜的是，在这支教师队伍中增加了一批对外汉语系自己培养出来的年轻骨干教师，此外聘用了一批有丰富教学经验的兼职教师。

13 年来，编写出版了有上外特色、质量较高的各种教材九册和数量可观的科研论文。开设课程从单一的汉语语言课到增加了很多专业课，如金融、会计、新闻、法律等。经统计，进修生开设的课程 14 门，本科生 15 门。

3. 制定出一批留学生管理制度

在行政管理工作方面，随着工作的深入，我们先后制订出留学生办公室工作职责和外国留学生教育管理规定，包括外国留学生守则，入学注册

与离校，成绩考核，升、留级制度，转学与转专业，考勤、休学、退学和复学，纪律处分，学业证书，宿舍管理和会客制度，自费生缴费，留学生奖励惩罚等。在实践中一定要严格执行，才行之有效。

4. 在办学硬件建设方面变化很快。

1981 年，借用专家楼（广灵一路 121 号）举办了第一期暑期汉语短训班。1982 年，生活区一号楼改建成留学生楼，初步解决了留学生的住宿问题。1988 年，国家教委拨款 700 万，学校投资 700 万，新建 100 个床位的留学生楼（赤峰路 555 号，定名为上外国际文化交流中心）。1994 年，在上外校园内重新建造一幢留学生楼（命名为上外迎宾馆）。国家教委和校领导及时改善硬件为留学生事业的发展提供了极为有利的条件，极大地鼓舞了留管干部的工作信心和热情。

五、 在日本京都外大的讲台上

1984 年 4 月，上外组成了一个访日代表团，胡孟浩院长亲自带队，成员有外办副主任付月仙、日语系主任王宏教授（兼翻译）和我（教务处副处长的身份）。

启程前两周，胡院长找我谈话说：

“这次访日的重点是与日本京都外国语大学签订两校文化教育合作交流协议。在日程中有一项目，要在京外作一个报告，介绍中国高校的对外汉语教学简况，这个任务由你来完成。”

我欣然接受了。

回到办公室冷静下来一想，我怎么来完成这个任务呢？我在校内都没有作过什么报告，一下子到日本一所大学讲台上作报告，行吗？讲全国高校的对外汉语教学的报刊也极少，时间仅两周，怎么办？经过一番思考，整理出了一条思路，打算从改革开放讲起，谈对外汉语教学的沿革及现状，从北京语言学院讲到上外的对外汉语教学，拼拼凑凑总算写出了五六页讲稿，还花功夫背了几遍，心里有了一点底。根据我的讲稿连带翻译两个小时是起码的。

谁知到了京都外大被告知，讲座时间限一个小时之内，从 9 点到 10

点,因为这个大教室10点有另外安排。这一下子我的计划全被打乱了,怎么办?一进这个可容纳100多人的梯形教室,只见讲台的右上方一条长方形的屏幕上打出两行字:中国高校对外汉语教学简介;另一行是主讲人上海外国语学院教务处副处长钱积学。"看来我今天是要出洋相了"。我想,如果按准备的稿子念,至少花两个小时,如果只报一些数字,不讲实例,会枯燥无味。正在这一紧要关头,我急中生智,采用了画龙点睛的妙法。我简要地介绍了全国高校对外汉语教学的一组数字后,就离开了讲稿说:"下面我用解剖麻雀的方法重点介绍上海外国语学院这四年来的对外汉语教学的沿革和现状,通过我的介绍,你们就可以大致了解中国高校的对外汉语教学的概貌。"

这正是我的所长,脑子里有一大堆现成的数字和例子,于是借机把我院的先进教学方法,根据短期生的特点强调听说领先,学用结合,活学活用,并用生动事例来证明,取得了事半功倍的效果。同时还介绍了上外在对外汉语教学中的优势和特色,如有丰富多彩的选修课:太极拳、书法、中国料理等。周末,组织去杭州、苏州旅游,作客中国家庭,做一天上海人等。宣传了上外独有的地理优势,拥有"上有天堂,下有苏杭"的丰富旅游资源。这个讲座竟成了宣传上外的一个专题报告。

讲座按时结束了。当我准备离开讲台时,一位女学生走上讲台给我献了一束鲜花,她用一口流利的中文说:

"谢谢您,老师。"

听上去她的发音很标准,我问她:

"你听懂了吗?"

她回答说:

"听懂了一半。我对汉语很喜欢。我想报名今年暑假去贵校学习。"

我紧握她的手,对她说:

"你的发音很好。欢迎你来上海外国语学院学习。"

这是一个意想不到的收获。

一个难题竟成了一个难得的好题。

六、理解万岁

外国留学生来中国学习要遵守学校的规章制度,这是天经地义的事,但由于东西方国家的社会制度不同,文化差异很大,在贯彻执行时遇到的阻力不小。

欧美国家来的学生对请假制度十分反感,认为这是干涉他们的人身自由。一位德国学生说:“为什么要请假?不来上课是我的自由。办学校也像做买卖,你办学校,我来学习,我付给你钱。来不来上课是每个人自己的自由。”

有一天,我找他谈话,指出他的看法可以理解,在德国行得通,但在中国行不通。他反驳说:“我是一个大学生,我对自己的言行负责,你们不能像管小朋友那样来管我们。”

我对他说:“你今天是在中国上大学,你就要遵守中国大学的规章制度。我们办学不是为了赚钱,而是为了培养人才。教与学要相互配合。学校的规定不是为限制个人的行动自由,而是为了保障学生能很好地完成学习任务。你应懂得这一点。”

这次谈话时间很短,他没有反驳我的观点,但也没有表示同意,从态度上似乎少了一点傲气。

要改变一种观念是很难的,但我们坚持严格要求的管理原则。我们利用各种机会宣传遵守制度的重要性。在每个月一次的班长会上,公布旷课情况,对旷课严重的学生提出口头警告,找他们个别谈话,收到一定效果。后来发现有两位女同学(校际交流奖学金生)旷课时数已超过了规定,多次教育无效。如不加处理,后果极为恶劣,于是在一次班长会上指名道姓严肃批评了这种现象,并指出,如再不改正,要通报给派她们来的学校领导,请她们退学回国。这一招很有效,在留学生中迅速传开,引起了很大震动。消息传到这两位学生耳里,她们后悔了,又是检讨,又写保证,连这班的班长也写了保证,说要督促她们不再旷课。这一来,旷课现象少了,有事不上课要请假的规定开始被大家接受。

七、 拒绝在会客簿上登记

一位新西兰同学有一次把他的“中国朋友”带进房间，并拒绝在会客簿上登记。这种情况已发生过多次。有一次，服务员拒绝这位“中国朋友”上楼会客，理由是不出示证件又不登记。为此，新西兰同学在布告栏上写道：“一号楼实行法西斯主义”。

我发现后当天就找这位新西兰同学谈话，指出他不遵守会客制度是不对的，并批评他的不友好行为。我严肃地对他提出，如果不愿意遵守学校的会客制度，可以离校回国。他听了感到很不理解，说：“我知道学校有会客制度，但我不是小孩，我是自由的人，谁也不能改变我的个人自由。”

当他听到评判他不友好行为时，他很激动，感到很委屈，说：“你们根本不了解我。我可以向上帝发誓，我爱中国胜过爱新西兰。我作为一个外国人，在街上看到两个青年打架，没有一个中国人前去劝架，而我上前去把他们劝开了。这是为什么？我在英语系兼课，同学都很喜欢我。我的汉语成绩也很好，这些你们都没看到，单单指责我不遵守会客制度，这公平吗？你们的服务员对我的态度也很不好，你们不批评。这合理吗？”

接着他辩解说：“我写的法西斯这个词在西方国家人们口头上是常用的。这是保守的意思，并不是你们理解的那个法西斯主义。”

他的一番坦率的表白和解释，使我感到震动。这是一次“中外文化冲突”的大暴露。

最后，我肯定了他表现好的一面，同时也指出，会客登记制度必须遵守，还告诉他最近留学生宿舍发生的失窃（调换外币）、借出国担保人行骗等违法现象，说明会客登记制度是为了保证同学们的安全，最后向他解释了中国人民为什么痛恨法西斯的历史背景。最后，这位新西兰同学承认了不遵守学校的制度是不对的。从此，我们成了朋友。

2013 年 9 月顾柏林(左)接受采访(右为孟庆和)

顾柏林(1932 年 4 月—2014 年 2 月)男，汉族，上海人，中共党员，教授。硕士、博士研究生导师。1954 年毕业于上海外国语学院俄语系。1956 年在俄语系研究生班毕业后留校任教，担任现代俄语理论课教学工作，开设俄语词汇学、俄语语义学等课程。1960 年起参加《汉俄词典》编写，历任汉俄词典编辑室组长、主任。1985 年被评为教授。1989—1992 年任俄语系主任。1992 年起享受国务院颁发的政府特殊津贴。1999 年退休。1998 年获国际俄语教师联合会(МАПРЯЛ)授予的普希金奖章。2009 年获俄罗斯“俄罗斯世界”基金会(Фонд “Русский мир”)授予的三等奖。

1985 年起主持编写《汉俄大词典》(上海市重点学科建设标志性项目)。该词典 2010 年获上海市哲学社会科学优秀成果著作类一等奖，2011 年，获第二届中国出版政府奖，2013 年 3 月获全国第六届高等学校科学研究著作奖语言类二等奖。

主要论著:《俄语语句同义转换——方法和手段》、《俄语语义学》、《词的词汇意义及其基本类型》、《新的语义学理论在词典编纂中的应用》、《苏联科学院俄语语法(1980 年版)》(副主译)。

板凳坐得十年冷

口 述 人：顾柏林
采访整理：季耀华、卫少梅、苏星奇
采访时间：2013 年 9 月 23 日
采访地点：上外虹口校区俄语系资料室

编词典一直被认为是旷日持久、枯燥无味而又折磨人的活儿。国外曾有学者戏言，惩罚罪犯的最好办法不是监禁，而是让他去编词典。现实情况也确实如此，词典从编写到问世，工作繁琐复杂，完工周期特长，在当今快餐文化盛行的时代，还有多少人能真正静下心来，坐冷板凳去干这种苦活呢？

1 000 万字，12 万词条，从 1985 年到 2005 年历时 20 年，《汉俄大词典》体例新颖、信息量大、时代感强。这部堪称目前世界上最大、最权威的汉俄双语词典，凝结着顾柏林教授的心血。

一、 辞海茫茫，孜孜以求

词典，是百科全书式的工具书。然而，很少有人了解它的编纂具体是怎样操作的。

收集整理资料、以汉语词典为蓝本敲定词条，再参照俄文书籍在卡片上手工抄写读音以及不同意象的释义。由于俄汉文化差异，有些词汇在俄文书籍中很难找到，所以词典的编辑每天快则百条，慢则十几条。

《汉俄大词典》的编写工作始于 1985 年，2001 年 12 月正式立项为上海市重点学科建设标志性项目，计划于 2003 年 12 月结项。2002 年年底完稿并交上海外语教育出版社排印，2003 年 8 月完成二校工作，2005 年

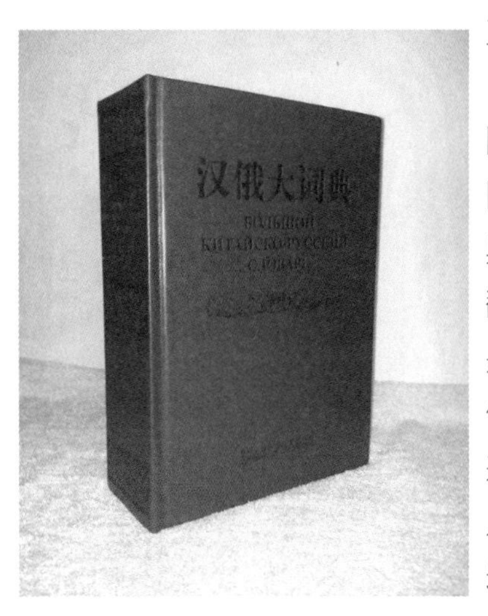
顾柏林主编的《汉俄大词典》

正式付梓出版。

以顾柏林教授为主编的词典编写团队，接手这项工作的时候文化大革命刚刚结束，资料很少，当时俄罗斯新出的词典都找不到，更不要说网络，很多词条的翻译根本找不到，只能靠自己去推敲、或是咨询俄罗斯的专家和教师。当时的工作条件拮据，工作细碎、繁琐，“举个例子来说，把这些卡片编辑成本，它需要有专人用老式的打字机打印，把这些全部记录下来，再成本、装订，总共有五六十本。堆下来这么一大箱子都是。”

顾柏林教授强调词典的编纂是非常细致的工作，他总结出了一套编写者应具备的指导思想：一要有敬业精神，乐于坐冷板凳，让编写词典成为自己的爱好，并从中寻找乐趣；二不追逐名利、不能急功近利，要清心淡泊，耐得住清苦寂寞；三发扬团队精神，团结合作，相互学习，孜孜以求；四理论与实际相结合，用辞书编纂学的先进理论指导各个环节的工作，提高词典质量和实用价值。

顾柏林教授自身就是一个坐得冷板凳、孜孜以求的学者。年轻的时候，有一次他在家里编词条，隔壁的邻居来找他，但他却没听见敲门声，中午的时候顾柏林出去热饭与邻居相遇，邻居惊呼，“咦？你怎么在里面啊？我还以为你不在家呢！”

二、硕果累累，宁静致远

编纂词典的工作枯燥乏味、数年如一日，收入又少，事实上没有几个人热爱。但顾教授却在每日的耕耘中发现了乐趣。他在翻译词条的过程中喜欢上了咬文嚼字的过程，提高了自己的理解水平、俄语水平，乃至汉语水平，并且把它运用到教学中去。

“文革”后恢复招收研究生以来，顾柏林一直担任硕士研究生导师并给博士研究生讲授专业课程。在研究生的教学中,他不仅备课仔细认真,一丝不苟,授课深入浅出,还能及时向学生介绍国际最新的研究成果和国内外学术界的研究动态。在扩大学生视野的同时,注重培养研究生的科研意识和科研方法。他带出的研究生已有十几名,为国家培养了不少优秀人才。顾柏林曾担任俄语系系主任,并协助胡孟浩校长培养出我国第一批俄语博士生。

无论是代表全世界俄语教育工作者最高荣誉的普希金奖章,还是众多科研及教学成果奖项,对于顾柏林教授来说,都是实至名归。

而顾柏林教授的学生大都不清楚自己的导师到底得到过什么荣誉,因为顾教授从不在他们面前提起。在他们心中,自己的导师永远是那么博学谦和。而对俄语系的青年教师来说,顾老师更是一位值得尊敬和亲近的师长,因为他时常在专业上点拨他们,在生活上关心他们,从不摆“老资格”。

平日的顾教授一直节俭朴素,宁静淡泊,从不乱花一分钱。在1998年夏季特大洪灾的捐款时,顾教授捐出500元人民币,是俄语系捐款最多的一位教师。谈到这件事,他只淡淡一笑,“我们是比上不足,比下有余,能帮一点是一点。”

1984年顾柏林(左二)参与我国第一批俄语博士生入学考试工作(左三起:胡孟浩、王德孝、麦毅强)

三、 抚今追昔，快意人生

初见顾柏林教授的人总会深深地为其温文尔雅的风度所折服。然而，很少有人知道，顾教授的童年却是异常穷苦的。

11 岁时，父亲早亡，当时顾柏林小学还未毕业。父亲几年的卧病在床早已使这并不富裕的家庭一贫如洗。家中兄弟姐妹四人，全靠 15 岁的大哥辍学工作和母亲做帮佣维持生活。日子过得很艰苦，但顾柏林的学习成绩却总是那么骄人，令母亲感到欣慰。上学，意味着家中养着一个“闲人”，而他的母亲始终含辛茹苦地默默支持着儿子，以她坚强的毅力和善良的品行影响着儿子。时隔多年回首往事时，顾教授满怀深情地谈起自己的母亲：“我的母亲是个非常善良的女性，没有她也就没有我的今天。”

小学毕业后，顾柏林以优异的成绩考入当时法国教会在上海开办的中法中学（即现在的光明中学前身），靠减免学杂费读完了六年的中学课程。在中法中学，他们跟着法国神父学习法文、算术等科目，眼界开阔了不少，也为日后上外的俄语学习奠定了语言基础。同时，顾柏林逐渐产生了对西洋古典音乐的爱好和对美的追求，这对他一生都产生了不小的影响。

1949 年，上海迎来了解放，中学毕业的顾柏林进入上海外文书店做了一名小店员。当店员的工作比较辛苦，晚上还得接着干，然而他并未因此而放弃自己的学习。由于外文书店进的都是俄文书，晚上单位组织店员们学习俄语。为了更好地工作，顾柏林也参加了学习，并且取得了十分优异的成绩。由于工作、学习上的出色表现，1952 年，顾柏林被推荐为调干生，参加了华东人民革命大学下属的上海俄语专科学校（即今上海外国语大学）的学习。经过两年的刻苦学习，顾柏林再次以优异的成绩从三四百名毕业生中脱颖而出，成为俄语专科学校第一届研究生。1956 年，他研究生毕业后留校任教，这一干就是 40 多年。

退休后的顾教授还会时常回到系里，指导及参与《中俄科技词典》的编写。“现在用电脑，自然快了很多，不过时间就短了，这个自己知道，年纪大了，不行了，每天在家里至多搞(编写)四个钟头。”

平常休闲的时候，顾教授喜欢听一些古典音乐，他最喜欢的是《欢乐颂》，还有柴可夫斯基的第六交响曲，以及贝多芬的《致爱丽丝》。“我家里唱片很多的，有几百张。最开始唱片一张一百五十块钱到两百块钱，工作期间我的奖金和文章的稿费都买唱片了。”

顾柏林教授说，俄语系的传统就是正统、正派，学生学习刻苦努力，师生关系良好。谈到陈洁等得意门生，顾教授不由得露出欣慰笑容。他叮嘱上外的学子们，“你们这一代人是幸福的一代，学习环境是最好的时候，学校的硬件、软件、环境比任何时候都好，一定要珍惜！”

朱丽云于上外有线电视台(2011 年 11 月)

朱丽云,女,1934 年 9 月生,江苏无锡人,中共党员,教授。1955 年毕业于上海俄文专科学校(今上海外国语大学),当年进入本校俄语研究生班学习。1956 年至 1959 年被派往苏联留学,1965 年至 1966 年赴苏联进修,1992 年 8 月至 11 月在俄罗斯莫斯科大学等校访学。1959 年 7 月起,在上海外国语学院任职,长期从事俄语教学工作,开设高年级俄语实践课、俄语泛读课和俄语词汇学等课程。1984 年 3 月至 1996 年 8 月,先后担任校党委副书记、书记、校务委员会副主任等职。

1987 年获上海市高教系统教书育人奖,1990 年获上海市教卫系统"优秀党务干部"称号,1992 年获国务院政府特殊津贴。

主要科研成果:合编《俄语虚词词典》,合译《苏联科学院俄语语法(1980 年版)》等书。参加全国高校统编教材《俄语阅读》(四、五年级用)、《俄语写作》(三年级用)的审稿工作。论文有《虚词不虚——谈谈俄语虚词的词汇意义》、《俄语口语的词汇特点》等。

对上外一往情深
对学生爱护有加

口 述 人：朱丽云
采访整理：钱维颖、张竹一
采访时间：2013 年 10 月 19 日
采访地点：上海外国语大学虹口校区图书馆内

朱丽云教授虽然已年届八旬，但看上去神采奕奕，精神焕发。她把这归功于长期不断接触年轻学生，深受学生的感染。朱教授求知欲强，兴趣多样，不断学习新东西。

在采访过程中，朱教授没有讲很多大道理，说得很平实。言谈中充满着对上外的感情，对学生的关爱。

朱丽云教授 1934 年出生在上海，抗日战争爆发后，在祖籍无锡生活了两年。说到自己的家庭，朱教授认为父母都很传统，只希望自己能本本分分，认真读书。她高中念的是上海爱国女中，期间一度被吸收到义务夜校当老师。在义务夜校，她做过教导主任、校长。义务夜校活动丰富，受益匪浅。也就是在这段时间，朱老师慢慢培养起了对教育的热爱，同时也对她社会工作能力的提高很有帮助。1952 年高中毕业后，她进了上海俄文专科学校，也就是今天的上海外国语大学。

回想起自己在俄文专科学校做学生的日子，朱教授打开了话匣子。那时他们接受的都是非常纯正的俄文教育，苏联老师和专家占了很大的比例，老师素质很高，无论是中国教师还是苏联老师都是用全俄文教学。朱教授说那时有一批俄侨，很多都成了他们的老师。当时学生学习都很认真，苦练俄语发音，特别是大舌音发音，现在回想起来那段时间很美好。那批学生毕业后分了两个方向，一些人做教师，一些工业翻译班的学生做了专职翻译。

1955 年，朱老师毕业后留校进了教师进修班，一年后被派往苏联列宁格勒大学留学进修。三年的留学生涯成为了朱教授一段宝贵的人生经历，不但了解了俄国的风土人情，结识了新的朋友，在心智上也迅速成熟起来。

1959 年，朱老师正式走上了讲台，成为上外的俄语老师。谈到教学风格时，她说自己比较有亲和力，与学生的互动较多，所以大家很愿意听她上课。一般说来，语法课、理论课会比较呆板些，主要靠老师讲，口语课等就会比较活泼。她在教学上也遇到过困难，在俄国文化方面遇到不确定的内容，她常常会去请教资历较深的老师。几十年的教学生涯中，朱老师和学生们的关系一直都很融洽。许多年前的毕业生至今还有不少人与她保持联系。

1984 年，朱老师开始在校党委工作，虽然身负党委工作重担，她还是不愿意放弃讲台。她做了一届党委副书记和两届党委书记，在这期间，还是保证每个星期上两节课。她说教书能给她带来快乐，而且学校工作服务的对象是学生，缺少了和学生的共同语言，工作会很难开展。教师的工作比较单纯，行政工作可能会遇到更多的困难。朱老师任职期间一度分管学生工作，80 年代闹“学潮”，她戏称自己像消防队员到处救火。80 年代后期是她工作最困难的一段时期，需要想方设法保证学生的安全、保持学校的稳定。她爱护学生，就像对待自己子女那样。她颇为自豪地说：“闹‘学潮’那会儿，我们学校没有一个学生受处分。”

谈到“文革”时，朱老师说她由于家庭背景关系，被看成是异类。那时她始终有一个信念，相信中国共产党。“文革”对她的个人家庭影响很大，哥哥在“文革”中被迫害致死，父亲也在“文革”后死去。十年“文革”，她整整苦闷了十年。1984 年她代表党委做彻底否定“文化大革命”的报告，清理学校里面“文化大革命”造成的后恶，这对她来说绝对是个考验。

在朱老师的印象中上外经历过几次大的变革，包括新建校区、学校专业设置从单一语言类向复合型专业改变。其中一个重大的变革发生在朱老师担任党委书记期间——自费改革。所谓自费改革，就是大学期间，不再由国家承担学生的学费。当时上外被选为全国首家试点学校。改革过程中遇到了来自学校领导层、学生、家长、社会等各方阻力。但在国家教委的支持下，改革还是慢慢推动下去，后来证明是相当成功的。

从学生到教师，朱丽云老师在上外经历了数位校领导，她觉得过去的领导没架子，和师生关系都很融洽。在她出国留学前，当时的党委书记涂峰就教育她出国后要"出淤泥而不染"，在国外复杂的环境中，她真正明白了这句话的意义。张培成、陈准堤、王季愚、胡孟浩、张显崇，这些老领导都给过朱老师很多帮助，他们的才学和人格魅力深深地影响了她。从上世纪50年代到60年代，朱老师两次被派往苏联留学、进修，接受重点培养。在她看来，是上外这块土地哺育了她，因此，她对上外一往情深，充满了感恩之情。

谈到对现在学生的建议，朱老师说还是希望学生们能以学业为重，同时兼顾社会工作，锻炼自己的能力。对以语言为专业的学生来说，现在的就业范围会比较有限，可能从事文字文学编辑翻译工作；但如果能以语言为工具，有另一样专长，那优势就会比较大了。朱老师希望学校能扎实提高教学质量，中国现行的严进宽出的大学体制对学生是不利的。学生要切忌浮躁，更不能只追求虚华，而要更关注内涵。朱老师对上外和上外学子充满着期待。

访谈实录

采访者：朱老师，您好，我们这个采访项目叫"文脉守望"，之前在电话里已经讲过了，就是请老校友谈谈人生经验以及上外的故事。我们的采访是比较随意的，随便聊聊就可以。老师您今年高寿啊？

朱丽云：我虚岁八十。34年(1934)生的。

采访者：感觉您身体好好啊。

朱丽云：心理年龄不感到老，我自己觉得这应该归功于我的职业，因为我从没离开校门，毕业以后一直在学校工作。我接触的都是年轻人，就像你们一样。所以说，是学生给我的感染和影响。

采访者：那您退休后就是在家里了吗？有没有出去工作呢？

朱丽云：退休以后呢，我跟几个离退休老同志一起办过业余学校，即英语补习班,教剑桥少儿英语、新概念英语。我主要搞教学组织工作,请教师、制定教学计划、招生、编班等教务工作。做了十三年,去年全部都退出了。我们这个业余学校培训的孩子累计有一万三千人,都是通过了剑桥英语考试。所以我自己感觉到做了一些事情。

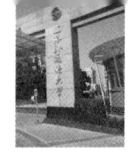

采访者:朱老师,我知道您是无锡人,您小时候的家庭环境是什么样的,父母给您怎样的教育?

朱丽云:家庭环境比较传统,要求女孩子本本分分。我从小在一个教会的女子学校念书。抗日战争时期,上海沦陷后,父母把我送到无锡。十一岁去无锡,十三岁再回到上海。在无锡过了两年,这两年生活给我的印象很深。因为一个是城市,一个是农村。刚好十一二岁的孩子开始懂事了,所以去农村感到特别新鲜,那时候跟外婆一起生活。到那边学校条件比较差,复合班,两个年级三个年级放到一起,学校的环境,家庭的生活环境都不一样,跟农村的孩子在一起,参加一些简单的田间劳动,对孩子来说很开心的。

采访者:小时候想过要做什么吗?那里对未来有什么想法?

朱丽云:初中毕业考过卫校,想做护士,没考上。后来进高中,爱国女中,在静安区,解放前称为"民主堡垒",有18个地下党员。他们在学校里办义务夜校,为贫困的孩子教学。我一进高中,就被他们吸收到义务夜校当老师。下午4点下课,4点到7点在义务夜校,后来我做教导主任,做校长。学生都是我们从附近的街道里面动员来的。

采访者:等于您在这个过程中慢慢喜欢上教育。

朱丽云:对,就是在这个过程中培养了我对教育的热爱,高中毕业以后就进了上海俄文专科学校,是指导志愿。上海刚解放,提倡"一边倒",向苏联学习,"苏联的今天就是我们的明天"。苏联援建中国156项工程,需要翻译。所以大批地从社会上招高中生培养学俄语,我就是这样进来的。

采访者:您在上外做老师前的经历是怎样的?

朱丽云：我是毕业后留校进了教师进修班，这个班就是研究生班。在研究生班念到一半就去了苏联，那里学了三年，1956 年到 1959 年。回国后留在俄语系做老师。所以，我是土生土长（的上外人）。在这里上学、留校、进修、做老师。

采访者：那您还记得做学生时的老师吗？

朱丽云：记得俄语系有位夏仲毅教授，很有名的。他俄语讲得非常好。据说他在中东铁路工作过，他后半生帮我们培训教师、编汉俄词典。还有一批俄侨，学校把他们招来做老师。所以我们一开始就是外国老师教的。

采访者：当时你们接受的是比较纯正的外语教学。

朱丽云：嗯。那个时候俄语教研室主任叫扎玛达耶娃·薇拉·瓦西里耶芙娜，她的名字至今我还记得，因为跟她一起工作很久，做学生时跟着她，毕业后她在实践课教研室指导我们。她是俄国人，俄罗斯族，接受过很好的文化教育。所以我们当时的老师文化素养比较高。俄语是他们的母语，语言很纯正。

采访者：那您正式在上外工作是什么时候？

朱丽云：我是 55 年毕业，真正上讲台是 1959 年 9 月。我 7 月（从苏联留学）回国。在二年级教精读课。语音、语法、词汇都上，一上午连着三节课，一周 18 节课。那个时候年轻，上讲台的时候是 25 岁。

采访者：跟我差不多，呵呵。那您之前的培训很有用吧。

朱丽云：对，基础很扎实。我的同事很羡慕我，有这个条件，也是靠学校，不是每个人都有机会。当时我们近八百个学生，留校的最多二十多，在这个中间再选拔四个人派往苏联留学。我被分配去列宁格勒大学，就是现在的圣彼得堡国立大学。

采访者：那您在教学过程中遇到过什么困难吗？

朱丽云：困难是有的。上课前我们是要备课的，我们原来那位教研室主任退休后做我们的教学顾问，我们在备课中遇到什么问题都可以直接请教她，语言这种东西不是你三年留学或者是看书就能解决的。很多是很活的东西。

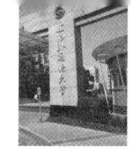

采访者：您除了课上与学生互动，课下也会和学生联系吗？也就是生活上也会关照他们？

朱丽云：对，对，生活上也会。我们不是单纯的班主任。我们那个时候好像没有政治指导员，八百来人就是一位老师（管）。我们业务课老师本来和学生接触就比较多。要包教包学，包他们学会。

采访者：当时俄语因为政治原因很流行，后来就……

朱丽云：衰落了。

采访者：您是从什么时候感觉到这种变化的。

朱丽云：大概是在六十年代吧，苏联把专家撤回去。俄语系存在，但学生少了，当时全系七八百学生。后来就两三百，越来越少，现在一届只招四十个人，两个班级。“文化大革命”中，有人提出“砸烂俄语系”。现在回过头看，把语言完全和政治形势结合，实际上不好。语言本身是一门科学，语音、词汇、语法，它有自己的规律。因此，真正有见地的领导人不应该把语言和政治形势连起来。上世纪六十年代，中学里学外语，有英语或俄语，后来俄语几乎全取消了，其实这种做法不见得好。俄罗斯毕竟是个大国，现在俄语变成小语种了。从它的艺术、文化、教育，从它的航天航空来讲，它都是跑在世界前面的。所以我觉得不要把俄语一棍子打死，我不赞成这样。

采访者：您觉得俄语在中国有什么样的发展前景？

朱丽云：我觉得，从国家发展来看，少量培养，不断培养，还是需要的。我们现在俄语系也是双语，除俄语外还学英语。我们有学生分到东航，俄语用不上，他可以用英语。另外呢，在北方、东北，俄语还是很用得着的，那里有边贸，边境贸易也需要俄语。所以，俄罗斯那么大一个国家，中俄两国有那么长的共同边界，俄语还是用得上的。

采访者：那您觉得现在学语言的竞争怎么样？因为之前有一度学语言很热，就觉得学语言，特别是女孩子来讲，挣钱多，工作比较轻松。但现在觉得学语言的很多，就业并非那么好，您觉得学语言的怎么提高自己呢？

朱丽云：我觉得，从学语言和文学的角度来讲，他的工作范围比较有限，一般从事文字文学编辑翻译工作，但你学了一门语言，把语言当工具，再学一些其他的，你的优势就比较大了。比如说，提倡复合型人才，提倡学双语，这样优势比较大。语言作为工具，不管俄语、英语、德语、日语，除本语种外再学一个就很有优势了。所以，当时八十年代，我们的胡孟浩老院长提倡搞“复合型”的时候，我就支持走这条路。

采访者：您在科研方面有哪些成果？

朱丽云：科研方面，写过些书和文章，主要是在语言方面，如名词格的用法，后来和胡院长以及我们系的老师一起翻译苏联科学院编的80年版《俄语语法》。这是一本很重要的俄语语法书。

记：教学和科研相比，您比较重视教学咯？

朱：嗯，重点是教学，评职称没有论文是上不去的，当然也逼着自己写些东西。

采访者：您当时担任党务工作以后还在教学吗？

朱丽云：对，我真正站讲台是28年。后来我离开了老师岗位，任学校党委副书记，分管学生工作，4年。接着做了两届的校党委书记，八年。在这个过程中，我保证每个星期两节课。不离开教学岗位，我有我的想法。一是评职称需要；二是感觉做政工干部完全脱离教学会和老师和学生缺少沟通。所以，我和俄语系还是保持紧密的联系，回去上点儿课。精读课课时比较多我不能教了，我就教泛读课。另外给研究生上词汇学课，保持一学期36学时，每个星期2个课时，我坚持住了。

采访者：您记忆中上外经历过哪些大的变动？无论是在人事、硬件，还

是改革等方面。

朱丽云：硬件方面就是建松江新校区，这是20世纪末、21世纪初最大的变动。刚开始会觉得不方便，但那边环境很好，适合念书。初建的时候，还没有地铁，确实给师生带来很多不便。但是蜗居在虹口校区二百多亩的弹丸之地，对学校的发展并不好。从软件上来讲，学校的专业设置单科变多科，增加了复合型专业，这在同行中引起了很大的震动。

采访者：复合型就是指法律、新闻、金融等专业吗？

朱丽云：除了复合型外，还有双语专业的设置以及国内和国外联合办学等形式。复合型专业对学生来说是很得益的。另外，现在的招生也是文理都招，学理科的学生也很不错。英语还开设了高翻专业，专门培养国际型的翻译人才。过去我们英语和俄语是最强的，而现在很多其他的专业都赶上来了。当然这些都需要有一个过程，包括师资、教学等方面的积累。还有一个比较大的改革是在我任职期间：自费改革。

1987年6月2日时任上海市长江泽民为我校87届毕业生做报告(主席台左一为朱丽云)

采访者：这个我早有耳闻，上外自费改革算是在全国率先改革的？

朱丽云：第一个。当时阻力很大。全国有36所委属学校，都是重点大学，上海有6所：复旦、交大、同济、华师大、华东理工和上外。国家教委选中我们学校做试点，为什么呢？第一学校规模小，第二个原因是改革开放外语比较吃香，学的人比较多。做试点那个阶段可以说是很不容易。动员媒体、各个（民主）党派、政协，请他们来，对他们做宣传，向他们解释为什么要实施这个改革。

采访者：为什么要实施这个改革呢？

朱丽云：因为义务教育阶段学费由国家承担，到了大学还是由国家来承担的话，国家的负担就会很重。根据国情，迟早要走上自费改革这条路。

采访者：那当时受到的阻力大吗？

朱丽云：大。当时我们学校内部就有阻力。有的人说国家（指国家教委）能选我们学校做试点很好，但36所委属学校，上外如果试点失败了，对国家来讲是三十六分之一，但是对上外来说却是百分之百，这个风险要考虑。当时压力真的很大。考虑再三，教委支持我们，我们尽量做好工作，同时我们也做好应对措施。改革之前是这样的情况：国家给我们60%的人头费，40%要靠我们自己创收，谁来搞创收呢？主要靠两个出版社出书、出外语磁带、碟片；还有其他单位也为学校作贡献，通过这些渠道赚的钱来贴补教学上的不足。因此，学生不付学费，不但要靠国家贴补，而且还要用学校创收的钱来贴补教学上的需要。后来，情况又有变化，国家拨款40%，学校自筹60%，学校财政越来越亏。我们学校的出版社功不可没，对学校的发展、建设、培养人才起到了很大的作用。自费改革后，收来的5 000元学费的30%通过奖学金等形式反馈给学生。后来自费的方式慢慢地就运作成熟了。现在上大学，每个学校学生都自己付学费。另外，国家也出了很多政策，如家里经济困难的，可以申请教育贷款。到现在经过了20年，自费体

制就成熟了。整个改革还算是成功的。我们上外发展越来越好,办学条件也越来越好。

采访者:您觉得做党务工作和做老师最大的区别是什么?

朱丽云:做党务工作比较复杂,做老师比较单纯。党务工作有其困难之处,比如刚才说的需要解决经费问题。到党委工作后我戏称自己为“两栖动物”。(笑)

采访者:那时的工作重点在哪一块?

朱丽云:那时整个班子有分工的,每个领域都有分管校长,但是大的方向,比如自费改革、教师队伍的培训等事宜,这些要党委讨论决定,党委定了以后大家分头去做。党委的很多工作不一定在面上,比如像国家的大政方针,这些都要贯彻。80年代“学潮”闹得很厉害,我像消防队员一样救火。那时中科大的校长方励之放学生上街游行,这种风潮会慢慢传过来。86年闹“学潮”,89年的政治风波,我当时正处于风口浪尖。所以我当时工作的重点是要保持学校的稳定,保证学生的安全。闹“学潮”的那会儿,我们学校没有一个学生受处分,这关系到他们的前途命运。我自己是老师,为人母,我还是比较爱护学生的。所以很多时候只好自己检讨。学生要游行,请示我能不能给批游行需要的东西。我批准了就是我的责任了,学生上街拦不住了也是我的责任。

采访者:您那段时间责任很重大啊。

朱丽云:确实是。那个时候没日没夜,半夜两点半电话铃响了,就出去开会。当时外面的干扰确实很多,我就坚持两个原则:第一,不要忘了你是中国人,要爱自己的国家;第二,我们要发扬中华民族的优良传统,保持我们的国家稳定。国家一乱,亲者痛,仇者快。八十年代后期是我工作最困难的一段时期,这是和整个政治环境有关系的。

采访者:那“文革”那段时间您是什么状况?

朱丽云：“文革”开始时，我第二次出国在外，没有经受到冲击。到后期我就做“逍遥派”，我不参加“造反派”，也不参加“保皇派”。

采访者：那等于说也没经历过什么？

朱丽云：不是说没经历过，由于我自己的家庭和社会关系，我是被看成异类的。我父亲是资本家，当然那时只能夹着尾巴做人。另外，我的哥哥姐姐很早参加革命，“文化大革命”中是“走资派”。我在“文革”中不能马上恢复党组织生活。但我始终有一个信念，我不相信任何派别，我只相信中国共产党。因此，我既没必要向“造反派”，也没必要向“保皇派”汇报思想。当时党组织暂停活动，我就只能坚守自己的信念，十年“文革”我真的是苦闷了十年。我父亲那时年纪已经很大，他的厂早已公私合营，他靠退休金吃饭。当时他们只能自己管自己。我的情况也只能自己管自己。另外，我也不知道我哥哥姐姐的消息。有人来了解他们的情况，我说他们很早参加革命，与我也只有血缘关系而已。那时真的很苦恼。所以你们可以理解“四人帮”被粉碎后我们的心情是怎样的。后来国家一切正常了，我还是在俄语系做老师。我哥在“文革”中去世了，我爸也去世了，就是这样一个过程。

采访者：那“文革”对您家庭的影响还挺大的。

朱丽云：是，对我个人来讲，在“文革”中最大的感受是苦闷。“文革”后当工作组第一次来找我谈话时我的眼泪像开闸的水一样泄下来，自己根本无法控制。后来对整个国家的形势也理解了，国家遭这样的难，作为一个普通党员，我们也应该理解。所以慢慢地进行自我消化，1984 年“整党”的时候，我代表党委做《彻底否定“文化大革命”》的报告，就是清理学校里“文化大革命”造成的后果。学校里死了十二个人，都是非正常死亡，另外有很多干部老师受罪受累的。尽管我在“文革”中没有受到批斗，但是心理上的折磨是很大的。我爱人也是上外的，西语系的副系主任兼总支代理书记，也算是“走资派”，也被关起来过。所以这些都是我自己亲身经历的事情，很有感触。84 年“整党”，彻底否定“文化大革命”也是对我的考验，一个老师要面对一礼堂的人去做这样一个彻底否定“文革”的报告，当时真是担惊受怕。

采访者：您经历过几任校领导，他们每个人风格有什么不同？谁给您留下最深的印象抑或对您影响最大？

朱丽云：我做学生的时候，我们的党委书记是涂峰同志，我出国的时候是他找我谈话。我记得很清楚，他告诉我出去学习是国家的培养、组织的信任，但是你出去以后要“出淤泥而不染”，我开始不理解，后来慢慢理解了。苏联的环境不是我们想象中的，我们刚解放的时候，经济比较困难，人民都比较艰苦朴素，那边生活方式和国内完全不一样。赫鲁晓夫全盘否定斯大林造成的影响很明显。学校里学生抽烟谈恋爱等都很随便，整个都很自由化。所以慢慢地理解上面这句话，虽说不是孤芳自赏，但是至少要保持自己好的传统。第二任的党委书记是张培成同志，那时我已经回来做老师了，我印象很深的是我们俄语系搞了一个“二赶四”（大跃进），就是二年级学生学的东西要赶上四年级的。张培成同志经常到我们系来开座谈会、听课，鼓励我们把教学搞好，把学生赶上去。六十年代，党委书记陈准堤是位老革命，人很和善，很接近群众。陈准堤书记和我们一起劳动，过去的那些领导和下面的教师、学生关系都是很亲密的，不是我们想象中的那种只在台上作报告台下不理人的。后来就是王季愚院长，是延安时期的一位老革命。她经常会到我们这儿来开座谈会，高尔基的《母亲》就是她翻译的，是一位知识型的校长。王季愚之后就是胡孟浩院长，他是我们的老师辈了，完全是知识型的。后来是韩宗琦书记，他曾去香港出差，给我们老师每人发了一个盒式录音机，老师都很感激，因为那时教学工具很匮乏。韩宗琦书记、王季愚院长讲话都很精彩，都不用稿子。最后一位是张显崇书记，是他手把手地教我做党务工作的。

采访者：那您对现在的学生有什么建议吗？

朱丽云：我认为学生应该以学为本，学好自己的专业知识最重要，同时我赞成学生做点儿社会工作,不要完全钻在书本里面。我自己的体会也是做了学生工作后人一点点成长起来。有人认为做社会工作吃亏了,浪费了大量时间。但是社会工作锻炼人的能力。如果只知道啃书本的话,在这个社会是不适应的。

周秉勋近影

周秉勋，1934 年生，1957 年毕业于本校俄语研究生班。历任上海外语音像出版社副社长兼副总编、上海外语电化教学馆副馆长、上外传播系主任、新闻传播学院常务副院长、院长等职务。主要从事教育传播与技术的教学与研究工作。曾开设俄语实践课、传播媒体编制课程等。

主要著作有《语言录音的编制与设计》、《加拿大教育技术》等；论文有《传播媒体与远距离教育》等；并编导了多部外语教学片。

一生与新闻传播结缘

口 述 人：周秉勋
采访整理：殷文婷、李心研、杨家齐
采访时间：2013 年 7 月
采访地点：周秉勋寓所

一、 新闻传播学院成立前的传播系

上海外国语学院传播系是 1986 年成立的。在当时的上外，可以说是一个新生的系。教育传播与技术专业在当时也是一个新兴的边缘学科。所以说，上外的传播系是为适应我国改革开放、加速实现现代化、促进国际文化、教育的传播与交流而设立起来的。当时全系共有教职工 19 人，其中副教授 4 人，讲师 7 人。

至 1991 年，传播系招收专科学历学生 122 名，其中 85 名毕业生走上工作岗位，用所学的专业知识为社会主义现代化建设作出了成绩。

当时的传播系尽管人员少，课程多、设备缺，但全系师生团结一致，克服困难，在教学管理、教风建设、学风建设等方面做出了贡献。

我记得，当时我们传播系的各项办学建设主要从以下这几个方面展开：

1. 齐抓共管形成网络。传播系党政领导认为，党政虽有明确分工，但工作的总目标，都是为了培养社会主义建设的合格人才。为了实现这个总目标，党政同步，制定相应措施，形成了一个“师生共管，教书育人，管理育人，服务育人”的整体网络。

组织落实方面，我们建立了政治思想教育的新格局。首先建立了以党

员与群众相结合的学生工作组。同时注重发挥班主任的作用，向他们提出规范要求。规定每月两次碰头会，商讨学生工作，并定时向全系教工通报学生情况，发动全系教工一起做学生思想工作。其次，支持学生干部大胆开展工作。1989 年以后，我们系先后改选了系团总支、各班级的团支部和班委，并增选了系学生会委员。学生干部的选举充分体现了民主协商，相互理解与相互尊重，新一届学生干部受到同学们的欢迎，增强了全系学生的团结。

在抓工作规范与学习规范方面，我们制定了一系列措施与规章制度。我们首先要求教师为人师表，认真贯彻学校制定的“教学规定”，并根据系里的实际情况制定了“传播系教学工作规程若干实施细则”，使教规更具有操作性。对个别不愿意接受学生学军带队任务的教师，我们及时做耐心细致的思想工作，并尽力帮助他们解决生活中的具体困难；对愿意承担这项任务的教师，则给予表扬与奖励。

为了建设好的学风，传播系根据实际情况制定了相应的规范与措施，以利于学生在实际生活中自觉地提高素质。我们制定了“试场补充规定”，严格考试制度，定期召开学生家长座谈会，征求意见，交流信息等。每周安排半天或每月一天的义务劳动。严抓课堂考勤、集体活动纪律。建立了学生品行考核与讲评制度。抓班风班纪建设，各班制定规划，各学生寝室制定规章，定期举行文明寝室评比。在全校两次卫生检查评比中，传播系获得了“双优”。

2. 抓住机会，开展全方位的政治思想教育。当时，我们传播系围绕着每一阶段的政治学习中心内容，组织全系师生开展社会调查和社会实践。先后组织师生参观了宝山钢铁总厂、七宝镇农村地区、南浦大桥工地；还组织师生瞻仰宋庆龄陵园，祭扫龙华烈士陵园等。系领导和班主任们经常深入学生班级和寝室，参加学生团学组织活动。就这样，通过开展形式多样、丰富多彩的思想教育与文体活动，提升了全系师生的思想认识水平，也融洽了师生关系，增进了师生感情。

我记得，那时在传播系里，不少老师经常从家里拿来衣服，赠送给经济困难的学生；发现学生宿舍缺少挂钩，信箱缺锁，就从家里拿来给学生使用。师生互相关心，彼此加深了了解与友谊。

齐抓共管产生的效应是整体的。师生的团结增强了，学生遵守纪律的自觉性也提高了。学生积极要求上进，1991年，全系有97%的学生自愿报名参加党章学习小组，30%的学生写了入党申请书。

3. 把思想教育贯穿到专业教学中。我记得，当时我们传播系的另一个做法是，把抓思想教育和抓教学、抓科研有机结合起来，从教学课程的建设中，强化"为人师表"的意识，不搞"两张皮"，由此促进了政治思想教育工作的有效性和说服力。

在1989年以后的那几年里，传播系的各教研室教师都能比较自觉地贯彻教书育人的原则，在传授专业知识与技能的同时，重视学生思想与业务的结合，培养学生树立群众观点，为人民服务与对人民负责的精神，重视对学生学习态度和思想认识的教育。当时已经年逾花甲的老教师江希和，在上课时认真讲解，布置一定要求的作业，注重对英语基本功的训练。在批改作业时一丝不苟，从严要求，以自身严肃认真对待教学工作的态度感染学生，影响学生，使学生在校学习时就培养起了认真踏实的作风。在《教学设计》、《影视编导》、《录像技术》等课的教学中，教师都要求学生合作完成设计、编制课题；强调在研究过程中相互配合，相互帮助，增强合作意识，提高正确处理工作中人际关系的能力。

4. 教学科研有规划出成果。

传播系自1986年成立至1991年，在抓教学科研方面，一直是有明确规划的。根据专业教学计划，我们将重点放在新专业课程的建设方面。先后完成了《录音技术基础》、《外语录音磁带编制》、《教学设计》、《教学媒体管理》、《教育心理学教学参考资料》、《美国教育技术的理论及其演变》、《教育传播与技术专业学生教育管理工作》等教材或专著的编撰与出版。而这些工作的顺利完成，在很大程度上是和我们自始至终把政治思想教育工作列入全系的教学与科研计划中并有效贯彻落实到全过程分不开的。这可以说是传播系工作的一个特色。也因此，传播系获得校党委的表彰，被评为1991年度上外教书育人先进集体。

二、 教育传播与技术专业《教学大纲》的编写

传播系自1986年成立，经过五年多的办学实践，在全系教师的辛勤

耕耘下，终于完成了教育传播与技术专业《教学大纲》的编写工作。这对于教育传播与技术这一新兴专业的建设与发展，无疑奠定了坚实的基础；对于提高教学质量，培养合格的教育传播与技术专业人才，有了一个具有指导性、可遵循、可依据的文献。

回想起来，编写教育传播与技术专业《教学大纲》，确实是一项艰辛的工作。它既是一项重要的教学工作，也是一项细微的科研工作。其实，我们从传播系成立的第一天起，就把教学大纲的编写列为全系的头等大事之一，并有意识地把多项教学活动尽可能地纳入大纲的编写范畴。但要统一认识，让大家都能乐意地投入，却也有不少难处。比如系里不少教师并没有受到过教育专业的系统培训，对大纲的编写要求不熟悉、不了解。有的教师过去虽然编写过，但如今专业变了，自己原有的知识结构老化了，对新的教学大纲的格式、表达内容、专业名词等都比较陌生。此外，平时系领导和全系教师也都忙于自己的教学工作或管理工作，要抽出较完整的时间去编写大纲，说实话，也是很不容易的。

但是，我们全系教师都有一个共识，不把教学大纲搞出来，学科的建设就是一纸空谈。办好专业的紧迫感和长远的打算给我们系领导很大的压力，但同时也是一个很大的推动力。经过动员和妥善的安排，我们全系教师都动员起来，系里制定了措施，克服困难，终于促使大纲的编写成为一项重要的教学工作，按照时间节点全面展开。

回顾整个教学大纲的编写过程，可以把它概括为三个阶段：第一阶段是统一认识，加强培训，重点是培训；第二阶段是边写边议，自我修正，重点是边写边议；第三阶段是讨论交流，完成编写，重点在于讨论交流。在培训过程中，“能者为师”的做法备受教师的赞赏。有两位青年教师发挥了很好的作用。他们都受过教育专业的训练，因此，他们就带头写出了大纲，供大家议论和修改补充。其中一位是当时学校的第二学术梯队成员、优秀青年教师，他起的作用颇大。他把自己在国外学到的专业知识运用于大纲的编写，而且也能结合当时国家的实际状况，写出了相当符合教育传播与技术专业建设需要的教学大纲。他还对大纲的格式、项目、专业语言表述等提出了很多建设性的意见，有效地推动了大纲编写的进程。

现在回过头来看当年教学大纲的编写，我认为，对于专业教学大纲的认识、规定的内容与整体框架结构，可以从两个方面加以归纳：

1. 大纲的依据:教学大纲是根据教学计划,以纲要的形式规定了教育传播与技术专业这个学科的教学内容。编写时,我们都注意到要照顾学科的性质与专业特点,充分体现培养目标的要求,以有利于为学生设计一个较为合理的知识结构。大纲是编写教材和教师进行教学的主要依据与遵循,也是教学评估的重要标准与衡量。

2. 对于教育传播与技术专业各门课程教学大纲的具体内容,传播系的专业任课教师经多次讨论,一致同意应包括教学目的、教学内容、教学方法、时间安排与参考书目等五项。在此基础上,我们还以内容范围确定了大纲的格式与栏目。总共设置了四个栏目:学习目标、方法提示、教学内容与主要作业。栏目内所使用的语言都力求规范,并且具有可操作性。尤其是学习目标一栏,更是使用了严格、简明、准确、规范的语言,没有故弄玄虚、故作高深的名词,学生一看到就能准确理解领会。很多学生反映,通过对专业课程的学习,自己应该掌握哪些基本内容、基本概念和应该具有哪些专业动手能力,都很清楚。所以,学习的目的性很明确,学习的积极性也随之提升。我以为,这就是大纲的"可操作性"的实际意义所在吧。这也为以后的教学评估制定了标准。

教学大纲编写工作完成后,系领导要求全系教师必须执行大纲,并决定每两年根据教学改革与专业人才培养的需要进行一次调整、充实、改进与提高。传播系的教育传播与技术专业,就这样在教学实践中不断提高培养水平,不断提高教师的教学能力,不断提高学生的专业水平。

可以说,编写与执行教育传播与技术《教学大纲》,是我们在学科建设中迈出的坚实步伐。

三、 上外新闻传播学院的成立

为适应社会主义市场经济需要,深化教育体制改革,培养涉外型、应用型、复合型、德智体美全面发展的国际新闻与传播人才,1993 年 5 月 7 日,上海外国语学院新闻传播学院正式成立。中央新闻媒体驻沪机构负责人和本市很多媒体负责人应邀出席了成立大会。

我记得,新闻传播学院成立大会由时任上海外国语学院副院长吴克礼

主持。时任学院党委书记朱丽云、院长戴炜栋为新闻传播学院揭牌。戴院长讲话中对学院成立的意义给予了很高的评价。他指出，新闻传播学院的成立，是我校全面贯彻党的十四大精神和《中国教育改革和发展纲要》，主动适应社会主义市场经济体制和改革开放的需要，在国家教委和上海市教卫党委指导下，为加强办学事业建设而推出的一项新举措；也是上外实施"分院制"的教育教学体制改革方针的又一新步骤。

1993 年那时候，我校的校名还是"上海外国语学院"，二级教学单位大多是系一级单位，二级学院还是个新生事物呢。我记得，当时学校里新成立的二级学院只有成人教育学院和国际经济贸易学院。新闻传播学院是我校成立的第三个二级学院。新闻传播学院的筹备工作，始终得到校领导的大力支持和指导帮助。学院筹建工作自当年 3 月启动后，始终是在时任上外副院长吴友富同志的直接指导下有条不紊地进行。学院筹建工作也始终得到朱丽云、戴炜栋和时任上外党委副书记王水娟等校领导的细致关心。我记得，有关学科建设的一些课题，副院长吴克礼教授和教务处处长吕光旦教授都给了很多具体指导。

在成立会上，我作为新闻传播学院的常务副院长，就学院成立的筹备情况、体制改革思路和今后的发展方向等，作了题为《抓住时机发展自己》的发言。

新成立的新闻传播学院，由国际新闻系、传播系和《上海学生英文报》报社这三个教学与新闻实体组成。学院的目标是培养具有过硬的英语专业水平与国际新闻学专业、教育传播与技术学专业、国际广告学专业人才。在机构设置上，基本上采取了精简机构、压缩编制、转换职能、提高效率的原则。新成立的学院实行了定岗定编，岗薪结合，岗变薪变，多劳多得，以充分发挥教职工的积极性，提高教学质量和工作效率。在不断完善专业设置的过程中，传播系下设教育技术学和广告学两个专业。2001 年，学院还新增了广播电视新闻学专业。

学院成立伊始，我们首先充分运用了传统的语言学科优势，强化英语专业基础教学；其次，加强了国际新闻、教育传播与技术和广告学等复合型专业建设。从 1993 年开始，教育传播与技术学专业升格为本科专业。我们也加强了《上海学生英文报》的各项建设，把这个办报实体作为学生教学实践的基地。可以说，当时的新闻传播学院是一个融教学、科研和办报为一体的二级学院，这样一个“三位一体”的二级学院，不要说在我们上外，就是在上海乃至全国的高校，即使不是“绝无仅有”，也是“凤毛麟角”。

上外新闻传播学院成立后，在进行专业建设的同时，不断致力于师资队伍的建设。至 1997 年，学院已经拥有了一支长期从事国际新闻学、传播学、教育技术学和英语教学的学科带头人队伍。在科研上也是亮点纷呈，其中，胡曙中、张祖忻、张咏华、张健、郭可等中青年教师撰写的新闻学、传播学、教育技术学等学科的专著、辞书和教材达 20 多部，发表论文近 200 篇，在大众传播社会学、新闻英语文体学、教育技术学基本理论、企业绩效技术研究和英语教学等方面的研究上，上外新闻传播学院可以说是处于国内领先地位。

新闻传播学院成立以后的几年里，在教学实践中，也是能从社会主义市场经济对人才的需求出发，对各专业正确定位，扬长避短，致力于培养英语基础厚实、专业口径较宽、具有鲜明特色的复合型人才。在英语教学上，与英语专业本科生同教材、同要求、同试卷，用英语开设部分专业课程；在专业教学上，削枝强干，以外向型新闻传播、广告和教育技术人才的关键能力为重点，展开训练，注重实践，培养学生独立解决问题的工作能力。

新闻传播学院的国际新闻专业可以说是上外办学的一个亮点。新闻传播学院为京沪等地的各大新闻单位和新华社驻外分社提供了大批优秀人才，其中许多人在新闻界已有所建树。

教育传播专业的宽口径培养模式，也显著地增强了毕业生的就业竞争力。许多毕业生早已成为大众传媒机构、广告行业、传播企业和政府部门的业务骨干，获得了出色的业绩。

杨希钺于上外虹口校区(2013 年 11 月)

杨希钺,男,江苏镇江人,1935 年出生于上海,中共党员,研究员。1957 年毕业于上海外国语学院俄语系研究生班,并留校任教。1957 年至 1979 年,在俄语系担任俄语实践课教学、编写教材、资料室和系办公室教学秘书等工作。1980 年起,先后担任俄语系苏联问题研究室副主任、上外苏联研究所副所长、所长。1992 年至 1996 年担任上外国际问题研究所常务副所长。1987 年起,先后担任《苏联问题参考资料》、《苏联研究》杂志主编、《国际观察》杂志主编,直至 1999 年。

主要著作有《俄语口语句型》(副主编)、《民族矛盾与苏联解体》(合著,第一作者)等。论文有《苏联发展职业技术教育的启示》、《中苏实施教劳结合的回顾与比较》、《独联体国家的民族矛盾》、《苏联解体后的中亚形势》、《面向 21 世纪的中俄关系》、《北约东扩与俄美关系》、《俄罗斯在中亚面临多方面挑战》、《试论中美俄三角关系》、《论冷战后大国关系》等。译作有《连续教育的理论基础》(合译,第一译者)等。

曾任中国苏联东欧学会理事、上海市东欧中亚学会副会长、上海市国际关系学会常务理事。

功夫不负有心人 百花园地结硕果

口 述 人：杨希钺
采访整理：陈晓、叶宁
采访时间：2013 年 11 月 2 日
采访地点：上海外国语大学虹口校区图书馆

自 1949 年成立至今，上外已走过六十多年风风雨雨的历程，在虹口校区绿树掩映的校园里，岁月的痕迹随处可见。她像一位迈入甲子之年的长者，注视着一代代上外人的成长、离开、归来；她又如充满活力、迎接朝阳的姑娘，不染纤尘，不断追寻着更好的改变。

对于后来者，一所学校的历史总是有些神秘，与共和国同岁的上外，自不例外。当时光渐渐抹去过去的踪迹，文字记录下的历史又不总是那么详实生动，关于上外的老故事，又何处寻踪？那些伴随上外整个发展历程的老教授，似乎是这些故事最完美的诠释者。

杨希钺教授，就是其中之一。他 1952 年进本校学习俄语，而后又读研、教书、做科研、办学术期刊，他目睹了上外从上海俄文专科学校到上海外国语大学的转变，经历了上外从只教俄语到教授多语种再到复合型专业的变迁，他亲历了苏联剧变后苏联研究所到国际问题研究所的重组，亲自参与了从《苏联研究》到《国际观察》的转变。听杨教授讲述他的故事，就好像在听上外，甚至是中国、世界的变迁故事，六十多年的时光，老教授工作和生活的点点滴滴，似乎都烙下了上外的印记。

一、 求学之路

杨老师兄弟姐妹九人，这在当时，也算多的。在那个动荡的旧社会，杨

老师的三位哥哥为了分担家庭经济负担，早早工作。大姐中学辍学，在家里帮助母亲料理家务，照顾弟妹。杨老师的父亲是读书人，1941 年太平洋战争爆发前在英国洋行工作，因此，尽管孩子多，还是尽可能地让孩子读书。从杨老师二姐开始，后面的孩子都进入大学读书。在采访中，杨老师经常提到对解放后党和政府的感激之情，因为从那时开始，越来越多的人有受教育的机会，他高中时享受了学费减免，大学更是免费就读。如果没有这些条件，许多像杨老师这样，或者家庭条件更差的青年，很难有机会进入大学深造。

1952 年，杨老师通过指导志愿，进入上外(俄专)学习俄语。那时正值中国实施“一边倒”政策，亟需俄语人才，这也是上外第一次全国统一招生，一届招了七八百人。那时，上外还是上海俄文专修学校(当年 11 月又更名为上海俄文专科学校)。1956 年，扩建为上海外国语学院开始设立俄语以外的其他语种。这样大规模招收俄语人才持续了好几年，出发点就是为了培养大量俄语翻译人才，以及为学校培养师资。因为人才十分紧缺，那时杨老师所学的本科学制是三年，毕业后，他经过选拔考试，进入研究生班。研究生班由苏联专家教授课程，包括语言学、文学史、现代俄语、历史语法等课程，考试基本是口试形式。那时上外的外语学习风气很好，大家学习的劲头十足，晨读蔚然成风，就连平时交流也尽量多地用俄语进行。除了良好的学风，互相帮助的氛围也很浓厚，同学们的年龄、学习能力、接受程度差异较大，因此，他们自行结成对子，在学习中互相帮助。学费、住宿、伙食、甚至医疗，都是公费，因此，没有经济负担的上外学子们，一门心思地专注学习。

其实，除了学习，那时课堂外的生活也充实精彩。杨老师说，当时最多的，就是跳交谊舞，有时课外活动，大伙儿把桌子搬到一边，在教室里腾出一块空地，便伴着音乐起舞。那时几乎一比一的男女生比例，也使得这项活动进行得有条不紊。那个时候也有运动会和各种文艺节目，甚至还有舞蹈队、民乐队、话剧队，文艺范儿十足。

二、 教学浅谈

1957 年，杨希钺老师研究生班毕业后，便开始教学工作，直到 1979

年，这二十年间，从事过高年级和低年级的俄语实践课教学，期间，因患病休养后一度从事俄语资料室、编教材等工作。提到那时的教学，杨老师说，至今还有两点值得后人继承和学习。

首先是学校不断探索的创新精神。上外初创时期的俄语教学，还处在尚待开垦的摸索阶段，没有自己编写的统一教材，而外来的教材，效果如何也有待验证。因此，上外的老师们在不同班级采用了不同教材，试图通过教材的比较，进行实验和探索。其中，有上外第一任校长姜椿芳编写的《贺青读本》，有哈尔滨外专的教材，以及中国人大的教材。此外，在试点班还使用了上外老师的自编教材，直到苏联专家来到上外才编写了统一教材。在教学方法上也进行了大胆的探索和试验。例如，胡孟浩老师在1952 年入学的这一届选了两个班，进行语法集中一段时间强化训练的试验，对学生攻克俄语语法中的某些难点很有帮助。在教学计划、课程设置方面及时调整。1953 年起，苏联援建的工业项目迅速增加，急需大量俄语工业翻译人才。为了使培养出来的学生更快地适应工作，俄语专业课程设置、教学内容方面及时作了调整。杨老师所在的 1955 届共有二十几个班，最后一年除少数班为师范班外，大部分班级均为工业翻译班。这一年，在继续加强俄语基本功训练的同时，安排大量时间用俄语学习工业生产知识，诸如冶金、机械制造、能源交通等。工业翻译班的学生毕业后大多被分配到各工业部委或大型企业（苏联援建项目），他们都能很快适应工作。

其次，当时上外十分注重老师对学生的关心和帮助。那时的口号叫做“管教、管学、管思想”，因为老师普遍住在学校附近，加上有晚自习需要老师辅导，老师和学生几乎朝夕相处，因此，对于学生来说，老师不仅仅传授知识，更教导他们如何做人。教师要对学生负责，不仅在课堂上教学，对于学生最后能否吸收知识、是否有疑问，需要有及时的了解、反馈和互动。同时，老师要随时关注学生心理和思想的变化，及时给予帮助。

三、 见证百花园地成长

杨希钺老师回忆说，1978 年 12 月召开的党的十一届三中会吹响了我国改革开放的号角。而在这之前，国际问题研究，特别是苏联问题研究有许多禁区。当时中苏两国关系尚未正常化，对苏联现状的研究基本上处于停顿状态，这同改革开放和四个现代化建设的任务是不相适应的。就在1979年下半年，时任上海外国语学院院长王季愚同志积极推动俄语系筹建苏联问题研究室，并于1980年初正式成立。杨希钺老师就是此时调入苏联问题研究室，从此开始专职研究工作，这也可视为杨老师职业生涯中的一次转折。

在筹建该研究室的过程中，王院长强调指出，成立研究机构之后，必须要向社会发出声音，也就是说，要尽快出版自己的刊物。在系总支书记叶灵春同志的大力支持和研究室林秉申主任的主持下，经过同志们的共同努力，终于在1980年3月出版了《苏联问题参考资料》创刊号。虽然一开始篇幅不大，而且是白皮封面，但毕竟是跨出了可喜的第一步，这第一步具有深远的意义。刊物为研究人员提供了发表研究成果的园地。

随着形势的发展，研究任务不断增加。1985年，苏联问题研究室从俄语系脱离，成为苏联研究所。苏联解体后，1992年，其转为国际问题研究所，再到现在的国际关系与外交事务研究院。这些名称的改变，背后包含了无数人的心血。特别是1992年的改革，使得研究所的视野从前苏联开拓到世界范围，因此，研究所也从其他院系以及外校调来了许多专家学者，如孙秀民、武心波、戴启秀、刘桂兰、胡礼忠、祖佳音等老师，都在那时先后进入研究所从事科研工作。

1992年5月11日杨希钺在上外国际问题研究所成立大会上发言

而杨教授体会最深的，则是学术期刊《国际观察》的一系列改名、扩版过程，因为这里倾注了他许多的心力。期刊的前身是《苏联问题参考资料》。1987 年，杨希钺老师成为这本期刊的主编。1990 年，期刊改名为《苏联研究》。而 1991 年底，期刊遇到了和研究所同样的问题——“苏联”不复存在，这不仅仅是改名、扩版的问题，对于期刊来说，“光明正大”地拥有一个公开发行刊号尤为重要，之前，出于种种原因，这本期刊都是内部发行刊号，而只有拥有公开发行的刊号，期刊才能在更广范围内传播，获得更大影响力，吸引更高质量的来稿，在更高的层次进行学术交流和引领。而当时的刊号申请，可谓争分夺秒，上海地区每年仅有几个刊号名额，且申请单位众多，而期刊需要在 1993 年 1 月的第一期正式更名，则必须在 1992 年第三季度以前拿到刊号的批文，而距离那时，仅有几个月时间。功夫不负有心人，在杨老师和耿龙明副院（校）长等人的不懈努力下，期刊如期出版。杨老师早年身体便不太好，为了刊号一事，放弃了学校提供的暑期疗养机会，不断奔走忙碌。为了提高《国际观察》的知名度，他们通过本校窦晖教授，千方百计争取到老外交家黄华同志题写刊名。“对这本刊物我是很有感情的，我现在还很关心，等于像一个小孩，从诞生到成长到成熟、壮大，这个过程我全看到了。《国际观察》现在已成为全国人文社会科学核心期刊，在我国国际问题研究学界占有一席之地，其影响力与日俱增。正好比枝繁叶茂、硕果累累的百花园。”杨教授透露出自豪和幸福的模样。

在采访的最后，他回忆起昔日的上外，随手画下从前校园的模样，小小的地界儿，玻璃长廊，木结构礼堂，一条小河穿过，一片花园馨香。白衣飘飘的旧时光里，有晨读声、歌舞声，还有礼堂里简单欢快的汇报表演，长廊里嬉笑走过的小伙姑娘。老一辈上外人将他们大半辈子辛劳都融进了上外的历史，如今的每一寸土地、每一片砖瓦和每一尺高楼，都存留着他们永不磨灭的过去。

2013 年 6 月张坚于澳大利亚大堡礁

张坚，1935 年生，研究员。1952 年考入上海俄文专修学校（今上海外国语大学），1955 年毕业留校在专家办公室工作，1956 年任专家工作科副科长。1957 年读研期间，因工作需要，提前结业上岗，任上外俄语专业老师。1976 年起协助中共中央编译局翻译列宁著作，任上外俄语系列宁著作翻译研究室主任。1981 年参与创办《中国俄语教学》杂志，任常务副主编兼编辑部主任。1982 年任上海外语教育出版社社长、总编。1985—1987 年，任上外副校长、上外党委副书记。1987 年调任中国驻苏联大使馆教育参赞。任满回国后担任上海大学美术学院党委书记，1995 年退休。现为上海大学美术学院老教授协会会长；上海颜文樑艺术促进会名誉会长；中国老教授协会会员；上海市外文、翻译、国际关系等学会、协会的会员。

主要论著：《李大钊同志遇害后的国际反应》、《译校列宁著作必须与研究相结合》、《苏联的中国学》、《列宁主义何时传入我国的新考证》、《列宁学的新进展》、《苏联后的俄罗斯联邦高等教育》等。

多彩人生

口 述 人：张坚
采访整理：樊罗颖、英伦、王哲、廖文其
采访时间：2012 年 11 月
采访地点：上海市襄阳南路某茶室

张教授虽年近八旬，却是一头黑发，满面红光。张教授一个人前来接受我们的采访，看到他虽至迟暮之年，但身体依然健硕，过些日子还要出国，这不由得让人感叹于他的活力。

我们在一家茶室里进行了长达三个小时的采访，听张教授将自己的大半生经历缓缓道来。作为记录者，我们真切地从他身上感受到了老一辈人对学习的执着，对教育的投入，以及对母校深切的情怀。

一、 阴差阳错学俄语　不用扬鞭自奋蹄

说起自己的求学经历，张坚教授满心自豪。他通过第一届全国统一招生进入了上外。“那时候《解放日报》刊登了所有的录取名单，我前几天还翻到这张报纸。”想来老人对这段求学经历印象极深。

而张坚与俄语的不解之缘——从一个普通的俄语系教师到担任驻苏联大使馆教育参赞——却始于他阴差阳错地被分配到俄语专业。“我当时并没有报考俄语专业，可能是因为英语成绩还好吧，所以被录取到了俄语专业。”但不管怎么样，张教授以他饱满的热情，投入到了俄语学习之中。

进上外时，张坚教授只有 17 岁，他笑道：“自己进大学时还没有选举权，当时正值全国选举人民代表。我只能以羡慕的眼光看着人家光荣地参加选举。”

“那时候我们学习都很用功，非常用功……绝大多数学生都非常刻苦，起早摸黑。”

“不知道哪里来的劲儿，”他略显激动地说，却仍面带笑容，“现在有些年轻人觉得不可理解，我们这一辈人一心为了国家而不顾个人的利益，当时整个风气就是这样，立志要成为国家的建设人才。”正是这种一心为国的原动力促使他这样的老一辈人在学习上“不用扬鞭自奋蹄”。

老教授告诉我们，那时候急需俄语人才，学校集中精力搞俄语教学，每天上午上 4 个小时的课，下午上 2 个小时，之后是文娱活动。课程很紧张，除了体育课、政治课，就是俄语课了。然而这并不意味着学习生活的枯燥无味，谈起自己当时如何学习俄语时，“循环记忆法”、“互助小组”似乎成了他学习生活中必不可缺的乐事。

“那个时候年纪轻，一两个小时要记几十个、上百个词。”“俄语的变格变位十分复杂，词汇变化很麻烦，我们强调小组互助，班上平时自修常是以小组为单位。”这些发生在 40 年前的事，在老人的印象中却是如此清晰。他一边讲着，一边抿一口茶，平静的叙述中尽显一个俄语教育工作者对俄语学习的执着。

二、 学校风波稍纵逝　教育生涯提前开

全国解放后，中苏关系日益密切，对俄语人才的需求也随之增加。彼时，张教授一边听苏联专家（当时苏联政府派来我国的高校俄语教师）上课，一边跟着他们当翻译。1957 年，在校任教的苏侨教师为了涨工资威胁学校要罢教。在苏联专家的全力支持下，学校决定让中国教师提前上岗。张坚教授当时还是在读研究生，就这样被提前调出来担任四年级词汇课教师。

“那时候四年级的课很难，我们自己学了没多长时间，口语也不太行。上起课来很累很累，教案要一个字一个字全部写出来，讨论通过后打印出来，还要经过试讲。”张教授回忆起自己教育事业的起步时，认为自己当时肯定有很多不足之处，上课出错也是常有的，但他一直强调那时候的备课工作是非常到位的。

“那时候讲课每一分钟讲什么，学生会提什么问题，怎么回答，事先都是有设想的。整个一堂课的过程，要有90分钟的预案，考虑到课堂上出现的各种情况，有各种应付的办法。两个钟头的教案写起来有很厚一本。”张教授告诉我们，当时有五六个中国教师集体备课，自己写教案，苏联专家经常来辅导。

“备课备到夜里一两点钟是常事，晚上还要到班上进行辅导。改作业和备课都是在家里做的。那时候星期六不休息，我们也根本没有星期日。”面对高强度的工作，工作压力似乎提前入驻了这位新教师的生活，教育生涯提前开幕，用如此特殊又艰辛的方式。

“但是因为年纪轻，精力充沛，所以也就挺过来了。挺过来了，水平也就上去了。”张教授觉得正是这段经历，把他们这一批人“逼出来了”。

后来，他担任俄语系列宁著作翻译研究室主任，协助中央编译局翻译列宁著作；还参与创办《中国俄语教学》杂志，担任第一任常务副主编兼编辑部主任；1987年调任驻苏联大使馆教育参赞。丰富的人生经历让老教授的视野变得非常开阔。

三、 情系母校六十载　一往而深谋社稷

上外是张坚教授的根，她牵系着这位曾在上外担任过俄语系教师、上外党委副书记、副院（校）长的老教授，让他在离开母校多年后，仍心心念念想着她。

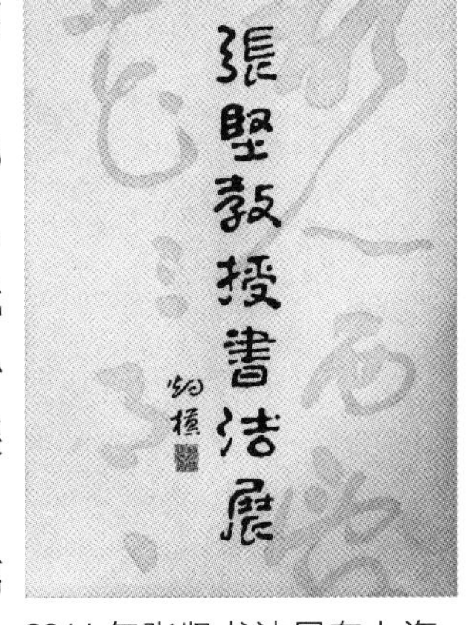

2011年张坚书法展在上海大学举行

1952年进入上外，1987年离开上外，这35年的上外时光，对于张教授来说是不可磨灭的。“虽说我现在已经离开学校这么多年了，但是我精力最旺盛的时期是在上外。几十年看着上外发展的过程，我觉得‘文革’之后我们上外的发展最为迅速。”

“近年来我听到了对上外学生的好评，这离不开学生自己的勤学苦练，也跟学校的师资、教育等有很大关系。目前虽然我已经不在学校了，

但是我还是感到上外的发展很快。”20 多年后，这位老教授依然关注着上外的成长。

张教授坦言自己不大愿意从事行政工作和党务工作，“从苏联回来之后，那时上外的领导班子基本上齐了，我也不想再做什么了。我就想做点儿同俄语专业有关的业务。”然而离开上外的领导岗位后，张教授仍希望为上外的建设作出力所能及的贡献。“趁我现在还没有从美术学院老教授协会会长的岗位上退下来，上外在艺术方面如有需要的话，我一定会尽力帮助的。”

张坚自幼喜爱书法。调入上大美术学院后，有机会接触各种书画艺术，受到艺术大环境的熏陶。

1995 年张教授退休以后，作为修身养性、充实退休生活的一部分，他提笔重新研究书道，诚心拜师学艺，在书画界友人的鼓励和指导下，几年来画笔不停，主攻行草兼习楷隶。“纵览其近几年书法作品，法度严谨，笔调从容，柔毫浓墨任意挥洒、意蕴深厚华滋、笔墨圆润含蓄，有不少作品堪为上品之作。”（上大美院教授孙心华语）。

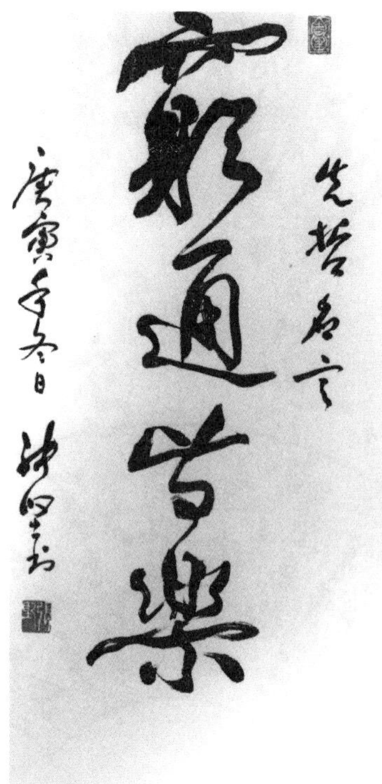
张坚书法作品（2010 年）

张教授书法作品曾参与上海大学美术学院老教授协会在社会上的美术作品展、上海海峡两岸书画交流邀请展。2011 年，为庆祝中国共产党建党九十周年，“张坚教授书法展”在上大隆重举行。

谈到上外的发展，他讲到胡孟浩老校长的“外语+专业”模式给他留下了很深的印象。“不能单纯搞外语，语言一定要跟专业结合起来。这样的办学思路我们在全国提出比较早，在外语类院校好像是第一家。”上外在做“语言+专业”方面起步非常快，得益于老一辈人的教育改革与创新，这也是胡孟浩老校长所提出的要真正地“做大学”。

“顶层需要设计好，下面贯彻也要落实好，这就需要我们的学生拿出踏踏实实艰苦学习的精神，创造性地学习。”这是这位年近八旬的老教授对上外学子的殷切期盼。

他是一位曾在上外努力学习的学长，也是一位在俄语教育上作出贡献的老师；他是我们学校行政岗位上的副校长，也是党务岗位上的副书记；他做过驻苏联使馆的参赞，也做过上海大学美术学院的党委书记。而归根结底，他是一位“上外人”。

访谈实录

张坚：因为时间比较长了，我的记忆力又不太好，可能会有点差错。我想主要是从我自己说起。

你们知道我们学校原来是从华东革大过来的，我是52年进的学校，那时候改名叫“上海俄文专修学校”了，我是解放后第一届全国统一招生进校的。因为解放初（我国）和苏联的关系比较好，所以亟需培养一批俄语人才，我们一届学生大概是五六百人吧。原来（解放以前）英语是最主要的外语，解放以后因为“一边倒”，所以就是俄语了。我有个很清晰的记忆，我们这个班（大概二十来个人）一半是统一招生录取的人，另一半是西南调来的，是调干生，这些调干生中有相当数量原来是西南学校的英语老师，解放以后英语课不开了，就让他们到上海转学俄语了。那时候所有的录取名单，《解放日报》都登出来的，我最近还看到这张报纸。那时候，我没有报考俄语，而是别的专业。也可能是因为我的英语成绩还可以吧，所以我就被录取到了俄语专业。

采访者：我们查阅了当年高教部的《招生规定》，发现高考的考生要考国文、外国语（英语或俄语）、政治常识、数学、中外历史、中外地理、物理、化学等8科公共必考科目。张校长当时都考过吧？

张坚：都考过。但是考的成绩大概不怎么好，这个说来话长，就不去说了。我1952年进校，那时候学校叫“上海俄文专修学校”，不久就改成“上

海俄文专科学校”，简称“上海俄专”。

采访者：当时上海俄专只有一个专业？

张坚：对，就是俄语一个专业。因为急需俄语人才。实际上那时候只读了三年，提前毕业了，我们这一届（52年）招了五六百个人，53年这一届人更多，后来人数就逐渐下降了，因为跟苏联关系有点问题了。

采访者：张校长还记不记得当时考上外的时候有没有口试？

张坚：没有。我不是在上海考的，我是江苏张家港（原来属常熟）人，当时是在苏州考的，在现在的苏州大学。尽管当时解放没多久，但是我们这些青年学生很容易接受解放以后的思想，所以统一招生要我们到哪里去考我们就到哪里去考，国家要我们学什么专业就学什么专业，不像现在，好像比较复杂。

采访者：张校长还记不记得当时是怎么从苏州来上海的？

张坚：当时我的家离长江不远，坐轮船来的。那时候还不能直接登船，船停靠在南通，我们要从江南岸边乘小船摆渡到南通，再从南通乘船到上海。夜里上船，第二天到。那时候行李还算简单，被子铺盖加上一个箱子，就来到上海俄专。俄专就在现在上外虹口校区这个地方，但是我们住在宝山路，那也是上海俄专的一个分部，因为我们一下子来了这么多人，学校来不及准备，学校就利用现有的临时房子，用竹片做墙，在上面涂石灰，然后盖上瓦片，就算是教室。我们每天早上走到学校。由于招生人数多，学校设施跟不上，所以开学就推迟了，过了国庆才正式开学。到了冬季以后学生宿舍才盖起来，大概靠近现在的出版大楼这个地方，有一个三层楼的宿舍。当时觉得这个宿舍真是漂亮，我们那时候一间房十张双层床，五个上下铺，人多的寝室十个住满，少一点儿的留一张床放东西，中间放一张长方形写字台。自修主要是在教室里，有的时候可以在寝室自习，当时的情况和现在是完全不一样的。

采访者：当时的老师都是哪些人？

张坚：我们的老师主要是俄国人（当时的苏侨），苏侨一部分是上海当地的，一部分是从哈尔滨请来的。这些苏侨有的有教学经验，有的没有教学经验。解放初俄语人才很少，所以中国的老师除了少量是中东铁路管理局来的一些老资格的老师外，大部分都是一期（第一届）毕业学生中留下来的。

采访者：张老师，当时你们的学习热情是不是都非常高？

张坚：那时候我们非常用功。我年纪比较小，进上外的时候只有十七岁，我记得选举第一届人大的时候，我还没选举权，一般都应该是十八岁。我们班上还有些调干生，都是二十几岁，年纪大了记忆力就不太好，单词记不清，但是他们非常刻苦，起早摸黑。当然也有极少数有思想问题，不想学外语，但绝大多数都非常用功。不知道哪里来的劲儿。我们这一辈人一心为了国家的利益。当时整个风气就是这样。当时的学制还是三年，但国家算我们是四年制的本科提前毕业，这是照顾我们了。这三年我们全部都在学校里。当时的课程是这么安排的，不像现在知识面铺得这么广，我们那时候是集中精力搞俄语，除了俄语之外，还有体育课和政治课，开始时好像汉语课都没有。每天上午四个小时，下午两个小时，之后就是文娱活动了，德智体都是非常重视的。晚上自修两个小时。课程很紧张，三年的课程，两年是集中力量学俄语，到了第三年就分专业了，分两个大类，一类是师范，一类是翻译。师范是去当中学或大学的教师。我们是翻译班，我们的目标是（服务）当时苏联援建的156个项目，所以各种专业都有可能去。到了三年级的时候，我们翻译班要学很多的技术课程，从数学开始。把苏联的教材拿来，也从其他地方请来工程师、技术员（苏联人）。比如两个月学算术，算术的术语怎么讲，三乘四怎么讲，开方怎么讲，主要是学一些翻译表达。搞翻译的人，后来也变成了工程师，因为他们与技术员接触，脑子比较灵活，在技术方面也开始发展了，据说成了工程师的还不止一个两个。算术、代数、几何、物理、化学、电工学……什么都要学，整个一年都在学这些课程。师范班半年学有关教育的课程，另外半年实习。

采访者：当时俄语有哪些课程？

张坚：讲读课也叫词汇课（现在的精读课），还有语法课。开始起步阶

段，有一个语音阶段，大概几个礼拜，当时有各种各样的教学方法，集中将俄语33个字母教会，因为俄语的语法十分复杂。

采访者：当时用哪些方法学习俄语？

张坚：有一种叫“循环记忆法”，要在一两个小时之内记几十个、上百个单词。做成卡片，一张一张翻读。那个时候年纪轻，一两个小时记几十个词是有可能的。但是不巩固是不行的，俄语的变格变位十分复杂，一个字要变几十个样，单数复数，第一格到第六格。开始学习时的拦路虎就是变格变位。当时我们强调互助小组，两三个人一个小组，报一个名词，说出它第一格怎么变，第二格，第三格怎么变。平时自修常以小组为单位进行。

采访者：当时语音部分反而觉得容易吗？

张坚：语音部分两三个礼拜就过去了。“听说领先”是五十年代中后期开始的，我们那时候还没这个说法，也没有这个问题，因为我们的老师都是俄国人，老师都不会中文，所以任何课都是听说领先。你听得懂就听，听不懂也得听，过几个礼拜自然而然就听懂了。有的苏侨因为在中国时间长了，还能说几个中文字，但上课时不讲中文，会说也不说，逼我们听俄语。语法他们不教，俄国人不会讲语法，语法是中国助教上的，俄侨主要上讲读课，助教上语法课。后来也增加会话课之类的（两年级的时候）。那时候我们每天都和俄国老师在一起，也进行分专题的会话。

我们学校那时候介绍学习方法，有一份校报叫《实践》，前面两三版都是讲学校的政治学习之类的，第四版是俄语学习，介绍学习方法与学习体验。

采访者：当时您上学的时候教材是怎么解决的呢？

张坚：教材有解放以前的《贺青读本》（贺青是首任校长姜椿芳的笔名），后来逐步重新编过。不久就是苏联直接派专家来了，第一个是毕列金斯卡娅，她有丰富的教学经验，之前的苏侨基本上都是没有教学经验的，有少数在中学或者高中教过。当时教过我的有一个扎玛塔耶娃，她是很有经验的，但是这样的老师非常少，其他都是不懂教学的。54年还是55年开始，苏联就直接派毕列金斯卡娅专家来了，她是经过正规教育训练的人，她有教学大纲,教学计划,提出一整套的教学方案。

采访者:她当时担任什么职务?

张坚:好像是校长顾问,一个五十岁左右的老太太。苏联专家来了以后,我们学校在教育水平上提高了一个层次,原来只是一些训练和培训。

采访者:张校长还记不记得哪个老师给您留下的印象最深?

张坚:最深的就是扎玛塔耶娃这个老师。我们这个班是唯一的从语音开始就是苏联老师教的,其他班都是由中国助教教的。扎玛塔耶娃从一开始就只讲俄文不讲中文,我们就跟她学语音。这个老师给我的印象很深,她不仅是我的俄语启蒙老师,而且我毕业留校以后,在我教书、进修过程中,也是这个老师教我的。她教学水平很高,她的女儿、孙女都是我们学校的,解放以前就在中国了。她女儿也是我们学校的俄语老师。她的女儿会讲中文,因为她丈夫是中国人,是一个干部。但是她在课堂上从来不讲中文。

采访者:张校长,从您现在的经验来看,您觉得现在的课程应该是全程讲外语还是跟中文相结合呢?

张坚:能不讲中文就不讲中文。翻译课没办法,必须讲中文。但是精读课不要讲中文,除非你要确切地说明这个词相对的中文词意。我是从中学开始读外语的,我有两个非常好的英语老师。一个老师讲语法非常熟练,上课用中文讲;另一个老师上课听说领先,全都用英文,她上语法也不是专门讲语法,而是在会话里讲语法。她们各有长处,但是我倾向于后面这个老师。因为语法条条框框太多了,我倾向于听说领先。

采访者:张校长,您最后留校是自己的主观意愿还是组织上的要求?

张坚:那时候都是组织安排的。当时学校也感觉到教师是办好学校的根本。当时老师的主力是苏侨,原来一期的学生毕业留校当老师,他们学的时间很少,第一期学了八个月,毕竟一年不到的时间里学的东西是有限

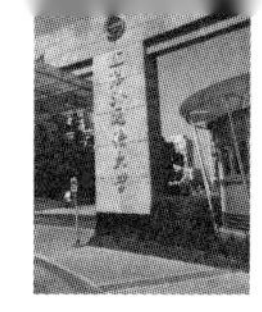

的，现在他们水平都提高了，但是当时的水平很难适应真正的高等教育的要求。从55年开始，中苏关系越来越密切，苏联就派了很多专家过来。这一举措对于学校提高教学质量是很有帮助的。当时苏联专家提出要提高中国老师的水平，要进一步培养自己的老师。我三年级的时候，学校就开始招研究生了，这是教育部授权的。学校希望学习成绩好的、优秀的学生报考研究生。当时我就考了，据说成绩还不错吧，告诉我说已经录取了。但是后来因为苏联专家来了，要有一个机构联系专家，同时也要配备专家助手。所以当时我虽然被录取了，但是我没有进研究生班，而是留校工作，一方面给专家翻译，一方面跟专家学习。所以我那时候就留校在学校的专家办公室工作。我跟了一个苏联专家叫洛维茨，他是搞现代俄语的。我们这一届参加研究生考试的，成绩不错的人留在专家办公室的有四个人，一个是我，还有一个叫何宏江（在中央编译局退休了），还有一个叫黄有自（也在编译局），还有一个叫董威莉（在高教部）。我们三年级毕业之后留下来，既作为专家办公室的翻译，又跟着专家学习。这有利有弊，利的方面是你可能学到一些别人学不到的东西，弊的方面是花时间做杂事比较多，学习时间少。

当时学校让我们四个人要确定专业，因为带我的老师洛维茨是搞现代俄语的，所以我就确定了语言学专业，跟着他学语言学。后来苏联专家越来越多了，洛维茨之后来了六七个。专家越来越多，研究生班也越办越多（办了三届），主要是为自己学校培养俄语教师，也为兄弟院校培养师资。相对来说，研究生班出来的俄语水平要高一点儿。不但是实践课水平高，理论也强，词汇学、语法学、翻译学、文学都学了。

采访者：张校长，您还记不记得有当时一门课叫“苏联概论”？

张坚：这是之后才有的。这是中国老师李仲第一次开设的一门课程，他毕业后是专家办公室的主任，我的领导，是倪波这一届的。

采访者：张校长，您是什么时候正式教学生的？

张坚：我在做翻译期间客串过。苏联专家（教语言学的）在研究生班开课，本科生中也有语言学课，当时有一个语言学教研室，我也是其中的一个成员。因为我是确定语言学专业了，所以去给大学生上过几次课，但那时候不是正式的。

我毕业是55年，留在专家办公室。56年，专家办公室正式改成专家工作科，没有科长，我是副科长。56年冬天以后，专家组长波波娃在回国之前跟校长讲，她走之后，希望这些翻译（指包括我在内的专家办公室的4个翻译）能继续学习。所以她走之后，我就插到了研究生班去学习。那时研究生班已上课半年，当然这半年我也听课的，也参加并通过各科考试。我就正式成为了研究生班成员，当时班长是何宏江。我担任专家工作科副科长的时候，何宏江就提前进入了研究生班。他是从头开始读研究生的。学了一年以后的1957年，学校里发生了一点儿事情，一些苏侨教师为了涨工资和学校闹别扭，有一点威胁学校的样子，如果不满足条件就不上课。那时候苏联专家瞧不起苏侨，认为他们是白俄。苏联专家和学校是一个阵线的，认为不该迁就这些苏侨，学校就说要让中国教师提前上岗，顶他们（苏侨）的班，当时就把何宏江、我、黄有自，还有几个班上成绩比较好的人提前调出来，苏联专家直接帮我们备课、做教案，事先试讲，然后上课。

那时候四年级的课是很难的，我们学了没多少时间，口语也不太行。实际上也不是完全撤换他们，是让他们和我们轮流上课。苏联专家把讲稿一个字一个字写出来，然后印出来给大家。苏联专家的敬业精神给我们很深印象。

当时的研究生是两年，我们还没毕业，被调出来给四年级上课。现在回忆起来那时候肯定有很多不足之处，但是备课是非常认真的。现在虽然对苏联的教学方法议论很多，但他们是有一套的。现在有些老师上课讲到哪里算哪里，那时候讲课每一分钟讲什么，学生会提什么问题，怎么回答，都是有设想的。整个一堂课的过程，都要有90分钟的预案，有的还不止一个预案，有两三个预案。两个钟头的教案写起来有很厚的一本。

采访者：当时的教案是自己一个人写的吗？

张坚：自己写的，但不是一个人，是一组，一个年级的各个班的老师分工各写一份教案，供大家参考。当时四年级有五六个班，有五六个中国老师，这五六个中国老师就集体备课，有时候苏联专家来辅导。那时候我们一堂课的内容差不多能背下来。这样下来倒也把我们这一批人逼出来了，也就不怕苏侨起风波了。

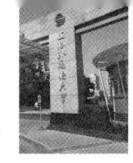

57年我们有五六个人就提前从研究生班毕业。我们的教学方法基本上是照抄苏联的那一套。但是他们也有不足之处，就是教条主义太严重，但是他们有严谨的地方。我们那时候备课备到夜里一两点钟是常事。晚上还要下班级辅导，改作业和备课都是在家里做的，那时候还没有双休日，星期天我们也根本不休息，很紧张，但是因为年纪轻，精力充沛，所以也就挺过来了。挺过来了，水平也就上去了。

后来苏侨教师觉得这样闹也没什么好处，所以他们态度也缓和下来了。我们五六个老师有的到三年级去教精读课了，有的在四年级。我到三年级做组长，以后又做教研室副主任。

采访者：上世纪六十年代的时候，苏联专家都一批一批地撤回去了，当时上外是不是也面临着很多困难？

张坚：应该说困难是有的，但是我们培养了三届研究生，第三届研究生大部分分配到兄弟院校去了，学校的主力是第一届和第二届研究生，包括我们原在专家工作科的几个翻译，把主要的课程，包括理论课、实践课，基本上都拿下来了，所以苏联专家撤退，有一点影响，但是影响不是太大。

涂峰我对他印象不错，他对我们学校的建设尤其是师资建设，是非常有远见的。后来他吃了一点儿苦头，现在应该是平反了。我认为这个人对上外的建设是起到了非常大的作用的。当时高教部就有意把北京上海两所外语院校搞得好一点儿，要重点地开展相关的工作。

采访者：当时60年代，中苏关系恶化以后，俄语学习的氛围有没有什么改变？

张坚：这个影响是大的。苏联专家不来了，毕业生出去就没有相应的工作了。我们这一届还好，我们下一届毕业的好多都是改行了。原来没改行的，因为苏联专家回去了，不少也改行了。

上外的英语系是56年开始办的，就开始叫上海外国语学院了。那时候，李仲（我们专家办公室主任）调去做英语系主任了，那时候好多干部是我们俄语系出去的。不单是英语，其他的日语也好，法语、西班牙语，好几个系，都是我们俄语系的老师出去做系主任。当时不强调专业，强调也没有用，因为没有人。做系主任主要是行政工作。英语系刚成立的时候，进去的都是老先生，老先生做这些具体工作一方面他不擅长，另一方面英语老师本身就少，你再不让他集中精力搞英语教学，是不划算的。所以那时候李仲，还有张扬，都去其他系当主任了。

56年改名上海外国语学院，有英语系、日阿语系、德法语系，当时英语系是重点，请了不少权威过来。后来方重从复旦调来，还有杨小石等，在国内都是权威，都调到上外来了。当然当时北京外国语学院是很强势的，是属于外交部的。从高教部来讲，我们上外是独一无二的了——第一家外语院校。其他各地也有（外语院校），但不是重点，当时上外还算不上是重点院校，但实际上高教部已经很重视我们学校了，已经开始重点扶持了。苏联专家也派得多。那时候学习苏联，我记得我在当翻译的时候，全国的高教计划都是苏联专家制定的，我们学校的苏联专家都参与的，应该讲我们学校对全国的高等教育有重大贡献。到63年，我们学校就正式成了全国重点。外语方面只有北京一个和上海一个。

苏联专家撤走以后，我们读俄语的学生也少了很多。招生高峰是53年，到54年招生就少了，因为需求也少了。53年招进来56年毕业的有近30个班级，我们这一届有24个平行班，到58年就只有五六个班级了。

采访者：当时中苏关系破裂，俄语在上外的地位是不是也不像原来那样了？

张坚：那当然了。重点就要开始搞英语和其他的了。但是我们俄语依然是高教部的重点。有段时间全国中学都是清一色的俄语课，后来英语才逐渐上来。俄语还是有相当的需求量，但不是翻译，而是教师。说起来当时上外的俄语水平还是不错的，培养出来的学生水平也不错。所以我们学校的俄语招生量不是削减的很多。当时哈尔滨俄语也比较厉害，因为哈尔滨俄专解放以前是苏军的基地，原来的人才比较多。所以这三家比较强。之后哈尔滨俄专变成了黑龙江大学，是一所综合性大学，对语言教学就会相对减弱。

采访者：下面是一个比较沉重的话题。1966 年停止招生了，不知道上外当时停不停？

张坚：停了，全国都一样的。66 年我是教研室副主任，算不上"走资派"，但还是有点影响。

"文革"开始后，我们就被编到学生班上去了。党委一开始还有作用，后来就"靠边站"了。造反派要毁档案，我们是保档案。再后来是批判"资产阶级反动路线"。

从"文革"讲起来，我没有受到太大的冲击。开始被隔离，后来也没什么了。"文革"近十年上外没上什么课，后来有个外语培训班。培训班里的人还是不错的，在复旦、师大、上外办培训班，培训外语人才。培训班学员都是中学里面尖子挑出来的，所以培训班人才不少。先是外语培训班，后来是工农兵学员，时间应该是 70 年代了。

采访者："文革"之后您是俄语系列宁著作翻译研究室主任，还办了一个学术刊物《中国俄语教学》，能不能说说那时期的事情？

张坚：我们主要是搞列宁著作的翻译和研究，具体的是和中央编译局合作，接受他们的任务，也承接人民出版社的翻译任务。

"文革"以后我就不参与教学了，搞的是苏联研究。那时我们要跟苏联打仗，就是想办法如何对付他们。中央编译局有很多我们学校的校友，编译局领导认为那是一个非常时期，打算利用全国的俄语力量搞几个项目，搞全国性的苏联研究。我从 79 年开始就做苏联研究了，经常看苏联的《真理报》，当年我写了一篇文章登在复旦大学的学报上，题目是《李大钊同志遇害后的国际反应》。这也算不上什么学术研究，仅仅是编译。后来我们帮编译局翻译列宁著作，虽然理论方面赶不上编译局，但是在语言上还是可以的。当时我写过一篇文章，大意是，翻译列宁著作必须进行理论研究。如果单纯从语言文字角度上翻译可能是翻不好的，必须从理论角度研究才行。文章后来在编译局的内部杂志上刊登了。他们感到上外在俄语方面具有较强的实力，就正式邀请我们成为他们的合作对象。七十年代后期中央编译局开始编译中国版的《列宁全集》。过去编译局出过两套《列宁全集》，一套是根据苏联出的第四版《列宁全集》，第二套是根据苏联出的第五版《列宁全集》。后来我们觉得不能照搬苏联的东西，于是决定编中国版的《列宁全集》。中国版的《列宁全集》包括苏联第五版《列宁全集》的一部分以及我们自己搜集的一些资料等，编译局正式邀请我们参加这个项目，我们成立了列宁著作翻译研究室。我们的理论功底比较差，就翻译书信、译校列宁家书集。书信里面理论的东西也有，不过相对好一些，我们就翻译了家书卷。中国版的《列宁全集》我们编译了第53卷。当时编译局负责人也是我们的校友，我们与编译局的合作还算比较顺利，还破例将编译局的很多工具书拿到了上外来。这个项目搞了好几年，出了好多作品，研究性文章就是在这个时期发表的。那个时候全国高校的俄语教材编写组成立了，俄语教材编写组组长由北外校长王福祥担任，所以把出版一本全国性的俄语教学杂志的重任放到了上外，主编是胡孟浩，我是副主编兼编辑部主任。大约是81年开始筹备，82年正式出版了《中国俄语教学》。我们联络全国俄语界的同仁，做了很多事情。那时俄语已经走下坡路了，但是在中学还开设俄语课程，俄语依然是重要的语种。胡孟浩从校长岗位退下来后，这个杂志就由北外出版了。为《中国俄语教学》刊名题字的是王个簃，他是上海中国书画院副院长。后来我调任外语教育出版社，那时候外教社是很艰苦的，名声也不是太好。胡孟浩为了整顿出版社，先是让我做支部书记，后来担任外教社社长兼总编。我担任上外副院长后，学生工作是我分管的。那时候正处于"学潮"时期，我跟学生的关系还算可以的，比较平稳地度过了那段时间。当时高教部副部长还找过我谈这件事情，因为我和学生打交道还是有些经验的，后来选派我到驻苏联大使馆去做教育参赞。我到莫斯科以后，因国内政治风波，中国留学生在莫斯科第一次上街游行，那个时候西方媒体煽动性非常强。学生上街你肯定阻止不了的，这使得中国驻苏联大使非常紧张，因为他没有同学生打

交道的经验。我告诉他不要担心,学生方面我去跟他们对话。大使馆每天都有电报跟国内联系:国内发生了什么事情,我们应当采取什么样的对策等。有几天北京没有任何消息过来,我就给大使说,虽然北京那里没有什么回应,但是你应当是一个主心骨,我们是在使馆领导之下进行工作的,你拿好了主意我去跟学生对话,因为我们平时每个星期都要跟学生打交道的,知道学生的脾气。你跟他们硬来是不行的,不能跟他们对着干。最后我们总算妥善处理了莫斯科历史上第一次中国留学生上街游行的事。

采访者:您做副院(校)长的时候我们学校正好在启动"外语+专业"的改革吧?

张坚:我做副院(校)长之前这个改革已经开始了,是胡孟浩提出这个改革的。胡孟浩并没有因为我们在"文革"时期批判过他而嫌弃我们,我们关系很好。胡孟浩有一点让我永远也忘不了,当时他提出了"外语+专业"模式,不能单纯搞外语,语言一定要跟专业结合起来,这样的一个思想对以后的教学起了很大的作用。这样的办学思路在全国提出比较早,在外语类院校是第一家。刚开始北外那些学校还不是很认可,而现在大家都走这样的一条路,包括非外语类院校,复旦、上海财大等等。咱们上外在做"语言+专业"方面起步非常快。

我当副院长大概也就2年时间。我觉得我没有做太多的事情,但是举办了第一次全国性的国际关系学术讨论会。其实我本来早就忘记了,为什么我还记着这个事情呢?今年上半年,上海国际关系协会秘书长打电话给我,他还叫我张院长,问我还记得咱们上外办过的那次学术讨论会吗?我说有这回事。这件事在全国有很大影响,每到学术讨论会上总会有人提到这次会议。以后所有的学术讨论会都是以上外的这次会议为基础。今年在上海又要办一次国际问题研讨会,他要邀请我去参加这次会议,我说我已经和国际关系不搭界了,他说再请我去亮亮相,同时还想把胡孟浩也请过去。

采访者:那么当时是怎么想到开这样的一次国际关系研讨会的呢?

张坚：当时我是上外的国际关系协会的会长，作为副院长分管全校的科研工作。当时的社会条件没有现在这么好，住宿很紧张。那时上外有一个招待所，当时是上海的大学中唯一有条件接待外地客人的大学，汪道涵市长出席了在上外开的这次研讨会，我们上外完成了整个会议的筹备工作。那次会议的主题是“怎样形成中国特色的国际关系理论”。后来我就到驻苏联大使馆工作了。据说每次国际问题研讨会都会提到85年在上外开的这个国际关系研讨会。

采访者：您后来是怎么到中国驻苏联大使馆工作的呢？

张坚：那是国家教委调派的。改革开放之后，我们的外交思维也有了一些变化，之前我们派遣外交官都是老干部，改革开放之后决定派懂得驻在国语言的人去。当时还没有教育参赞，只有分管留学生工作的外交官。高级外交官需要懂外语，不懂外语要靠翻译，工作是很难的。在这个背景之下，我被派去了苏联。

采访者：您后来是如何从上外调入上海大学美术学院工作的？

张坚：从苏联回来之后，那时上外的领导班子基本上齐了，我本来就不大想做行政工作。我觉得教书已不大可能了（因俄语学生少，教师多），我就想搞研究。原来我就有一套科研计划。

当时根据市领导的意见，上海大学美术学院缺干部，希望我能到那里去。我再三说我这个人没有艺术细胞，但领导说你不用参与很多艺术业务。后来我了解到市里面还有这么一个打算，上海有戏剧学院、音乐学院、体育学院，就是缺一个美术学院。当时美术界的呼声十分高，再加上以前的美术学院创办之后反应不错，市里面有意把它做大。正好那时美术学院缺干部，王生洪听到我回来以后希望我能去美术学院。本来上面想把我调到外贸学院去，但是外贸学院同时也归中央外贸部管，干部安排需要请示北京方面，王生洪就有意把我调到美术学院，当时他是上海市高教局长，又是上海大学校长。

采访者：那么当时美术学院已经是上海大学的下属单位了？

张坚：“文革”之后上海的不少高校成立了很多分院(副局级)，复旦成立一个，华东师大也有一个，工学院也有一个，上外也有。后来市里决定成立上海大学，统一管理这些分院。美术学院也就划归上海大学了。我调到美术学院后，龚学平(时任上海市委副书记)要我到他家去谈把美术学院做大的事。钱伟长(原全国政协副主席)担任上海大学校长后对于美术学院一直不放，因为美术学院对上海大学有重要意义。美术学院的见报率、出镜率十分高，电视里面经常出现。一次钱伟长到美术学院视察，他再三强调，“我们不能和交大比，不能和复旦比，他们是老学校，但是交大和复旦都没有美术学院，美术就是我们的特色”，所以钱伟长一直不肯让美术学院独立。尽管龚学平和钱伟长谈了几次，但是都没有成功。龚曾经提出叫上海大学上海美术学院，但是钱伟长还是不同意。后来龚学平办了一个上海视觉艺术学院。

采访者：您在上大美术学院待了几年？

张坚：4 年，我退休前就一直在那里了。我感到和艺术家打交道挺有意思，有不少有趣的事情。现在我搞老教授协会，因为美术学院这些老师的水平还是不错的，在社会上有一定影响力。但是我们退休之后，没有什么经费，我们就凭着自己的热情，做老教授协会工作，现在已经有点影响了。前两天纪念教师节，我们在上海图书馆开了一个画展，市里面教育系统的老领导都来了，影响很大。我们没有经费就自己想办法，喜欢艺术的人邀请我们聚会，采采风，玩一玩。现在不行了，请我们的人太多了。我的年纪也大了，一直都想退下来。我这个人群众关系还可以，那些老师们还算看得起我，还愿意和我一起活动。但是我毕竟这么大年龄了。我帮他们铺好路，搞好关系，然后退下来。

采访者：52 年您进入上外，87 年离开上外，在学校待了 35 年，人生的主要经历都在上外了。对您来说，使您感触最深的是什么？

张坚：应该说，在上外的这段经历是不可磨灭的。虽说我现在已经离开学校这么多年了，但是我精力最旺盛的时期是在上外。几十年看着上外发展，我觉得“文革”之后我们上外的发展最为迅速。“文革”之前我们与北外差距很大,“文革”以后这个阶段的发展是极为重要的,这源于学校的办学方针,实施复合型专业的办学方针。近年来我听到了关于上外学生的好评,这离不开学生自己的勤学苦练,也跟学校的师资、教育等有很大关系。目前虽然我已经不在学校了,但是我还是感受到上外发展很快的。

采访者:能不能谈谈您对上外未来发展的期待?

张坚:我想上外不能一口吃成个胖子。上外改革教学的思路是对的,多学科的,多和世界打交道,将专业办得更加符合国家需要,但是从根本上说学习还是需要同学们自身的努力。

耿龙明在虹口校区图书馆接受采访(2013 年 10 月)

耿龙明,男,1934 年生,江苏宜兴人,中共党员,教授。1953 年考入上海俄文专科学校(今上海外国语大学),1956 年毕业留校任教。曾任上海外国语学院俄语系翻译教研室主任、理论课教研室副主任、俄语系副主任。1981 年起担任上海外国语学院院长办公室副主任、主任,1986 年任上外党委副书记,两年后改任上外副院长,1990 年至 1995 年任上外常务副院(校)长。

长期从事俄汉翻译理论研究和翻译实践,为硕士研究生开设当代西方翻译理论研究概述、苏联翻译理论流派研究以及语言与翻译、逻辑与翻译等课程。

主要科研成果:编撰《俄汉综合翻译教程》,共同主编《俄汉翻译教程》(获上海市哲学社会科学优秀成果三等奖,重版本获 1988 年国家教委高校优秀教材二等奖),主要译著有中篇小说《七重天》,短篇小说《一万步》、《话梦》等,合译长篇小说《恰巴耶夫》、《普里亚斯林一家》(第一卷)以及《英国文学史》等。论文有《逻辑与翻译》、《思维、语境与翻译》等。

曾任《中国文化与世界》、《翻译论丛》主编、中国翻译工作者协会理事、上海翻译家协会常务理事、上海市国际战略研究会副会长、中国高校外语学刊研究会会长等职。2009 年获中国翻译协会授予的“中国资深翻译家”称号。1992 年起享受国务院特殊津贴。

出色完成“双肩挑”
上外建设立功劳

口 述 人：耿龙明
采访整理：王丹宁、于琪、盛乐云
采访时间：2013 年 10 月 19 日
采访地点：上海外国语大学虹口校区图书馆

耿龙明教授生于 1934 年，从小生活在农村。1953 年，原本想学习农业机械专业的耿先生，机缘巧合地考入上海俄文专科学校（今上海外国语大学）。耿先生说：“当时也没啥别的想法，既然到了这里，我就要认真努力地学习。”

在上外学习的日子里，他从来没有周末的概念，大学期间只回过一次老家，待了短短不到 10 天的时间。当时的上外，学习氛围很浓，校园里每天都充满了朗朗的读书声，同学们不是在图书馆看书，就是在教室学习。

上世纪五十年代中期，中苏关系发展进入快车道，俄语人才紧缺。1956 年 4 月，当时在读三年级的耿先生接受了一项任务——随同中国上海杂技团出访东欧五国，担任该团的翻译。在匈牙利演出期间，由于该国动乱，上海杂技团不得不终止演出，提前在这年年底回国。

“为了这个事儿，我去年（2012 年）写了一篇文章，作了回忆，发表在上海文联的杂志《海风（2012 年 12 月）》上。”耿先生从他随身携带的黑色公文包里拿出了这本杂志，展示给我们看。老先生的言语间不自觉地透露出他对那段经历的自豪感。

1956 年底耿先生回国，当时，他同一届的毕业生早已分配了工作，离开了学校，踏上了工作岗位。此时，他面临一个选择——留校工作或者读研。为了减轻家庭经济负担，耿先生选择了留校任教。或许是因为他的翻译经历，从匈牙利回来不到一月的耿先生被分配到俄语系教翻译。1959

年，刚刚25岁的耿先生担任了俄语系翻译教研室的副主任，该室是系里仅次于基础教研室的第二大教研室。

由于教育改革的不断推进，1960年，我校为了节省教学时间，把俄译汉和汉译俄的课程合并成为综合翻译教学。耿先生和多位俄语系资深教师投入到了综合教程的编写过程中，这一举措使得上外拥有自己独立的教材。这本《俄汉综合翻译教程》公开出版以后，被全国的外语院校广泛采用，是教育部推荐教材。

经过一段时间的实践后，耿先生又着手参与主编了《俄汉翻译教程》，在通过国家高校教材编写组专家审稿后，公开出版，引起了很大的反响。这本教材在教学结构方式上都有所创新。《俄汉翻译教程》曾多次修订和重版，1984年获上海市哲学社会科学优秀成果三等奖，1988年的修订版荣获国家教委高校优秀教材二等奖。这本书至今仍被列为考研必读书目之一。

几十年来，耿先生将主要精力用在了翻译教学和翻译教材的建设上，他和教研室老师们共同努力，从而使上外的俄语翻译教学走在了全国的前列。1984年耿先生开始带研究生，直到1997年退休。

1987年6月时任上海市长江泽民视察我校并与学生代表座谈(前排左二为耿龙明)

耿先生不仅在教学著述上倾注了大量的心血,同时还投入了大量的时间在学校的行政工作上。1981 年他调入院长办公室(即当时的校长办公室),先后担任副主任、主任;1986 年进入校党委班子,任校党委副书记,主要分管学生工作、老干部工作以及安保工作;1989 年,开始分管科研处、研究生部和两个出版社的工作。在任副校长期间,耿先生注重抓学校的规章制度建设,为此,建立了科技档案室,这为我校从上海外国语学院到上海外国语大学的转变打下了档案建设的基础。在校长的领导下,耿先生负责制订我校申请"211 工程"的规划,他为此做了大量细致、繁杂的工作,为我校成功申报成为"211 工程"大学做出了重要贡献。在耿先生从校领导岗位退下来前后,即 1993—1996 年间,他在完成研究生教学工作的同时,参与策划并主持编撰了上外第一部校志《上海外国语大学志》。

编撰《俄汉翻译教程》并多年培养研究生,制订上外申报"211 工程"的规划以及主持编撰《上海外国语大学志》,耿龙明教授出色地完成"双肩挑"任务。他在学校领导岗位上的十几年间,做了大量艰苦、细致、踏实的工作,可以称得上是呕心沥血,为上外的建设和发展立下了汗马功劳。

"外语总归跟国际形势紧密相连","语言也要与时俱进"。这是耿先生在讲述他的翻译生涯时所强调的两件事情。

"现在什么东西都要与时俱进,跟我们那个时代不一样。要充分利用大学里的条件,增长知识,多做多学,开阔自己的眼界。读书的时候专心读书,该走出去的时候,要把眼睛睁得大一点,要看一看练一练,这样才能够武装自己。另外一方面,要加强体育锻炼。我觉得我的身体还行,得益于年轻时候的锻炼。"这是我们临走的时候,耿先生对于上外学子的寄语。

访谈实录

采访者:您是上外的老校友,您跟上外有怎样的情缘呢?

耿龙明:我原本想读与农业机械化相关的专业,但由于机缘巧合,就进入了上外。当时叫上海俄文专科学校,我是 1953 年到这里来读俄语的,53 年到今天已经 60 年了。所以说我对这个学校的感情是非常深的,是学校培养了我。既然到了上外，就把全部的精力投入到学习当中去了。

采访者：您在学校学习了几年呢？

耿龙明：我在这里学习其实没满三年，学了两年半。当时俄语人才紧缺，因为1953年的时候中苏关系是很好的，外语总归跟国际形势紧密相连。在三年级上学期的时候，即1956年，我接到一个任务——担任中国上海杂技团的翻译。学校当时算我提前毕业，也算是本科学历。1956年4月，我作为翻译随同上海杂技团访访问东欧4个国家，分别为罗马尼亚、波兰、东德和匈牙利。按计划本该继续访问南斯拉夫的，但是在匈牙利期间，遇到了动乱，提前回国了。

采访者：您在东欧期间有什么趣事发生？

耿龙明：有一个关于俄语的趣事。当时护照是杂技团统一办理，并由秘书长统一保管，我也从来没有出过国，对于办签证的事，一无所知，不知道什么叫做ВИЗА（签证）。到了莫斯科以后，带他们到当地的旅行社办理参观事宜。当时的经办人问我有没有ВИЗА。我当时弄不明白这词是什么意思，陪我去的秘书长就更不知道了。于是经办人给他们领导打电话说"有一个中国杂技团要办理参观，有护照没有ВИЗА，翻译的俄语说得很好，但是不知道ВИЗА是什么意思。"其实他也是个马大哈，护照的后面都已经有盖过印的签证了。所以说，词汇量不多是会闹笑话的。这个事情到后来我怎么都忘不了。

采访者：您上学的时候有没有课余时间呢？

耿龙明：说实话，我们那个时候非常刻苦。据说，我们现在学生的刻苦劲和我们那时候比有一定差距。当时我们上学的时候礼拜天也很少外出。同学都在宿舍或者阅览室学习。校园里面都是读书声。当时每天都早起跑步。两年半一共回了1次老家，待了10天左右，是在暑假的时候。

采访者：您当时为什么选择留校任教呢？任教的科目是什么呢？

耿龙明：其实，我56年回来的时候，同届同学的工作都已经分配好了。

学校问我是读研还是工作，我选择了留校工作，教翻译课。回来一个月不到就让我去给学生上课，我记得很清楚，当时上的第一节课是数词的翻译。我有了出国访问这段经历，倒也不太紧张。之后我就一直留在俄语系教书了。

采访者：您在学校任教，教材的编撰情况怎样？

耿龙明：56 年进入学校教书，59 年的时候担任翻译教研室副主任。当时翻译教研室是俄语系第二大教研室，教师有 10 多个。第一大是基础实践课教研室，教师有 20 几个。当时我们教研室有俄译汉老师、汉译俄老师和口译老师，其中有半数以上是老教师，他们的俄语汉语造诣都很深，是教研室的骨干力量。除日常教学外，我主要抓了翻译学科的教材。

当时用的教材是由上外、北外、黑大三个学校联合编写的，后来我们说要有自己的教材。编教材也经历了很长的过程。1960 年搞教学改革，为了节省时间，让学生有更多的时间来加强实践，是不是可以把俄译汉、汉译俄并成一个综合课程？因为翻译就离不开两种语言的对比，所以就提出来编一本综合翻译教程。经过试验发现还不错，就编成了一本综合教程，上课的时候既举俄译汉的例子，又举汉译俄的例子。教育部认为上外在改革方面取得了成效，为了在全国的外语院校使用这本教材，当时建议黑大派人来参加这套教材的编撰工作。在公开出版以后，全国的专业外语院系有些也采用了这本教材，它是教育部推荐教材。

原来编综合教材是从节省教学时间这个角度考虑，后来说还是应该从教学计划、教学大纲上增加翻译课的时间。我们又把两个课程拆开，单独编《俄汉翻译教程》。我教了几年书之后，几乎全部精力就放到了这方面，不算“文革”的话，我投入在教材上的时间有十几年。这本教材也被外语专业院校采用，甚至有些综合性大学的俄语系也采用这本教材。后来，国家教委高校教材编写组专门组织专家审稿。审查的结果还是不错的，认为有创新。让我欣慰的是，我在俄语系的这几年，翻译教材是我们学校教学改革之前自主编撰、公开出版的第一本教材。其他系的翻译教材，如日语、德语的理论体系基本参考我们这本教材。要追溯历史的话，俄语系研究生翻译学科是开始得最早的，1984 年之前就建立起来了。1997 年我退休的时候还被要求修订这本教材，因视力不佳，此事我婉拒了。1993年之后我和其他老师着手策划编撰《上海外国语大学志》,1996年正式出版。

采访者:您当时在学校的行政工作是怎样的呢?是否还从事教学工作?

耿龙明:行政工作我做到1995年。1982年的时候,我就到了学校校长办公室。86年进入党委的班子,刚开始时担任党委副书记,分管学生工作、老干部工作和安保工作。我们从关心学生的角度出发,跟学生讲道理,帮助学生解决问题。作为老师,作为学校领导,我们必须关心学生,毕竟学生还年轻。真诚对待学生,学生会记得你的,学生知道感恩。89年起我分管科研、研究生和两个出版社的工作。

还有一件事给我印象很深刻。"文革"之后万象更新,教学工作也走向正规。学校要进行改革,往综合性大学方向发展。不是凭原来外语学院的专业设置就能升格为大学的,大学至少要有四五个学科。那个时候我有很长一段时间,忙于准备教学方面、体制方面的改革,要做很多的准备工作。我费了很大精力建立学校的新规章制度,这是评估的重要内容之一。我在从事行政工作的时候,组织建立了校科技档案室,教学资料和规章制度都要归档。在这个基础上,有了"211工程"。经过专家组的评审,最后,由教育部批准通过了。校长让我负责整个工程的规划和申报工作。

我在担任学校行政工作时,教学工作没有停,我1984年就开始带研究生,一直带到97年退休。

采访者:您对现在的大学生有什么寄语呢?

耿龙明:现在什么东西都与时俱进,跟我们那个时代不一样。要充分利用大学里的条件,增长知识,多做多学,开阔自己的眼界。一定要刻苦学习,要有一股钻劲、一股韧劲。学习上一定要有刻苦钻研的精神。另外要熟悉社会、了解社会,也不能老是关门读书。读书的时候专心读书,该走出去的时候,要把眼睛睁得大一点,要看一看,练一练,这样才能够武装自己。第三方面,要加强体育锻炼。我看你们现在对体育锻炼不太重视。尽管有体育课,但是这是不够的。我们那个时候,早上起来,操场上全是人。在现在高级翻译学院那个地方的400米跑道上，有的人早上跑十几圈。我现在虽然80岁了，觉得我的身体还行，这得益于年轻时候的锻炼。现在我还尽量抽时间坚持走路锻炼。

章振邦(1980 年代)

章振邦,1918 年 8 月生,安徽合肥人。中共党员,教授。早年受过良好教育;1938—1939 年间,一度参加抗日工作;1940 年,考入国立武汉大学外文系,受过严格的英语语言文学训练,1944 年毕业,获文学学士学位,留校任外文系助教,并在朱光潜教授指导下继续研习外国文学;1946 年,任国立安徽大学外文系讲师;1948 年底,去解放区参加学习;全国解放后,调回安徽大学。经培训后,教过几年唯物辩证法和历史唯物主义,还编了一本内部用《辩证唯物主义讲稿》;1956 年,上海俄文专科学校改为上海外国语学院,奉调"归队",到上外英语系任教,历任讲师、副教授、教授,1987 年离休。期间在教学法改革和语法教材改革方面,做了大量的工作。其于 1965 年总结的"听说领先法试点经验"曾得到有关上级的肯定和推广;其主编的《新编英语语法》曾于 1986 年获"上海市哲学社会科学著作奖",于 1988 年获"国家教委高等学校优秀教材一等奖",于 2004 年获"全国高校出版社优秀畅销书一等奖",并于"十五"、"十一五"、"十二五"先后列为"国家级规划教材"。

英语语法教学改革创新之路

口 述 人：章振邦
采访整理：卢维芳、曾沅芷、潘佳慧
采访时间：2012 年 12 月
采访地点：上海章振邦寓所

采访者：章老您好！您在高校英语语法教材的编写中坚持改革，历时30余年，走出一条新路，对我国英语教学作出了不小的贡献，今天想就这方面的问题采访您，想问几个问题。第一个问题是，当初您是怎样走上了改革道路的？而且一干就是30多年，今已届95岁高龄，仍在奋斗不息！

章振邦：这都是一个老教师应尽到的责任。我在上外英语系干了50多年，我对她有深厚的感情。我们知道，上外在"文革"时期，英语系曾是"重灾区"，我们的教学组织和教学秩序被彻底搅乱了。1976年，"文革"结束，百废待兴，我们在党的领导下，立即着手整顿教学秩序，改进教学方法并编制了一个长期的英语教材编写计划，其中包括英语语法教材的重新编写。当时打倒了"四人帮"，从我们头上搬掉了一大重压，人们敢想敢说，力图改革创新。为了改革传统的语法教材，我们曾分别到天津、北京、广州、厦门等地的兄弟院校外文系征求意见，所得印象是一片要求改革的呼声。我们派到英国进修英语的青年教师归来后，也都认为旧的语法系统必须改革，说他们在英国所用的语法术语都已改变，而在国内却仍沿用旧的术语，反差很大。所有这些都坚定了我们改革的决心。

采访者：在改革的过程中，你们是怎样对待传统语法教材的？

章振邦：任何的改革都是踩着前人成就的肩膀上继续前进的。传统的语法教材，问题在于语法内容的广度和深度仍然停留在上世纪50—60年

代的水平上，对许多基本的语法概念都没有理清。比如，在我国通用的某些语法书中，往往把谓语和谓语动词混为一谈，把限定词和形容词混为一谈，把“there-”存在句和“there-”倒装句混为一谈，如此等等。当然是必须改变的。但是，传统的语法教材毕竟在我国英语教学中起到过巨大的推动作用，其中有许多值得我们继承和发扬的部分，因此在如何对待传统语法教材问题上，我们是“尊重传统，努力革新”。

采访者：自从上世纪二三十年代以来，新的语法流派纷纷问世，如结构主义、转换生成语法、格语法、系统语法等等，您对这些流派有什么看法？

章振邦：这些都是理论语法，与我们所编的教学语法不尽相同。理论语法是语言学理论，它们不是为语言教学而编写的，但它们的某些成果可能为教学语法所采用，比如，我们《新编英语语法》所用的“层次分析”，即认为英语语法结构具有“层次性”就是从某个理论语法中引进的。但是，就整体来说，没有哪一种理论语法可以搬来编写教学语法。我曾经看见过纯粹根据结构主义编写的英语语法书，也看见过完全按照转换生成语法理念编写的语法书，这些书，从英语教学角度看，都有点不实用。教学语法是专为教学目的而编写的，为了教学目的，我们对于各种新流派，没有门户之见，只要有利于中国人学英语，任何流派的新成果我们都乐于采用。这里所谓“采用”，并非拿来就用，而是必须经过改造，使之纳入我们的体系，使之具有鲜明中国特色，成为中国人能够接受、乐于接受、喜闻乐见的东西。这也就是我们中国人编写英语语法所遵循的“兼收并蓄，洋为中用”的指导思想。

章振邦在寓所接受学生采访

采访者：您看英国著名语言学家夸克·里奇(Quirk Leech)等4人合著的《英语语法大全》(*A Comprehensive Grammar of the English Language*)到底是理论语法还是教学语法?

章振邦：这确是很难回答的问题。你提到的这本书是一部英语语言学巨著，其中有理论、有实证，理论结合实际，我们从中得到了许多重要的启示和结论，回答了英语教学中许多难解的问题，但作者并未表明它是什么语法，我不敢妄加界定。但是，我们早在上世纪70年代中叶，就研读过它的前身《当代英语语法》(*A Grammar of Contemporary English*, 1972)并从中受到启发，比如，两时两体的动词系统，以及限定词等项目，我们老早就从这本书中得到初步的概念，日后便成了改革工作的两大突破口。

采访者：你们在改革过程中是否有阻力?

章振邦：情况是这样的，当时已经改革开放了。就大环境来说，那是有利于改革的。但是在具体问题上，阻力还是有的，主要是来自我们自己认识上的阻力。我们这些编书人原本都是英语实践课老师，习惯于传统的语法系统。比如在动词系统上都习惯于张道真语法的16种"时态"，现在忽然说英语动词只有两个时态：现在时和过去时，将来时没有了，反差太大，要转这个弯子，需要认真地学习。我们当时确实认真地看了不少参考书，认真地思考了一些问题，把外国的东西真正地弄明白了，才能拿来使用。为了搞懂外国的东西，我们还开了不少研讨会，在研讨会上有时争辩很激烈，搞得面红耳赤，甚至有人为了是否要取消"将来时"拍案而起，质问"没有将来时，怎么来表达将来啊!"这时就需要让人家把话说完，让正反意见充分表达，以达到认识上的一致。内部意见取得一致后，我们还需对外征求意见，我们写文章，作报告，出小册子，比如，在1978—1979年间先后由上海译文出版社出版了两本7—8万字的小册子：《英语动词的时和态》和《英语的限定词》。这两本小册子的出版在我国英语界引起了不小的轰动和反响，两本书很快就分别发行了20万册，出版社还获得了"选题奖"。又如1979年，《外国语》创刊号上第一篇文章就是以我们语法组名义发表的《英语动词的时、体问题》，其中充分说明了为什么在英语中没有"将来时"。这篇文章反馈良好，比如，南京大学英语系老前辈范存忠教授就认

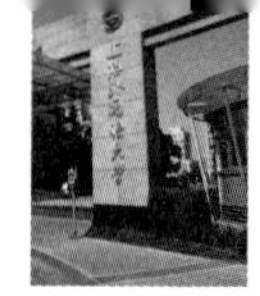

为“文章很有说服力”。

采访者：听说，您30多年来一直在编书，现在90多岁了，还在工作，真是老骥伏枥，是这样的吗？

章振邦：是的。这是因为改革开放后的30多年，生活安定了，心情舒畅了，就想做点工作。我这一辈子，白白浪费的时间太多了。老来，总想做点儿贡献、做点儿力所能及的工作，以弥补我所失去的大好时光。30多年来，《新编英语语法》（上下册），搞（出版）了3版；《新编英语语法教程》搞了5版，《新编英语语法概要》搞了两版；《通用英语语法》搞了两版；还有《中学英语语法》（1988）、《高中英语语法和词汇》（2007）、《新编高级英语语法》（2012）。《新编高级英语语法》，160万字，从2002年开始，整整编了10年。目前手头还有一本书已经基本完稿，只待最后杀青。

采访者：您是上外英语系元老，数十年来，您亲眼看着她的成长，总的印象如何？

章振邦：我是1956年调到上外来的，那时英语系还在筹备阶段，当时英语系有100多人，不久，英语系的人员又纷纷调出，最后只剩下我和杨小石、李观仪等不到30人。英语系招生不久就经历了1958—1959年的“大浮夸”，严重地冲击了实行“高教60条”的拨乱反正以及1961年开始

曹德明校长（右）向章振邦先生献花祝寿（2013年1月）

的教学秩序整顿，狠抓外语基本功训练。1959 年，前上海第一师院英语系的教师并入上外英语系，我们的师资队伍又壮大起来，当时各级教学组织逐渐健全，大家都很齐心，从 1961 年起狠抓教学质量，并于 1964—1965 年间试行了旨在加强英语听说训练的“听说领先法”，其成果和经验曾得到有关上级的肯定和推广，使我们英语系在全国崭露头角。1966 年，正当我们乘胜前进，制定更有雄心的发展计划时，突然遭到“文化大革命”的破坏和摧残，成了上外在文革中的“重灾区”。1976 年，“四人帮”被打倒，英语系又从废墟中爬起来，重新走上正轨。近年来，英语学院在党委领导下，狠抓了人文通识教育，取得了显著的成绩，使得我们的毕业生不仅英语基础雄厚，而且文化素质也大大提高。英语系早已扩大为英语学院，不论办学规模或教学质量，都是今非昔比，使我们这些离退休的老教师们至感欣慰！

杨小石在寓所接受采访(2012 年 12 月)

杨小石,男,北京市人,1923 年生,教授。1956 年调入上海外国语学院西语系英语教研组工作,先后任教研室主任、副系主任、主任、名誉主任。1980 年被评为教授、博士生导师。1989 年至 1991 年间,先后在美国亚利桑那州洲立大学和衣阿华州瓦特堡大学担任客座教授。1993 年退休。曾任中国外语教学研究会常务理事、中国英语教学研究会副会长、美国文学研究会理事、上海翻译家协会理事。曾编写大学英语专业一、二年级 1—4 册教材及《大学专业英语精读》、《英语水平考试》等。翻译(英译汉)《王孙梦》、《干旱的九月》、《他的寡妇的丈夫》。翻译(汉译英)电影《舞台姐妹》、《哪吒闹海》、《小花》、《沙鸥》、《孔雀公主》、《梅花巾》、《候补队员》、《特区姑娘》、《大庆战歌》、《毛孩》、《大足石刻》、《崂山道士》、《大漠紫禁令》、《人鬼情》。为多部英语有声学习资料录音。参与多部电影配音。

巍巍风范　灼灼光华

口 述 人：杨小石
采访整理：高瑞梓、李悦、殷一民
采访时间：2012 年 12 月
采访地点：杨小石寓所

在采访杨小石教授前，我们做了很多准备。随着采访时间一天天的临近，我们对他的了解也一步步扩大。杨教授是那样一位风采卓然、引人敬重仰望的一代名师兼译家，甚至很多今天英语学人如雷贯耳的名家都是杨教授的学生。同时，他又是一位年届九十的耄耋老者，几乎经历和见证了一个世纪的沧桑变幻、喧嚣浮华。而我们，青涩懵懂，在无数莘莘学子这个庞大群体里再普通不过，有的只是年轻和热情。不可否认，当采访进入倒计时时，我们是紧张的。仿佛在那样一位大师面前，我们不知不觉间就渺小了下去。

采访前三天的上午，我在寝室正襟危坐，慎重地按下了杨小石教授的电话号码。电话很快接通了，我立即自我介绍，说明事宜，力图做到吐字清晰，声音洪亮。出乎意料的是，杨老教授口齿十分清楚，且洪亮有力，听力也没有丝毫问题。杨教授爽快地答应了我的采访请求，并约我们在周日上午去他家采访。

周日上午，我们带着一束鲜花去拜访杨教授。即使已经在脑海里做了构想，我仍然对老教授的精神矍铄、身体硬朗感到惊讶，他步履稳健，行动便捷，双眼一片清明，淡然而有神，看上去不过年逾七十。杨教授的家里怀旧气氛浓厚，家具、装潢皆是上世纪八九十年代的样式，且墨香弥漫，处处可见书报。杨教授在我们刚进来就说着："这怎么好，你们还带着花……"并亲切的问我们的名字、年级、专业，他的平易近人让我们很快放下忐忑的

心情,渐渐以一种听爷爷辈的长者讲故事的状态进入了采访……

一、 与上外结缘

我本来在军医大的英语教研组工作,到了 54 年,包括军医大在内的几乎全国范围内的大学英语专业都取消了。因为在那个时候,英语被说成是帝国主义语言,全国的高校都转学俄语了,尤其是在北京、上海等大城市,广播电视里都在教俄语。就只有复旦、上外还设置有英语系。所以军医大的人事处找到我,问我愿意调往哪里工作。

我有三个选择:复旦,社科院,还有上外。当时我和上外的一个俄语教授夏仲翼[①]关系很好。他劝我来上外。他说我是复旦毕业的,在那都是我的老师,我是最小辈的,再去复旦没意思,就换个新环境吧。不过那时候上外还是单语种的俄语专科学校,教育部正在筹划把它变成一个多语种的语言学校。夏仲翼就说,你过来参加筹备工作吧。当时是要建一个西语系,有英、德、法三个专业。所以我就来上外了。

当时过来的还有一些大专院校的老知识分子,也是因为其他地方的英语取消了过来的。当时的西语系系主任跟我是同届,陈宇明,后来去北京学俄语了。那时候很多人都转学俄语去了,等风头过了才又回到英语。大概 58 年的时候,全国的高校才慢慢恢复英语教学。

当时的办公地点就是一个二层的小楼,在现在学校的东南角,就是上海外语音像出版社那里。当时估计就只有一二十个教师。那儿是暨南大学留下的建筑,他们放弃了,我们才过去的。

我刚过去的时候学校本来是没有英语老师的,其他几个英语老师也是像我一样调过来的。加上几个俄语老师,成立了一个筹备组。当时我主要负责英语、法语。

我们从社会上招老师,英语、法语招了一百多个老师。人事处说,只要有一点基础,素质还可以,有可能当老师的,都先招进来,以后再慢慢筛选。当时还没有英语学生,就先把老师的队伍组建好。然后让一些一、二年级

---

① 夏仲翼,1931 年生于上海。1955 年毕业于上海复旦大学外文系。曾任复旦大学教授、博导、上海翻译家协会会长。多年从事欧美文学、俄罗斯文学及 20 世纪西方文论的教学与研究工作。

的俄语学生转过来学英语,搞了两个班。

1956 年,西语系刚开始创办,不过其实也没有特别困难的事,主要是没有图书。当时只有俄语书,没有英语书。所以我们就体力劳动,到那些取消了英语的学校去,用板车把书拉过来,才建立了我们的图书馆。就是从零开始。

当时我只是讲师,主要负责业务工作。当时招进来的英语老师,筛选到后来只剩不到二十个。当时英语班已经开起来了,也就是西语系已经差不多成立了,所以需要一个学术上比较有声望的人来负责。方重本来是在复旦的,然后就调过来了。他做了西语系最早的系主任,下面有英、德、法三个专业。

看着上外,怎么说呢,就是从无到有,慢慢地看一个学校成长起来。可以说来上外还是来对了。后来我是英语专业的副主任,没有正主任。过了一两年,教育部在全国范围内进行院系调整,很多学校并过来了。像上海第一师范学院,他们那边的英语取消了,所以老师和学生都过来了,他们的英语主任来做正主任了。他们并过来的人占多数。本来我们只有一年级的学生,他们师范学校的学生过来是二年级的,成了我们第一届的(英语)毕业生,60 届。这一批学生很好,到现在我们还保持联系,感情很好。后来他们很多去做老师了,在各个大专院校,还有去中国旅行社啊,上海市外办啊,在上海的影响比较大。

后来,在国家教育部的领导下,我们组织了一个代表团去美国参观访问。教育部外语办的一个负责人带队,还有高教司司长。我们去美国,主要搬回来几个大的考试像 TOFEL, GRE, GMAT, 我们主要去的是 Princeton,就是 ETS (Educational Testing Service,美国教育考试服务中心)的大本营。那是 1978、1979 年。那时是教育部的领导人,许国璋①和我们一起去的。我们还去日本考察过那里的英语教学。

二、 由小说转向翻译

在解放前后,我因为留在上海,感觉到既然自己不走,就应该向组织靠

① 许国璋先生是我国著名的英语教育家,北京外国语大学教授。

拢，所以就去了二军大。二军大的前身是第三野战军人民医学院。当时觉得，我们作为从旧时代走过来的知识分子，对新事物了解很少，那对国外了解就更少了。随着我们对新社会的了解，我们就想让国际上也知道我们中国发生的变化。因为当时国际上有很多怪论，像什么“共产党来了，要共产，共妻”，各种威胁论啦。那时候国外的 correspondence 没有讲述中国的变化的。我就想以小说的形式描述下来，表现我们中国知识分子的转变，从受过旧社会的教育，到慢慢接受和适应新社会。就是想把当时真实的中国介绍给世界。

我开始直接用英语写小说，可是那时候气候不对。写这种东西，第一不可能出版，第二也不敢出版，就算是描写新社会的小说也不敢，所以才从小说转向了翻译。

那时候写小说花了很多功夫，写了四五年，差不多每天天亮就写，终于写成了一本小说，可是到“文化大革命”时期都烧掉了，是很心痛，但是没有办法。当时一个运动接着一个运动，我们也就只好不求有功，但求无过。那时候老舍都出问题，更别说我们了。

当时写小说辛苦是很辛苦，可是收获很大。在语言方面提高很大，每天写，守着打字机，碰到什么情况，这种情况用英语怎么表达，都要熟悉，这为后来的翻译工作奠定了很坚实的基础。

后来转向翻译了，很多翻译工作也是在“文革”期间完成，不过还比较顺利，除了一些小说被烧毁，没什么困难，因为我选择翻译的一些书还是比较“左”，出版社也比较欢迎。当时我主要给 *Chinese Literature* 翻译东西，那是一本外文出版社出版的刊物，主要介绍中国文学作品，不知为什么后来停刊了。

最近还应人所托翻译一些昆曲，不过我自己对这个倒不太有兴趣，我还是喜欢现代小说。

三、 电影翻译工作

后来我还主要翻译了电影，像《舞台姐妹》、《闪闪的红星》，好多。都是当时最“红”的电影，是中宣部和文化部选择的，派给我们的任务，都是一些最得意的、政治挂帅的作品。像 1981 年中国打排球得了奥运冠军，拍了一部电影《沙鸥》。

电影翻译有时候是任务，不一定有趣，我们没有选择权。给电影配音的时候，全套都做。你看我现在还摆着的这一个镜子，原来在写字台上，是用来练口型的，自己念中文，翻成英文了，再看跟中文时间是不是对得上，是开口结束还是闭口结束。原则是"意思不走，口型要对上"。这是翻译本子的一步。翻译工作我们全套都做，从翻译到对口型，到配音谁去，什么角色，从老师学生里找，都有。

我配的角色大多都是老头。在《闪闪的红星》里面我就是配老头，在《春苗》，那时候不是说是"四人帮"的电影，"大毒草"，我在里面也配老头。

选的题材不见得受外国观众的欢迎，因为都是些政治性的电影。译好了，就放在各国的中国大使馆、领事馆，到了国庆节、春节，招待各国的使节，就在那种场合放。

不过我自己也有选择性地翻了一些英语文学作品，像《王孙梦》、《还等待什么》等。因为我原来是想写小说的，写不了就转到翻译，所以我喜欢搞文艺的东西。

四、 翻译的底蕴

做翻译的主要基础是要看得广，学习一些词语怎么表达。看文学作品就要看近代的。看莎士比亚的喜剧是为了知识性的目的，学习语言还是要看现代的，像海明威、福克纳的。我们曾经教学上走了一点弯路，学生看了很多狄更斯的，那都是过时了的语言，《简 · 爱》、《呼啸山庄》，还是有点老，要看新一点的。

翻译要比较合乎所学语言国家人民的表达习惯。当时也挺有意思的，翻译《闪闪的红星》的时候，翻译剧中人物台词，碰到一个大问题就是：对于里面像老头、农民那样的角色，如果翻出来很标准的英语，语法一点儿不错，那么人家外国观众要笑掉大牙。你是个农民出身，没有多大文化教育，说话开口像一个牛津剑桥的学者，就不行。你看，外国的劳动人民，说话不讲究语法，只要合乎习惯就这么用。但是你翻得口语吧，国内搞英语的人

又挑刺，说给劳动人民抹黑。两难。

这就涉及到一个语言学的应用问题，很重要，怎么理解呢？一个是从传统的修辞学来说，修辞学把篇章分成四大类，说明、叙述、议论、描写。社会语言学还有一个“语域”，就是什么样的人说什么样的话，这两个要处理好。从用的语言的层次看，最上面是正式的语言，再下来是非正式，再下来是口语；按用语言的习惯而不考虑语法，再下来就是俚语，再下来就是行话，搞哪一行都有专门的词汇和表达方法。

那么怎么样来摆平这个？怎样的语言合适？就是要考虑主题、场合，严肃还是轻松？还要考虑观众，也就是什么人听，对象不对就不行。所以三方面都摆平是一个很难的问题。这也就是为什么社会上很多看到的英语翻译是很糟糕的，像有的英语的产品说明书很吓人。

汉译英对汉语的要求也蛮高的。小时候国文不太好，后来就动笔呀，多写一写。一个多看多吸收，一个多看多写，没别的办法。

五、 怎样阅读？

名著不要普遍地读，要有选择地读。有的东西是不得不读的。学英语，对于所学的国家的文化应该有一定基础。比如，如果是外国人来学中文，有的作品他就不能不读，如果他不知道《三国》、《水浒》、《聊斋》、《红楼梦》就不行。从这样一个角度来说，有的作品不能不读。

对于中国人来说，可以通读《圣经》，这不是为了宗教目的，而是为了语言目的。英语的文艺作品，报刊等方面，你看有多少典故出自《圣经》，没读过，你就不知道这话哪来的。像在中国，有些话说“既生瑜何生亮”、“英雄所见略同”、“谋事在人，成事在天”，都出自《三国》。

英文的典故则大多都出自《圣经》、莎士比亚，所以要通读，你才知道这个情景是出自《罗密欧与朱丽叶》，那个是出自《哈姆雷特》。莎士比亚的主要喜剧悲剧都要看，是必读的。还有《伊索寓言》，应该通读，《阿拉伯之夜》（《天方夜谭》），必须读。如果不读，文化知识就缺了一块。

还有一点，还要广泛阅读。我在念大学的时候正是抗日战争，当时复旦在重庆，图书馆收集的书很精，但量不大，我在那里就一本本都借出来，能看的看，不能看的换掉，天文、地理、心理学、医学，都要看。

侦探小说也没害处，看的时候一天一本。开始还要查字典，后来都不查了。

我父亲[①]是在法国留学，在法国、瑞士待了16年。他当时还是北平艺术学院（中央美院前身）的校长，抗日战争的时候也担任了中央音乐学院校长。不过我艺术不行啊，音乐也不行（笑）……

六、回望和展望

我们这一代人，应该是说出产品最多的时候（壮年）因为“文革”荒废掉了，那时候读书无用。其实我还是喜欢写东西，教学还是次要的，自己喜欢做一些实际工作。那时候也编教材，弄了好多教材，因为没有，只好自己编。

现在我来来回回去美国，在这住的时间也不是很久，所以家具也比较简单。你看那老式录音机，现在修都没地方修了。我老式的原版磁带都没法放了，挺可惜的，我从英国带回来的。我现在已经放弃了买书的习惯，“文化大革命”把我的好书都抄走了。那时候还被关了8个半月，就关在现在的外语音像出版社楼上的小录音间里，睡觉都睡不直，要睡对角线。和我一起被关的还都是挺高级的人物，像院长啊什么。后来查了都没事，还是放出来了。

我有一件非常遗憾的事情，就是我从1958年开始从事电影翻译，我的业余时间都放在了这里，什么教育片、旅游片、故事片，反正多多少少有个100部。可是现在这个行业好像死了。翻译出去的，字幕有，可是有声的没人做了。这还是觉得挺遗憾的。现在电影译制厂等于是名存实亡。

---

① 杨仲子先生，中国音乐教育家，篆刻艺术家，知识渊博，早在20年代，他的篆刻就与齐白石齐名。徐悲鸿称他是“以占卜文字入印的第一人”。1932年，就任北平艺术学院院长。1941年，杨仲子出任国立音乐院（中央音乐学院前身）院长。

翻译的质量要好，关键是你选的题材也要好。上海美术电影制片厂找我，说要翻译《宝莲灯》。他们当时野心勃勃，因为当时好莱坞弄了个木兰从军（动画片《花木兰》），得了奥斯卡，这对上海美术电影制片厂刺激很大，说我们中国的题材怎么外国人拿去得了奖？就选择了《宝莲灯》拍，但这个不一定对外国的口味。他们想弄出来卖给迪斯尼，结果迪斯尼没要。可是我已经把这个本子翻译好了，对口型什么的都弄好了。结果迪斯尼没要也没弄。很多还是不错的片子，结果没人做。好多电影的视频也难得看到了，像《闪闪的红星》、《舞台姐妹》什么的。

现在的上外人可能跟我们学英语的动力有差别，偏实用。这跟出路有关系。我们那时候都是国家包了，最早的时候是工资 48.5 元。不过我还是觉得，作为一个外语工作者要少一点浮躁，多一点认真的精神。那么，扩大知识面，扩大词汇量，改善表达能力是分不开的。举个例子来说，心理学，比如弗洛伊德，要看英文的。医学也要看一下比较通俗的方面。还有一点，要给你一个翻译任务的话，一定要认真做功课，不能说我从字典里拿出来就行了，这样是非常不专业的。给你纺织业方面的材料，你就要去了

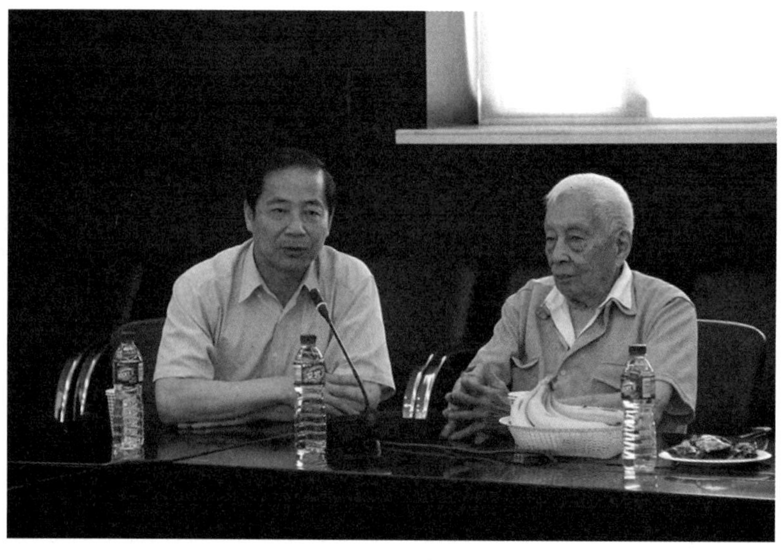

曹德明校长（左）在杨小石先生（右）九十华诞祝寿会上讲话（2012 年 6 月）

解这一方面。给你医学方面的,你也要注意表达方法。现在社会上一个大毛病就是做翻译不做功课,像旅游点啊,电视剧啊,翻译出来吓坏人,包括药上的说明书,翻译出来真吓人。

李观仪(1989 年)

李观仪,1924 年生,江苏常州人,教授,上海市第八届、第九届人民代表大会代表。1946 年毕业于上海圣约翰大学英文系,1951 年毕业于美国斯坦福大学英文系,获英国文学硕士学位,1953 年美国密执安大学研究院图书馆学系肄业。1953 年回国,在华东化工学院图书馆工作。1956 年调入上海外国语学院英语系工作,1986 年被评为教授,1994 退休。1979 年获上海市"劳动模范"称号,1982 年两次获上海市"三八红旗手"称号,1989 年被评为"全国优秀教师",2009 年获"上海市新中国 60 年百位杰出女教师"称号。

主编《具有中国特色的英语教学法》(论文集),主编高等院校英语专业教材《英语》,主编《新编英语教程》(1—8 册,包括学生用书、练习册和教师用书),此教材被誉为最有影响的英语专业教材之一。

永不消退的红烛情

口 述 人：李观仪
采访整理：李焱、吴惟、朱勐杰
采访时间：2013 年 11 月
采访地点：上海交通大学医学院附属新华医院住院部

6 点半的闹钟响之前，已经醒了几次。警觉着不敢睡太深——今天，要去拜访一位老人。周六的清晨，睡眼惺忪地上路，久违的晴天却叫人格外惊喜。公交、地铁、徒步，两个小时后，终于抵达新华医院住院新大楼 15 层，乘着电梯徐徐升上时，心中忽然惴惴不安，很难想象一位耄耋之年的老人如今卧病在床会是怎样一番情形。只记得数年前探望年事已高的老外婆，第一次亲眼目睹"瘦骨嶙峋"是什么模样。

沿着走廊，几步之内便走到了病房门前。一股暖气迎面袭来，阳光将这个四面白墙的房间照得更加明亮。雪白的病床上，老人双目微合，输送氧气的淡蓝色气管和那张苍白的脸庞相互映衬，仿佛难以分离。老人的外甥陆先生守候在一旁，见我们来了，赶忙唤醒老人，轻轻取下气管。老人仍旧侧卧着，睁开了眼，神色疲惫，却鼓起了力气向我们问好。据陆先生所言，为配合我们的采访，老人上午破例没有喝牛奶。

"李老师，我们来看您了。"

眼前的李观仪，留着短短的头发，穿着病号服躺在医院的病床上，鼻子里还插着氧气管。听到我们的问候，她面露笑意，还没开始采访她就先双手合十地连道了两声："谢谢。"

采访过程中，老人大多数回答是"不记得了"，"不知道怎么回答"，导致我们预先的设想几乎落了空。然而其外甥陆先生却讲述了许多我们不曾了解的故事。

回来的路上，感慨万千。盛绽的花朵竟也会有枯萎的一天。然而，那些岁月会被铭记，那些品格将要传承。

最近，为了最后定稿事，又到医院病房拜访了李观仪，她的精神出奇的好，她开玩笑地说："我现在才 19 岁，还很年轻，你比我老，你已经 48 岁了！"

一、 一生倾情教与学，桃李芬芳满天下

从 1956 年在上外英语系执教开始，到 1994 年退休，李观仪花了近 40 年奋斗在教师的岗位上。谈到做教师的初衷，她说这与家庭有很大关系。她父亲很严格，认为女孩子理想的职业便是教书。而到后来，李观仪由最初的遵从父命慢慢变成自己发自内心的自觉喜爱教书，她全身心地投入教育事业，耐心地教导了一代又一代的学生。

作为上外第一批英语教师，面临教材缺乏、教学无从下手的困境，李观仪说，当时一个班只有 12 个人，学生大多是零起点，没有英语基础，只能先教一些简单的基础知识。当时开设了精读和泛读两门课程，她运用自己的海外求学经历，总结自身学英语的经验，创设了"交际教学法"，即鼓励学生多听、多说，坚持在课上和课后都使用英语交流，以此来培养学生的英语学习兴趣，提升英语能力。

在上外任职期间，李观仪曾被公派出访英国进行学习交流。对这段往事，她的记忆已经很模糊了，不过她提到每年暑假学校还会把她派往全国各地学校进行学习探讨。她的外甥陆先生说，"她的学生遍天下，有很多都已经是出名的学者教授。每逢过年过节，他们中的一些人会从全国各地打电话或者寄明信片来慰问。"

二、 不辞辛苦尽师职，严师才能出高徒

谈到李观仪，有一个不得不说的关键词，便是"严格"。

李观仪对我们说起她教学时的一些"严格"规矩。如果学生上课迟

到，那就不允许进教室；如果学生在课堂上回答不出，会被罚站立听课。

但也正是因为这样，如今李观仪的很多学生都有了出息。看似严格的教育方式，包含的却是她一片爱学生的心。著名的影星陈冲，是她的学生，陈冲赴美多年以后回国，专程到学校探望李观仪老师。

李观仪曾在《外国语》2003 年第一期《我的英语学习和教学》中谈到教师具备的素质时提及："最主要的是教师要有敬业精神，要能全心全意地投入到教学中去。对教学要专心致志、不辞劳苦，精益求精。……对学生的学习要严格要求，一丝不苟，对自己也要严格要求，必须不断充电，不断提高自己的业务水平，不断改进教学方法。"

李观仪言行一致，除了对待学生严格，对自己也不放松要求。

她一直工作到 70 岁才退休。据她的回忆，几乎每个工作日，她都是早上五六点就出门去工作，晚上要七八点才到家。一空下来，她就开起一盏台灯，在书桌前看书。

李观仪一心一意扑在上外的教学工作上。退休之后，她仍然不进行其他娱乐活动，连电视也不开。还是照旧搬把椅子，坐在书桌前看书。

对于当时一些同事双休日兼职给其他学生上课的现象，她评价说："如果没办法全心全意地教导，那还对得起那些喊你老师的学生吗？"

三、 不重名亦不求利，坚守善良璞玉心

李观仪在 1986 年被评为教授，先后获得上海市"劳模"、"三八红旗手"、"全国优秀教师"等荣誉奖项。退休之后，还获得"上海市新中国 60 年百位杰出女教师"的光荣称号。

而对于这一些奖项的看法和评价，她的回答统统是"我不知道怎么回答，我不管这些"。名利都是可有可无的虚华表象，李观仪所"管"的，仍然是在英语教育上。即便是在退休以后，她仍辛苦地编写着《新编英语教程》。

为了编写更符合中国学生学习的教程，李观仪广泛地借阅资料，"博采众长，为我所用"，一共主编了 8 本《新编英语教程》。

《新编英语教程》为上世纪 80 年代以后最有影响的英语专业教材之一，是我国改革开放后最早出版的大学高年级英语教材，一直深受广大师生的喜爱，至今仍被广泛使用，对我国的英语教学产生了深刻影响。

据说，此系列教材所得的版权费李观仪一分不要，一共 100 万全捐赠给了上外。她和丈夫商量，还特别要求此事不要见报，不要宣传，这笔钱作为助学金帮助更多渴望知识的学生。

李观仪平时生活简朴，省吃俭用。学校配给她三室两厅的房子，她也不接受，仍旧住在自己简陋的小房间里。在一次整理屋子的时候，她的外甥还发现了许多张她捐助贫困山区孩童的凭证单子。而在此之前，他从没听她提起过这些事。

如今已经年过九旬高龄的李观仪，对往事的记忆都已模糊。她不擅长唱高调，没有长篇大论的叙述议论，不会说大话和空话。但听着旁人的叙述，人们仿佛看到老教授严格教育方法背后关切、爱护学生的温暖目光；在那些只言片语中，仿佛可以近距离接触到那不善于言表的外表下善良淳朴的内心世界的跳动；在陪伴老教授共同追忆那几十年的时光里，人们更为她的红烛精神所感动，产生由衷的敬佩和爱意！

2013 年 9 月 10 日是教师节，也是李观仪九十大寿。在校领导的关心下，英语学院为李观仪举办了一场特别的祝寿会。

李观仪尚在住院治疗期间，为了以合适的形式向她表达生日祝福和敬爱之意，英语学院从暑假期间就开始精心筹备，在精美的贺寿簿上，邀请李观仪的同事、学生、朋友写上贺词，以这种简朴而温馨的方式为她祝贺寿辰。校长曹德明教授为李观仪的题词是："尊敬的李观仪教授：在您九十岁生日之际，我代表学校感谢您为学校教育事业所做出的贡献！祝您生日快乐，健康长寿！"副校长冯庆华教授长期关心李观仪，经常探望。冯副校长在贺寿簿上题写对联："九十春秋立师风，一片丹心育桃李"。

9 月 10 日，英语学院院长查明建、党总支书记李尚宏和教师代表带着大家的祝福，来到李观仪的病榻前，向她献上鲜花，逐页展示祝寿薄内容，转达学校领导和大家的祝贺和敬意。听着这些对她的祝福，李观仪格外高兴，还数次流下了激动的泪水。她一再嘱咐在场同志，一定向全校关心她的领导和同志们转达谢意。在大家的生日歌声中，李观仪高兴地度过了她的九十岁生日。

李越常代表教师在上外 97 届毕业生毕业典礼上发言

李越常，男，1938 年出生于上海，中共党员，教授。1963 年毕业于上海外国语学院俄语系并留校执教，1984 年至 1986 年在前南斯拉夫马其顿斯科普里基里尔—梅多地大学语言系进修。曾任上海外国语大学俄语系副主任、主任，汉俄词典编撰室主任、《汉俄大词典》编委、编审，全国高校专业外语教学指导委员会委员兼俄语组副组长，2003 年起被聘为上海外国语大学本科教学督学。

曾先后主讲《综合俄语实践课》、《俄语史》、《俄语历史语法》等本科及研究生课程。发表《略论古斯拉夫语对标准俄语的影响》、《语言理论应用于教材练习编写的尝试》、《关于大纲的功能意念表》等论文。编写《俄语历史语法简明教程》、《新编俄语高级教程》等。1976 年至 1983 年从事列宁著作的译校工作，1991 年获中宣部、中央编译局颁发的荣誉证书。1997 年获国家教委颁发的荣誉证书（表彰为推动教育改革所作贡献）。

孜孜以求　锲而不舍

口 述 人：李越常
采访整理：李焱、钱勉之、苏纯
采访时间：2013 年 10 月 20 日
采访地点：李越常教授家

2013 年 10 月 20 日，一个秋日午后，金灿灿的阳光揉着甜淡的桂花香，闵行的重阳气氛还未散去，上海外国语大学“文脉守望——听前辈讲上外故事”采访小组来到一座安静的住宅小区，敲开了俄语系退休老教师李越常的家门。

李老师祖籍广东三水，在上海出生成长。1958 年进入上海外国语学院俄语语言文学专业学习，1963 年毕业后留校任教。先后担任俄语系副主任、主任、汉俄词典编纂室主任、《汉俄大词典》编委和全国高校专业外语教学指导委员会委员兼俄语组副组长。2003 年至今任上海外国语大学本科教学督学。

也许是因为见到了年轻的脸庞，李老师显得很高兴，眼角和嘴角弯出了柔和的弧度。沸水泡开一壶菊花清茶，我们就这样坐在书香弥漫的书房里聊开了。

回忆起自己的求学之路，李老师讲起了自己的留学经历。他深知“人生有涯知识无涯”的真理，在无涯的知识面前，永远甘当一名小学生。他于 1984 年公派去南斯拉夫基里尔—梅多地大学语言系进修。改革开放之初，这批留学生走出国门，赴世界各地求学，身上肩负着开阔眼界、海纳百川的使命，也把发展中的中国介绍给世界。李老师说起当年在南斯拉夫与老师、同学的情谊，当地同学邀请他去家里做客，参加家庭宴会，导师也常邀请李老师来家里交谈，回国后的很长一段时间里他们都与李老师保持

着书信联系。李老师紧紧抓住两年进修的机会，从俄语历史语法的角度追寻古俄语源远流长的历史轨迹。两年进修可以说是满载而归，回国后发表了《略论古斯拉夫语对标准俄语的影响》论文，并在系里开设了俄语史、俄语历史语法等课程。

俄语专业是上外最老的一门学科，有着深厚的教学、科研传统，李老师58年进校，那时的很多老师都是“俄专”年代留下来的精英，很多人都在苏联留过学，像胡孟浩老师、顾霞君老师、朱丽云老师、廖鸿钧老师，还有一些俄侨和从苏联请来的专家。后来与李老师同届的学生中有很多人都留在学校里任教，得到了老教师很多的关怀和指导。李老师满怀深情地回忆起倪波老师——“他比我大8岁”，“从某种意义上来讲我就是他的助教”，作为实践课教研室主任，倪老师以老带新，对李老师帮助很大。后来编写《汉俄大词典》时，李老师特地把治学严谨的倪老师请来，编写组的成员都感到他能把大家凝聚在一起。俄语系首届国际学术会议“语义学国际科研大会”(1994年)就是在倪波老师和顾柏林老师的研究基础上，在李老师的主持下召开的，这也是全国第一个正式的俄语国际科研会议，这次国际会议得到了包括北外、黑大在内的全国各大高校的肯定。从李老师谈论老教师的关怀和指导的话语中明显看得出他的谦虚谨慎和对老教师的尊重和感恩。

1994年李越常在首届语义学国际学术会议俄语高级研讨会上发言(左三为国际俄语教师联合会主席柯斯托马洛夫)

李老师1963年留校工作到66年之后下乡、下厂，72年因恢复招生调回系里，成为俄语系低年级教研室的有生力量。76年俄语系接下了一个光荣而繁重的国家任务：列宁著作的翻译与校对。8年时间里，李老师先后参与翻译了《列宁文稿》第5卷、《回忆列宁》第2卷、《列宁亲属通讯集》等。李老师告诉我们，他们需要做的不仅仅是翻译和校订，还要做很多查考，因此这是一项耗时耗力都很大的科研工作。我们翻看着这一卷卷厚实的书本，体会到老师对经典的尊重，和对俄语、对翻译工作认真踏实、一丝不苟的态度。由于李老师与同事们的共同努力，获得了中宣部和中央编译局颁发的荣誉证书。

教学工作中，李老师非常重视教学法的研究和归纳。留学回来后他参与倪波老师主持的教育部俄语教材编审组，跟从老主任的"大纲意识"，坚持高校外语教学要提高水平，就必须规范化，就必须制定教学大纲。他在平时基础教学和集体备课交流的基础上，结合自己的探索和思考，写成《关于高等学校俄语专业基础阶段的教学大纲兼论语言功能意念》一文，并在1998年赴台出席首届海峡两岸"俄语教学学术交流大会"时宣读发表。

李老师退休至今一直担任学校教学督导，回顾自己一生教学工作，对比今昔，李老师感慨道："这就是我们的题目。"他定期到松江校区听课，写反馈，与老师交流。在督导工作中，李老师坚持对教学法的重视，一针见血地指出，年轻一代的老师语言、学术能力很高，但是与前辈相比对教学法有所忽视，备课准备不够充分，集体备课、交换材料更是没有了。他呼吁教务处牵头，加强与督导、与老师的交流，呼吁教研室重视教学法研究和运用。希望平行班有所交流，才能保证教学质量。而说到课程设置和教学安排，李老师高兴地说道，自己当年上学时只注重语言学习，八十年代以来，教学大纲增加了国情学习的要求，充分体现了语言是文化的载体，学校也更加注重专业设置多样化，注重复合型人才培养。

李老师任俄语系主任正值我校校际交流恢复发展的时候，在他的努力下，教师和学生开始每年有计划地、成批次地赴普希金语言学院、莫斯科大学、莫斯科语言大学访问学习或攻读学位，很多优秀的学生成为了现在俄语系的中坚力量。90年代经济发展了，不少学生和老师选择了经商、做贸易，改善生活条件，李老师依旧坚持着心中的原则，辛勤教学，正直待人：

“我一路走来很自然，没有刻意追求什么东西。”“如果再给您一次机会，您还会走一样的路吗？”我们问道。“我退休以来，其实一直思念着的还是俄语的问题，回顾这一生，我并没有遗憾。”李老师的回答很坦然，也很坚定。

两个小时在愉快的氛围中不知不觉地过去，李老师的乐观和执着感染着大家。李老师经历过日本人统治上海的“孤岛时期”；经历过国民党统治时期；1949 年解放之后在红旗下健康成长，1958 年上大学。改革开放后出国又把中国与国外做比较，感受到这些年来翻天覆地的变化。“现在年轻人机会很多，这都是父母一辈的艰辛付出所得，要懂得珍惜。”

“当然现在天地很广阔，竞争也激烈，社会要前进这是必然的。人与人之间，彼此要尊重，平等地竞争，某种程度上来说就是相互提携。”

“在这个社会，应该传递‘正能量’，你们面前一定是一片光明！”老先生临窗而立，凝视远方。此时，夕阳褪去了炙热，将他鬓角的银发映衬得愈加柔和清亮。

告别李老师，大家静静地走在回程的路上，齿颊间还残留着花茶的清香，仿佛是在回味这个沉甸甸的下午，回味李老师朴实却浓郁的话语。他回顾人生时的笃定和满足，仿佛都在告诉我们，在这个快得来不及审视的时代，付出与坚持并不过时。

访谈实录

采访者：老师是什么时候去留学的？

李越常：我们 1984 年，就是第二批，五六十年代是第一批，然后就停掉了。到八十年代，改革开放以后，我们算比较早的。我们的外国老师一直和我们保持联系的，和中国留学教师接触以后，他们对我们中国有了一个轮廓概念。以前他们感觉中国好像远在月球。他们最大感触是中国十亿人口都能养活，不得了。所以他们后来看见我们八十年代那么多留学生到东欧西欧美国，很惊讶。我们这个年龄，已经中年了，在赶末班车了，但还是有这个机会。我们当时出去的人真是蛮多的。当时还有考试，还要到北京集训，交待很多规矩。我们很多学国防科技的出去了，学语言的相对少些。我们后来就到了斯科普里——马其顿的首府。反正我们从来没奢望要到哪儿,能出去就很好,开开眼界。那时候一直说"胸怀祖国,放眼世界",但是只是一句口号。只有到改革开放,才变成了现实。

采访者:您当时在那边待了多久?

李越常:南斯拉夫去了两年。当然学习为主,也有导师。自由上他们图书馆,搞俄语的,他们资料相对多一些。听听他们的课,和导师交流一下。他们会发出疑问"你们怎么会跑到我们这儿来呢?"他们也感到国家很多地方不尽如人意。反正都是取长补短嘛,人家有人家这方面的长处。当时我去的这个学校,俄语还不成系,仅仅是"东斯拉夫语教研室",可能有波兰语、俄语、匈牙利语,反正就是"教研室",还不成系。所以它的研究力量、教学力量还不是很强。我们自己国家的俄语教学科研力量……应该说当年是蛮雄厚了。像上外,俄语是最老的语种,所以从教学科研来讲还是有比较深厚的传统。

采访者:对,一开始是叫"上海俄文专科学校"。

李越常:我是 1958 年才进这个学校的。这个学校 56 年就改成上海外国语学院。我们学校很多老教师都是俄专留下来的精英。然后他们相当一大部分都到前苏联学习,留学归来,发展自己这个专业。所以当时 60 年代初回来的人还蛮多的,比如胡孟浩老校长,还有搞文学的廖鸿钧教授啊。顾霞君你们可能不认识吧,老校长的夫人,她是更早,应该 50 年代中后期就回来了。所以这一批留苏回来的是骨干,再加上一些俄侨,那时候还请了一些苏联专家,就是 50 年代,到 60 年代就没有了。我们接触比较多的是俄侨,更多的还是留苏回来的老师给我们上课,我的主要老师是朱丽云老师。还有一位最老的俄侨,一位女教师,四年级五年级,教了我们两年。三年级也是一位老的俄侨,以前上海电台俄语广播学校上高级班的。沈宁你们认识吗?她是沈宁的外婆。

采访者:早就听说沈老师和我们学校渊源很深。

李越常:三年级的时候,她的外婆就给我们上课。所以我们经历的要么是俄侨给我们上课,要么专家,还有就是留苏回来的。他们对系里面贡

献很大。我们胡孟浩老校长当过系主任,倪波也是我们老的系主任,时间很长了,接替他的是顾柏林老师(《汉俄大词典》的主编),再接下来我就接了顾柏林的工作。大家都说:"我们挨个儿为系里面服务。"当然你要搞系里的管理工作的话,那么肯定要牺牲一些自己的时间与精力,自己搞教学科研时间相对有点儿打折扣。从科研这方面来说我们做得不太够,但是老一辈做得还是不错的。倪波和顾柏林,那时候我们系里首届学术会议就是在他们的学术研究基础上召开——语义学国际科研大会。上外俄语系这次会议也是全国俄语专业第一个正儿八经的国际科研会议。当时MAПPЯЛ(国际俄语教师联合会)的主席柯斯托马洛夫也来了,也是我们学校名誉教授,是普院院长。前苏联培养的我国第一个俄语博士是他带的。是博士,不是副博士。

采访者:老师您说的这个大会是什么时候开的?

李越常:1994年,大概是94年。他们领馆的总领事都来祝贺。这是上外俄语系搞的第一次,也是国内俄语界第一次,可以说是名副其实的国际学术会议,因为国外来的有二十几位。他们当时到上海来参加这个会议,也感到很兴奋、惊讶,因为当时上海的发展已经能看得出逐步逐步在加速。浦东明珠塔已经起来了,机场一直过来虹桥开发区也初具规模了。他们一看到,就像柯斯托马洛夫主席说的:"Сказочный мир!(我好像进入童话世界了!)"。这次国际会议既是学术交流,又是改革开放的国际宣传,蛮好的宣传平台。

采访者:老师是1958年到上外读书。后来呢?

李越常:对,我58年,大跃进年代。

采访者:后来是怎样一个轨迹,能不能帮我们缕一缕?

李越常:噢,我们就是念了五年呀,上外当时也就是想培养一些年轻的老师嘛。我们58年进来的,有十五六个学生四年级念完,再继续念一年。当时碰上自然灾害,国家经济比较困难。我们自己要……不说交学费啦,生活费要自理,等于推迟一年毕业,但这是个机会,专家啊、老俄侨一直给我们上课,还有朱丽云老师。这一批同学基本上都留下来任教。我们都在实践课教研室,一年级、二年级的。我们开始工作就得到了老教师不少帮助。我是跟倪波啦,从某种意义上说,我就是他的助教。他是“二万分之一”,你们不知道什么叫“二万分之一”吧?当年解放战争的时候,一大批知识青年跨过长江,两万人,这个就是部队里的知识分子啊。到各个地方都是担任领导工作,都是受过一定的教育的。跨过长江,称之为“南下干部”。后来他就转业考到俄专,后来是一期的研究生。他非常出色,后来是我们教研室主任。文革前期他就是系副主任了。他对我们帮助很大,等于“老带新”。

采访者:您 1963 年毕业之后就留在系里一直工作了多长时间?

李越常:我在实践课教研室工作。到“文革”之间停了一下,我们不都到干校去了吗?安徽凤阳干校呀。然后我们又去“战高温”,就是去下厂劳动。我在工厂劳动一年之后又调回系里工作,因为 72 年开始招收工农兵学员。一直到我 1984 年出国。这期间我也参加过《中国俄语教学》杂志的编辑工作,反正我的工作可以说是教学科研交叉进行,搞了一段教学以后,编杂志也是一种学习,科研性的。到了 1976 年,我们接受了一个比较重要的任务,现在看也是个大型的国家的科研项目,那就是列宁著作的翻译校订。

采访者:那个时候翻译了列宁的什么作品呢?

李越常:我们换个地方,到楼上有些资料顺便给你们看看。

(看合影)最老的,张超人,可以说是辞典组的创始人之一。这就是我们老系主任倪波,《汉俄大词典》主编顾柏林……

最老的倪波还是一直坚持俄语教学与科研的,我请他来编审《汉俄大词典》,他来了大家就更有凝聚力了。“文革”当中很多疑惑,俄语这个专业怎么样啊,以后还要不要啊,大家都很迷茫,但他还是很坚持,把人员队伍凝聚在那儿。有人起个核心作用,为了教学科研,或者说对自己国家有坚定信念。所以这是我们很好的导师,“二万分之一”,南下干部,你们记住:倪波。

1976 年开始从事列宁文稿、列宁亲属通信集的翻译工作,还有现在我们第二版的列宁全集,有六十卷。第二版其实就是 70 年代中期开始启动,有好几个大学参与，黑大、北大、北外、上外，大家分工，第六十卷是我们上外的。这里面主要是列宁书信集，不是单纯翻译校订，很多词都要查考，很大的科研工作。后来，除了搞这个翻译校对，我的工作比较着重于语言实践教学。我们做学生的时候，就是多听、多说、多写，非常强调这点。当然，我们第一批留苏的老师很多是研究文学理论、语言理论的。从我工作这方面来说，倪波是我的导师，我是他的助教，跟他接触多，的确他也非常重视实践课。我从南斯拉夫回来以后，就参加了他参与领导的国家教委下面俄语的教材编审组，他是编审组副组长。当时他就感到我们的外语教学要提高水平，要规范，就必须制定教学大纲。他非常重视这个，要求各高校老师"提高大纲意识"。上课、备课、集体交流，很重视。以前我们上课之前，比方说一本教材一个学期上十五课，基本上一个老师就把一课到两课的教案要写出来。要把资料提供出来，就像现在很多教学参考资料要提供。然后在上课之前，这些平行班的老师坐下来，大家就一起集体备课，相互咨询，而且会把专家、外教请过来，有问题就这样解决。所以那时候上课不容易，要花好多时间准备，教学法很重视。后来我就参加了倪波搞的大纲起草工作，在国家教委高教司主管下编写全国教学大纲，那就是"高等院校专业外语教学大纲"。我们学校教学就在这个基础上慢慢规范了。当时我也参加了基础阶段的教学，后来我参加了一个海峡两岸的教育学术研讨会，这是第一届，那是98年吧。与会者当时都被要求有论文嘛，我写了《关于高等学校俄语专业基础阶段的教学大纲——兼论语言功能意念》一文，研讨会上我就提交了这篇文章，实际上就是我的工作心得。

采访者：这篇文章哪里能找到呢？收录在哪本书里？

李越常：就是我这本。教学和科研首先就是大纲的建设，从基础阶段到高年级阶段。当然，是教育部先牵头，高教司具体抓，然后就有了……以前叫"教材编审组"，后来就叫"高等院校专业外语教学指导委员会"，我就是第一届"指导委员会"的成员兼俄语组的组长。因为我的经历主要是教学，后来就搞了这个教学大纲。为了提高教学质量，全国都走这一步。必须要全国主要院校牵头，拿出东西来，才能在这个基础上，按照自己的情况去发展。所以这个工作也是80年代我参加的一项主要工作，但这也是老一代的倪波他们带头做起来的。而列宁著作的翻译校订前后也差不多8

年,76年到84年。

86年回国以后,就到三年级上课。还是以语言实践课为主。我在国外学了什么呢?原来想做语言修辞,但是到了那边是要看实际情况的。南斯拉夫人对历史研究比较深,对古俄语这方面比较重视,搞语言实践、研究修辞方面好像没什么指导力量。那我想就免了吧。语言实践、修辞研究方面我们顾霞君老师是蛮好的,还有我们同学冯玉律也不错的。

采访者:我看过冯玉律老师写的功能修辞的书。

李越常:对。我出去之前也看过一些。我想他们南斯拉夫人既然很重视语言的渊源,我还是搞搞语言史吧。俄语的语言史和历史语法是比较难的。当时我想这个对我们提高语言修养也很重要。特别是研究生,你要看比较早期的大师写的东西,里面有好多古俄语的字母、语法或者发音都很难、辨不出来的。

采访者:十八、十九世纪还是有很多书用古俄语写的?

李越常:是的,所以那时候我就想,向他们学习、了解古俄语史也蛮有意思。因为你肯定要对它的社会历史有所了解,对俄罗斯的来龙去脉有所了解,不单在语言修辞上,而且还涉及到它的语言发展,民族演变,国情民情,所以后来我就说看看吧。实际上也是以咨询为主,导师呢,他给研究生讲课,我去听一下。回国后我一边给三年级上课,一边把国外资料整理一下。先给研究生上课,然后再编成书。但后来没有来得及把它写成中文,就是用俄语写的。这也是在南斯拉夫受到启发,发现语言史蛮有意思的,像讲故事一样,语言的来龙去脉、千百年的变化,还有在"十月革命"前后,它的书写也是有变化的。这些字母你不认识,但是在老的文献里它出现了,那么作为研究生应该知道。我们在五年级的时候,王德孝老师给我们讲过一两次,当时觉得蛮难的,云里雾里。

采访者:您在那边是师从马尔科夫教授?

李越常:对。我们第一届国际学术会议邀请他来,他来了,而且作为代表发言,他也蛮资深的。因为毕竟马其顿是个比较小的民族,在这种大会上,尤其俄罗斯的柯斯托马洛夫主席也在,所以你要让小国家的代表讲一讲，也提高了它的自信呀。因为他研究也蛮深的。会议之后我就陪着他，把他请来了，他自己也说真不容易，“不知道我的经费哪里来”。不像我们现在要去哪里参加国际会议都有经费，机票也给你买了。那时候机票就是最大的开支，不要说住在哪儿了。当然国际会议也要吃、住、行，主办方要负担的。但国际旅费要他们自己出。所以好不容易呀，能来二十几个人。……我这门课给研究生上了三四年以后，才最后成文了。

采访者：您这门课叫什么？

李越常：历史语法和俄语史。这课比较难，你有兴趣可以去看看，知道来龙去脉，“十月革命”前后书写上有什么变化，包括古俄语的语法你要知道一些，不然古文献看不懂。

采访者：除了这本书，我记得还有几本。

李越常：还有就是高年级的教程我也参与编写，第五、第六册。也是倪波提出来的项目。但是第七、第八册我们就没精力参与了。到现在我去听课，他们老师也自己想办法搞资料，所以我们也感到蛮可惜的，其实必须要有个完整的统一的高年级教材。北京他们有《东方俄语》……教材建设决定你的教学质量呀。教材不断地完善，要不断有新的东西进去。所以五、六册之后，我又写了一些文章，关于语义学理论指导实践方面的。

采访者：这是那个时候的期刊？

李越常：对，是学报。所以我是教学和科研交叉进行。现在网上大概都有。所有这些文章的基础就是倪波和顾柏林他们搞的语义学semantics（семантика），pragmatics（прагматика），语用学。这两者都是相关的。我也是作为他们的学生，再学一下，再结合教学实践与编写教材的经验，写这么一篇文章，也可以说是教学心得吧。所以我的工作比较着重于实践，但是总得有点理论指导，所以多少有些涉及，看一点，写一点。写得不多，我们的精力是打了折扣的。

采访者：从您开始上学到后来执教，到后来做系主任包括到现在，您觉得俄语系的教学有什么变化吗?

李越常:这个实际上就是我们的题目了。2002 年之后我担任了督学,教务处每两年聘我们一次。我们定期去听课,一开始我是自己去听的,听了一个学期,总共去了两三次。听了之后和老师交换意见。给老师评分是次要的,没意义,因为我们对老师都很熟悉,他们也有很多机会到国外学习,语言实践能力都很高,但是最主要一点,在教学法上他们没有花功夫。有时候我们说笑话,(现在)老师们胆子比我们大,任何时候都可以拿着教材进课堂给学生上课。我们感到做不到。因为我们每上一课,从开学第一课到学期最后一节课,总像上第一节课一样,我进教室之前已经想好,我从头到尾怎么做,要达到什么目的,怎么和学生互动。然后,课堂上应该基本上说外语,讲好多汉语,听上去到底是汉语课还是外语课,对吧?诸如此类的意见我们是提了蛮多的,但是我想教务处太忙了,很少有时间在督导听了课以后,召集一下,讨论一下。最早几年有过一两次,以后就没有了。有的老师上完课很忙,马上就走了。上完课老师应该主动地问问,到底有些什么问题。我们的习惯是上完课总是等一等,以前还有自习,我们都要下班(去到班级里)的呀,专业老师也做班主任。那个时候我们青年教师都住在学校里,学生晚自习的时候我们都会到教室里去的。现在这个情况也有客观原因。

采访者:那您上课会比较多提问?

李越常:对。就是引导。一问一答,学生也会有一点紧张,会在思考。应该平等地交流,启发式的。现在我们督学都有十多年了,我是 2000 年退休的,在辞典组工作到 04 年,之后督学还是一直做。所以集中起来也就这么些问题,教学法要重视。这里我就提到朱纯老师,他出版过一本教学法著作,我曾经给系里推荐,人手一本。他把国外的教学变化蛮仔细地译述出来。

我八十年代开始搞教学法,比如大纲这一系列的,它对我们影响蛮深的。现在我们的老师留俄回来应该说语言知识面很宽,实践能力也不错,但在教学法上就疏忽了。

采访者:后来您做了系主任,在这当中有没有什么变革?

李越常：最大的变革就是人才培养。校际交流慢慢进入正轨，那大概是1990年、1991年的事，那时候顾柏林是系主任，我们开始使学生能够有机会出国交流，后来李勤也做得蛮好，我们有很多老师多年教学都没有机会进行交流，所以在我任系主任期间，我们很多老师都作为访问学者或者汉语教学的老师出去进行交流，给系里积累了人才。很多老师都去了，另外也有学生出去攻读硕士、博士，章老师就是我那时大力推荐的，因为他确实很不错，他也是偏重语言实践，后来学生工作也做得很好，我们共事好几年，我感到他应该出去再提高，直接到俄罗斯去，到那里先进修，然后作为研究生攻读博士，最后他完成了。

采访者：这算是一个比较优秀的学生了吧。您还有没有什么印象深刻的事？

李越常：我们那时候系里硬件方面也比较困难，所以要改善一下，要和国外联系。争取到人家送了一套现代化办公设备感觉就不得了，像展品一样放在那。当时还有一个比较重要的工作，就是我们派青年教师去俄罗斯当翻译，协助香港公司开展对俄贸易，通过这一种形式，青年教师业务也得到了提高。我们和台湾合作编了视听说教材。我们还承办了俄语大赛，当时讲就是新鲜事物，我参加的是第一届全国性的，到北京去命题，那时候我们重点培养优秀青年教师，比如李磊荣，他后来成为了主力。

采访者：很巧，今年的大赛今天闭幕。

李越常：上外成绩一直不错。我们那时就注意要让有才干的青年教师早点儿冒出来，九十年代就比较注意了。

采访者：所以那时候的那些青年老师就成为了我们系里今天的骨干力量了。

李越常：是的，后来在这方面李勤就做得更多了。比赛都是由专家辅导的，由于外事活动开始多了，我们接触到更多的外教，充分发挥他们的作用，他们在我们系工作心情愉快，我们都是朋友。

1998 年 3 月李越常(右二)在首届海峡两岸俄语学术研讨会上作学术报告

采访者：那时学生有很多机会出去交流吗？

李越常：研究生的机会不多，但开始有了，也有的本科生一进来就派出去留学。

采访者：您在编这些教材的时候，过程还是很艰辛的吧？

李越常：每个人都有分工，最后倪波老师他是统稿，因为教材是以他的语义学为基础的。

采访者：那您编词典、教材时的素材是去哪里找的？

李越常：从报刊杂志原件中找的。我们都是课余来编，我们那时没有休息这个概念，双休日也用来备课的。这都是我们学校的主要科研项目，要做出来的，也要对自己有一个交代。词典因为出版社的原因推迟了四五年，后来顾老师又做了一些完善。当时出版社没有看好这本词典，但我们搞这个是有战略眼光的。这本词典总结了很多前人的经验，很多新语汇都编进去了，这本词典两个(俄罗斯)科学院院士都有题词的，他们很看重，因为这本词典是一代代相传的，我们参加其中前前后后有二十年。

采访者：您的一生都献给俄语教育事业了。

李越常：我们实际就是做几件事，教学法开始注意了，教学大纲搞出来了，海峡两岸交流时点了我的名所以我就去了。我常说，我们应该让一些资深的老教授去多参加一些交流，绝对不要有名有利的事样样伸手。当时我们有一个去德国的机会，我就推选顾柏林老师去，我在任期间强调让第一线的教师多一些出国交流的机会。人家当时问我，你当上了系主任怎么没有国务院特殊津贴啊？我说很正常啊，我们系有更多的老师符合这个条件，就应该选他们，包括宝钢奖。系主任就是多为大家负责任。招生当中一些潜规则，真是吓人，有些人就向你口袋塞东西，我说不可以的。有些同学考到上海很不容易，父母买了很多东西送过来，我说这是不行的，学生学好了，成材就好。当时已经注意到这些问题了。有些家长说自己能赞助多少多少；只要能进上外，就怎样怎样；这些我们不欣赏。这些都是歪风邪气，我们要按原则办事，这也是俄语系的好传统。

采访者：回顾您这一生，有什么遗憾吗？

李越常：我没什么遗憾。我是经历过"孤岛"时期的，也就是日本汪伪统治的时候，耳闻目睹过日本侵华，因为我长在上海。我在上海看到过黄浦江上全是米字旗，都是外国军舰。上海的高楼大厦里都是美国、英国的空军、水手，很傲气。我们是半殖民地呀。那个年代生活十分困难。我在敌占区生活了几年，到46年才开始上学，从小就知道空袭、灯火管制、逃难、饥饿。内战的时候这些我们都经历过。所以到解放之后，尽管国家还很困难，和以前比，不能同日而语了。我们都能够正常地上学。学费交不起可以申请减免（只要品学兼优），我小学都是减免的，中学也是。大学都是全免的。尤其在自然灾害困难时期，正当长身体的时候，一个月才二十六七斤米，更别提吃肉了。学校食堂都没有什么菜。我们还经常下乡劳动，但当时也不感到非常苦，共青团员血气方刚，很愿意。遇上自然灾害，吃不饱。但想想以前，上小学的时候，大家都回家吃饭了，我就到学校附近晒太阳，没办法回到家里，路远，在市区找个学校不容易。这样的苦我都经历过，什么叫饥饿我也知道。所以相比之下，今天的困难不算什么。以前我家在西区到虹口上班很远，有时候挤公交真够呛，但想想也没什么。后来学校搬到松江，发展的好机会呀，在虹口发展不起来。大家也有分歧的，但我认为没错。现在校车每天上下班五十分钟吧，很远。但是我们那个时候上下班也要花两个小时。这是前进当中的困难，可以克服，要乐观一点。

采访者：我觉得那时你们遇到的困难，像吃不饱、路程远，我们都没有遇到，但我们遇到的是其他的问题，比如诱惑太多，可以选择的东西太多，很容易陷入迷茫。

李越常：就像红玫瑰啊，看上去非常好，于是分散了注意力。

采访者：您对我们这个状态有什么建议？

李越常：我觉得还是要做比较。看看我们老一辈人的经历可以汲取很多。

采访者：但我觉得老一代沉下心做学术的比较多，现在时代环境不一样了。您主张我们年轻人应该怎么做？

李越常：你们真是赶上了好时机，这一代人，几乎人人都出国，都有机会外出。但你对看的很多事要进行比较总结。现在派去美国很好，但不一定就要留在美国，你应该学成回来。人家也是创造出来的，你也应该在自己的土地上创造。现在条件是很好的，只要愿意学习，愿意发展，还是有广阔天地的。要珍惜，来之不易。你们现在是幸福的，但竞争也激烈。社会前进必须要有竞争，但要平等竞争，彼此尊重，共同进步。

采访者：感觉您是个非常正直的人。

李越常：这也是时代使然。很多事情的道理都是ABC，无需多讲的。你在社会应该传递正能量，与人为善，人正直，说到做到。同学之间不要争名争利，尽力而为就好了。你们面前是一片光明的。

施永龄(2013 年 11 月)

施永龄,男,1939 年生,中共党员,西班牙语教授。1958 年由上海第一师范学院转入上海外国语学院英语系学习,1960 年提前毕业留校担任英语教师。1962 年赴古巴哈瓦那大学学习西班牙语,1965 年回国后任上外西班牙语教师。1979 年赴西班牙马德里大学和伊比利亚美洲合作学院进修。历任上外西班牙语系副主任、主任,上外研究生部主任、图书馆馆长。1995 年起担任美国亚洲基金会赠书中国高校分配中心主任,直至 2010 年。曾任中国西班牙、葡萄牙、拉丁美洲文学研究会副会长。享受国务院特殊津贴。

长期从事西班牙语语言文学研究,担任西语高年级和教师进修班的教学工作,并指导研究生。撰有《西班牙语指小词探讨》、《美洲西班牙语及其特点》、《西班牙社会现实主义文学》、《文学奖与西班牙文学》等论文。主编《世界文学家大辞典》和《现代派文学词典》的西语国家条目,编写《自学西班牙语语音》,参与编写《国外工具书指南》、《青年文学手册》等。

甘当一颗“螺丝钉”
哪儿需要就安哪儿

口 述 人：施永龄
采访整理：须双双、孙璐璐
采访时间：2013 年 11 月
采访地点：上海外国语大学虹口校区

施永龄老师 1958 年来到上外，他人生的大半辈子都和上外紧密相连。他留校任教后，原本有机会公派去英国某大学进修，1962 年因国家需要被派往古巴，改学西班牙语。1965 年从古巴留学回来后他开始担任上外西班牙语教师。1979 年他获得了到西班牙进修的机会，原定进修两年。施老师两次出国留学和进修都遇上应召提前回国，他毫不犹豫地听从召唤，立即启程。他的想法是：“你公派出国，是国家用了老百姓的钱送你出去，你就得及时回来为国家服务。”

一个英语专业的学生后来成了西班牙语教授，从西班牙语系主任又转任研究生部主任和图书馆馆长，在他人生道路上出现转折的十字路口时，施老师的态度非常坚定，概括起来一句话：“国家需要我去哪里，我就去哪里。”从他下面的口述材料中完全可以得到印证。

一、 中途“转行”，与西班牙语结下不解之缘

1956 年，上海俄文专科学校改名为上海外国语学院，增设了英语、德语、法语三个语种，加俄语一共四个语种。我 1958 年进校时是在英语系学习，一个搞英语的怎么会转行到西班牙语去的？这要从一个电话说起。

1960 年，我从学校提前毕业后就留校成了英语教师，那时一边教课，一边在英语系专门为我们 6 个提前毕业的年轻教师开设的教师进修班进

修。1962 年 2 月的一天，正是过年的时候，有一个传呼电话打到了我们那里的弄堂小店里。那时候家里都是没有电话的，不像现在人人都有手机。往往在一个弄堂里小店门口放一个电话，小店里的人就负责接电话，然后传呼“谁谁谁，你有电话啦！”学校里打来电话突然让我去学校一趟。我赶到学校，人事处处长说：“现在我们要让你到古巴去，改行学习西班牙语。你觉得怎么样？”

我说：“这个事情就由领导决定。你们需要我去，我就去，不需要我去，我就不去。”

处长说：“行，那就这么定了。”

就这样，学校给我买了一张火车票，一个星期以后，我就去北京报到了。

说起来那时候对于转行这个事情连丁点儿的犹疑都没有。那时候我们的思想都很简单，有一个概念很强烈：国家需要你上，你就上。所以需要我改行，也就丝毫没有犹豫。

当时同去古巴的一批共有 18 个人，是来自全国各地的，上海人就我一个。说起来我们算是第一批前往古巴学习西班牙语的队伍，因为那时中国与古巴刚刚建交，西班牙语的人才特别紧缺。

在我们这批人中，大多数都有西班牙语的基础，有一些是大学西班牙语毕业的，也有几个是北外四年级的学生。另外，还有包括我在内的 8 个人，都学过英语、俄语或法语，但是西班牙语是零基础的。

当时来自北京的同学都带着一本词典——《西汉词典》，是北外出的，现在已经看不到了。我到了古巴才发现，因为走得匆忙，事前又不了解，所以几乎完全没有准备，自习时又不便向其他人借用西汉字典。怎么办呢？于是我买了一本 *La Rousse* 字典，这是一本西班牙语—英语字典，又买了一本英西—西英字典，我就用这两本字典开始了西语的学习。一开始学得十分辛苦，为了读懂一个单词，要不断地翻动这两本字典，但渐渐地也给我带来了不少好处：我掌握的西语词汇量迅速扩大，也有了一点语感。大概过了半年，我们就进哈瓦那大学开始学习了。

在古巴的三年半时间里，发生过很多令人难忘的事情。那时古巴革命刚胜利，美国就在它边上，佛罗里达距离古巴的海岸线仅 90 海里，随时可能对古巴进行干涉。在紧张的形势下，古巴人民开始备战，当时宣扬国际主义精神，我们中国留学生同其他国家的留学生一样，主动去献血。记得当时我献了 500cc 的血，那是留学生活里一件难忘的事情。回国后我共献过三次血，每次 300cc，有了那次经历，也就觉得很平常了。

古巴的甘蔗收割季是全国的一件大事，大批人员去农村砍甘蔗。我们和其他古巴学生一样去帮助义务劳动。半天砍下来，手都麻木了，有时砍刀会飞出去，所以，人与人之间必须保持足够的距离。晚上睡觉，蚊子特别多。

1965 年 8 月底，我正式读学位，教育部来函让我回国，于是我提前半年回国了。回来以后就直接到上外的西语系担任教师。就这样，我从英语转到了西班牙语。

二、 从一名普通教师到系主任

上外 1960 年开设了西班牙语专业，1965 年我回国时已成立了单独的西班牙语系。那时的西语系师资力量不强。在教学上主要依靠外籍教师。当时的教学不分科目，语法、词汇、精读、泛读……全是一个人教。我当时负责二年级三班，其余的一、二、四、五班都是外籍教师来教，四班有一个中国老师，但他是和外国老师合教的，基本上就是中国老师给外籍教师当助手，中国的教师加起来仅十来个人，其中有的还不在学校。

除了师资，当时的教学在教材、教案上也有困难。

那时北外编了几本书作为一、二年级教材。现在来看，也不是非常成熟的教材，但是有总比没有好。1965 年，外籍教师提出自己编教材，就是以他们手头上的资料为教材，我们对这些教材的好坏也没有判断的依据。

教案也没时间写。如果真要写教案，五六个班，分个工，大家一人写两课，有个标准。但那时外籍教师很多，而且来自不同国家，有智利的、哥伦比亚的，各自的教学方式、教学计划都不一样，很难统一。不过，那些外籍教师对中国人都很友好，也确实是比较努力地想要教给我们知识。

之后，“文革”开始了。外籍教师都回国了，学校也停课了。我们很多教师就去了安徽凤阳大庙的“五七”干校，那地方很穷、很偏僻。我们种的地土质都很不好，当地农民都不种。

到了 1972 年,学校开始招收工农兵学员。我和一部分老师被召回了学校,做开学的准备。第一件事情就是编教材。教材要和工农业生产知识相结合。我们这些人,在上海港务局的三区半天劳动、扛包,半天编新的教材。

开学以后,西语系还叫西语系,不过增设了意大利语、葡萄牙语和希腊语。西语系有意大利语、葡萄牙语、希腊语专业就是从那年开始的。

那时校系两级有一个革命委员会,在当时叫“三结合”,工宣队、军宣队、革命干部各选一个人管理学校和各系的事务。我们系原来的总支书记到学校里任职去了,需要补选一个干部。“文化大革命”以前我是教研室的副主任,于是我就被推选为革委会副主任,成了两个副书记之一。由于另外两个人对教学完全不懂,也不懂外语。教学这一块就由我负责。

1975 年,有一部分工宣队走了,校领导要我当第一把手,当总支书记,军宣队当第二把手。我想这怎么行呢? 因为每次一搞“运动”,首先批“智育第一”,我这个抓“教学”的就首当其冲,这样错误会越犯越大。正好学校需要三个人去吉林慰问在那里的上海知识青年,我坚决要求去,于是就去了吉林。

在吉林和知识青年同吃、同住、同劳动,帮助他们和县里面的干部打交道,不要在招工招生上歧视他们,在生活上给他们一些支持。

两年以后,“文革”结束,我又回到了西语系。79 年通过选拔去西班牙进修两年。在期满之前,我通过西班牙皇家语言学院院长(那时他还是院士,也是我的老师)的推荐,我获得了一份丰厚的奖学金,有机会去一个大学的暑期班进修。但教育部又一次下文,把我叫了回来。

当时使馆的文化参赞给我看了教育部的文件,我也把我的情况都说了。他跟我说:“你自己决定吧,你要回去就回去,也可以期满再回国。”因为我出国时,规定时间是两年,那时候还没有到两年的时限。我考虑之后给学校发了信,学校还是希望我马上回国,所以我不假思索地放弃这个机会,回国了。

1981 年回国以后,我被告知 75 年西语系和俄语系合并的西俄系要分开了。学校领导希望我再当西语系的负责人。从此以后,我就再也脱不了搞行政的事了。

三、 把握全局，首开双语教学模式

1982 年左右，西语的招生少之又少。因为根据当时的需要，专业已经饱和了。“文化大革命”以前，全国各地西班牙语专业点增多，招生也相应扩大，上外就招了几百个人，再加上工农兵学员的三届，也几百人。这些人毕业以后呢，绝大多数没有找到专业对口的工作，只能被迫改行。

不像现在，当时没有经贸关系，只有政治关系。拉美还没打开局面，建交国家不多，也没贸易往来。毕业生过多成了一个问题。所以由教育部主持开协调会，决定大家都压缩招生人数，上外只让每两年招一个班。

那时在系里，我是主任，张绪华是副主任。我们商议后把班级一分为二，改成小班教学，20 个人一个班，今年招 10 个，明年招 10 个。这样保持教学的连续性，老师也有课上，学生得到更多的实践，有利于提高教学质量，保证每年都有毕业生。

另外我们考虑到西班牙语这个专业，如果只学习这一个语种的话，出去以后，就业很受限制。一个单位里，西语毕业生可能一年里面只有三个月的工作量，其他时间或许就无专业工作可做了。所以我们提出了“主修西班牙语，辅修英语”的教学模式来适应社会的需要，这样，毕业生可以西班牙语用三个月，还有九个月你可以用英语工作。于是我们在上外第一个提出主修和副修的设想，毕业时西班牙语达到本科水平，英语要求达到专科水平。现在可能英语水平更高了。这样做，招生方面也比较方便，社会上也比较容易接纳西班牙语的学生。这个教学模式后来被其他的专业学习模仿。这个设想提出后，老师支持，学生也支持，也得到了学校领导的支持。

80 年代，系里面也陆陆续续自编了一些教材，有会话教材，有泛读教材等，但是都是油印版。油印版的教材比较粗糙。当时我也编了一本西班牙文学教材，是油印的。那时候学校使用的教材基本上都是油印的。所以学校有一个油印的车间，专门印教材的，每个系里都有专职的打字员。

统编的西班牙语教材，说老实话到现在都不完全。近年来，出版了西班牙语一年级、二年级的教材，泛读和翻译的教材都有了，另外配套的教材出了一些,都是上海外语教育出版社出版的。

作为上外教育出版社的特聘编审,我现在帮他们审看稿子。他们叫我作为责任编辑写上名字,我好几次都拒绝了。我说不要写上我的名字。年轻的编辑写上名字有助于将来评职称,这对我没什么意义。到了我这个年纪就不需要了。稿子可以帮他们改,因为修改过的稿子质量会高一点儿。上外出的书籍质量应该高一点儿。

四、 畅谈西语教育

现在,开设西班牙语专业的学校不少,那我们上外的优势在哪里呢?我认为师资和生源两方面是非常重要的。一个学校办得好,有几个必要的条件,一个是师资要好,一个是生源要好,没有这两个东西你办不好学校,当然,学校的管理是必不可缺的。

其一,生源好。学生比较优秀,他的接受能力比较强,学生好的话教的东西都能接受,都能消化。学生差一些,就像赛跑一样,跑了一百米他落后十米,跑了二百米他落后二十米,那跑马拉松跑下来(差距)就不得了。另外,进了这个学校,教师要善于引导,如果学生能消化了,有更大的潜力,就可以适当加快一点儿。一个班上中等水平的学生教学内容应该掌握好,对于一些中等水平以上的,教师应该给学生一点儿指点,让他更好地进行学习。所以我很赞成我们学校一直以来的做法,就是不多招生。你看我们学校比外贸(学院)的招生规模怎么样?我们的规模要比他们小多了。他们一年招2 500 人,我们一年招多少?才1 700 人。有人说,你们上外怎么搞的?你这个学校师资又多,力量又雄厚,怎么招生比外贸学院还少?其实适度的招生能使教师把更多的时间放到备课上去。学校要掌握好整体的教学安排,校、系干部的工作就是要组织教学管理,这样你才能保证教学质量。

我们学校恢复研究生招生是在 1982 年。82 年我们只有英语和俄语有硕士授予权。当时审批十分严格。后来我们德语、法语、西班牙语、阿拉伯语、日语等专业经教育部审定,有了硕士授予权。我们西语系 86 年以后有三个副教授,一个是徐瑞华,一个是孙义桢,一个是我,三个副教授就具备条件可以招(研究)生了。

五、 倾注心血，创建逸夫图书馆

工作的最后几年,我又从西语系的教授成了上外图书馆馆长。

1983 年,我被选为西语系主任。我跟学校领导表示这是最后一任,到期就不当了,我说我在系里面这么长时间,70 年代初当到 80 年代,在教育上已没什么新套路了。得让新的人上来,新的人来,他有新的套路,能把系带到更高的高度去。我这任做完以后不做了。没想到 85 年底时学校决定调我到教务处工作。从心底里讲我很想摆脱行政工作,以全部精力去教书,发挥自己的业务专长。我向校领导表达了自己的想法,面对组织的决定,我只好服从,到新的岗位报到。几个月后,又调任研究生部主任。那时不像现在,干部没有明确的任期。5 年后,我又去找校长,希望能让我回系教书。校长说没听过一个当处长的下来教书的。我说为什么我不能做第一个呢? 校长说那你去国外转一圈,过渡一下。那时有去国外的项目是去阿根廷一年,或者去西班牙半年。我选择了后者。出国前夜,党委书记找我谈话,说你回来以后请你去当图书馆馆长。

当时那一位馆长已经六十好几。我(出国)回来以后,那位老先生还没退,还在等我。因为我到岗后他才能退下来。

那时图书馆有个教育部的项目,就是亚洲基金会赠书中心。这个项目是对全国近四百所高校,把美国送来的赠书送到各个学校去。每年大概是五六万本,后来发展到十几万本。和美国人打交道必须要懂英语,因为有邮件的往来,还有外宾接待,于是 95 年后我又兼任了美国亚洲基金会赠书中国高校分配中心主任。

我接任图书馆馆长一职时,图书馆还是现在的行政办公大楼。现在大楼已经看不到图书馆的痕迹了。但是你们可以注意到,它的一层层次比二到五层要高,上面的很矮。因为是藏书的,不需要那么高,是按照图书馆来设计的。

随着藏书的增加,图书馆的馆舍已不够用了。我通过亚洲基金会的一个中国顾问,联系上邵逸夫基金会的秘书马林先生,我给他写了一封信,说上外想建新的图书馆，得到了邵逸夫基金会的支持。按照规定，如果说一个图书馆需要三千万资金，它可以支付一千万，学校承担一千万，教育部承担一千万，各三分之一。当然，当时没那么贵，我们一开始预算（各方）只需要五百万，加起来就是一千五百万，后来规模建大了，总共用了两千多万。

图书馆的大楼原先的设计并不是这样的。当时中标的是市教育局下属的一个建筑设计院，我和负责设计的总工程师讨论，原先的设计有一个大厅，大厅里有一个旋转楼梯，一直到三楼，这样就没有留下什么太大的空间。我就说，现代图书馆的设计需要大空间，不能像过去一小间一小间的，你这个旋转楼梯一占用以后，就不能保障大空间了。他说，我这个楼梯是精心设计的，不能改动。讲了好多理由，还说楼梯去掉以后，会影响逃生通道。后来我找了同济大学的图书馆馆长，又通过他找了同济大学建筑设计院的院长。我把图纸拿过去给他看，又讲了我们的设想，即采用模块式大空间的结构。他看了以后说，你们要求实用，设想还是好的，去掉旋转楼梯可保留更多的利用空间，也不会影响到安全。我又找到设计院的负责人，告诉他我们的要求不要好看，要求实用。在我们的坚持下，他最终修改了设计图纸。所以我们现在的图书馆两侧一到五层，都是 500 平方米，利用空间很大。

另外，为了日后实行借阅合一，方便打通，我们特意把东侧的二楼和三楼都建成 500 平方米以上的大空间。现在二楼的隔墙已经打通了，成了 1 000平方米的大空间。可以说，图书馆这个 8 600 平方米的空间得到了很好的利用，一点儿也没浪费。

六、 勤学多练：西语学习的秘诀

我的经验，学习外语要多看、多说、多问、多练。

多看。在国外的时候，我每次上街都看，看什么呢？看招牌，看广告，看鞋店、书店、花店怎么说。有的可能你知道，有的可能你不知道。但是你看了以后你就会记住了。

多说。要跟别人多说。国内的条件可能没有国外那么好，但是如果有机会去了国外，就要好好利用。能不能成为朋友是另一回事，到那时交流很重要。有意识地进行锻炼。现在学习西语在国内也很方便，可以看电视。电视里的词汇、表达方式，你看了就会了解。

还要多问。在西班牙的时候，有一回我在街上看到了梧桐树。梧桐树我们上海也有呀，但是我不知道在西班牙语里，梧桐树叫什么。于是我就问了身边一个西班牙同学。他竟然也不知道。过了几天，他告诉我这种树叫“plátano”。所以说不问的话就可能永远不知道。问了以后知道了，也不忘记了。

对西语学习而言，经常操练也很重要。背单词是一个很好的方式，就是不断重复。今天背的时候把昨天的、前天的都看一遍，明天把今天的都看一遍，这样坚持下来，一个星期的词汇量就很大了。长期以后，学习就比较方便了。根据派生词都能联想到词汇的意思。

2013 年 7 月吴克礼为采访者签名留念

吴克礼,男,1940 年 4 月出生。中共党员。上海外国语大学俄语系教授。1963 年 6 月毕业于上海外国语学院俄语系俄语语言文学专业,即留校任教。1985 年任上外科研研究生部处长。1988 年评为教授,同年任上海外国语学院副院长。1992 年 3 月被评为国务院有突出贡献的中青年专家。1992 年任国家教育委员会外语教学指导委员会委员,俄语组副组长。1993 年 11 月由国务院学位委员会确定为博士生导师。1994 年 1 月由国家教育委员会借调赴俄罗斯任中华人民共和国驻俄联邦大使馆教育参赞。1997 年 3 月离任返校重执教鞭,直至退休。为我国俄语学界培养了大批优秀的翻译人才。

2006 年获国际俄语教师联合会(МАПРЯЛ)颁发的“普希金奖章”。

2009 年 10 月,在北京人民大会堂举行的中俄建交 60 周年庆祝大会暨中国“俄语年”闭幕式上,中俄两国总理亲自为吴克礼颁发了俄罗斯政府的“俄语教育突出贡献奖”。

驰骋在翻译学的广阔天地

口 述 人：吴克礼
采访整理：卫少梅、苏星奇、季耀华
采访时间：2013 年 7 月
采访地点：上外虹口校区

一、 遇上“两赶四”的年代

吴克礼从小受到英美文化的熏陶，在英租界的国强小学三年级开始学习英语，在教会学校景德中学又学了三年英语，高中改学俄语，这是当时的宏观形势决定的。

1958 年入上外，他赶上了大跃进。当时学校开展“两赶四”运动，即两年级要赶上四年级的水平。两年级结束时，学校挑选了两年级中成绩好的学生和四年级中较差的学生进行测试，田忌赛马式的比拼过后宣布“两赶四”的目标完成。吴克礼由于成绩优秀，被选为两年级的代表参加测试。“测验结束，四年级的同学都觉得很‘丢份儿’，”吴克礼笑道，“其实这并不符合规律，包括那时一年级学生参与编教材也是这样。”

当时的教材以政论文为主，由于接触不到俄罗斯人、没有良好的俄语语言环境，一些生活中常用的俄语，对于吴克礼来说还是陌生的，“譬如说，四年级毕业的时候，让我用俄文写一张借条，我写不出来。”

后来学校有了多样化的教学内容和方式，走文学的路。从普希金开始，诗歌、小说、戏剧，口语课等逐渐多了起来。当时学校还搞了一个“俄语通话运动”，就是希望同学们在课外都用俄语来进行交流，俄文叫“Движение за разговор на русском языке”。

二、 苏联教学法的影响

从三年级开始，学校的教学走上了正轨，有现代俄语、文学史、俄罗斯名著选读，除了文学外还有修辞学。当时的学制是四年制，学校从两百个左右的本科生中挑了十几个人，读五年级。这是上外校史上唯一的一次五年制。吴克礼毕业后留校，分在俄语系的翻译教研室。

吴克礼 1963 年留校开始教翻译课：俄译汉、汉译俄、口译。一开始他对翻译也不是很熟悉，通过一年左右的见习和努力有了一点心得。教研室安排一位老教师传、帮、带。他听了这位老师一年的课，才正式开讲。那个时候是集体备课，有一个苏联的教学法叫做凯洛夫教学法，规定了从组织教学开始一套严格的环节，甚至连上课提什么问题，问哪位学生，都要像电影脚本一样事先写好，但如果尚未下课就讲完了备课内容，就需要老师灵活发挥了，这个非常考验教师的临场应变能力。这套教学法建立在语法基础上，刻板无灵活性，以教师讲解为主，不适应现代的外语教学，不过其中认真备课，上课前应有备课笔记等应该还是有用的，“不打无准备之仗嘛”。

1985 年，上海外国语学院成立了科研和研究生部，吴克礼作为这个部门的第一任领导，认真贯彻和执行学校领导强化学校科研的思想。同时，吴克礼也总结出了对本科生和研究生的不同要求：本科生主要掌握基本的技巧，硕士应侧重翻译理论问题，而博士在学术上需提高到应有的高度，从翻译的角度来说，至少要了解俄罗斯的翻译史、西方国家的翻译史、俄语修辞和汉语修辞的对比，以及两国文化与翻译的关系。

1994 年，国家教育委员会借调吴克礼到中国驻俄罗斯大使馆做教育参赞，促进两国教育方面的交流，以及安排留学生。在做教育参赞的日子里，吴克礼通过留学生弄到一份莫斯科大学培养语言学副博士的阅读书单，回来以后，他给学生列出了丰富的参考书单，尽可能地增加学生的知识面，让学生熟读理论书，并做名著翻译的对比，这些都让学生们获益匪浅。他开设了四门课程——翻译修辞、西方翻译理论史、文化翻译、俄罗斯译学。

三、 文化素养与教学科研成就

吴克礼认为,对异国文化的理解需要长期而深入的体悟,“欧洲几乎所有的国家全部经历了文艺复兴时代,而俄罗斯没有,所以俄罗斯会演变成后来的苏联有其历史的必然性。俄罗斯是一个多民族的国家,它的文化丰富多彩。另外,自然环境对俄罗斯的文化也产生了很大的影响。”

文化修养需要积淀和阅历,需要留心观察、细心体会。吴克礼说,“上外作为文科学校,有多少老师、多少学生关心社会的文化问题?你看现在上海有人民广场的大剧院、东方艺术中心,还有专门搞音乐剧的文化广场音乐厅、有音乐学院的贺绿汀音乐厅,还有好多小的剧院,包括戏曲、话剧……如果作为一个文科的老师或者一个学生什么都没看过,那我觉得文化素养上可能就有些欠缺。”凡文化因素浓郁的地方,吴克礼都会光顾,是不止一次的光顾,“既然我教文化,我就对所有包含文化元素的东西都很感兴趣,这也是我的爱好。”

在校工作近五十年,他讲授过翻译课(俄译汉、汉译俄和口译课)和词汇学;指导硕士研究生,方向为翻译理论与实践;指导博士生,方向为翻译学;为博士生开设翻译修辞、苏俄翻译理论史;较长时间参与辞典编写工作。为本科生开设文化学。发表论文近 20 篇,主要有《苏俄文艺作品中人物姓名译法刍议》、《双语词典编撰法新探》、《双语词典和术语标准化》等;参加和独立编撰词典十余部,主要有《汉俄词典》、《精选俄汉汉俄词典》、《俄语构词词素词典》等;译著 200 万字左右,主要有《特拉夫尼克风云》、《同时代人回忆托尔斯泰》、《正午的暮色》等。

97 年回国后出版的主要著作有《当代俄罗斯社会与文化》、《文化学教程》、《俄苏翻译理论流派述评》。曾经承担的课题有国家“211 工程”重点项目《俄罗斯译学百科词典》,并担任《新世纪俄语本科生系列教材》的总主编。

2006 年,在中国俄语教学研究会成立 25 周年庆祝大会上,吴克礼教授获得了代表俄语教学与研究界最高荣誉的“普希金奖章”和证书。“普希金奖章”主要颁发给世界各国对研究、推广俄语及俄罗斯文化做出杰出贡

2009 年 10 月中俄两国总理亲自为吴克礼(中)颁发俄罗斯政府的“俄语教育突出贡献奖”

献的社会活动家、俄语教学研究专家和学者，全球每年获奖者不超过 10 人。

2009 年 10 月，在北京人民大会堂举行的中俄建交 60 周年庆祝大会暨中国“俄语年”闭幕式上，吴克礼教授接受了由两国总理亲自颁发的俄罗斯联邦政府的“俄语教育突出贡献奖”。

访谈实录

在看电视已成为时尚的年代，有多少人会去剧场听音乐会、看话剧、看芭蕾，参观博物馆？街头靓男倩女一身名牌，引领着时尚的潮流，散发出阵阵浓郁的香水味道，但又有多少人注意到了那些风格独特的外滩建筑？那些建筑经过一两百年历史的风雨考验，依然屹立在那里，那么我们年轻的一代，有多少人会走进那些敞开着的大门？

这些都是翻译学者吴克礼在接受采访时所谈论的话题。

“翻译学，不仅仅是语言和技巧的简单叠加，需要译者在文化修养方面的积淀，唯有这样，你才能在翻译学的天地里驰骋……”

采访者：您的小学应该算是在解放前读的，那时候的小学是怎么样的？

吴克礼：我的小学在现在北京西路近石门一路交叉的那个地方，叫“国强小学”，处于上海的英租界，是个私立学校，中国人自己办的，那个时候公立学校很少。校址现在还在。

我小学三年级就开始学英语了，应该是1948年吧，但是1949年解放以后，英语课就不开了，所以学了一年以后，就停下来了。我到初中又开始学英语了，初中我读的是教会学校，叫“景德中学”，在大通路近新闸路的地方。半年以后，上海市的天主教界出了一件反革命事件，这个事件以后，教会学校都收归国有，景德中学改名为新成中学。

初中三年我念的都是英语，高中三年全是念的俄语。这样变来变去是宏观形势决定的。我的高中是在地处建国西路的五十五中学，现在已改为职业学校。

采访者：是不是因为高中三年的俄语决定了您的俄语人生？

吴克礼：不完全是。我呢，高中化学还不错，所以大学我是准备考化学专业的。但是，毕业体检的时候，查下来是色弱，比色盲稍微好一点，但也有专业限制，不能报考化学专业。当时第一、二类专业里只能报考数学系，我觉得数学比较枯燥，只能改考文科，是这样才走上了俄语道路的。

那个时候上海俄专已改名为上海外国语学院，当时还有英、德、法三种，一共四种语言。

采访者：高中时您就学习俄语了，您觉得俄语难学吗？

吴克礼：我把它当成一门课程在学，没感到特别难，也没感到特别容易。其实每门课程，或者每个专业都有难学的部分，也有容易学的地方。但有一个语言环境问题，解放前和解放初英语十分通行，放的电影全是英语原版片，周围看到的一些东西，大部分都有英语标识。讲得具体一些，那个时候有一个设备叫“译意风”，你肯花钱就可以带上耳机享受同传服务。当然这个同传的水准比较低，稍微译些对白，再加些故事大致的情节就行了。这种环境俄语就没有，因为当时上海没有俄租界，有法租界、英租界。上海有一个复兴公园，复兴公园过去叫法国公园，地处法租界，英租界的电车到了交界处要拉“小辫子”，因为电压不一样。

采访者：还有一个问题，您后来选择俄语，这和您的家庭有没有关系？

吴克礼：我家庭算不上贫困，但父母学历都很低，父亲小学程度，母亲是不是念过中学我不大记得了。他们过去是搞医药的，对子女仅仅是希望我们好好念书。好好念书是一种很泛的概念，每个家长都要求好好念书，就是规规矩矩，遵守学校的规定。

小时候我也贪玩，下课以后就在弄堂里玩，为什么？因为景德中学有一个很大的教堂，却只有半个篮球场那么大的操场，没有活动的场地。放学后见哪个弄堂里面比较空，就在那里踢小橡皮球。四个书包，那儿两个书包一放，这儿两个书包一放，当球门。分成两队，书包之间画条线开始踢。这个就是我们的娱乐。回到家以后，父母不叫我们做作业什么的，那个时候家庭作业也不太多，主要是写大小楷，学书法。学校抓这个抓的蛮紧的。老师是一周检查一次，我们小嘛，假如学生调皮捣蛋一点儿的话，就是少写两张，大楷字不多，小楷密密麻麻很多字。有时候就一天把一个星期的活儿全干完了，当然很潦草。

我选择俄语并没有太多的家庭影响。

采访者：那就请您谈谈进入大学后的情况吧。

吴克礼：进校后先学语音导论课，之后，学校领导带着我们背着行李，就从上外现在西体育会路大门出发，到宝山现在那个宝钢的所在地附近参加田间劳动，那个时候要跟工农兵结合嘛。到了那里以后，就和农民一起"深耕"，像战争时候挖壕沟一样。那个时候，十八岁的小伙子，还可以挖挖。最高兴的就是吃饭不要钱，要体现人民公社和公共食堂的优越性呀。都是新米，非常好吃的，又香又糯。大概搞了一个多月。总结的一点我现在还记得：教学与生产实践结合，学生学会了 собирать хлопок（摘棉花）这个用语，终生难忘。回来以后，就上课了。上课还得继续大跃进，教师、学生一起联合起来编教材，即使一年级也编教材。教材编了很多套，在一张乒乓球桌子上堆满了一大堆，属于大丰收的。比如说，一个班的学生编出了几套教材，这个教材的质量可想而知了。

在那个年代，我印象最深的还是"两赶四"。

那时的校领导懂俄语，在苏联留过学。在大跃进精神的鼓舞下，提出"两赶四"，就是两年级的学生要赶上四年级的水平。这也是形势所逼，因为谁按部就班,谁就是右倾保守主义。

“两赶四”是有一些具体措施的,比如说“开口动手”大量实践等。我们进学校以后,按照正常的教学规律,应是语音导论课,然后由浅入深。事实并非如此,而是马上到宝山参加农业劳动之后学习新华社电讯稿中那些汉译俄的政论文章。到了两年级学习俄语版的刘少奇《伟大的十年》。从现在的角度来说,让一年级的学生念新华社的电讯稿,这类东西,确实太深,语言也不规范,反映的是中国的情况,学的是中国腔的俄语。

到了两年级结束时,领导决定检查“两赶四”的结果了。怎么做呢?两年级有十个本科班,我读的是本科班。学校就在两年级的十个班中间挑了成绩好的学生与在四年级中成绩比较差的学生比赛,就像古代田忌赛马一样嘛!

当时我觉得组织上很看重我,让我参加比赛,任务很光荣。比赛分成好几块,有语音的、翻译的、作文的和口语的。之后,领导就宣布,“两赶四”完成了,学校大跃进的目标完成了。

这件事实际上对四年级同学造成了很大的心理压力,很丢份的。还有,学校的教学也出现了偏差,特别强调政论文,对日常生活用语却不够重视。

语言涉及的方面很广。比如童话,英语里面是“long long ago”这在成人文本里是少见的。假如你小时候接触过呢,你就会发现小时候童话的用语出现在成人文本中,作者是有意图的,你根据这一情况可以作丰富的联想,从而了解作者的真实意图。所以,你作为跟语言打交道的人,搞语言的人,最好你各种语体都要熟悉。譬如说,我四年级毕业的时候,让我用俄文写一个借条我写不出来。因为那个时候没有教这方面的内容。即使有这方面内容,也只是顺便带过,就是

1962 年秋俄语五年级全班同学合影(后排右一为吴克礼、摄于上外分部均儒楼前)

没有记住。现在你通过工作,有了接触了,就行了。

"两赶四"结束以后,国家形势发生了变化。教学正常化了,教材中的政论文还有,但篇幅减少了,忽略日常生活用语的倾向也有所改观,会话啊,修辞学啊,文学啊,语法啊这些课都开设了。弃用了《伟大的十年》,学校的俄语教学开始向文学靠拢,应该说是回归传统,从普希金开始,讲诗歌,讲小说,讲经典作品,也重视口语教学了。学校还搞一个叫"通话运动",俄文叫"Движение за разговор на русском языке",希望学生课外都用俄语来进行交流。所以我觉得符合教学规律的事情应该提倡,不符合教学规律的事情不可取。

我可以举一个例子。1984 年,教育部有一个代表团访苏,让我去做翻译。那个时候,学校俄语环境还是不行。58 年到 59 年,俄领馆一秘的太太做了我们班的外教,此外还有两个"白俄",就是"十月革命"以前从苏联跑出来的那些人。所以已经留校任教的我基本上没接触过俄罗斯人。你看,现在学英语即使不接触外国人,广播电视里也有英语节目播出的。所以那次去做翻译,口译就有问题。一次,外宾说"одиннадцать пятнадцать"集合,意即"11 点 15 分集合",这是俄语口语的时间表达法,"时"和"分"可以省略不说。但我不知道,学校的教材都是政论文,对口语重视不够。当时我傻了一下,"十一十五"什么意思?结果根据语言环境,还真让我猜对了。

采访者:据我们了解,您在学的时候学校已经有五年制的本科班了。

吴克礼:是这样的,这也是形势发展的需要嘛。当时,在学生中挑了十几个人搞了一个五年级。好多事情是后来才知道的,师资队伍的衔接上有问题。五年级当时也可以办成教师进修班,不一样的是五年级学生国家不用发工资,因为当时国家经济困难嘛。

五年级增加了历史语法、俄罗斯戏剧史等专门课程。除此之外还要学二外。那时候我们的英语教材是许国璋编的,相当不错。此外,还有教学法的课。留校后,我们要跟着老教师学、听老教师课,做一些教辅工作。比如说去校对一些课外的辅导材料。那时候都是用蜡纸,全部都是老式中文打字机。一年见习期满了之后通过考试才正式走上讲台。

采访者：那您是什么时候开始给学生上课的？听说您还编过词典，请具体讲讲相关情况。

吴克礼：我 1963 年留校，先是教翻译课，俄译汉、汉译俄、口译都教。

那个时候是集体备课，我们三年级呢，在教学组长的带领下备课。当时有一个苏联的教学法叫做凯洛夫教学法，它规定了组织教学等几个教学环节，有一套严格的规定，教师的备课笔记必须像电影脚本那样事先写好。有时候课全部讲完了，还没到下课时间，怎么办？那就看你临场发挥了。现在恐怕没有这个集体备课了。

“文化大革命”开始后，这些都停下来了。1970 年我到“五七”干校去劳动，回来以后，俄语系开始部分恢复编汉俄词典的工作，编汉俄词典是周总理批下来的全国辞书规划的一个项目。这个词典是我们俄语系原来的一位老教授夏仲毅在 1955 年着手做的，1966 年基本完成了。但是“文革”开始，又要从政治上去审查所选条目有没有政治问题，再增加“文革”后出现的新词汇。这样，1970 年我就被选中去编词典了，一个星期大概五个半天。赶巧，那时是个空档，学校没有学生，搞“文革”了嘛。现在还有几十箱的卡片在俄语系。编词典跟翻译是有关系的，它是静态的翻译。

采访者：您是什么时候开始带研究生的？

吴克礼：我编了很长时间的词典，工农兵学员进来以后我还兼一点汉译俄的教学工作，1984 年我调到机关，行政工作忙了，我逐渐把汉译俄的工作量减少了。1985 年学校成立了科研研究生部，我是这个部第一任处长。

这里有一个背景，我们学校长期以来比较注重外语实践的训练和语言技巧的培养，科研环节相对薄弱一点，研究生招生也不太规范。学校想把这项工作抓起来，就让我去当这个部的处长。后来科研处和研究生部分开了，我就担任科研处处长。我那个时候在教本科生，后来才带研究生。

采访者：您觉得翻译专业的本科生和研究生在教学上的侧重点有什么不同？

吴克礼：这里的差别很大。本科生的话主要是考虑一些基本的技巧；到了硕士增加翻译理论问题。全国最早的俄语翻译博士是我们学校开始招收的，现在当然有好几家了。

说到硕士研究生和博士研究生的差别，我认为，硕士研究生很重要，它是一个承上启下的环节，而作为博士的话，在学术上要有进步和提高，提到相当高的高度，并要有所创新。

从翻译的角度来说，至少要了解这么几件事情：一个是俄罗斯的翻译史、西方国家的翻译，还有就是你对俄语的修辞包括翻译的修辞应该有所了解。这个翻译修辞是实践性的，我说的翻译史那是理论层面的。例如翻译专业的博士，过于侧重实践层面，那就不是博士；比如说高翻学院的同声翻译，如果说是博士应该集中在口译的理论层面，如信息的转换、同传的转换特点是什么，转换时生理和心理机制如何发挥作用，还有“冗余度”、“概率预测”等问题。从这个层面上说你是博士，同声翻译的具体翻译跟理论不是一件事情。

采访者：您是什么时候第一次去俄罗斯的？

吴克礼：1984 年做翻译的时候，我在俄罗斯待了三个星期，因为时间短，对俄罗斯的认知和了解是浮光掠影的。1994 年国家教育委员会借调我到中国驻俄罗斯大使馆做教育参赞，这时，我对俄罗斯才有比较深入的了解。

采访者：您做教育参赞时主要做些什么工作？

吴克礼：一个是促进两国教育方面的交流，比如签订双方每年的教育交流计划。除了政府层面的还有校际的、民间的，我们主要保证政府层面和校际的。另外就是安排留学生，当时中国留学生在俄罗斯是以公费为主，而苏联解体后俄罗斯的经济状况比较困难，好多学校不愿意接受公费的学生，因为自费生更有利于解决它的教育经费。当然搞调研也是一项重要的任务。

吴克礼（中）在颁发普希金奖章的主席台上（2006 年于北外）

但两国签订的交流计划要实施呀,好多事情需从社会和政府的层面来解决,其中也有经济问题。比如说,双方交流这些事情都要事先谈好,假如你有个临时代表团要到俄罗斯去了,没钱没有预算就不能接受;另外就是留学生安排比较困难,比较能够安排的是普希金俄语学院,因为它是专门招收外国人的学校。但是从我负责的角度来看,觉得它只是个语言学校,不如综合性学校,不如莫斯科大学的面那么广。再比如莫斯科音乐学院就很有名,很多西方国家和第三世界国家的人都会到那里去念书,都是自费的,如果我们派公费生去,他们很不愿意接受。

采访者:您从俄罗斯回来之后的教学和以前相比有什么变化?

吴克礼:回来之后我开始带博士生。我在出去以前带了两届硕士生,我去俄罗斯当参赞之前,我的博士生导师资格国务院已经批下来了,大概是1993年了吧。

从留学生那里复印了一份莫大培养语言学副博士的阅读书单,内容很丰富,对我启发很大,我也尽可能地增加学生的知识面。因为我觉得学生的知识面和综合性大学相比还是有欠缺。后来我给本科生开了一门课叫做文化学,也是出于这个原因。

我给博士生开了四门课程:第一门是翻译修辞,因为考我博士的学生中有些原来不是学翻译的,对翻译到底是怎么回事不大了解,我就把这个作为一个导论课。具体的教学方法就是把一本俄语修辞学中的例句翻成中文,一起讨论如何来体现翻译标准;第二门课程是西方翻译史;第三门是文化翻译方面的;还有一门课就是俄罗斯译学,目的就是提高博士的理论层次。第二、三门课程根据上面的规定,委托另外两位教授讲授。

博士生的论文题目基本上都是学生自己选的,然后我和他讨论,介绍他要看哪些书。因为我们搞翻译的经常采用比较法,所以除了学习理论书,还布置名著翻译对比研究。一部名著可能有五个译本或者十个译本,我就挑几个最权威的译本让学生对比去发现问题,然后再作理论分析。我们论文的题目大多是适应当代翻译潮流的跨学科研究。退休之前,培养了二十几位博士,在全国各大院校工作,其中三分之一已评上教授,有几位还走上了领导岗位,个别的已经当了博导。

采访者：现在上外提倡培养学生的人文素养。您觉得我们从学生的角度，在培养人文素养方面应该做些什么？

吴克礼：作为文科学校，不妨统计一下有多少老师、多少学生关心社会的文化问题。比如说，现在去电影院看电影可能人数不少，那么有没有人去听音乐会、去看话剧、去欣赏芭蕾，去参观画展、博物馆？如果作为一个文科的老师或者一个学生对这些都没兴趣，那我觉得文化素养上可能就有些欠缺。

据我知道，有些老师连大剧院都没去过。你看现在上海有大剧院、东方艺术中心，还有专门搞音乐剧的文化广场，有音乐学院的贺绿汀音乐厅，还有好多小的剧院，包括戏曲、话剧，经常举办画展、艺术节，还有不同的博物馆。这些是人类最优秀的文明，是不能忽视的。

我当年在上文化学课程时就专门讲这个话题，现在的学生经济来源不宽裕的，是可以理解的，但将来当了老师，一定要每个月拿点儿钱出来去看看戏、听听音乐、看看芭蕾。我还鼓励学生到外滩去看看，去看看外滩的建筑。去外滩，迎面会走过来很多靓男倩女，穿着很漂亮的时尚衣服，抹着散发着清香的香水。这都可以，年轻人嘛，但那些非常好的建筑你有没有注意到？外滩的那些建筑都经历了一两百年的风雨考验，有文化积淀，上海称为万国建筑博览会，那么，这些具有历史积淀的建筑你进去过吗？

我刚才说的是人文素养中的一个部分，当然不是全部。我刚才和你说的那些地方我都去过，而且不止去过一次，这也是我的爱好。

采访者：您对俄罗斯文化一定也有很深的了解吧？能谈谈俄罗斯文化给您留下的最深刻的感受吗？

吴克礼：地处东欧的俄罗斯没有经历西方的文艺复兴时代，这是它的一个非常大的特点。你到欧洲去看，欧洲几乎所有的国家全部经历了文艺复兴时代。文艺复兴的意义不仅体现在文艺方面，更体现在人从中世纪一统天下的宗教中解放出来，使人文主义得到发扬光大，而俄罗斯却没有经历这样的时期。所以，俄罗斯变成了后来的苏联是有其历史的必然性的。还有，俄罗斯是一个多民族的国家，比如说他有个画家叫夏加尔，名画“吻”就出自他之手。他本是俄罗斯画家，但生在白俄罗斯维捷布斯克市。苏联解体之后他应该属于白俄罗斯了，就像果戈理现在乌克兰都说他是乌克兰人一样。但俄罗斯是一个民族非常多的国家，它的文化就丰富多彩。再有就是自然环境对俄罗斯人心理的影响。这是一个非常冷的一个国度，我在中国驻俄罗斯使馆里待了三年，一年中间穿短袖不会超过一星期。这样一种特殊的自然环境对俄罗斯的文化产生了很大的影响。

采访者：您退休之后的生活是一个什么样的状态？您每天都做些什么呢？

吴克礼：我很喜欢苏州评弹，收音机有一档节目，我是一定要听的，电视五点到六点在戏剧频道有一档节目我也是必看无疑的。然后就是早晨看看报纸，下午么看看闲书，我喜欢看人物传记、音乐家的传记等。另外我还喜欢听古典音乐，音乐会也去。就是有的音乐会票价太贵，好的乐队要一千多一张票，不好的乐队我不愿去，还不如听 CD。每周还打一次桥牌。除了这个，我就旅游。我和我爱人很喜欢旅游，我们跑了大概三十几个国家了，因为我喜欢文化嘛，所以我一定要去那里看看，比如梵蒂冈的圣彼得大教堂，是世界上最大的教堂之一。到底如何雄伟壮丽，去看看就知道了，去那儿亲身感受是很重要的。

戴炜栋近影

戴炜栋,1940 年 12 月出生,上海人。1962 年毕业于上海外国语学院英语系,1981 年在新西兰惠灵顿维多利亚大学获英语语言学硕士,2000 年获美国温斯洛大学教育学名誉博士学位。

曾任上海外国语大学校长(1990—2005 年)、党委书记(1995—2004 年)。现任上海外国语大学英语教授、博士生导师。先后担任的学术兼职有:教育部高等学校外语专业教学指导委员会主任委员、国务院学位委员会外语学科评议组召集人、教育部社科委员会学部委员暨语言文学学部召集人。

著作:《英语交际语法》、《英汉搭配词典》、《简明英语语言学教程》、《英语文教词典》、《实用英语语言学》(香港版 1988 年,台湾版 1994 年)、《汉英综合辞典》、《英语常用衔接词例解词典》、《英语国家背景知识词典》、《新编英语语言学概论》、《新编简明英语语言学教程》、《新世纪英汉多功能词典》、《外语教学与教师专业发展:理论与实践》、《高校外语专业教育发展报告(1978 年—2008 年)》、《中国外语教育发展研究(1949 年—2009 年)》等。

主编教材主要有:《高等院校英语语言文学专业研究生系列教材》、《新世纪高等院校英语专业本科生系列教材》、《新世纪研究生公共英语教材》、《新世纪高职高专英语教材》、《新世纪中小学英语》、《新世纪少儿英语教材》等。

回眸上外改革的几朵浪花

口 述 人：戴炜栋
采访整理：须双双、高营营
采访时间：2012 年 11 月
采访地点：上外迎宾馆

我是 1958 年考入上外，当年报的不是英语专业，而是俄语专业，因为我中学没学过英语，中学是学俄语的，录取时把我编入英语专业。

入校时，正是大跃进时期，许多事都是违反科学规律的，包括教育。入校不久，学习国际音标，一般语音阶段是两个星期，而我们两天就学完了。当时，像我这样在中学是学俄语的学生，是没有的。但是也不可怕，毕竟中学里学过一门外语，再学第二门也不难。当时不懂，现在我从事第二语言习得研究后，就知道，当年的许多做法是不符合科学理念的，也就是说，最有效的做法就是加大输入，也就是 input，当年条件很差，几乎把图书馆里所有的苏联版英语文学作品的简写版全部都看光了，基本上，包括当时北外出版的一些英语文学作品原著的简写版，也全部看得一干二净。天天有大量的输入，输入不光是量大，质量也是很好的，因此就增加了语感。我记得很清楚，第一学期过了半年以后，我的成绩在班上已是名列前茅。一年以后，年级的第一名。因此我觉得学外语，这个输入 input 很重要，这 input 如果是量大而优的话，那么就要输出，讲话、说英语，就是 output 嘛，自然也很好，这个我觉得是非常好的一个经验。

毕业以后留校，当教师，为什么选我当教师呢？这里也有一个有趣的故事。我除了成绩好以外，还有一个事，就是在“大跃进”时，学校领导提出一个“大跃进”的口号，上海外国语学院在 5 年内达到共产主义水平，我们年级，二年级学习水平赶超四年级。

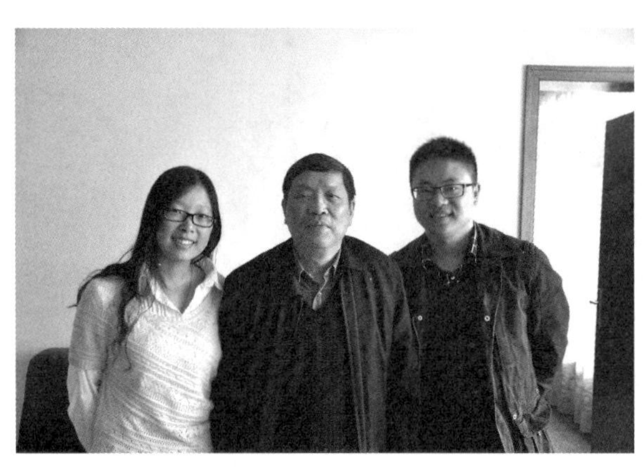
2012 年 11 月戴炜栋(中)接受采访(右为衣永刚)

我在二年级结束时，就被当时的领导选中作为二年级的选手参加与四年级老大哥一比高低的考试，这个考试，考了两个小时左右，考完后，把卷子交上去，过了两三天以后就宣布，说我的成绩已经超过了四年级的毕业生。其实，这完全是夸大的，四年级参加考试的同学，并非优秀的，所考内容又是他们的弱项，都是在一二年级学的，到了高年级以后，基本上都忘光了，而我们二年级刚刚学过这些内容，记忆犹新，当然我们的成绩要好过他们。于是乎校报上大登特登，说上海外国语学院，两年赶超四年，即“二赶四”，因此 5 年达到共产主义是没有问题的了。

1986 年夏天，我到英国参加了一次学术会议，时间很长，差不多有一个多月，回国后，碰上英国女王到上海访问，我作为上海知识界的一个代表与伊丽莎白女王在她的皇家游艇上会见。

回来后，我就当上了上外副院长，院长，90 年代开始担任校长。回眸往事，许多改革都历历在目。

第一件事情就是 1992 年的全国第一所高校收费改革，第二件事情是 1994 年更改校名，从当年的上海外国语学院改成现在的上海外国语大学，接下来 1996 年的“211”工程，建设松江校区等等。

一、 高校招生收费改革

20 世纪 90 年代高等教育从“两包”改革为“两自”，上海同样成为全国的试点区。上外成为全国唯一的试点单位。“两包”即考生上大学由国家包下来，毕业后国家包分配；“两自”即学生上大学要自己缴费，毕业后自主择业。

事实上，自1978年上海通过办大学分校发展高等教育起，上海就开始采用“收费走读”的新办学模式。上外1978年也在徐家汇地区办起了一个分校，校名是“上海外国语学院分院”，主要在上海地区招收自费走读生，起初阶段培养大专生，后来开始培养本科生。

1985年中央关于教育体制改革的决定颁布。决定明确将自费生与国家任务、委托培养作为3种不同的招生形式。但从1987年至1991年，上海自费生的招生工作仍处于“小荷才露尖尖角”的萌芽状态。上海和全国高校的在校学生基本仍以公费生为主。

长期以来，对于“免费上大学”这种状况，包括高层在内的很多人都习以为常了，视其为“社会主义制度优越性的体现”。但事实上，我国属于发展中国家和处于社会主义初级阶段的这一基本国情，决定了高等教育在现阶段还难以成为义务教育。“免费上大学”和“毕业包分配”的状况如果长此以往，年复一年而不作出些根本性的改变，对于实现我国高等教育的新发展、满足人民群众和他们的子女获得更多更好的接受高等教育的机会无疑是不利的。

1992年12月12日，时任中共中央政治局委员、国务委员、国家教委主任李铁映由上海市副市长谢丽娟(原上海市分管教育的副市长)、市教卫办主任王生洪(后任复旦大学校长)陪同前来上外视察调研。我和院党委书记朱丽云就上外改革、发展的进展情况向李铁映作了汇报。当我汇报到上外正在加大改革力度，打破国家包下来的办学格局，准备在1993年全面推行自费招生，对学生上大学实行缴费、奖学金、贷学金相结合的制度，并改革旧的教学模式，提高教育质量和人才培养水平时，李铁映频频点头，表示赞同。谢丽娟也表示，上海市政府对上外的这项改革给予大力支持。

2000年12月戴炜栋(左)欢迎新西兰总督访问我校

邓小平1992年南巡谈话的发表和党的十四大的召开，给在新的历史起点上推进我国高等教育改革与发展注入了强大的生机和活力。“免费上大学”和“毕业

包分配”这种大家早已习以为常的做法，终于在1993年开始改变了。1993年2月13日，中共中央、国务院印发的《中国教育改革和发展纲要》明确提出：

“改革学生上大学由国家包下来的做法，逐步实行收费制度。高等教育是非义务教育，学生上大学原则上均应缴费。设立贷学金，对家庭经济有困难的学生提供帮助”；“改革高等学校毕业生‘统包统分’和‘包当干部’的就业制度，实行少数毕业生由国家安排就业，多数由学生‘自主择业’的就业制度。”

1993年2月，国家教委直属司司长陶遵谦专程来上外调研，听取了上外就招生收费改革、教学与管理体制改革作的汇报。他明确表示，作为国家教委两个试点之一的上外（另外一个是清华大学，但后来因各种原因并没有与上外同步实行招生收费改革），招生制度的改革是高等教育体制的一个重大改革。国家教委之所以选择上外作为全国试点，是因为我们相信上外，看到上外领导班子团结，办学有条件、有基础。陶遵谦同志转达了李铁映同志对上外改革与发展的关心与期望，并代表国家教委希望上外能够很好地抓住机遇，通过招生制度的改革来带动教学、管理体制的改革。

在国家教委和上海市领导的关心、支持和直接指导下，上外在全国率先实行招生收费这项改革酝酿于1992年下半年，启动于1993年初。1993年2月，国家教委（现教育部）正式下文批准，上海外国语学院（现上海外国语大学）当年计划内招生实行并轨，全部招收自费生，每年学费为2 400元，学杂费600元。

当时，全国还没有一所高校实行真正和完全意义上的招生收费。国家教委领导清晰地认识到，在我国，高等教育要取得大的发展，就必须在招生制度改革上首先取得突破，作一些大的改革。但是，这项改革“前无古人”，又无国外的相关经验可参照，所以必须慎之又慎，宜先搞试点，待试点成功后再作大面积推广。而试点的高校的办学规模不宜太大，其次办学信誉度和社会认可度要高。上外作为全国招生收费的试点单位，多多少少符合上述的条件，即规模不太大，但在社会上有知名度，办学声誉和信誉很好。据我所知，国家教委当时还曾选择过清华大学和南京的东南大学作为试点，但是最终还是确定上外作为全国高校招生收费制度改革试点。为确保这项改革顺利推进并取得预期的成功，中央领导同志、国家教委和上海市等有关部门领导在这项改革推出之前、之间和之后始终给予我们重要的指导、及时的帮助和宝贵的支持。上级领导的指导和支持至关重要，可以说，这项改革始终是在国家教委和上海市等有关部门领导的关心和支持下一步步地向前推进的。

学校党委就此事进行了多次研讨，还召开了中层干部会议，以统一干部层面的思想认识。当时党委中有些同志对上外实行这一改革是有点顾虑的，主要是担心因此流失优秀生源，招不到一流的学生。但通过讨论，大家统一了认识，一致认为这是一项对推进全国高等教育改革意义深远的改革，一定要全力以赴地做好。

上外作为全国高校招生收费改革试点的消息经中央和上海市的各主要新闻媒体公布后，立即在社会上引起很大反响，那些日子，外面每天都有很多电话打到我的办公室来。当时可没有现在这样的条件，可以在网上直接交流。上外的领导主要通过电台、电视台和市民交流，上海人民广播电台请了市里的领导和我在《市民与社会》这一与市民直接沟通的谈话节目里和市民交流。

1993 年 4 月 20 日，由常务副院长耿龙明主持，上外就实行新生收费入学新制度在落成不久的上外国际文化交流中心（现上外宾馆）举行了新闻发布会，向中央驻沪媒体和上海市主要新闻媒体的记者进行通报。我和党委书记朱丽云先后就上外 1993 年实行新生收费制度推出的一整套措施和上外综合体制改革的情况向新闻界作了全面而详细的通报。那次新闻发布会来的媒体记者很多，其中有新华社、《人民日报》、《光明日报》、《中国青年报》、《解放日报》、《文汇报》、《新民晚报》、上海人民广播电台、东方广播电台等十几家。

上海新闻界对上外招生收费的改革确实给了很大的支持。我记得，上海电视台《英语新闻》节目采访组就此采访了上外部分一年级新生、任课教师和我，并连续 3 次播出这部专访篇。中央电视台第九频道（外语频道）的一位很有名的主持人也专门就此事进行过专题采访并制作节目播出。

在校内，上外主要通过校报等校内媒体，就全面推行自费招生进行了包括专访等大量的专题报道，1993 年 4 月 9 日下午，采用闭路电视形式召

开了全校师生员工大会。院党委书记朱丽云主持大会，我在会上就学校以招生收费改革为龙头、实行综合改革和发展，向全校师生员工做报告。副院长吴克礼就学校配合招生收费改革即将推出的一系列教学改革举措向大家作了说明。大会举行期间，不少师生打来了“热线电话”，请院长、书记等学院领导解答问题，当时的场景和反响十分热烈。

首先需要明确的是，我国实行的是九年制义务教育，上高中乃至于上大学就不是义务教育阶段了。高等教育不是义务教育。上大学是需要学生及其家庭分担一些成本的。考虑到社会承受度和学生家庭的实际承受能力，我们也只收取实际培养费的一部分，即每人每年 2 400 元。

与此同时，上外还实行了贷学金制度，保证让经济有困难的学生和边远、贫穷地区考生也有机会来上外深造。学生每人每年可申请贷学金 2 400元，第一年贷款为无息优惠贷款，以后几年可享受低息贷款。在计划外招收的自费生每人每年收学费 4 000 元，不包分配，也不受当时规定的 5 年服务期的限制。就这样，与实行招生收费制度改革相配套的奖学金条例、贷学金条例、学分制条例、勤工助学条例以及医疗管理条例等全部出台并在 1993 年当年实施。

上外实行招生收费改革的当年，国家教委、上海市政府以及上海市教卫办领导对上外这项改革给予了很高的评价。1993 年 6 月 22 日，时任国家教委主任的朱开轩在视察上外时专门听取了招生收费改革情况的汇报并予以充分肯定。当年 1 月 19 日，时任上海市委副书记的陈至立、常务副市长徐匡迪(后任中国工程院院长)和市教卫办主任王生洪、市委副秘书长王荣华、市政府副秘书长周慕尧等领导同志来上外视察调研，再次对上外以招生收费改革为契机，抓住机遇推进教学和管理体制改革上新台阶的做法给予了好评和肯定。对我们上外的招生收费改革的成功经验给予很高的评价、肯定和归纳。他们来上外的第二个事情就是为国家教委和上海市人民政府共建上外作具体部署。在此之前，上海市教卫党委书记郑令德、市教卫党委秘书长陈一平率市高校综合改革调研组，就招生收费改革等也来上外作了专项调研。

当然，国家教委对在全国全面实行收费并轨改革还是相当慎重的，并没有在第二年就全面推广上外的做法。一直到 4 年以后，也就是 1997 年的时候，全国各高校才全部实行收费改革。由此看来，实行招生收费这项改革,上外领先了全国各高校整整4年。上外在实行招生收费改革上走出的成功之路,为1997年全国各高校全部实行招生收费并轨提供了可资借鉴的经验和做法。为此,分管教育的中共中央政治局常委、国务院副总理李岚清先后两次在教育部直属高校咨询会议上表扬了上外,并请我在大会上发言介绍上外的经验和做法。对上外的招生收费改革给予了高度评价和充分肯定。招生收费改革取得成功,给上外的新一轮发展带来了显著的拉动效应和后续效应。

1993年招生改革让上外最担心的是生源质量,其最终结果很是让我们欣慰。上外当年的文理科新生的录取分数线依然分别排在上海市第一批次本科录取的第二、第三位。总体上来说,这一年的生源和上一年即1992年持平。所以说,实行招生收费改革后对上外生源的影响非常小,以后几年里更是几乎可以忽略不计。

二、"211 工程"

"211 工程"是国务院有关部门联合提出,并经党中央、国务院同意的高等教育重点建设工程。"211 工程"的含义是面向21世纪,重点建设100所左右的高等学校和一批重点学科点。"211 工程"建设的目标是:经过10年或者更长时间,力争到21世纪初,有若干所高校和部分重点学科,在教育质量、科学研究和管理等方面接近或达到世界先进水平,能与国际上著名大学和较先进水平的实验室相比拟;有一批高等学校和重点学科点的教学科研水平及办学条件,在原有基础上有较大的提高,在国内达到先进水平,在某些方面有一定的国际影响;根据合理布局和行业、地区发展的需要,选择一部分高等学校进行重点建设,使其教学、科研能力显著增强,达到本行业、地区的先进水平。

"211 工程"主要内容包括:1) 100所左右的高等学校。选择少数水平高、各个行业和领域的带头学校,作为重点建设项目,使之成为解决本行业、本领域、本地区重大科学技术问题和培养所需高层次专门人才的基地;2) 一批重点学科点。在已经评定的416个重点学科点、国家级重点实验室和工程研究中心的基础上,形成一批具有优势的学科群

体；3）高等教育公共服务体系。主要包括：各个学科的文献资源合理布局和科技情报保障体系；高层次教育管理信息和咨询服务系统；大型、精密仪器设备的合理配置和设备共用、资源共享的实验体系；与国际有关系统、网络接轨等。

为此，在教学体制改革上推出了一系列新措施：一是调整专业设置，开出了一些社会上紧缺和急需的专业，如韩国语专业、国际会计、涉外秘书等专业。二是建立主、辅修制，扩大学生知识面，增强学生对社会的适应能力和就业竞争力。三是实行学年学分制，允许学生跨院系、跨校修读第二专业课程；允许学生中途休学，工作一段时间后再续修学业，学籍、学分均可保留累计，但修业年限不得超过6年。

在这样的形势下，上外吹响了争取进入国家"211工程"建设序列的号角。当年11月26日，学校成立了"211工程"建设工作领导小组开始着手制定和实施进入"211工程"建设的具体方案，我担任组长。

1996年6月，上外正式进入国家"211工程"建设行列。

现在回想起来，上世纪90年代，上外及时而敏锐地抓住了发展的机遇。一个是1993年招生收费改革，一个是1994年国家教委与上海市共建，还有一个就是在1996年作为国家教委36所直属院校之一，首批进入了"211工程"建设行列。

"211工程"高校名单上海共有9所：上海交通大学、复旦大学、华东师范大学、上海外国语大学、东华大学、上海财经大学、复旦大学医学院、同济大学和华东理工大学。

1996年的"211工程"，起初教育部并没有把上外考虑进去，主要是：第一批全国能进"211"项目的学校不是太多，他们认为上外、北外都是文科类的学校，学校小，规模也小，进不进关系不大，反正教育部支持就可以了，但是上外的领导坚持要进"211"项目，他们认为它对学校今后的发展影响很大，于是，他们做了大量工作，当年国家教委主任朱开轩来校视察，听了上外多次的汇报以后，很感动，说你们学校虽小，决心很大，就派了一个副部长、教委的副主任韦钰到学校里来。其实，教育部领导经常到上外来，对上外的评价，从门前那段立交桥向下眺望，上外校舍一片破烂不堪，这是第一条，第二条校内空间那么小，他们开玩笑说，兜了一个圈火柴还没灭。总之，这个学校实在太小了，但是他们说，校舍虽破，学校再小，师资却是一流的，学生也是一流的，培养出来的毕业生也是一流的。那就把这些话向副部长汇报，她也觉得很痛心，她说教育部的投入还是太少了，她说如果你们进入“211”的话，不光是提高你们在社会上的信誉，而且投入方面也可以大大拓宽，学校的面貌也可以大大改观，他们回去会考虑这个问题。因此当时上外抓住了这个机遇，既然教育部有这个意思，就与上海市教委和市委去谈这个事情，市委很支持。那么是否能争取教育部与上海市共建上海外国语大学？经过一番努力之后，这个事情终于做成。当年第一批教育部与上海市共建的高校一共就3所，一是复旦，一是交大，还有就是上外，其他学校都不是，就3个学校，现在很多项目的经费都是来自上海市的。进入“211”工程之后，才知道语言类大学只有北外和上外，北京语言大学都没进，广外也没有，只进了这两所学校，对上外的发展关系很大，尽管当年第一批进去以后并没有太多的资金资助，但是第二期、第三期资助还是蛮大的，而且更主要的是跻身于“211”大学，在国内大学的地位、影响力、可信度都大不一样了。

三、 更改校名

1994年2月5日，国家教委批准上海外国语学院更名为上海外国语大学。同年4月，上外、复旦大学被确定为国家教委和上海市人民政府共

戴炜栋校长在上海外国语大学揭牌仪式上讲话(1994年)

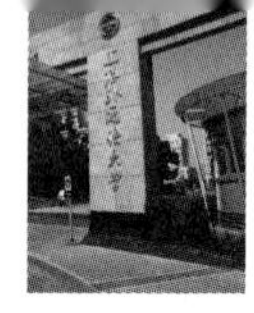

同建设的重点大学。在沪的国家教委直属高校只有上外、复旦大学和上海市最早实行了共建。更名并非简单的名称更换,它有着很深的内涵变化,学校里的基础设施,教学上的要求都更高了。还有学校里的专业的设置比以前的要求也更高了,专业比以前更多了,这个专业设置语种比以前增加了、所谓的复合型专业比以前也更多了,因此就是要求更高了。

时任中共中央总书记、国家主席、中央军委主席江泽民题写了新校牌"上海外国语大学"。但是早在 1992 年、1993 年,上外就开始实行院系两级管理,加大了教学管理的力度和深度。1993 年 5 月 17 日,由国际新闻系、传播系、《上海学生英文报》等实体组成,上外成立了新闻传播学院;当年 6 月 18 日,在原经贸管理系和对外汉语系外事管理专业基础上,上外成立了国际金融贸易学院;1994 年 1 月 15 日,上外成立了国际文化交流学院。这是 3 个以培养复合型人才为主的二级学院。另外就是缩短学制,举个例子,阿拉伯语专业原来是 5 年,在确保教育质量不降低的前提下,将学制缩短为 4 年,同时还实行了学年学分制,这在现在看来还不是完全意义上的学分制。另外更加重要的是,大大提高了奖学金的额度、等级和发放面。

同时,上外在教学改革上大大加快了步子,主要包括教学内容的改革,要让学生学到有用的知识,成为高水平人才。如果实行招生收费改革后,学校的教学质量依旧,学生的培养水平依旧,那么,这项改革可以说是不成功的。

原来上外的校名为上海外国语学院,"学院"英语里是 institute, 听上去好像是一个研究机构,或者是一个专科学校。于是学校领导就与教育部商量,提出原来的名称外国人不理解。国内问题倒不大,大家都能理解,所以当时就改成了"Shanghai International Studies University"。考虑到这个学院不光是语言类专业,也有其他的专业。

上外改了之后北外也更改了校名。北外因为上外改成了"international",也改成"foreign", 现在有些外语类学校改名的时候也是参照我们的改法,用"international"。

四、 建设松江新校区

进入“211”以后，又过了 4 年，到了 2000 年，就是松江新校区的建设。2000 年年初，刚过春节不久，当年负责上海市教育的市委副书记龚学平，年初四还是年初五，晚上把我叫到上海市委办公室，告诉我，现在在松江这个地方准备建设一个大学城，有几所高校要搬到那里去。我听了，欣喜不已，第一反应是，这是一个非常好的机遇。为什么呢？因为那时上外刚刚进入“211 工程”行列，学校要进一步拓展，靠现在这一分三亩地的螺丝壳是搞不出什么名堂的，虹口校区实在太小了，全部土地包括最大的一块教学区和周边的培训部、生活区、广中路专家楼也就是那么一点点，加在一起大概是 200 多亩，还没有人家一个中学大，在教育部直属高校里恐怕是最小的一个了，因此可以说这是个绝好的翻身机会。回来以后，赶快向学校其他领导汇报，领导班子大部分人都很支持，一些老领导也很支持。后来召开了全校大会，教师代表、学生代表开会。我心里明白，这个事情教师中间肯定会有问题，当时的教师住房都在市中心学校周围，而且都是福利分房，一到松江那么远，50 公里以外，好多人都不愿意去，这是很正常的。有些教师开玩笑说，现在我们住在学校后门，打预备铃时，还来得及去上课，搬到松江，那怎么办呢？但是领导的看法不同，他们觉得不这样，学校就没有办法发展，于是党委就做出了决定。松江校区上外、外贸、立信 3 所学校作为第一批进驻，原来还有东华大学，后来东华大学退出，以后东华大学是第二批进去的。3 所学校作为第一批，而且学校领导作了一件好事情，选了一块宝地，松江大学园区最好的一块宝地，就是上外现在所在地。松江区委说，只要上外过来，要选哪块地就给哪块地。上外就选了最靠近路边的，而且当年知道马路对面将是第一人民医院和地铁轻轨站。松江校区的建设，领导班子出了不少力，特别是负责后勤、基建的副校长盛裕良，出了大力气，整天在工地上日日夜夜指挥，那时候经常去搞到深更半夜才回来。2003 年基本建成，也就是两年不到就完工了，然后学生就进去，在此基础上又有新的发展，建立了学生公寓、教育会堂等等。这就给上外的发展开辟了广阔的前程。一开始教师很有意见，但是有一件事使他们改变了看

2003 年戴炜栋(右)向泰国正大集团资深副总裁李绍祝颁发兼职教授证书

法。2004 年,教育部做了一个决定,在全国 600 所本科院校开展本科教育质量评估,里面有很多硬指标,如果说这些硬指标不达标,其他指标再好,教育质量再高也没用,这个学校评估还是不合格。硬指标里面有一条就是人均空间占有率,学校有多少土地,多少学生,再算一下有没有达标。大家知道以后就很庆幸,当时在全国的外语类院校里,上外是第一所有新校区的学校。北外因为没有新校区,他们本来是 2004 年要进行本科评估的,后来推迟了 4 年,到 2008 年评估,把学校里一些旧的建筑拆掉,盖一些新的建筑,空间就可以增加一点儿。最后几个外语院校的评估我都去了,松江校区是最漂亮的,得到一致好评。很多领导都来过,其中最感人的是原总理朱镕基,他站在图文信息大楼外的广场上说,他能不能到里面去参观,他到里面一看,大吃一惊。他说,你们这个建筑太好了,既有外国语大学的特色,又有所谓的洋派,每个语种都有自己的特色,整个校区就很洋派,符合你这个学校的特点,他看了以后感动地说,中国的高等教育现在在硬件设施方面也取得了很大的进步。他和他夫人一起来的,对上外给予了比较高的评价,大家听了非常感动。好多大学领导也来过,兄弟院校,特别是外语院校的领导基本上都来过,这些都是那么多年过来为上外的改革和发展所做的一些贡献。

松江校区的设计方案是请华东设计院里高水平的专家来承担的。因为上外是一所教授多语种的外国语大学,专家们就根据各语种国家的文化特色和建筑风格进行设计,如欧美的、日本的、俄罗斯的、阿拉伯的等等。然后把设计好的图纸给各个语种的老师看,征求他们的意见后修改图纸,最后定稿。也就是说,从单个建筑物看是跟这个国家的文化完全相符的,从整个校园来看,跟我们外国语大学这个名称是匹配的。因此,这个完全不是几个人拍拍脑袋空想出来的。

所以当时在设计上实际上已经有一个文化育人的理念在里面。

学校都在市区,不光是我们学校,其他学校也一样都是在市区的。

一开始压力很大,担心会影响什么的。后来还好,基本上没什么太大的影响。因为我们也跟学生讲清楚,是什么原因。当时还想过是不是一二年级在松江,三四年级搬回来,将来就业会方便一点。但是两年以后,可能让学生回来的话,他们也不太愿意,因为市区的校园内环境比较差。

另外我们也做了一些其他方面的工作。当时的网络还没有现在发达。我们花了很多钱,把网络系统搞好。因此,你不需要到市区来,很多信息都能了解,解决了我们的后顾之忧。再后来,2006—2007 年的时候,轻轨就造好了。我那时是市政协委员,每年都在会上交提案。希望地铁轻轨早点建成,以方便我们学生的出行。

五、 关于并校问题

1999 年,全国高校调整布局,上海也在进行这方面工作。起初,上外不知道,后来获悉复旦大学准备把它周边学校都并进去。这样上外就成为了复旦的一个学院,教育部当时也不反对,如果并入复旦的话,据说,经费可以增加。但是,上外有不同的看法,他们认为,上外虽小,但特色明显,如果合并,发展必受影响,外语这门学科,在综合性大学里是不被重视的。因此,我先后作了几件事:首先找上海的几位领导,说明道理,他们都很同情,也很支持上外。后来我又找了教育部时任部长,陈述了我们的意见,她说他们会考虑上外的意见。最后,还向中央有关领导汇报了上外的想法和意愿,最终得到了圆满的解决。于是,再没有人提起并校的事了。

王璜(1999 年)

王璜,1941 年 7 月生,籍贯北京市。英语系副教授,硕士研究生导师。1958 年考入上海外国语学院。1962 年毕业后留校任教。曾开设英语语法课、英语精读课、英语泛读课、英语写作课及研究生课程。1985 年赴英国华威大学深造并获得硕士学位。1994 年起担任学生班主任。1995 年获香港伯宁顿(中国)教育基金会首届“孺子牛金球奖”。

默默浇灌　静水流深

口 述 人：王璜
采访整理：马怡敏、李相颍、王珺凡
采访时间：2013 年 10 月
采访地点：王璜寓所

我 18 岁进入上海外国语学院学习英语，毕业后留校任教，直到 60 岁退休离开上海外国语大学。42 年光阴荏苒，人生大半部分的时间都和上外难分难离。

一、 在上外读书时，泡图书馆是一件很幸福的事

从祖父辈开始，我家里就攒了很多书。父亲是高级工程师，母亲是医生。知识分子家庭的熏陶，让我从小就爱上了看书。

我很喜欢看书，一看到书就高兴。心里觉得如果以后都能够看到原版的小说，会很有意思，奔着这个念头，1958 年，我考入了上海外国语学院。

1958 年的上海外国语学院，刚从俄文专科学校转型而来。除了俄语系外，还有由法语、德语、英语组成的西语系。学院虽小，五脏俱全。当时学院确实面积不大，仅有二幢教学楼（其一为今虹口校区的 3 号楼，现为上外继续教育学院的教学办公楼），一座大礼堂，一个连接两幢教学楼的玻璃走廊，还有一个面积不大的操场、一个网球场和一个健身房，外加一个小型游泳池。虽然简陋，但是在当时，学校的办学设施还是算比较齐全的。

我想要读更多书的愿望，在上外得以实现。记得每次上英语泛读课，老师都会布置阅读任务。十几页的书看完后，就要求写一篇读书报告（book report）。每天都能找到并阅读自己想看的书，真的很开心。那时

候，上外的老师大都也很博学啊。

上世纪五十年代末的中国还比较落后，即使在上海，收音机还没有普及到市民家庭。那么，英语听力该怎么练习呢？听力课上，老师会在唱片机上放上一张 *The Happy Prince* 的黑胶唱片，朗读者的声音优美而有磁性，很是好听。然而听 *The Happy Prince*，这在当时的学校仍是奢侈之事。平常听得最多的，便是听老师录下来的 *Peking Review* 即《北京周报》英文版录音。

课余时间，我们英语专业的学生还会搞一搞诸如 FLECA（即 Foreign Language Extra Curricular Activities）一类的课外活动，也算是学以致用吧。每个月，英语专业的同学都会安排一次 FLECA，其中有英语诗歌朗诵、戏剧表演、英语歌曲演唱等节目，组成一堂汇演。校园公布通知的黑板报上，常常用彩色粉笔精心画出汇演公告，同学们看到后，便奔走相告，争相观看。

在上外读书期间，我很爱看汇演，但我更爱去的地方还是图书馆。虽然因为当时众所周知的原因，学校图书馆的外文图书资源还不太丰富，也少有国外刊物，但有 *Peking Review*《北京周报》、*China Reconstructs*《中国建设》等国内出版的外文刊物。直至今日，当年我在图书馆里看过的书，我还都记得呢。那时候的上外图书馆，由一排很漂亮的平房和一栋三层楼组成，上世纪九十年代后，学校建筑物大改造，旧貌换新颜，这些老旧的建筑都消失了。虽然说，旧的不去，新的不来，但作为曾经在校图书馆老馆很幸福地汲取知识的老上外人来说，我还是对这些现已不复存在的“上外老房子”充满怀恋的。那个年代，对我来说，去图书馆看书，可真是一件很幸福的事情。

二、 开始做老师，还得从头把语法学起来

1962 年，我从上外毕业后即留校任教。一开始，我就像一个学徒，对怎样教课的 ABC 都有点儿“不知不觉”，什么都要教，什么课都要去听，语法、听力、口语，最后是精读，一门一门地学过来。

当上了老师的我，一站上讲台，就被安排教英语语法课。这就让我遇

到了难题。虽然上学时学过语法，但靠的是语感。如今教学生了，就要理性、系统地来教了。于是，我找了好多本语法书来看，来琢磨一个个语法概念。对初登教坛的我来说，无论教什么课，都有一个再学习、再认识的过程。只有自己有了“一桶水”，才能有底气给学生“一杯水”啊。

1962 年那时候，学校已经有了铅印出版的教材，当时大部分英语专业课程用的是北外许国璋教授主编的教材。老师们也会自己编写一些泛读课的教材。所编的教材里，也不只是选编外国文学，还有一些外国杂志、游记、新闻报道等文章收录。泛读课嘛，就是要选材范围广，各个领域的内容都要有一些，这样，学生所接触的词汇量就会广。

回首我的教学生涯，其中有十年是奉献给了英国文化委员会与上外合办的 ATTC 项目（Advanced Teacher Training Course）。这个项目始于 1984 年，那时，国家教委（现教育部）尚未恢复英语专业的研究生学位教学，而这个项目提供的正是研究生课程，目的是培养全国优秀大学英语青年教师。据我回忆，当时开办这个项目的高校有上海交通大学、北京外国语学院和上海外国语学院，前来报名的高校英语青年教师非常多。

我作为该项目的合作伙伴（Counterpart），除了要听英国 Lecturer 讲课外，还要参与教学、辅导、管理等工作。我当时已经 45 岁了，通过这个项目，我拿到了去华威大学攻读 English Language Teaching 研究生的机会。于是，我还是“勇敢”地在 45 岁的年龄远赴英国攻读学位。可以说，到了英国，那真是“大开眼界”。那时的国内没有超市，在英国，看到超市，我觉得很新奇。最重要的是，作为一名大学英语老师，我对英国大学的课程设置有了很多直接的了解，进而有了非常深切的体会。比如，英国老师在教学中自由度更大更灵活，可以自己选择教材等等。在英国留学的那段日子，不管是在专业教学上、待人接物上、文化认知上，我都大有收获。

三、从教 40 年：我的收获与感悟

从教 40 年，我教过的学生可是难以一一如数道来了。如今在中央电视台体育频道担任总监的江和平，曾是我的学生。他后来回忆说，在上外学习期间，给他印象最深的老师是大二时教精读的戴炜栋和我。他说，我

上课时说话轻声细语，特别和蔼可亲。但我只教了江和平这届学生一个学期，如果教的时间长一点，可能他们对我的印象会更深一些？还有一位学生肖小萍也称赞我有“严谨的治学精神”，精读课文中的每个词都要细细推敲。我对学生的评价是很感谢的，但有时回忆起当年上课的情景，觉得自己可能有的时候对学生“抠得太死了”。

结合我自己的从教经历，我认为，理想中的老师，首先应该是“一个大写的人”，应该正直、胸襟开阔、尊重学生。曾经有一个叫方佶敏的学生上课时总是睡觉，学习成绩却出奇的好。我找他谈话，问其中的原因，方佶敏解释说，自己的生物钟就是这样。我觉得，这就得尊重他的个性了，硬要他调整过来，可能效果也不是那么好。但是我也提醒他，要尽量调整好，毕竟以后上班了，就不能这样困了倒头就睡啊。后来我了解到，方同学很喜欢看文史哲方面的书籍，便向他要了一张书单，自己也津津有味地看了起来。

另外，我觉得，做老师也不仅仅是一个给予的过程，而是与学生双向交流(take and give)的过程。每个学生身上也有很多优点。从他们身上，我们做老师的可以学到或者说找回一些曾经拥有后来渐渐失却的激情、坦诚等等宝贵的品质。

1994 年起，我正式当起了学生的班主任。除了常规教学外，我还要关心学生们的生活情况，与学生的交流就这样成了我的心头大事。1999 年，我在英语学院办的《班主任耕耘录》里说“年纪大的教师能当好班主任，成为学生的良师益友吗？这是经常困扰着我这个‘老’班主任的问题。”现在回过头来看看，觉得自己还是做得可以的，是一个受学生欢迎的班主任。

回想 40 年前，刚毕业的我去教大专班，当时我比我的学生只大了两三岁，师生之间的交流非常多，就好像兄弟姐妹一般。后来呢，年岁渐长，我也就慢慢地变成妈妈辈的老师，再后来甚至成了祖母辈的老师了。

退休之后，我仍旧非常关心自己教过的学生。对我的学生的情况，我可是如数家珍，很熟悉的。我也比较关心如今青年人的喜爱和困扰，比如当下流行的快餐文化，我也很关心。现在的青年人大多有点浮躁。我想，年轻人心中要有一个坐标，人生的航程中，会不断有浪打过来，有了坐标，才会有定力啊！

老师这个职业是我这一生最喜欢的工作。老师这个工作的性质决定了你决不能固步自封、停滞不前，必须不断地学习、充电，这样才能把有用的知识与学生分享（share）。我扪心自问还算是一个“特别想要不断学习的人”。所以，老师这个职业于我正合适。

在我从教33周年的那一年，作为对我工作的肯定，香港伯宁顿（中国）教育基金会将首届“孺子牛金球奖”颁发给了我。我为此而欣慰，作为一个老师的我，幸福感和成就感也因此油然而生。

2013年10月4日薛蕃康在寓所接受采访

薛蕃康，1923年3月生于江西省黎川县。上海外国语学院对外经济贸易系首任系主任，教授，九三学社社员。曾任中国国际贸易学会常务理事、上海国际贸易学会理事。曾兼任商务印书馆特约译者，译著有《价值与资本》、《凯恩斯的革命》、《凯恩斯主义与货币学派》，等，为弥补经济学领域中国外文献资料匮乏作出了贡献。与他人合译的作品有《处女地》（收入《美国文学史论译丛》）、《尼罗河上的惨案》等。

白头虽老赤心在

口 述 人：薛蕃康
采访整理：查依帆、姚佳雯、林岚
采访时间：2013年10月4日
采访地点：上海薛蕃康寓所

一、 厦大求学，留美深造

采访者：能和我们聊一聊您早期在厦门大学的求学经历吗？

薛蕃康：那已经是很早的事情了。我念大学是在上世纪40年代，那时正是抗日战争时期。1941—1945年，我在厦门大学念书。因为战争的关系，厦门沿海一带都被日本侵略者占领了。所以，那时候的厦门大学并不在厦门，而是搬到了福建西部的长汀。我念的专业是商学院银行系，用现在的话来说就是金融专业，那个时候叫银行系。那时候的生活条件很差，校舍都是用木头片搭起来的房子，非常简易。吃饭的条件也是很简陋的。不过相对当时的战争环境来讲，我们在长汀读书的四年还显得比较安定。当时各所大学的条件都很差。所以我们在福建相对来说还算过得比较平稳，没有出现饥饿的情况。

采访者：您之后为什么选择去美国呢？

薛蕃康：我1945年大学毕业后在南京、武汉工作了一段时间，后来再去美国的。1946年，我报考了国民政府教育部举办的出国留学生的考试。当时的考试分公费、自费两种，公费名额很有限。像金融专业和其他经济专业，全国只有两个公费名额。我考的成绩没有达到公费标准，我是自费出国的。通过考试的自费生，其好处是可以向当时的中央银行去买外汇，

1950 年薛蕃康于美国明民苏达大学求学时留影

比市价便宜得多。1948 年,在上海解放前一年,我离开家人赴美留学。

我在美国明尼苏达大学待了两年多。那所大学在美国中西部,在美国的州立大学中算很不错的。我念的专业是国际经济,后来获得硕士学位。那时国内刚刚解放,新政权和美国断绝了一切关系,我和国内家人的通讯很困难,更别说邮寄外汇了。国内人民银行也不管这些事情,对海外留学生的外汇都不管的。所以我在经济上完全失去了家人的资助。

采访者:您还记得在美国的学习、生活吗?

薛蕃康:美国这个大学规模比当时中国的大学大得多。我从抗战时国内的山区大学,一下子到美国念大学,观感完全不一样。一下子到了那种环境,一切都很陌生。刚开始上课有点困难,老师都是英文授课,不能完全听懂,一年后好一些了。

二、 历经动荡,扎根上外

采访者:归国之后,您为何选择留在上外了呢?

薛蕃康:我 1950 年冬天回国的。那时,新中国经济、教育建设都还处在开始阶段。本来我一回来就想进大学。那时由中央人民政府教育部接待归国留学生。填工作志愿时,我填的是大学教师。但那时解放才一年多,很多大学规模都紧缩了。所以教育部询问了一下,发现我这一行(人文科学)需要的老师很少(当时国内大学这种专业很少)。当时的华东军政委员会贸易部对外业务处(管进出口业务的,后来改名为上海市贸易局)需要人才,我就去了那里工作。1952 年到 1958 年我都在上海市外贸局工作。1958 年,上海市政府作出决定,要培养一批工农出身的外贸干部。上海外国语学院和市政府商议后,在上外设立外贸外语系。上外没有这方面的师资,所有师资都由上海市外贸局负责调配。于是,我就被局里推荐到了上外。

1960年,国家外贸部决定在上海建立外贸学院(现为上海对外经济贸易大学)。为此,上外外贸英语系成建制分了出去,成为新建上海外贸学院的办学主体。

1960年至1962年,国家处于三年困难时期,决定对高校采取紧缩政策,把很多学校都减缩或合并了。成立不到两年的上海外贸学院被撤销了。原来从上外调到外贸学院工作的这些人就又回上外了。

到1964年,国家经济形势好转。外贸部认为,外贸学院这个学校还是需要的。于是这一年外贸学院复建。校舍在上海古北路。我和一些同事便又调往外贸学院任教。

1966年"文革"爆发,所有高校都停止招生。之后几年里天天在搞运动。1968年,毛泽东发出"7·21指示"说:"大学还是要办的,我这里说的主要是理工科大学还要办"。于是,大学开始招收工农兵学员。工农兵学员是经"推荐"而不是考试入学的。这时候,又有几所大学要撤销或合并,外贸学院又在其列。1971年,外贸学院和上外再次合并,我又一次回到了上外。

1972年,上外开始招工农兵学员。那时还没有外贸、经济这些专业。"文革"结束后的几年里,我在英语系里任教。当时,外贸学院从各进出口公司抽了一些懂业务的人去教经济、外贸。而既能教外语、又懂得经贸的人很少。我呢,那几年一直在教英语。在英语系给学生上英语精读课。上外成立外经贸系,那可是80年代以后的事情了。

三、心如止水,潜心学术

采访者:虽然上世纪60年代动荡频繁,但您的译著也都出版在那个时期,其中有一批世界经济学经典,还有不少文学作品。您当时为什么会翻译这些书,是基于兴趣爱好,还是受人之邀?

薛蕃康:上世纪60年代的时候,商务印书馆要翻译一批西方古典经济学著作,就到几个大城市去物色译者。他们找到了外贸局,局里就推荐我去。于是我就陆陆续续地翻译了几部。到了八九十年代，我已在上外英语系。那时大家都忙着翻译西方文学经典作品，我也参与了这方面的工作，翻译了《处女地》。后来《处女地》被编入美国文学丛书里。这部丛书汇编的都是美国文学经典著作。凡是主修美国文学的，那是必读的书。

"文革"刚结束时，南京译林出版社办了一本刊物叫《译林》。《译林》编辑部的同志找到上外英语系，请求翻译阿加莎·克里斯蒂的《尼罗河上的惨案》。当时各家电影院正在放映这部电影。所以他们希望我们在很短时间内把它翻译出来。我们英语系的五个教师用了一个月的时间就给翻译出来了。由我总集成，就是担任最后审校。发表《尼罗河上的惨案》译本的那一期《译林》发行量很大，社会反响颇大。后来，《尼罗河上的惨案》译本还出了单行本。没有另外给我们稿费，就是《译林》编辑部给了一点儿稿费。

采访者：您在翻译外文资料的时候，有没有摸索出一些规律或者翻译方法呢？

薛蕃康：我最早翻译的作品都是经济学方面的，跟文学作品不一样，比较平铺直叙。我对翻译的体会是，翻译是需要一点儿真功夫的。看起来翻译好像是不太难的事情，但实际上真正翻译起来还是很容易出错的。上世纪90年代，有的老师翻译的东西叫我帮他们修改。我从中发现，有些人的语言基础还是可以的，又懂得专业，但一翻译起来却往往很容易出问题。我做英语教师多少年了，所以比较能钻进去，小到句子重点在什么地方，中心在什么地方，什么本末颠倒啦，这类"硬伤"一般是不会出现的。所以，翻译光有知识是不够的，中英双语水平都不可或缺，都很重要。总之，翻译的标准还是"信"、"雅"、"达"三个字。

采访者：我们知道您曾参与编写大学英语教材，当时是怎样的情形？

薛蕃康：我第一次编教材的时候，英语专业专用教材还很少。60年代时，编教材就是把国内《人民日报》社论翻译成英文作为教材。现在看起来是不妥当的。把中国人写的社论翻成英文当教材，这就不可能是很纯的英语。"文革"后开始有了改变。那时候，上海外语教育出版社准备编一套大学英语专业专用教材，即《新编英语教程》。李观仪老师编写了第一册、

第二册，我主编了第三册、第四册。当时就出了这四册。之后三四年没有再编，后来才继续编下去的。那套《新编英语教程》后来也不用了。但是在当时以及后来好几年里，《新编英语教程》那套教材是很受欢迎的，获得过教育部的特奖。

采访者：《新编英语教程》的架构是怎样的呢？

薛蕃康：这部教科书课文选择的范围较之六十年代、七十年代扩大了。六十年代的教材大都是社论一类，政治性强，文学性弱。但是学英语主要还是要靠读外文原版的文学作品，光读那些政治性的内容，能学得到多少纯正英语呢？

四、披荆斩棘，开创经贸

采访者：创建复合型专业的想法从何而来？

薛蕃康：1981 年后，胡孟浩担任了上外院长，他很有眼光。敏锐感到外国语学院只搞外语，发展有限，要增加一些人文、社会学科。他首先想到的新设专业一个是新闻，一个是外贸。那时候，英语系里有教师从事过新闻工作(解放前上海也有英文报纸)，也有懂外贸的。他在校务会上建议，设立新闻专业和外经贸专业。当然这个事情是要报到教育部批的，教育部基本也同意。但是那时对外语类院校开设复合型专业是有不同看法的。教育部高教司负责人也持有不同的看法，他认为，你外语学院就教外语好了，去搞别的干什么。北京外国语学院等兄弟院校也说我们就是外语学院，就是教语言、文学的，不搞别的。而我校新闻、外贸这两方面的师资都有，外贸学院和上外的数度分分合合，给上外留下了很多外经贸专业的教师，所以我们有这个条件。经教育部同意后，1984 年，上外英语系的外经贸专业就开始招生了。

我那时候担任校务委员，也参加了开会讨论。当时胡孟浩对我很了解，知道我虽是教英语的，但过去学的专业是对外经贸，同时也在外经贸单位工作多年，所以他就说，薛老师来负责设计和创办这个系(即对外经贸系)吧。外经贸专业最初是设在英语系里的。

采访者：最初专业名称是什么？招生情况如何呢？

薛蕃康：最初的名称是对外贸易经济系（专业）。附属在英语系下面。

那时候，招生情况倒是很好的。很多高中毕业生很愿意报考上外的经贸专业，因为既有外语特色，又能学到外贸专业，都觉得是很好的。所以当时这个专业的录取分数很高，跟复旦的录取分数不相上下。

采访者：师资情况怎么样？

薛蕃康：最初的师资主要是一批由外贸学院来的老师，教业务课。也从英语系调了一些老师来教英语。当时我们提出的口号是：培养复合型人才——既要懂外经贸，外语又要过关。所以，当然是要求学生的外语水平跟英语学院学生一样。从 1984 年到 1988 年，具体负责的老师还在英语系，那时我就担任英语系副主任，分管经贸专业的事情。到 1988 年经贸专业从英语系分出来了，正式成立了对外经济贸易系。

采访者：课程设置怎样呢？

1986 年对外经贸系招生已两年，但附设在英语系内。时任英语系主任为戴炜栋（后排右三），薛蕃康（后排左三）任英语系副主任，专管对外经贸系，陆维光（后排右二）任对经贸系总支书记。

薛蕃康：外经贸专业设置后，我就积极主张英语教学不能削弱。所以那时候经贸系学生也参加英语专业六级考和八级考。本来英语八级考是英语专业学生参加的，但我坚持外经贸专业学生也要参加英语八级考。英语课程课时设置也不少于英语系的课程。学生到了三四年级也继续开精读课。因为招进来的学生质量高，所以毕业生出去后都很受用人单位的欢迎。1988年后，又新增了会计学专业，那时候还打算成立会计学系，先是开设了会计学专业。

采访者：建设复合型专业过程中遇到困难吗？

薛蕃康：主要的困难是师资问题。如今海归比较多，招聘懂外语又懂专业的教师不那么难了。但当时要招收复合型专业师资是比较困难的。能用英语上专业课的人才比较少。后来一方面依靠外贸学院留在上外的老师，另一方面从上外英语系老师中选拔，组合成了这个复合型专业的师资。当然，也没有完全达到当时设想的要求。当时金融学、会计学和一些管理方面的课程，都曾经用英文开过。但是，这方面师资总体不是太强。

采访者：您担任系主任期间，有没有让自己特别自豪、特别满意的事情？

薛蕃康：我是第一任，当时学校教师里真正非常了解这个专业课程设置的比较少。因为我在国内大学阶段念金融专业，出国后念国际经济，所以，应当设置哪些课程，我还是比较清楚的。最初的专业课程设置设计，有一些课我是坚持要开设的。整个四年中应该设置些什么课？我一直在搞这个。第二，我从一开始就坚持外经贸专业学生的英语不能削弱，这一点一直坚持。我离任后有些人有点动摇，有一种主张觉得外经贸专业就不一定要参加英语八级考。但我认为应该参加。因为外语是一门工具，外经贸专业学生的对外接触比较多。假使不具备过硬的英语水平，那么今后从事外经贸工作会有些障碍的。

另外，我始终坚持要培养青年教师。当时外经贸系还没有设置硕士点，我们就借助英语系英语语言文学硕士点，再加上（经贸方向），来培养硕士。我的硕士研究生招生都放在了英语系。就是英语系填志愿，你愿意往经贸方向发展的就填个志愿。那些学生名义上都是英语系的硕士生，有些课程或研究活动也是英语系安排的，但在经贸系给他们安排了六门专业课。我觉得研究生也就两年多时间嘛，有六门专业课也不错了。其中有国际经济学，微观、宏观经济学，还有财务管理等。

五、教书育人，桃李满园

采访者：作为中国最初的“复合型人才”，您又会英语又懂经贸，那么您的研究重点倾向哪方面呢？

薛蕃康：从教这么多年，一直是适应工作需要。让我教英语，我就把英语当重点。我过去也不是学英语出身的。很多东西我是边教边学，要钻进去的。但后来教经济专业了，我又重新回到经济学科上。所以主要还是将国家或者说学校的需要作为重点。学术研究方面，我没有系统的成果。因为当时每学期要开那么多的课。有一段时期，我一个礼拜要上12节课。教英语课时，又要教精读又要教泛读。而且没有现成教材，还要自己去选教材。所以，那时实在是很忙的，无心于其他了。

采访者：那时候学生的学习态度如何？

薛蕃康：那时候的学生也是因人而异。“文革”时期的工农兵学员一般来说文化基础较差，当然有些也很用功，有的人会自己找书去看，后来也做得不错。

采访者：课后师生的交流多吗？

薛蕃康：师生经常交流。那时实行坐班制，我们一天到晚都在学校里。学生有什么事、有什么问题就会来问。教师也会到学生中去。

采访者：您当时在工作中，有没有让您印象特别深刻的人或事？可否跟我们分享一下？

薛蕃康：当时英语系的老师中，施福保（已过世）、周耀宗、莊学艺、陈治刚都是从外贸学院转过来的教师，现在还有一些。当时我们也想培养年轻教师，从英语系毕业的英语专业优秀的学生，我们就培养他们学外经贸专业。当时，我们是留了英语系毕业的好苗子的。像李国际的英语很好，还有王耀祥等，都是很年轻的英语教师。我着重在外经贸专业上培养他们。记得我曾特意让王耀祥到南开大学进修经济学。李国际呢，让他去华东政法学院进修国际法专业。目标是要让这些年轻教师能用英语开出专业课来。像周耀宗、莊学艺这些教师都有外贸工作经验，能用英语开专业课。而这些年轻教师的英语虽然好，但他们没有学过外经贸专业。

我给研究生上课一直上到 2000 年，工作到了 80 岁。教授过 3 门经贸方面的课。我也指导研究生写论文的。不过，这些培养出来的研究生后来很多都离开上外了，现在留下了还在任教的只有杨静宽。她现在经贸学院。还有纪红兵已经出国了。还有智恒荣，念硕士生时很用功的。但后来学校的待遇比不上外面，留不住人，他们陆陆续续地离开，有出国的，有到外资公司的。纪红兵在美国工作。李国际等也在外贸行业。八十年代至九十年代时，高校教师的工资待遇都比外面的外资企业低很多，所以留不住人啊！七十年代毕业的学生中有两个现在联合国做翻译。他们在八十年代就到联合国去工作了，一个现在还在联合国，一个已经退休了。我在八十年代教过他们，不过他们不是研究生，那时候我们还没招研究生。

六、九三学社，团结人才

采访者：您是九三学社社员，能谈谈九三学社在上外的发展情况吗？

薛蕃康：方重先生是九三学社上外支部首任主委。后来陆佩弦教授也担任过主委。我和陆佩弦老师同在一个办公室。他找到我让我参加九三学社。起初我不太想参加，因为那时工作很忙啊，没有多少时间去参与其他。后来他经常过来跟我讲，我就同意参加了。我们学校的民主党派基层组织里，九三学社算是比较活跃的。后来是俄语教授王德孝担任主委，并担任了九三学社上外委员会的首任主委。九三学社上外组织做了很多工作，很有成绩，这与王德孝教授的热心投入是分不开的。他花了很多时间和心血，1984 年就发挥九三学社的人才优势，办起了外语补习班。每年都取得不错的社会效益和办学收入。上外的其他民主党派组织没什么活动经费啊。九三学社靠办班积累了一些资金，所以活动经费较充裕。那时候，每学期，上外的九三学社总是要组织到外面旅游、参观考察等活动的。支持贫困地区教育或帮困助学的好事善举做了很多。就这样，在学校各民主党派基层组织中，九三学社上外委员会是搞得很有声有色的。

七、复合人才，国家需要

采访者：您对复合型人才的培养有什么样的展望呢？

薛蕃康：现在我们上外经贸学院出去的学生好像找工作还是比较容易的吧，就业情况还是好的。那几个大的会计师事务所都很欢迎我校的学生。因为外语好，也有专业知识。不过现在人才市场的竞争趋于激烈，很多学校都办起了经贸专业。面对这样的情况，我们就要加强专业的核心竞争力了。还是要把自己的特色亮出来。我要强调的是，对经贸专业学生来说，外语很重要，是看家本领。

采访者：您觉得，纯语言类专业学生怎样让自己更有竞争力呢？

薛蕃康：这就要看纯语言类专业学生的志趣、兴趣在哪方面了。如果今后专门从事语言方面的研究，从事文学方面研究，这个前景也是很广阔的。当然，这方面的人才需求不像经贸专业人才需求那样多。但中国语言文学学养精深的人才不是太多，而是太少，我这里主要是说外语文学方面的人才。所以，学生如有兴趣的话，还是要钻下去。当然有时为了就业，学

1993—1994 薛蕃康于美国温斯洛普大学交流教学时留影

习一些辅修专业也无妨。

采访者：和七八十年代的学生相比，您觉得现在的学生有什么样的特点？

薛蕃康：现在的学生比七八十年代的学生基础更全面更扎实了。现在中学的教学积累了很多经验，对学生高中阶段的学习都抓得很严格。我想，现在的学生应该比七八十年代的学生更厉害。但现在的弊端还是应试教育。这不光是学生的问题，更是整个制度整个教育方向的问题。你让学生为应付考试去求学，他本来的兴趣就压缩了，就专门朝怎样应付考试方面用力了。所以，一般都认为，中国高中学生水平比美国学生高，但到后来，中国学生不一定能比美国学生更优秀。总之，现在教育上的一些做法，让学生很受束缚，很难自主发展。

余匡复（1997 年）

余匡复（1936 年 4 月—2013 年 4 月）浙江杭州人。1957 年毕业于北京大学西方语言文学系。历任清华大学外文教研室教师，上海外国语大学教授，同济大学兼职教授。曾多次去德国、瑞士、奥地利、日本、法国、荷兰、韩国及中国香港、台湾地区讲学和研究，并远游埃及、突尼斯、土耳其、意大利、西班牙等 20 余国。1978 年开始发表作品。1994 年加入中国作家协会。主要作品有《德国文学史》、《当代德国文学史纲》、《歌德与浮士德》、《战后瑞士德语文学史》、《浮士德——歌德的精神自传》、《布莱希特论》、《布莱希特传》等。其中《德国文学史》获上海市 1986 年—1994 年哲学社会科学优秀成果著作二等奖，而《布莱希特建立的是叙述体戏剧体系》获上海市 1976 年—1982 年高校哲学社会科学优秀成果论文奖。

底蕴深厚的人文大家

口 述 人：余匡复

采访整理：伏刘畅、王阿敏、周浥卉

采访时间：2012 年 12 月

采访地点：余匡复寓所

提到德国文学，谈及布莱希特，说到歌德……只要对德国文学略有涉猎的人，或多或少会知道这样一位大家，他精通教育，在德国文学研究领域出类拔萃；他涉猎广泛，足迹遍布世界；他就是上海外国语大学德语系教授余匡复先生。

一、 初到上外，身担重任

出于对文学的酷爱，当时在清华大学任教的余匡复并不喜欢那里的理工科环境，遂写信给外文出版社及上海外国语学院，表达了想在这里工作的意愿。随后余先生从北京调到了上海，开始了在上外任教的历程。

当时，上外的德语专业刚刚起步，没有足够的师资，没有合适的教材，一切都得从零做起。师资不足，余教授便挑起教学的大梁，每个礼拜都要上 12 节课；没有教材，余匡复便自己准备教材。当时德语系共有 3 名教授，由于对语法熟谙于心，余匡复不仅担负起了教授语法课的重任，还编纂起语法课的专用教材。

学校的最初教学计划里还设有文学课的内容，那么除繁忙的每周 12 节课之外，他还要撰写文学课的讲稿，每两周上一次德国文学史。文学课一开，俄语系的文学史教师都会赶去听他的课。

正是这一份份精心准备的讲稿，为后来《德国文学史》的编撰提供了详实的基础。在这部书作中，余教授用妙笔生花的文字把深沉厚重的德国文学发展历程淋漓尽致地呈现在读者眼前。如今，当笔者翻开这本书时，依然能感受到余教授上课时的热情与投入。

二、 底蕴深厚，乐于育人

余匡复教授喜欢教书，他认为上课就如同演员上台演戏：演员如果不演戏就会觉得难受，而他如果不教书他就觉得没劲。所以即便已经退休，也没有离开他挚爱的讲台。

他依然在给上海戏剧学院硕士生、博士生上课，讲编剧戏剧理论，还主持理论答辩会；他仍旧担任同济大学和台湾淡江大学的客座教授，为同学们做各种主题演讲；此外，他还多次走出国门，站在世界各国的演讲台上，为传播知识贡献自己的力量。

就在这样一次采访中，他也不忘普及文学知识，讲解什么是“亚里士多德式文学”，什么是“非亚里士多德式文学”；他还介绍戏剧理论，什么叫做“莎士比亚化”，什么叫做“席勒式”。在持续了三个多小时的采访中，他侃侃而谈，连一口茶都没喝过，很难想象他已经有76岁的高龄了。

余匡复教授不仅喜欢教书，而且会教书。他能在短短的十分钟内，用简简单单的六个字“模仿、共鸣、净化”，把复杂的“亚里士多德式文学”理论诠释清楚。

用最简明扼要的语言把最复杂的哲学理论讲清楚，他追求的就是这种教学理念。余教授上课时从来不读讲稿，而且他能够在“东拉西扯后，自然而然地回到既定主题”，使课堂生动有趣。我想，只有将内容都深谙于心的人，才能够旁征博引地作条理清晰的讲演。试想，如胸无点墨，又怎么能够得心应手、游刃有余？有深厚的学识作支撑，余教授对自己的课堂充满自信，他曾经对学生这样说：“我赞成不愿意听课的同学离开课堂。”

三、 涉猎广泛，人文大家

余匡复教授并不只是在德国文学领域出类拔萃，他对音乐、戏剧、旅游也同样充满了兴趣，而且在这些领域都有自己独到的心得和研究。

“在上外教书的时候，我平时除了备课、上课之外，就喜欢听音乐、看书、看戏。”余匡复教授说道。

近几年，他翻译了《莫扎特论》，此书于2011年2月出版。很多评论家都说莫扎特的音乐语言很难语汇化，更别提翻译了。但余教授不但有很深的文学造诣，而且有会听音乐的耳朵和心灵。翻译这样一部专业度极高的作品，而且能够把它翻译好，实属难得。

戏剧，是余教授擅长的领域。他看过的戏剧不计其数，而且每部戏都能看出些门道。

他曾经参与过话剧《浮士德》的排演。虽然他当时在话剧剧组只是编剧，但他参与了整个排演过程，能一针见血地指出演员没有演到位的地方，详细地向导演陈述理由。所以，他提出的建议基本都得到了导演的认同和采纳。今年9月，他的新书《行为表演美学：有关演出的理论》也已出版。

谈及旅行时，余教授更是有讲不完的故事。他的足迹遍布世界上30多个国家，他几乎走遍了西部德国50多个大小城市。在旅行时，他广泛结交朋友，参观博物馆，瞻仰名人墓，感受不同民族的风土人情，追寻不同民族文化的历史情怀。在余教授看来，这种考察方式远比埋头看书面资料生动得多、有价值得多。游览过程中的感悟和思考，为他的文章增添了许多真实而生动的内容。

“学习，要在娱乐中学习。”余教授劝现在的青年人要多读书，不管学什么都要专心，要把学习当作一种娱乐，当成玩耍。因为在游戏中人是最放松的，学习应该像游戏一样开心，而不要把学习当作一种负担。

访谈实录

听说余匡复教授的《德国文学史》再版了，我们就随身带着一本他 2007 版的《德国文学史》去他府上。一见面，我们就向他出示这本书向他祝贺。

余教授热情地接待了我们。

采访中余教授侃侃而谈，他的叙谈像在上课，像在讲演，又像在演戏，在宣讲学术的同时，又像在传播一种观点和思想。

这时，采访者就完完全全地成了一名聆听者了。

采访者：听说您的《德国文学史》再版了，向您祝贺，我们也特意带了一本过来。

余匡复：这本是 2007 年出版的，太老了，不是再版的。2007 年版共出了 3 000 本。算是不行了，所以要修改。两年多以前，我就在着手修改了。本来今年要出版的，但我校正了一遍，外文全都再看了一遍，发现有错误。我所有引用的诗，统统是有原文的，后面的 index，即索引，做得不对，应该参照外国书的索引方法做改正。以歌德为例吧，在这本书里出现的“歌德”多达 50 次，那 50 次都要有页码标出呀。如果是作为文学史来讲的，那么这一节出现的“歌德”的页码要粗体印出来，否则有那么多的“歌德”，读者就搞不清楚了。我们现在的印刷却做不到，只标有第一次出现，而且第一次出现也被出版社弄错了。我序论里面提到很多作家，也提到很多作品，书中都是以序论里的第一次出现为计的，这样就起不到检索效果了。为了方便读者校正好这个版本，对检索的修改，我花了一个礼拜的时间，现在已经全部搞好了。我的书稿共有 1 100 页左右，大开本，翻起来比较方便。

采访者：您是什么时候开始研究戏剧的？或者说，您什么时候开始对戏剧感兴趣的？

余匡复：我一直喜欢看戏，我中学时候就开始看电影，美国有名的电影我没有不看的。20世纪50年代以后喜欢看话剧，后来就喜欢看京剧。我太太原本不喜欢看京剧，和我一起看以后就喜欢上了。我会给她解释，这个戏好在哪里。中国的京剧是极其了不起的艺术，但是外国人看不懂。看了话剧以后，我觉得话剧的表演没法和京剧的表演相比。话剧单调得不得了，京剧太丰富了。我讲京剧能够开讲座。我在上海，从来不会错过看优秀京剧的机会。为什么？上海看戏方便，票价又最便宜。

音乐学院副院长的博士生的论文答辩请我去，我是答辩委员。我是有资格参加的，因为这不是足球专业的论文答辩。足球专业的论文答辩我没水平。但它是音乐，而且专题又是瓦格纳，这个我可以，而且很内行。

他们一共有9个答辩委员，硕士生博士生答辩必须要有一个是外校的，而且答辩的时候是这样的：9个人都要写评语，好在哪里，不好在哪里。在答辩前，必须要读三个评委的评语和评分，我是其中之一。我的评语非常到位的，也非常严厉。有些戏剧学院的博士生是院长的学生，他们写得不好的论文，我要枪毙的。写评语有"通过"和"不能通过"两种，两者相比，"不能通过"的评语难写，因为你要说出理由来呀。

我觉得搞学问，不管是搞外文的还是搞新闻的都要实事求是。有些报上的东西都是言过其实的。给周小燕写包装文章的很多，她说"我看了之后，我要向报上的周小燕学习"，就是说新闻报道要实事求是。你不实事求是，人家是不要看的。20年前《文汇报》报道过我，报道我的记者是很有名的，我就给他讲，你写好了以后我看一看。看过之后我觉得还好，没有太言过其实。他们为什么会来写我呢？因为一个外语学院的教授到戏剧学院给编剧进修班上课，而且学生都是一级、二级编剧，觉得有新闻价值。我给他们上课我觉得完全没有压力。有一次，上课的内容是《论非亚里士多德式戏剧》，有点难，但我能讲得使他们绝对听得懂。讲课也好，说话也好，并不是要把简单的东西讲得非常复杂，而是要把难懂的东西讲得很简单。讲课就是要这样：用最简明扼要的语言把最复杂的哲学理论讲清楚。我讲课从来没有什么听不懂的词汇。我翻译的时候，碰到有可能别人看不懂的词汇，我会把它划出来，把说明写上去，目的是让大家看懂。我在教大学一年级的学生发音开始就注意这些细节。一

些人现在是同济的教授、副教授，遇见我都会说，“我们讲课都用你的方法”。我影响了他们的教法，讲课要用自己体会到的，想办法动脑筋让别人理解。

采访者：请具体谈谈您的教法？

余匡复：这就复杂了，语音有语音的教法，文学有文学的教法，戏剧有戏剧的教法，要根据不同的内容采用不同的方法。但是，总的原则，就是要让人听得懂，一听就懂，这才是好老师。

还有，讲课要有风格。同样的内容，我有我的教法，就是要让人家觉得教课是既有方法又有艺术的。我很喜欢教书，每次上课就像演员上台演戏一样：演员不演戏，他会觉得难受；我不教书，我就觉得没劲。我讲两三个小时的课，但不觉得累。我两年前还在德国教过课，这是使馆叫我去的。我站着讲了两三个小时，很多人不吃饭来听我讲课。20多年前，上海人民艺术剧院的院长黄佐临请我去讲课，我给他们讲《浮士德》，听课的都是负责人还包括我的太太，我太太以前从来不听我讲课。他们让我坐下讲，我说我站惯了，结果我讲了大概三个小时，水都没喝。后来回到家，太太给我评语了，说我这个人在家不像教授。为什么？因为我在家里擦地板，大扫除，像个家庭妇女，但讲起课来像教授。我说，这就对了。教授上课的时候像教授，旁征博引，出口成章，我讲课的时候不看讲稿的。

教师教得好不好就看听课的同学是不是专心，我上课的时候曾经这样说，“我赞成不愿意听课就可以走人”，在国外就是这样的。

我不赞成上课读讲稿，我不是没有讲稿，是有准备的，但是我不看。不用讲稿肯定会有废话的，但是能让观众觉得好听，觉得有点联系。讲课的人要有什么本事呢？他能东拉西扯之后马上拉回来，而且要拉得很自然。我为什么不喜欢照念讲稿呢？照念讲稿虽然严谨，但不生动。我只有去外国开会的时候才会用讲稿。那是因为我没有这个权力丢开讲稿自由发言。上课不作准备，肚子里又没有多少货，上课会不切题，那是要浪费大家时间，是不负责的表现。

采访者：我们很想知道，您当时是怎么上德国文学史这门课程的？现在的老师不照稿子讲，但讲得很枯燥。

余匡复：那就是他没讲好，你们要跟他讲，他也应该想到：这样讲课同学会觉得枯燥的。讲课应该是越讲越起劲，越讲越觉得讲不完，越讲越有激情，就像演员演戏一样。

我是很会看戏的。上海排练《浮士德》，我是编剧，排戏没我的事儿，但是，我看他们排练，马上看出来哪里不好。在排练场，导演是指挥，我不会随便插话，不会打乱他的工作，但排练前和排练后我会向他提出，甚至辩论得面红耳赤。导演结果还是非常谦虚的，辩论后会非常重视我的意见。导演还是奥运会开幕式的艺术顾问，所以排这出戏，我是到北京去和他讨论剧本的。我的意见是可以在时间上缩减一下，比如说某句话是不是可以用其他剧本的某句话（我的剧本是第七本，是演出剧本）。他之所以会来请教，是因为我是专门搞德国文学的，他们搞的是导演艺术，对于这个剧本还是我熟悉。我写过专著《浮士德：歌德的精神自传》，是国家社科基金项目，当然《浮士德》这本书，我读的遍数也比他多。还有个问题，我的剧本是散文体，而《浮士德》原本是诗体，导演不好意思当面说，因为他知道把散文体改成诗体要花费好多时间，后来他是通过发邮件才向我提出。我怎么回答的？我说好，两三天就给你一个诗体的剧本。结果我两三天真的发过去了，现在演出的就是诗体本。导演说我真是个快手。许多东西就是瓜熟蒂落，并不是说我手头快，而是我早就心里有数。

我做事情一向很快的，我退休以后，基本上一年出一本书。

去年出的这本《莫扎特传》是我翻译的，我喜欢音乐嘛，而且书是德国很有名的作家希尔德斯海姆写的。

采访者：这本书是您受邀翻译的，还是您自己选的？

余匡复：是上海音乐学院的一个朋友请我翻，我马上答应了。因为他是我的朋友，我支持他。这本书还有一个译者是余未来，我儿子。他是英语系毕业的，书是德文的，但是也有英译本。我让他根据英译本来翻译，我根据德文本翻译，可译后比较一下。应该说他翻译的文字功底还是挺不错的。

采访者：他是受您影响还是他自己有兴趣？

余匡复：他现在在音乐学院教书，当时是上海名中学五十一中的毕业

生。他很喜欢历史，读古文比我多，有的时候，有人送我书，上面写的赠语还是请教我儿子的。

我在高中的时候，莎士比亚的所有作品都读了，俄国作家屠格涅夫的六部长篇小说我都读过。《复活》看过两遍。我很喜欢《牛虻》，现代小说也读了很多。我是写读书笔记的，读书是一定要动笔的，一面看，一面写，看小说也一样，比如句子译得不对，我都会作记号；作者讲些什么、有什么看法，都会写进我的读书笔记。

德国的小说和法国的小说不一样，写法也不太一样。写小说有一种叙事学，叙事就是讲故事。法国人的叙事是传统的，用第三人称给你讲故事，作者是全知全能的叙事角色，左拉、巴尔扎克、雨果、莫泊桑等讲故事的本领都是第一流的，这种写法中国人还是喜欢的。

我不喜欢重译。20世纪80年代，山西的一个出版社叫我重译《少年维特之烦恼》，我不接。

采访者：难道看到不好译本的时候，您也不会有再译一本的冲动？

余匡复：没有，翻得不好的就让它过去。

《浮士德》属亚里士多德式戏剧。《亚里士多德美学》一书可以用六个字来概括：就是模仿（写实）、共鸣（感情和它一致）、净化（道德升华）。“非亚里士多德式”正好相反，为了达到共鸣要写情节。莎士比亚化，按照马克思讲的，就是通过剧情本身来表达出作者的思想状态，表达出来一个主题；席勒式是马克思反对的，而席勒式就是作品的思想经常通过主人公之口直接表达出来。在我写的德国文学史里，我是这么说的：席勒式不一定百分之百要加以否定的。我讲了很多道理。后来人民文学出版社的副总编说，你这个写得好，但是要再发挥。所以这次修改的时候我就发挥了，为什么席勒式的作品有好的地方？因为作品中的人物经常会有激烈的、反抗现实的台词。席勒的第一部作品《强盗》演出时，“整个剧场像疯人院”，剧场的人都很激动，观众互相拥抱，站起来吼叫。为什么像疯人院？因为共鸣了。你想想，“四人帮”倒台前，你如果含沙射影地骂“四人帮”的话，整个剧场会不会像疯人院？但哪个作家有这个胆量敢这样写？席勒是不含沙射影的，“我们要建立一个共和国”之类的话他都敢讲。你说席勒式是不是要加以否定？不好加以否定的。在专制的压力下，他要吼叫，这是他的勇气。再看宗福先写那个《于无声处》,他很有水平。我们开会一起讨论的,他要我提意见,提看法。他问我“你改了没有”,我说我没这个本事改,我只有删掉,有的地方太多了我给它拿掉一点,我没改。你看他写《于无声处》不是完全席勒式,但已经有席勒式的味道了。所以席勒式不能简单否定。我在书里强调了一下,又发挥了一下,但也不好发挥得太多。因为我这是文学史,不然就变成一篇论文了。我可以专门写一篇论文来谈“席勒式为什么不能否定”。

有人说我编的文学史里一直在讲故事,我告诉他们,我这本书是针对中国读者的。你想想,中国搞德语专业的人看过几本德国小说?我可以问这些教师,从古代第一本书《尼伯龙根之歌》英雄史诗开始到现代作品,你看过几本?原文不要提了,中文版看过几本啊?讲故事多不容易。比如说《红楼梦》,好多人看过,也有好多人没看完。你要用 1 000 个字把《红楼梦》的故事讲清楚,你会觉得难吧?又比如说《水浒传》,这个很多人看过了,你要用 2 000 个字把故事讲清楚,你会觉得难吧?所以我提供一个故事也不是那么容易的,而且我是针对中国读者,他们都几乎没看过原著。德国人都要讲故事之后再作分析的。比如说《浮士德》,多复杂,但我补充了五万多字,把它写到里边去。你一定要把故事讲清楚,要把这个思想讲清楚。

我能够简明扼要地来跟你讲亚里士多德美学,六个字来概括。非亚里士多德美学用六个字概括。我写出来到现在,没有人反对过,而且我是写在书里,发表在报纸上,没人说“你这个是瞎说”。《亚里士多德美学》,这个是人家中文系外文系都学的书,你要把它概括成六个字,而且人家觉得你没有乱讲。没有体会,能写得出来?

我最近又写了一篇《德国的发源地》的文章。有一次我问一个教德国历史的教师,德国发源地在哪里你知道吗?他讲不出来。别人都以为是在普鲁士,在柏林,都不是。德国最早的王朝是撒克逊王朝,撒克逊是德国最老的地方,普鲁士是 17 世纪才发展起来的。德国第一个皇帝就是葬在那里的。法国、德国、意大利成为一个国家的时候,叫法兰克王国,那个时候的皇帝卡尔大帝(法文译作查理大帝)的遗体分为好几部分,一部分就葬在苏黎士的一个大教堂里,主要的一部分葬在德国 Ahen,装在用金子做的棺材里。这是三个国家共同的国王,后来一分为三了,变成三个国家了。

德国后来建立神圣罗马帝国，是962年前建立的，这个皇帝叫奥托二世，他的神圣罗马帝国就是在撒克逊搞起来的，主要城市是奎德林布克，他葬的这个教堂是世界文化遗产。我写过好多文章，专门写柏林的就写了好几篇。巴黎的我没写过，这个太普通了，我就不写了。好多小地方我写的，譬如维罗纳，是《罗密欧与朱丽叶》里朱丽叶的故居，我写文章专门介绍这个城市。当时维罗纳是军事要地，兵家必争之地。维罗纳是古城，整个城市是世界文化遗产。

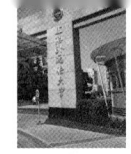

后来有本书叫《我的一生》，这个作家是世界有名的文学批评家，提到这个教授，我马上做个注解；这本书里提到梅纽因，我也作了个注解。因为梅纽因临死前一个礼拜还在指挥，这场音乐会我去听的，一个礼拜之后我在报上看到他去世了。我很惊讶，他临死前一个礼拜还开音乐会，我觉得这是敬业。当时他一出场我就觉得样子不对头，步履蹒跚、弱不禁风的样子，但是他指挥的时候还是蛮起劲的。指挥结束以后谢幕返场，几次返场了之后他又加演了一曲《匈牙利舞曲》，然后结束了。结束了之后有人推着上面坐着一个残疾人的手推车上来了，从舞台两边绕过去推到舞台前。残疾人拿了一份演出说明书，请梅纽因签字。梅纽因蹲下来给他签字。那个推残疾车的人也把说明书递给他，但梅纽因不睬，只签残疾人的，签好了之后退场。

我就是劝你们多读书，另外就是劝你们要把娱乐当作一种学习，学习要在娱乐中学习。这个是席勒的思想，就是在游戏中人是最放松的，学习像游戏一样开心，不要把学习当作一种沉重的负担。你学什么东西都要专心，这个专心不是一种负担，是玩。你看我所有写的书都是教学需要，我没有想到过名，也没有想到过拿稿费。这本《德国文学史》我写了十年，都是我的讲稿啊，讲稿后来再发挥了。譬如说《德国文学史纲》，33万字它通通叫史纲。这已经不是纲了，我现在合在一起变成《德国文学史》，有130万字。那本《德国文学史纲》是“七五”规划国家教委的重点社会科学项目，后来“八五”规划是《浮士德精神自传》，“九五”规划我写了《布莱希特论》，我写的东西都是学校里的科研项目啊、教材啊。我在台湾出过一本书，是我在台湾淡江大学的演讲稿。《布莱希特传》是当时中国社科院外国文学所所长吴元迈编的一套丛书，就是“20世纪的文学泰斗”。这是季羡林提的，他叫我写，我说布莱希特我可以写，一年把稿子拿出来。

这本《德国文学史》当时在上海得奖，这比在中央得奖都难。当时评奖范围是 1986 年到 1993 年八年里的著述，申报的有几千本。学校里边就把我报上去了，是作为第三等。因为几千本书报上去，一等奖是 15 名，二等奖 40 或 50 名，三等奖 100 名。全上海市人文科学实力很雄厚的，又是政治经济文学艺术通通在这个项目里的，所以帮我报了三等，后来发奖我却拿到二等。一等奖 15 本你是怎么挤都挤不进去的，因为都是《辞海》，《汉语大字典》，《毛泽东思想大辞典》之类。我拿到二等奖很不容易，而且是排在很前面的。并不是说拿到了就了不起，诺贝尔奖托尔斯泰就没拿到过。就好像我们不能说莫言拿到了奖就比余华好，不能这样评论的。我觉得余华就写得很好。

有一天我到上海话剧中心去和他们聊天，碰到杨绍林，我说一个剧作家，光是会写剧本不够的，还要懂戏剧理论。他说，你说得太对了。后来他编了个剧本叫《资本・论》，排演前，作者告诉我故事情节，希望我来看一看，他就邀请我在城市剧场看公演前的彩排。彩排前先在那边一个餐馆里吃饭，我们又请了几个经济学家，因为讲资本嘛，所以一起参加，社科院有 3 个。又问我有什么建议。邓伟志，民进的副主席，邓伟志很会评论的，文章多得不得了。他也去了，我们都去了。导演是何念，《罗密欧与祝英台》都是他排的，还有什么《武林外传》，他还是这个戏的导演。我就问他这个戏的主题思想，我还用了戏剧术语，他告诉我想法之后我很赞赏，但看完戏我不认同，因为他的想法和戏有很大距离。

看完戏 10 点半了，他说大家聊一聊提提意见，我提了很多意见。后来我正儿八经写了个意见，在他们的刊物里发表了。聊天就是讲学问，谈体会。古代柏拉图跟孔老夫子一样，柏拉图没有著作，都是对话录，在一块儿吹吹牛。论语是什么呢，也是吹牛啊，你吹一句我吹一句，孔老夫子自己不写的，孔老夫子说而不作，柏拉图也是说而不作的。你别看漫无边际的聊天，里面有很多学问。

还有奇怪的，黄老，黄佐临先生，我老师冯至，还有像张威廉，那是过世了，我们聊起来没完没了，因为他们要晓得外面的信息，要晓得我们比他们年轻一代的想法，他们想交流，老头子跟老头子的交流很有劲。像《新民晚报》的那个前总编，看见我开心得不得了，就要跟我聊天。聊天是学问

啊，不是谈吃，谈吃也有很多学问的，不过不是我的主题，我希望谈旅游、读书心得、音乐、看戏。

我经常会说，学问越大的人越谦虚。看的书越多的人呢，会越觉得没本事。我走进德国海德堡大学德语专业教研室图书馆，愣掉了，书多得不得了，一层一层。海德格尔是海德堡大学的教授，我老师是海德堡大学毕业的；德国前总理科尔是历史系博士。你走进去就感觉：哎呀我才看过几本书啊。

上外顾问教授季羡林到学校里来上课，第一个下午他有演讲。那时是 20 世纪 80 年代。我迟到了，坐在第一排。讲到朦胧诗时我插话了，我说朦胧也有好的呀，黄山的风景全靠朦胧。如果全是太阳，黄山没有雾就不好看了。朦胧有朦胧的特色，反正就这个意思。语言学上有一种叫模糊语言，就是你提一个问题，我的答案不是 Yes 也不是 No，你就觉得又像 Yes 又像 No，这就是模糊语言，是高级语言，体会无穷猜测不透。这个模糊语言就是朦胧的，不让你看清楚。我有一次讲笑话，我说谈恋爱，最初要给别人朦胧的感觉，怎么样让这个男的这个女的看不清楚，又是 Yes 又是 No。这个就是谈恋爱的技巧了。真正谈恋爱是不讲技巧的，真心相待，朦胧也好，不朦胧也好。但是真正讲话了就羞于表达，话里语言就有点朦胧的。季羡林是直接表达，他觉得朦胧诗毫无诗意。

我打断季羡林的话，有人说大教授讲话你怎么就打断人家，为什么？我说我在大学念书的时候，我是 17 岁，他 45，冯至 48，我们在一个楼里面，一个系嘛。进楼后，一边是东语系，一边是西语系，好多教授大家公用的嘛，每天看见，很普通的嘛。所以他讲话好像在聊天一样，我打断一下无关紧要。后来他们说你怎么胆子那么大，我们从那次以后就对你另眼相看了。季羡林对我的插话做出了一点很小的反应，他说余匡复同志嘛，是搞德国文学的。他完全晓得我的名字。

我初中的时候书看得很多了，可是后来自己越来越觉得没看几本书，这个感觉蛮奇怪的。人家说你写那么多著作要看很多书，实际上我实在没看过几本书，因为与那么多书相比，实在谈不上多。什么叫多呢，你看了一千本也不多的，所谓读万卷书行万里路，行万里路不难，读万卷书是要花时间的，哪怕读一本都要花时间。

我从小身体不好。17 岁考大学时因为身体状况的限制，不许我考工科理科，我生肺病，只好读文科。我上了北大之后锻炼身体，每天长跑3 000米，后来大一我就吐血了。在北大我吐过五次血，当年纪念冯至的文章里我都写到的。这本纪念集是秋风怀故人，都是请冯先生生前好友来写的，其中很多名流，沈从文也在内。我就写了六千字，一字不改就给我发表。文章就讲到了我在北大吐血的事。我到了上外之后又吐了好几次，那时，我要上十二节课，还要写讲稿。那天晚上六点，我吃完饭开始写讲稿，一直写到九点，吐两口血，之后又吐了好几次，后来我就去休养了。

德国我去了五趟，加起来八个月。我到德国、瑞士、奥地利都是去玩，但是我照样写得出报告。访问过什么教授，解决了什么问题，写写很快的一两页，一下就填满了。到哪国就要利用哪国的有利条件。比如说这么好的音乐会，在国内门票要三千块一张、一千块一张。我去那边就三五十个欧元就解决了。你到德国去和德国人交朋友，要晓得德国风土人情。我翻译过外国小说，我翻得很快是因为那一套生活方式我都晓得。到了瑞士，好多瑞士人都没有去过的地方我都去过。西班牙我只去过两趟：一趟十五天，两趟三十天。又疗养又出国，马德里、巴塞罗那，我没有不去的。到外国不去旅游，不看博物馆，不和外国人交朋友，那算什么啊。

我在高中读过的书很多，一进北大，我就讲莎士比亚的故事，《奥赛罗》啊，《罗密欧与朱丽叶》啊，后来有学生和我说，他本来是不愿意读文学的，听我讲文学后就觉得文学有趣，后来也就喜欢上文学了。我当时已经非常了解莎士比亚了，为什么？我们的语文老师是朱生豪的太太，朱生豪就是中国第一个翻译莎士比亚的，三十多岁过世了。他太太就是教我们语文的。

采访者：您的家庭背景对您有什么影响吗？

余匡复：我妈妈是家庭妇女；我爸爸是搞金融，开钱庄的，后来失业了。所以在家里完全自己读书。我觉得一切都靠自己。像我的儿子喜欢生物、物理什么的，他都是自己学的。一定要自己感兴趣，不好强迫。

采访者：那您最后是怎么选择德语的呢？

余匡复：德国人也会问我这个问题。说老实话，我当时觉得社会主义国家只有东德还行。我蛮想到那里去了解了解。考入北大之后可以有选择，选英语、德语、法语都行，系里有三个语种，可以自己填。考入的60个学生中填法语专业的有四五十个，太多了，学校就会动员学生读别的语种，三个专业要平均一点嘛。我英语不想读，因为觉得中学我英语读得还蛮好，是英语课代表。那就选择德语吧，为什么？我喜欢音乐。喜欢音乐的人，外语容易学好，因为外语有音乐性。我德语记得很快，我写书从来不用卡片，全在脑子里。我记翻译过来的中文名字记不住，但原文一下子就记住了。

进北大西语系，我就选德语，没有选法语。喜欢文学应该选法语啊，我为什么选德语呢？有个人动机啊。我想德语好了说不定有机会去东德。

采访者：学成后，您一度在清华任教，是什么契机让您选择来上外的呢？

余匡复：老实说，我不愿意在清华，不喜欢工科。什么电机系呀，土木工程系呀，听见这些系科名字我就讨厌。我觉得我搞文学挺合适的。怎么办？我就写信到外文出版社，要求去那里工作。我一个同学正好在外文出版社，他很有名啊，叫韩耀成，翻译了好多书。他们有意思要我了，但是后来被人家顶掉了。我就给上海外国语学院写信。外语学院一看见我的情况，还不错，就把我要去了。我1958年年底调过来，那时我太太还在北大念书。

采访者：您教授德国文学史是自己决定教这门课的还是出于课程的要求？

余匡复：德国文学史是学校教学大纲要求的。至于使用什么教材？没有！自己写。教德国文学史有点累，特别是一开始，因为稿子要自己写。现在上外用的这本教材是1990年出的，实际上我1985年就写好了，在出版社躺了5年，计划是人民文学出版社出的，后来才改为上海外语教育出版社出版。

采访者：那您是如何看待科研工作这一块的？或者说，在这方面有什么想法?

余匡复: 要搞研究就一定要有独立思想。听过我的课的同学写信给我说,你这种思维的与众不同给我们很多的帮助。其实,搞科研是要有思想的,这是活的灵魂。

张以群近影

张以群,1939 年出生于上海。教授。1959 年进入上海外国语大学学习法语,1963 年留校,至 2001 年在上海外国语大学教授法语。曾任法语系主任。主要从事词汇学、词典学的教学研究,开设过法语阅读与写作、语法、表达与交际、法语词汇学和国际公法等课程。其间,于 1978—1979 年到法国 Grenoble(格勒诺布尔)大学进修,1983—1984 年到巴黎十大学习国际法,1990—1991 年作为交流学者前往加拿大魁北克大学。主要著述有:《法汉词典》,《汉法实用词典》,尤里斯·伊文思的《长征:与记者谈话录》、《上海犹太城》、《佛教》以及《郭煌壁画》的翻译。

编译世界里的情感人生

口 述 人：张以群
采访整理：殷文婷、李心妍、杨家齐
采访时间：2012 年 10 月
采访地点：上外宾馆

1949 年新中国成立不久，在陈毅市长的倡议下，中共中央华东局和上海市委在上海创办了俄文学校。随后相当长一段时间，由于国家需要大量翻译人员，学校在语言人才的培养方面有了拓展。1956 年更名为上海外国语学院。

张以群是在 1959 年进入上海外国语学院修读法语专业的。

当时，学校还没有配备法语外教，法语词典也只有《模范法华词典》一种。但张以群学好法语的愿望是强烈的。没有录音机，他就想办法去跟语音实验室的管理员打好交道，把唱机和舞台剧唱片借出来听，其中有 *Fanfan La Tulipe*（《芳芳郁金香》）、《马克思的资本论》、*Le Petit Prince*（《小王子》）、《肖邦的一生》、《莫扎特的一生》等。张以群十分珍爱这来之不易的学习资源，一遍一遍听，仔细地品味和诵读，往往在语音教研室一待就是一下午。他对自己的要求是发音一定要和男演员一样精准。

后来，学校请了外教。张以群在回忆学习情景的时候，依然十分感激上外老师和外籍老师对他的指导与帮助。他说，一年级阶段徐百康老师（震旦大学法律专业毕业）的语音、二年级阶段的董寿山老师和庞伯龙老师的语法、三年级阶段的法籍老师 Alice 的作文给他留下深刻的记忆；而四年级的林鼎生老师和漆竹生老师（巴黎大学法学博士，时任上外法语系主任）则对他帮助极大。林鼎生的翻译课注重教学法，而漆竹生则注重学生的自主能力。

1963 年，张以群以优异成绩本科毕业后留校，从助教开始，一步步发展，现已成为上外元老级的法语教授。在教学上，张以群已积累了一整套的经验。

他说，法语教学重在“抓功”，譬如对初入大学的学生，张以群会与他们进行座谈，畅聊学习方法，探讨如何学和怎么样学好的问题；在大二阶段，他会激发学生对课外阅读兴趣，给学生开书单，因为“在二年级阶段，课外阅读尤其重要，它不仅能扩充词汇量，更是了解法语文化的必由途径”。

在刚步入课外阅读之时，外语学习者们往往会感到大量陌生的词汇和丰富的表达方法难以应对，张以群认为，帮学生找到“阅读甜头”是关键；在大四阶段，张以群认为侧重点应转移到写作上。为此，他在尝试过不少方法后自行研究出一条“黄金写作方法”，会就文章中的要点让学生重组和改编。最后，他会将优秀的作文汇编在一起，作为优秀作文集发给学生欣赏。同学们得以充分发挥想象力，愉快地完成作文。这不仅激发了学生的自信心，也使得学生对法语产生了浓厚的兴趣。这条黄金方法在锻炼法语记叙文方面无疑有着很好的启示作用。

另外，张教授给出了做 résumé（摘要）的方式进行作文训练：这一方法很好地锻炼了学生的逻辑思维能力，也锻炼了学生对词汇的驾驭能力。

如今，张以群在上外教书育人已达 40 年，可以说，他是和上外一起成长和发展的。

在张以群的眼中，上外是一所注重实践的学校。除了在全国范围内都堪称一流的语言特色以外，上外还有诸如法律、金融这类的复合型专业。他分析指出：专业性加上过硬的语言能力，是上外的学子们在毕业以后能够较快地进入角色的重要原因。

除了教书以外，张以群还翻译过许多法语著作，如尤里斯·伊文思的《长征：与记者谈话录》、《上海犹太城》、《佛教》。同时，他也编过词典。如今市面上普遍使用的上海译文出版社出版的《法汉词典》，张以群就是编写者之一。

张以群将自己编写该词典的缘由解释为是一场机缘巧合。1969 年正值“文革”时期，教师们都很闲。那时上海机关在各高校抽调出来很多懂外语的老师去复旦大学清理外语档案。张以群回忆说：“当时就有许多懂法语的人都集中在一起，大家在工作中产生一个共识，那就是，没有法语词典！怎么办呢？那就来编纂一本词典！”

编写词典的计划经上报得到允许后，包括张以群在内 60 人左右的编写团队就回到外语学院开始编写工作了。历时 8 年，词典的终稿在看到第四稿时总算确定下来，排字阶段前后校验了 4 次。一年后，凝聚一大批法语研究人员心血的《法汉词典》终于面世。

这是一本与时俱进的词典。2000 年修订再版时，收词量从六万条增加到六万五千条。在提到“编写词典是否要随着新潮流”这一问题时，张教授指出，词汇的发展势必会有单词的新老交替，天天发生的。但是在编写时不可脱离词典的宗旨，要根据词典的对象、需要来编写，不是越大越好。在谈及编写词典的体会时，他表示最难的是形容词，尤其是一些看似很简单、最常用的形容词的释义，这时候权威词典的重要性就尤为突出了。

张以群还翻译过法语小说。《上海犹太城》是他迄今为止所翻译的最后一本小说。小说中的故事以上海为背景，时间跨度长达 60 年，讲述了自 1938 起的一段鲜为人知的历史。

这本小说是一位法国朋友所赠，书中犹太人在上海的那段历史引发了他浓厚的兴趣，使他产生了将其翻译成中文的想法。于是，张以群便开始进行翻译小说的前期准备。为了还原史实，甚至是细致到一条路的路名，他都是花了大功夫去还原究根的，“当时我麻烦比较多的人是上海历史博物馆的一位地方志的专家，因为我经常要去请教他。从他那里我了解到了很多上海租界的历史。”

当然，翻译一本书是不能贸然行动的。要翻一本书，先要得到两个“OK”，一个是要找到一个出版社愿意出版；另一个是要得到作者本人的同意。在 2001 年退休之后，张以群趁着去法国看望女儿的机会拜访了他的一位从事出版工作的朋友，希望能联系上原著的作者米雪尔·卡娜。在得知他想将小说翻译成中文的意愿之后，米雪尔非常高兴，邀请张教授去她家细谈。通过那次谈话，张教授了解到许多二战时犹太人在上海避难的历史细节。“她的目的是很崇高的，想让年轻的犹太人了解这段历史。所以，我觉得挺感兴趣，因为我是大学里搞科研的嘛，这些与历史有关的都是我比较倾向的。”

本着这个初衷，张以群翻译了这本小说并联系文艺出版社出版。

张教授将自己的一生都奉献给了法语，奉献给了上外，他在编译世界里演绎着他的情感人生。

访谈实录

窗外是绵绵细雨，张以群教授来了，精神很好，身穿一件黑色的风衣，却并没有打伞，一进门就给我们一种非常亲切的感觉。

在简单的寒暄之后，我们就坐定采访。张以群教授非常健谈，谈话围绕着一个既定的中心——法语的学习与教学问题。采访和被采访的双方各有各的责任和分工，一个徐徐道来，一个细细聆听。对于我们聆听者来讲，从中感到了一种执着和力量，我们认为，这种执着和力量的传递来自于一个长者对事业的挚爱。

采访者：您是学法语出身的，我们的采访就从您是如何学法语开始吧？

张以群：初学法语时，我的发音很不标准。但既然选择了法语，那就得学好它。那时学习条件不好，没有录音机之类的辅助工具，就只能想办法拿一些法语材料来听，靠听来改进我的发音。后来，我发现学校的语音实验室里有一位法国名演员灌音录制的唱片，比如《芳芳郁金香》、《马克思的资本论》、《小王子》等，我就设法和语音室的管理员搞好关系，借出来，在语音室里面听，这叫做给自己开小灶。有时候在语音室里我一待就是一个下午。听得多了，我就能把唱片的内容都背下来，而且通过模仿，我的发音也明显提高了，我的语音语调能诵读得和唱片中的男演员一模一样。

采访者：听说您学习是很会见缝插针的，可否谈一些细节？

张以群：这倒是对的，即使我成了上外的一名法语教师后也没有放松过学习的机会。在巴黎进修时，我经常去别的学校"蹭课"。先拜托我的法国同事去和某门课的教授"打招呼"，然后我就坐进去听。现在看来，是占了一些"便宜"的。

采访者：好，那么您是如何看待工作的呢？或者说，您觉得作为一个老师如何才称得上是称职的呢？

张以群：学习需要热情，教学同样需要热情。作为一名法语教师一定要把这种热情贯穿到法语教学的工作上，"想着学生，心系学生"是一个老师应有的品质。所以，我经常会在课外的时间里找同学们谈心，聊学习方法；也会及时地给学生开需要阅读的书单。

采访者：能够再具体一些吗？

张以群：我对各个年级的学生的每个阶段都会提一些不同的要求，教学上也会有不同的侧重点。比如说，大一阶段要注重语音入门的学习方法，大二阶段要注重阅读兴趣的培养，大三、大四阶段要侧重写作能力的提高。我会给学生布置作业，让他们写一些评论类的文章，即观后感、读后感吧。把一部很长的电影或者是内容很多的一本书压缩成几百字的文章是很难的，这需要有很高的语言功底。所以，培养一个学生不容易，对老师的要求很高，需要老师有很大的投入，时间上、精神上都要有很大的投入。

采访者：您在教学之外还参加了词典编写工作，那么，您刚才所说的投入同样适应于词典编写领域吗？

张以群：这是毫无疑问的，编译工作同样需要投入，这种投入就是严谨、负责，否则就会出差错。我在参与编写《法汉词典》的时候，与其他编写成员一起摸索一条路，不断地请教权威，不断地修改，一直改了四稿才决定交付出版社出版。排字阶段，也前后校对了四次。

采访者：您的努力也体现在法语翻译方面，我们很高兴读到了您的译作《上海犹太城》，可否谈谈相关的体会和感受？

张以群：在法语翻译方面我确实有所涉略，《上海犹太城》是我的收官之作，但不应该是我翻译的句号，我还要在这方面继续做一些力所能及的工作。至于感受嘛，还是有一点儿的，因为有时你确实会遇到一些波折。比如说，一次我选择了一部小说，觉得很好，就着手翻译起来，把书名定为《一个法国人的一辈子》。谁知整本书都快译成的时候，出版社却告诉我已经有人译了，并且已经出版了。当时我也有点儿失望，辛辛苦苦翻译的成果却付诸东流了。

采访者：恕我插一句，您为什么不事先和出版社联系呢？签约后再翻译不是要稳妥一些吗？

张以群：这样也有问题。因为和出版社签了约，出版社就会对我施加压力，叫我及时交稿，这就会压缩了我对原稿修改、考证的时间。我认为，翻译既要对自己负责，也要对原著负责，不负责任的翻译是一种亵渎。

采访者：您在40年的教师生涯中对上外和社会做出的贡献是有目共睹的，那么，您现在还有进一步翻译的计划和打算吗？

张以群：我已经73岁了，觉得记忆大不如前了。对我来说，保持身体健康、享受天伦之乐也许是第一位的。

吕光旦(1994 年 10 月)

吕光旦,1942 年生,上海市人。1964 年毕业于上海外国语学院英语系英语语言文学专业,后留校任教。1970 年起,在中国人民解放军洛阳外国语学院任英语教师。1987 年回沪,在上海外国语大学先后担任英语系教师、教务处处长、国际文化交流学院院长职务。

1989 年赴澳大利亚堪培拉大学任访问学者。1995 年赴美国南卡洛莱纳州科克学院任交流教授。1991 年起任上外英语专业硕士研究生导师,并多次参加英语专业及语言学与应用语言学专业博士生的论文评阅与答辩工作。

吕光旦长期从事高校英语专业教学和英语语言研究。曾先后发表过《英语幽默的语言分析》、《英语幽默的语用分析》、《英语幽默中的双关》、《现代汉语称呼中的“权势”与“平等”关系》等学术论文十余篇。参与编著《实用汉英分类百科词典》、《英语国家背景知识词典》、《对外汉语论丛》等著作。

上外传统　代代相传

口 述 人：吕光旦

采访整理：高瑞梓、诸葛晔男、栾春晓

采访时间：2013 年 11 月

采访地点：上外虹口校区图书馆

一个人和一所学校的缘分要有多深，才能在毕业后直接留校做教师，见证了学校一步步的发展和蜕变，才能在被调到洛阳外国语学院 10 多年后又重返母校，才能在一所学校从教任职 40 多年直到退休。吕光旦和上海外国语大学的故事让我们相信，这样的缘分当真存在。从学子到青年教师、教授、教务处处长、再到国际文化交流学院院长，吕光旦见证了上外从只有 8 个语言专业到后来推出了复合型专业，见证了上外在“文革”后率先实行收费制，见证了上外新校区的诞生……吕光旦的人生轨迹和上外的发展历程紧密相连，上外的一段斑驳校史，承载着吕光旦的昔日经历；而吕光旦的回忆故事，讲述着上外一段旧日时光。

得知我们有幸采访这样一位上外老教授时，我们十分激动又有点紧张。在仔细查找、阅读了有关吕光旦的资料后，我们在采访前 3 天的那个阳光明媚的上午，拨通了他家的电话。很快，吕教授就接听了电话，电话里吕教授声音亲切、和蔼，一听到我们是上外人，他就爽快地答应了我们的采访请求，而且还让我们自己决定采访时间和地点。吕光旦如此的随和、亲切，一下子就打消了我们的紧张情绪。在征求了吕光旦的意愿之后，我们最后约定在周日上午，到上外虹口老校区与吕光旦见面。

如果说电话里吕光旦的爽朗和亲切让我们惊喜，那么见面那天，吕教授更是让我们感动和钦佩。采访那天气温骤降，我们拿着器材提前半个多小时到达了约定地点。到达后我们给吕教授打了个电话，本来只想告诉

他，我们在这里等他，结果吕教授接完电话后就匆匆赶来了，说怕我们久等。当我们看到头发花白的吕光旦快步从虹口校区的大门口走进来，油然而生的感动化作心中股股涌动的暖流，同时也深深为吕教授在这些处事细节上流露出来的真诚随和、为他人着想的高尚品质而折服。

吕教授看起来身体状态和精神状态都非常好，当我们在校园里找寻拍摄地点时，他还向我们介绍、描述上外老校区从前的模样。一边走，他也不由地感叹上外校区变化很大，很多教学楼的功能、布置都变了，自己都不认识了。

最后，我们在图书馆的沙发区落坐，正式开始采访。其实，说是采访，但是整个采访过程让我们觉得就是一次和吕教授愉快、融洽的交谈。我们入迷地听着他讲述上外的老故事、发展路上的困境，以及他对英语教学的心得体会和对上外现状的评价、看法。对于我们提出的问题，他也都一一详尽、耐心的解答。印象很深的是吕教授提到上外率先创新推出复合型专业时，社会上，尤其是其他高校对此抱有极大的质疑，认为我们很难在学好语言的同时兼顾另外一个学科的专业知识。当时吕教授在上外教务处工作，为了均衡符合专业的课程安排，让学生获得全面的能力，他和其他教师一起呕心沥血研究课程设置、专业培养计划。最终，上外复合型专业培养出的人才在各行各业都得到了认可，专八成绩甚至还高于其他高校纯语言专业的学生。上外就是以培养出的具有硬实力和真才实学的学生，让社会上的质疑息声，并引起了开设复合型专业的风潮。任何一次成功的背后，都是数不尽的汗水和心血，要想做成一件事，就要顶住压力，通过一切方法做到自己的最好。社会的发展需要能力全面的人才，而上外复合型专业的推出正是顺应了社会的发展、满足了社会对人才的需求，我们发自心底感激上外的元老、前辈们已经为我们铺好了这样一条方向正确的路，也更加为自己是一名上外学子而自豪。

另外，给我们触动很深的一点，是吕教授讲述的上外的学风以及他对上外学子的新期望。据他回忆，从前上外虹口老校区很小，每天清晨，校园各个角落里都是晨读的学生。在日常学习中，从教师到学生都非常注重基础知识的学习，基础课程占的比例很大，四年下来同学们的听、说、读、写功底会十分扎实。这着实给我们提了个醒，我们现在的校园生活越来越丰富，也越来越注重综合能力的培养，但与此同时，我们的根基不能丢，上外学子扎实刻苦的优良学风不能丢，在拓展视野、丰富经历的同时，我们要时刻提醒自己要脚踏实地的学知识，决不能忽视基本功。同时，吕教授也表达了对上外学子的希冀，在新的时代，一切都要放眼于国际，作为上外的学生，自然要力争成为国际化的人才。而国际化不是一蹴而就的，而要一点一滴的学习、积累，从而最终拥有国际化视野。"要对得起自己'外'字头的称号"，这是那天的谈话后，深深印在我们脑海的一句话。

聆听着吕教授的故事和谆谆教导，不知不觉时间就过去了一个半小时。那一个个老故事串联成一幅幅画面，透过斑驳的光影我们看到了上外一路走来的光辉历程，那里面凝结着一代代上外人的拼搏、珍藏着一代代上外人对上外的感情。从上外老故事里拾起我们优良的传统，拂去灰尘轻轻握在手心，让我们在吕教授的目送里，坚定地迈向上外的新未来。

一、 那时候的上外晨读朗朗

吕教授从小就对英语特别感兴趣，所以大学里就按兴趣选择了这个专业。大学里有的人是分配过来学英语的，有的人是自愿考进来的，每个人的情况不一。虽然学外语人数不多，但外语学院的名声一直是很响的。上外的英语系是 1956 年刚刚成立的。

进了学校之后，他就感觉这个学校特别洋气。教师，学生，还有环境。虽然那时候还没有外国学生，但是校园里到处都可以听到学生讲外语。他进学校的时候，已经有 7 个语种的专业了：英语、俄语、德语、法语、日语、阿拉伯语，还有西班牙语。

当时校园里他印象比较深的是每天早晨都可以看见一大群人在朗读。校园不大，却到处都有人。他觉得这个氛围非常好，上外应该要将这个传统发展下去。现在上外对于早读的这个习惯不太重视了，要坚持这一传统。

那时候的上外在早饭之前专门划出 45 分钟让学生来晨读，而且是强制的，不过怎么读，在哪里读，是学生自己选择的，但是一定要读。晨读对于提高语言技能是很重要的手段和基本功。遗憾的是，后来上外对此多少有点忽略，到现在也没有完全恢复。但是作为学生自己来说，晨读这一环节要抓住。读英语必须要出声音，这样才会对语音语调的提高有帮助。

二、 紧抓基本功

他上学的时候，上外对于学生的英语基本功抓得特别严。英语四项基本功就是：听、说、读、写。外语学院也是以对这 4 个基本功的成熟运用而著称的。相较于综合院校，上外的优势就在于对于语言的运用技能强。

学校对“听、说、读、写”的重视从低年级课程设置上就可以看出。不仅是老师上课强调、课外强调，还有平时的思想观念灌输，抓好基本功的这一氛围就营造起来了。比如说课程设置方面，不管你之前学过英语没有，基础怎样，只要你进了上海外国语学院，就要经过整整一个月的语音训练，来帮助你正音。这一个月就是在课上让学生对于英语音标的每一个音素都要纠正语音。后来这一环节被取消了，但他觉得，正音还是很重要的。

之后是语法。上海外国语学院的学生对于语法要经过 3 个周期的学习。一年级结合精读，把语法通讲一遍；二年级有一个语法实践课，后阶段有一个理论语法课。语法就以不同形式滚三遍，学生的语法基础是很牢的。过去有人曾经批判说中国学生对于语法太过于强调，吕教授觉得“过于强调”这一点上，通过课程设置可以调整，但是对于语法还是要有必要的重视，这对于后面的“听、说、读、写”，特别是“读、写”很重要。如果没有坚实的语法基础，就不可能说得好，写得好。英语水平的检验标准就是写出来怎么样，你写出来的英语漂亮，那你英语学的就到家了。

三、 难忘的恩师们

当时上外有这样好的学习氛围，也是得益于一大批实践能力很强的教师。没有好的老师确实是教不出好的学生。

吕教授当学生时候比较早，老师有很多是从像圣约翰大学那样的学校毕业的，实践能力非常强，很多都在国外有留学经验，就像李观仪老师，她是从斯坦福大学毕业的，所以这批实践能力强的老师能够把学生调动起来。

章振邦和李观仪两位教授虽然没有直接教过他本人，但他对他们印象比较深。李观仪老师学问严谨，而且对学生要求非常严格。他没有直接听过她的课，但是他们课外经常接触，还到她家里去。李观仪老师做事非常仔细，哪怕一个标点符号写错了，她都要纠正你。他回上外后跟她分在一个教研室。当时他们是集体备课的，她对教案要求很高。当时都是在打字机上打，就用复写纸一式几份，给各个老师，这是个体力活，她弄得是非常仔细和详细。她的教案对于年轻老师来说也是一个典范。

章振邦教授主要是行政方面的，他是英语系负责行政的一个副主任，当时主任是方重。方重不常参与实际的行政工作，但在三年级的时候，他教了吕光旦那个班一年的英国文学史。他们那时候还年轻，很多东西听了还没有深入进去，但是方重先生的课给他们打了一个很好的基础。名教授给他们上课本身就是一件很有吸引力的事。当时他们几个学得好的同学基本可以每节课把他的讲课都记下来，课后再互相比对。到考试的时候基本都可以记得住，这个印象还是蛮深的。当时上课还是在上外虹口校区内靠近图书馆的位置。

还有杨小石老师，当时也教过他们。他的语音语调特别的漂亮，他们这些学生都特别喜欢模仿他的语音语调，他还给很多电影配过音。

到了四年级之后，校里面就组织了一个拔尖班，采用小班教学，一个班 12 个人上课。吕教授就进入了这个拔尖班。到了四年级毕业班的时候，学校唯一的一位外国教师来教他们。毕业之后，他们很多人留下来当老师。学校为了青年教师的培养，组织了一个青年教师进修班。刚毕业的他们，还有将来要当老师的四年级的学生一起组成了这个进修班。上外 1964 年开始大规模引进外籍教师，当时英语学院引进了一位外籍教师，是美国黑人运动的领袖人物。后来进修班的学生基本都留校当了老师，成为了英语学院英语专业的骨干力量；四年级毕业班其中有汪榕培，毕业后去复旦念了研究生，后来是大连外国语学院的院长；教师进修班中有侯维瑞（很遗憾，他已经去世了），他在英国文学领域很有造诣，等等。所以从学校培养教师来说，这是很有远见的一个行动。

四、 秉承传统　代代相传

青年教师进修班这批教师出来工作后,也秉承了抓好实践能力的传统。青年教师在学校里,都是废寝忘食地开展教学。当时戴炜栋是一年级教学组长,他带着教师们白天教学,晚上到各个教室去辅导。学生都是住校的,晚上还有晚自习。到了 9 点,辅导完还要回到办公室挑灯夜战备课,但是当时热情是很高的。

上外的教学传统中非常强调英语基本功的训练,这是他们的一个特色。相比其他综合院校,比如说复旦,主要是比较重视文学这一领域。所以上外须尽力地保持这一传统,一代一代传下去。

"文革"之后,新招收的学生又有了变化。对新一代的学生,基础就不太强调了,当然情况有所变化:学生来校前都学英语很长时间,不像以前他们还有零起点的学生,所以对于基础的东西就不那么强调了,但实际上很多学生的语言技能不见得达到了好的水平。所以怎样处理好这两个关系是很重要的。

五、 专业改革

到了 90 年代,学校开始全面改革,进行收费招生,并对专业设置与课程体系做出全面调整,推出了复合型专业双语专业及主、辅修型课程等。复合型专业总的学年还是四年,总的学时没有变,但是要加上一个专业的内容来学,这就是一个很大的挑战。

那个时候吕教授在教务处就参与这个工作。改革初期,外界有很多争议,对他们也有很多意见。人家就觉得一共 4 年,你两个专业都要,时间到底够不够,能不能学好?你的外语能达到什么水平?你的第二专业能达到什么水平?

之所以开设复合型专业,上外是出于形势需要的考虑。第一就是,改革开放形势下,单纯的外语人才不能符合新的人才的需求;另一点是上外率先实行收费,还是第一批,而复旦、交大等校还是可以免费上的。报考的时候学生就会说，别的学校不收费，你们收费，那你们专业上有哪一点值得我来报呢？这也是个问题。所以出于这两者考虑，上外就改善专业，使我们的学生有多方面的能力。

一开始上外只有 3 个复合型专业：对外贸易、国际新闻、对外汉语，面还不是很广。但后来渐渐发现，这几个专业的学生英语水平都很高，所以也有条件加强他们对于复合型专业的学习。复合型专业的课程当然要进行调整，比如说经贸专业就不能跟综合大学的经贸专业相比，但经贸这个专业的主干课程都必须包括。

这个复合型专业是上外首先推出的，当时也遭到了一些质疑，但后来这几个复合型专业的学生去参加英语专业八级考试，成绩还比其他有些院校的英语专业高得多。这个数据一拿出来，外界的质疑就少了。后来全国很多外语院校也开始采取这种复合型专业。我们上外是走在最前面的。

证明了这一措施的可行后，上外就开始加强复合型专业的改革，在人

1993 年 10 月 8 日吕光旦在解放军外国语学院向全国外语院校介绍上外复合型专业设置情况

力物力上加大投入。这也证明实际上外语和其他专业是可以兼容的，但重要的是你怎么处理好这两者的关系。当然还有很重要的就是学生的基础、整个教学环节当中的处理，还有师资。如果老师能够用外语来开专业课，那么这个专业的水平必然上去，我们的苦恼在于找不到这样的师资，既能精通外语，又能懂本专业。不过当时上外之所以敢提出开设双专业也是考虑到我们那时候还有这样一些外语和专业并通的老师。所以师资是非常重要的一环。

那时还设想过学分制的改革，但是因为种种原因没能搞起来。主观设想过很多方案，但由于体制的影响，也未能做到自由选课，打破年级、专业的界限，让一年级的人去听三年级的课，这个专业的人听那个专业的课。最近20年，专业拓宽了，语种也增加了。从一开始的俄语，到后来的7个语言，到现在20多种语言，这是一个很大的变化。复合型专业也增加了法学、国际政治。学科多样对于形成"外国语大学"是很重要的，而外语基本功——立足之本不能丢。"如果你要牺牲外语来搞别的专业，那你跟复旦、交大不但没有差别，还拼不过人家。"

六、寄语上外人

跟以前相比，现在的学生知识面宽多了。现在不像过去，他们想要看书但只有图书馆几本书，而且可查阅的资料也少。现在电脑啊，网上查一下就有很多资料，学生的视野是广了，但有些优良传统不要丢，比如说对于外语基本功的学习不要轻视。

现在学生强调国际化，这是对的。现在的学生不要以为视野拓宽了就有国际视野了。国际视野需要有意识地培养，并不是一蹴而就的。首先教师要有国际化视野才能引导学生，而学生也要主动、有意识地关注国际大事。"外"字头的人，不知道国际大事，这说不过去。国际上的事情不要求面面俱到，但至少跟人家交谈起来要略知一二，不能一问三不知。过去当学生有个习惯，遇到什么国际大事，都要想一想这个事情用外文怎么说，不懂就去查。不看外面的报道，就不知道发生了什么重要的事，就不知道外语怎么表达。也就是说，重要的是要主动地关心国际大事，没有国际化视野不可能成为国际化人才。

学生的主要任务要以外语为基础，结合本专业来提高，这才能够称得上是真正的复合型人才，这是我们的目的。

黄锦炎 (2002 年)

黄锦炎,1944 年 1 月生,上海市人。上海外国语大学西班牙语系教授,硕士生导师。

1965 年毕业于上海外国语学院西语系西班牙语语言文学专业,并留校任教。1966 年赴智利大学哲学文学系进修语言。1979 年赴墨西哥学院进修西班牙语语言学和西语文学。1994 年作为西班牙政府资助的访问学者,赴西班牙马德里大学研修对外西班牙语教学和辞书编纂学。

执教 40 多年,主要教授西语专业本科各年级的基础课,高年级的翻译课和写作课,研究生的翻译理论与实践研究和西班牙语语言史等课程。2002 年被评聘为教授。

主要从事翻译理论与实践和词汇学方面的研究,以及辞书编写工作。发表论文《语际信息传递与等值原则》、《商务西班牙语的语言特点》等。合作翻译名著《百年孤独》、《博尔赫斯全集》、《墨西哥中短篇小说集》等。主编《西汉袖珍词典》和《西汉微型词典》。参加编纂的辞书有:《新西汉词典》、《世界文学家辞典》。

五十年风雨话沧桑

口 述 人：黄锦炎
采访整理：张婧亭
采访时间：2012 年 6 月
采访地点：上海南站地铁站内

一、 从无到有： 上外西语专业应运而生

上世纪 60 年代，四海翻腾云水怒，五洲震荡风雷激。随着拉美民族民主运动的发展和中拉交往密切的需要，上海外国语学院开设了西班牙语本科专业。经过一段时间的筹建，1960 年，上外西班牙语专业正式成立。张绪华老师 1959 年毕业于北京外国语学院西班牙语专业，分配到上海外国语学院，他为创办上外的西语专业做了很多开创性的工作。

当时的上外，严重缺乏西班牙语专业教师，作为唯一的一位西班牙语专业毕业的教师，张绪华担任了上外西语教研室主任。他和浦允南老师、卢传山老师一起，承担了西班牙语专业教学的全部课程。

浦允南老师是一位语言天才，精通多国语言。他毕业于国民党中央商学院英语专业。二战期间，曾作为语言专家为美国海军陆战队当翻译，也曾作为国民党外交部随员被派往巴拿马担任外交使节。在巴拿马，浦先生凭着语言天赋和有效的学习方法，仅花了半年时间就掌握了西班牙语。当时国内正值抗日战争时期，浦先生在巴拿马街头用流畅的西语激情演讲，向巴拿马人宣传中国的抗战，宣扬正义与和平。解放后，浦允南来到华东革大附设上海俄文学校（今上外）学习俄语。作为高材生毕业留校任教，后来当了俄语专业的教授还担任过俄语系主任。但不久因所谓的“历史问题”被撤掉系主任职务。上外西语系成立后，精通西班牙语

的浦允南便由学校调入西语系，和张绪华、卢传山等老师一起教授西班牙语课程。

1960年，上外西班牙语专业共招收了第一届15名学生。第二届招收了10名学生。我是第二届学生。我上大一时，是浦先生给我们教课。第一届学生上大二，则由张绪华教课。浦先生教授语言自成一套体系。作为他的学生，我们都受益匪浅。后来张绪华老师、卢传山老师和语言学专家王德春老师一起专门研究总结过浦允南老师的语言教学法。

当时上外西语专业的教学理念是：以学生为中心。就是倡导老师引导学生主动学习。那时上外西语专业没有自编教材，用的是北外编写并邮寄来的油印（就是打在蜡纸上用油印机印刷的）教材。这样，上外学生总是比北外学生晚一个礼拜拿到教材。但是学生很刻苦，老师教学也是认真而得法。没有教材，学生预习就听课文的录音，听出新单词就查字典，等拿到教材，学生对课文已经相当熟悉，6天的课程只用4天便全都掌握了，自习课做作业和在教师指导下核对作业。剩下的2天则用来聊天，大家用西语讲新闻、谈生活、讲故事、说笑话，天南海北地随意畅谈，老师与学生融成一片。单词不够用了老师当场补充，下课了，黑板上总是留下满满一黑板的常用新单词。

在这样的氛围中，学生的西语口语水平进步很快。当时还有一个提高口语的办法，就是参加西语戏剧表演、西语歌曲演唱活动。当学生用西语表演西班牙剧作家贝纳文特的作品时，因为感情非常投入，原来背出来的大段大段的台词，在舞台上就变成了自己的语言，很自然地脱口而出。每演一次话剧后，我们都能明显感觉到西语的口语水平又上升了一个台阶。

当时学校的硬件条件非常简陋，练习西语听力的唯一方法就是围坐在一台破旧的录音机旁听纸带录音，录音质量很差，声音很嘈杂，学生几乎是把耳朵贴在录音机上听。听力训练的内容是北京国际广播电台的对外西语广播录音。这样的练习使学生掌握词汇和表达方法能跟报刊新闻用语同步，所以每天上课前，值日的同学拿份报纸就能比较流利地把报上的标题和主要内容用西语表达出来。

1962 年,古巴导弹危机爆发。我们上外西语专业全体同学参加了上海人民声援古巴的游行示威,大家在人民广场齐唱西语歌“要古巴! 不要美国佬!”那是怎样一个意气风发的场景啊! 几十个上外西语专业学生用西语来宣誓决心,来表达对古巴人民的声援。试想当时古巴人民知道在遥远的中国,有这样一群中国学生为了古巴人民的正义事业而高歌,该有多么感动啊!

我上大二时,张绪华老师接手我们班级的教学。科班出身的张老师很重视夯实基础。在读大一时,用的是“听说领先”教学法,就是教你想尽办法把想要说的东西说出来,只要对方能听懂,容错度比较大。上大二时,开始学习文学作品,强调通过语法分析和语义的推敲去正确把握语言的含义。大二学习是属于夯实基础的阶段,所以,有段时间我们感觉似乎老是在原地踏步,没有大一时感到的那种学业的“飞跃”。可是一些基本功的机械性训练,提高了我们使用语言的正确性,对于后来我们的语言整体水平的提高实在是大有裨益的。

比如,背诵是一种非常有效的学习方法。除了背单词、背动词变位,张绪华老师经常要求我们背诵课文中文字优美的段落。其他课上我们还要背诵我国的外交政策、教育方针、和平共处五项原则等等。我们个人也养成了一个背诵优美文章段落的习惯,像《百年孤独》那段脍炙人口的开头,我可以流利地背出来,这跟我大学时养成的习惯是分不开的。

就这样,我们大一时培养听说能力,大二时夯实语言基础。到了大三,学生都具备了自学能力。大家都学得很刻苦,效果也非常显著。可是也有一个问题,那就是我们并不能肯定,学的究竟是不是纯正的西班牙语,因为我们从来没有机会和西班牙语国家的老外直接有机会用西语对话。

幸运的是,大三时来了一对智利夫妇 Pedro Pacheco 和 Albetina Contreras 担任外教。这对智利夫妇都是非常博学而且有丰富的教学经验。记得他们在教师进修班讲解词汇定义和用法,中国教师提出的问题,他们可以脱口而出地回答,既详细又正确,课后查阅原版词典发现,词典的解释跟他们的答复完全一致。

2008 年黄锦炎（右一）与墨西哥总统卡德隆（右三）合影

Pedro 夫妇给我们上第一堂西语课时，因为他们不会说中文，本来担心沟通上是否有障碍。可是当夫妇俩听到学生们嘴里说出的流利西语和地道的西班牙发音，他们都很惊奇地开玩笑说：中国学生西班牙语说的比他们好（因为他们用的是拉美发音）！学生们心里也踏实了许多，因为经过外教的验证，我们终于知道中国老师教的是正宗的西班牙语！

这对智利外教夫妇是智中友好协会推荐来中国教书的，对中国非常友好。除了上课以外，他们跟学生无话不谈。Pedro 先生是智利社会党中央委员，我们聊得最多的是政治话题。比如我们强调“农村包围城市”是民族解放战争的唯一正确的道路，他则反驳我们说，在智利只有通过“议会道路”无产阶级才可能取得胜利。尽管辩论时可以争得面红耳赤，但毫不影响我们之间的友谊。辩论增进了彼此的了解，也使我们增长了很多见识。

这对智利夫妇在上外执教 3 年，为上外西语系、也为中国的高校西语教学做出了重要贡献。Pacheco 先生是个藏书迷，他来上外时，送给上外图书馆整整 50 箱书籍。现在我们还可以在校图书馆看到盖了他的赠书章的西班牙语图书。

后来我去智利留学，一次逛旧书店，店主跟我说起他有位老顾客 Pedro 先生，在中国上海教书。我告诉他，Pedro 是我的老师，店主话匣子大开，说 Pedro 是“图书馆老鼠”，挑书要求很高，买书一箱一箱买。

二、初当翻译：遇到的那些“囧”事儿

在大三暑假时，我第一次外出当翻译。那年召开了北京国际科学讨论会，有很多外国专家到会。因为在课堂上学的都是文学作品，有的还是古代作品，也因为缺乏语言的实践，发生了“食古不化”的笑话。有一次在大厅里要问一位专家夫人的姓名，我突然想起书上一种表达法，记得老师讲解时还特意强调过是问女士用的，于是我就用了。没想到旁边的专家听了哈哈大笑起来，笑声惊动了在场的各个语种的翻译，大家疑惑地看着我，不知道发生了什么事。当时，我定了定神问他是否说错了，他说“你用的是我祖父的祖父的语言”。我问他应该怎么说，他告诉了我。这件事提醒了我，学外语要区分书面语和口语，要学习活的语言。

那天一位资深的法语翻译跟我说，没想到你年纪轻轻就是老翻译了，我说我是第一次当翻译。他说，那你碰到这样的事一点儿不慌，你多大了？那年我 20 岁，刚上完大三。因为天天跟外教接触，说错话也不紧张，语言就是在不断纠正中学会正确表达的。

当然，翻译经验也是需要积累的。刚开始我感到最困难的一次翻译，是参观闵行新区。那时候闵行工业区正在兴建，接待方介绍的都是建设成就，什么人口密度增加、民用建筑面积、工业建筑面积与以前对比……那么多抽象的数据，听了无法在脑子里形成概念，要翻译时全忘了。我想求助带团全陪的老翻译，他在一旁看我笑话逼我翻下去，但说了一句“好记性不如烂笔头，谁叫你不记啊！”那位翻译是我老师辈的，他是在教我，从此我搞口译总是不忘带纸笔。

三、从小到大：西语系面临发展的机遇

1962 年，上海教育部门院系调整，上海外贸学院停办，外贸外语系并入上外，西语系增加了一个调干生班和 5 位西语教师：曹建超、杨倬、范娟倩、邓宗熙、吴熹孙。从 1963 年开始，国家摆脱了三年自然灾害造成的阴影，教育发展的步子加快了，上外西班牙语面临了第一次发展的高潮。当年从北京招收了 13 名外语学校西班牙语专业毕业生，组成了一个北京班。64 年有个高等教育要面向工农子弟的政策，西语系招了 90 多名新生，分 6 个班级。那一年西语专业从西语系分出来，成立了西班牙语系。65 年又招了 4 个班级 80 多名学生。外教最多的时候有 6 名。这是上外西语专业发展历史上最兴旺的时期。

四、"文革"动乱：斯文扫地然而初衷不改

但是，好景不长。1966 年上半年爆发了史无前例的"文革"，学生就停课闹革命了。我当时在智利进修，对国内的情况知之甚少。67 年回国，我发现什么都变了，那些我一向崇敬的领导人都被批斗了，有点儿恍如隔世！

记得我在北京见到我们班长，他知道我爱发表意见，所以警告我说："回来以后说话要小心点儿。"回到学校里一看，真是让人目瞪口呆，全校的玻璃窗全被砸烂了，没有一块完整的玻璃。老师学生都分成了造反派、保皇派。我留校当教师的三位同学，两位被抄了家。浦先生家也被抄了，抄出一大堆藏书都被烧了。我看着被焚烧的书籍很心痛，有老师偷偷地从那堆书中拿出几本放在教研室的书橱里，"文革"后还给了浦先生。

"文革"时期，一切与专业学习有关的都靠边站，大家都忙着"斗批改"。不过到了晚上，我们西语系还是自有一番小天地的。教研室贴着封条的书橱是可以起封的，教师们会找一些可以阅读的西语资料看一下，有

的老师还悄悄地收听外文的对外广播。虽然谁都没说什么，但只要彼此一个坚定的眼神就都心照不宣了。虽然谁也不知道“文革”这场灾难要持续多久，但大家坚信，一切都会过去的，坚信西班牙语专业总是有用的。到70年代末，上外西班牙语系迎来了盼望已久的又一个专业的春天。

1987 年 7 月周顺贤于开罗塔顶层眺望开罗全景

周顺贤，男，江苏苏州人，1938 年生，教授，博士生导师。1958 年至 1960 年在北京外国语学院英语系学习。1960 年被派往伊拉克巴格达大学文学院阿拉伯语系学习。1965 年夏回国后在上海外国语学院阿拉伯语系任教，先后任阿拉伯语教研室主任、校学术委员会委员，中国阿拉伯文学研究会副会长，中国阿拉伯语教学研究会理事，上海外国语大学督导组督学。现任南京大学金陵学院阿拉伯语系主任。

1982 年至 1984 年赴也门塔兹技术学校任教，兼中国教学组副组长；1986 年至 1989 年赴埃及艾因·夏姆斯大学语言学院任客座教授，兼中国教学组副组长；1992 年至 1994 年赴也门萨那古太白高级中学任教，兼任中国教学组副组长。主讲阿拉伯语基础课、精读课、阿拉伯文学、翻译理论与技巧、阿拉伯语口译、经贸阿拉伯语、听力课、报刊选读、《古兰经》选、阿拉伯语政治外交文选等课程。1996 年获国务院特殊津贴。

在阿拉伯语言文化天地里的耕耘与收获

口 述 人：周顺贤
采访整理：陶嘉逸、杨研斐、周浥卉
采访时间：2014 年 3 月
采访地点：东语学院办公室

上世纪 60 年代初，因我国外交事务发展的需要，高教部从一些高校中选派了一些学生到国外去学习不同的专业，其中包括西方的各种语言和亚、非、拉等各地使用的语言，周顺贤就是其中之一。

他是 1958 年考入北京外国语学院英语系的学生，到三年级时，被派往伊拉克巴格达大学学习阿拉伯语。

赴伊学习，使周顺贤加深了对阿拉伯国家的了解，老师在教语言文学知识、作文之外还给他们上阿拉伯地理、伊斯兰历史、《古兰经》等课程。暑假期间，大使馆为留学生请来老师继续上课。有时组织他们到伊拉克的名胜古迹去旅游，这些都激发了周顺贤对古代两河流域文化的兴趣。阿拉伯古老历史文化博大精深，周顺贤体会到阿拉伯文明和中华民族的文明都是世界历史上伟大的古老文明。

1965 年夏回国后，周顺贤进入上海外国语学院阿拉伯语系任教。一开始教阿拉伯语基础课和精读课，后又教阿拉伯语报刊选读、阿拉伯语经贸选读，以及《古兰经》选读等各种课程。他喜欢对自己提出一些挑战，有些新课程没教过的他愿意去尝试，以使自己多获得一些经验和提高。

在教学中，周顺贤的最大感受就是：既然我们都知道阿拉伯语、阿拉伯文学、阿拉伯文化是这么伟大，这么灿烂，那么我们每一个学子都应该竭尽全力地去学好，要做到心到，就是打心底里热爱这门语言，热爱阿拉伯文

学，热爱阿拉伯伊斯兰文明，这样才能以最大的努力克服各种困难，全心全意地去学好它。

改革开放以后，他的教材内容有所扩展，政治、经济、贸易、体育、教育、科技、军事、医疗、医药等各种各样的内容都有。通过认真备课，他的词汇量不断扩大，对现代新科技的词汇也非常熟悉。

上世纪八十年代，他的教学工作走出国门。1982 年至 1984 年，他应邀赴也门的塔兹技校进行教学。1992 年至 1994 年，在也门首都萨那的古太白高级中学任教。1986 年至 1989 年，在开罗的艾因・夏姆斯大学语言学院中文系担任三年客座教授的工作，教本科生，指导硕士生和博士生等。

在国外的教学过程中，周顺贤不断寻找国内外教学工作的共同点，有了很多的收获和体会，熟悉了阿拉伯国家大学教学的制度对进一步提高国内教学是有帮助的。

周顺贤的耕耘与收获除了在教学领域外，还反映在科研领域，其专著和译作有：《阿拉伯书法艺术》（获 1997 年中国阿拉伯语教学研究会科研成果奖）、《阿拉伯文学史》、《天方智慧鸟——当代阿拉伯散文精选》、《古代伊拉克艺术》、《拉杜比丝》（纳吉布・马哈福兹著名历史小说三部曲之一）等。上述著作分别在上海译文出版社、上海外语教育出版社、上海文化出版社、宁夏人民出版社出版。此外，他发表了《雪莱对现代阿拉伯文学的影响》、《歌德与阿拉伯文学》、《托尔斯泰与阿拉伯文学》、《一千零一夜与十日谭》、《莎翁笔下的女王与邵基笔下的女王》等论文近三十篇。

访谈实录

周顺贤教授是我们熟悉和敬重的阿语教授，他在阿拉伯语言文化领域有较深的造诣，并且在阿语的教学研究方面取得了丰富的经验和成果。我们更为感兴趣的是他对这一领域的挚爱和由此激发出来的情感如何指导着他的一生。可以这么说，他在教学过程中完成和实施的就是一种爱的传递。

采访者：您是阿拉伯语言文化方面的专家，可否请您谈谈您这方面的学习经历？

周顺贤：我原本学的是英语，1958 年考入北京外国语学院英语系。到了 3 年级的时候，当时系党总支书记找了我们这一届 5 个人谈话说，高教部将送我们到意大利去学习意大利语，我们听到这个消息非常兴奋。但过了不久，这位书记又召集我们说，你们几位不去学习意大利语了，而是去学习阿拉伯语。我们当时对于阿拉伯语、阿拉伯文学、阿拉伯文化了解甚少。但是那个时候我们青年人都有一个志向，即祖国指向哪里，我们就到哪里。于是，1960 年，我们踏上了去巴格达的旅程。到达巴格达的时间是 1960 年的 11 月，使馆非常热情地接待了我们，同时安排我们和校方进行联系，把我们几位同学安排在巴格达大学文学院的一个外国语留学生预备班学习了一年。因为我们在国内都没有阿拉伯语的基础知识，因此我们必须从零开始，文学院专门指定两位老师通过英语教我们学习阿拉伯语。

一年之后，我们就进入巴格达大学文学院的阿拉伯语言文学系学习。按照他们的教学惯例，大学一年级教学古代文学，即蒙昧时代（贾希利叶时代）文学，它和现代文学有很大差异。两年级就学习古代文学中的伍麦叶文学，三年级学习阿拔斯文学，四年级才学习现当代文学。

我们当时学习很主动，上午上课，下午做作业。比如老师写了好些句型、生词，布置了好多作业，我们都努力完成并熟记在脑中。晚上，我们常到学生宿舍楼下的俱乐部，找伊拉克同学聊天。有时候学校还放一些黑白电影，大家一起观看，我们中国学生就抓住这些机会，和伊拉克学生进行口语交流。

阿拉伯高校的寒暑假都比较长，暑假有 3 个月，使馆特地为我们留学生邀请了阿拉伯老师在使馆的招待所给我们上课，学习阿拉伯小说、散文、诗歌等等。

1965 年，我们去巴格达大学学习的三位毕业了。一位留在使馆工作，我和另一位同学一起回国。北京的那位被分在北京语言学院任教。我被分到了上海外国语学院任教。

刚到上海外国语学院时，当时在日阿语系担任阿语教学工作的，有几

位青年教师,也有几位老教师。我被分在一年级教研组,当时我们聘请的外教老师很多,我记得有3位埃及老师,一位苏丹老师,这几位老师的教学都非常认真。我们一年级有3个班级,每个班级都是十几个学生。每一个班级都配有一个中国老师和一位外籍老师担任一年级的专业教学,互相配合,效果很好。第一年的教学对我来说,有非常大的收获。

采访者:您刚才讲了很多关于国外学习的经历,我们想知道您第一次接触、融入阿拉伯国家环境的时候,您是怎么样的感受?

周顺贤:在伊拉克学习,我确实感到了阿拉伯文明的辉煌成就,我觉得我在国外学习阿拉伯语和阿拉伯文化,为我毕生研究阿拉伯语言文学和阿拉伯文化作了一个重要铺垫。从另一个角度讲,国家派我出去是我的幸运,我能从事阿语教学,为国内培养这方面的外事人才,也是我报效祖国的一次机会。我从读高中开始,就一直享受国家助学金,我应该尽我自己的绵薄之力,为培养我们的下一代做出应有的贡献。在上外退休后,我受南京大学金陵外国语学院的邀请,于2007年和一位外籍老师、一位本国青

1982年周顺贤于也门塔兹怪树区

年老师一起在那里创建了阿拉伯语系，至今尚未被允许退出这个舞台，还在那里担任教学和系主任的工作。

采访者：您刚才提到在上海外国语学院，亦即上海外国语大学执教的情况。在这么多年的教学期间，您最大的感受是什么？

周顺贤：有人说，和其他语言相比，阿拉伯语是比较难学的，但我觉得只要不断地去克服困难、战胜困难，你就会找到阿拉伯语的语言规律。昨天晚上，我在给我们南京大学的新生做一个导学课的时候，我就告诉他们，要学会辩证地看阿拉伯语是不是难的问题。和其他语言相比较，阿拉伯语有其容易之处。熟悉了它的规律，掌握了它的语法规则，了解了阿拉伯人的逻辑思维，思考他们的语言现象的话，我们就会逐渐地感到这些规律是我们能够掌握的。比如说阿拉伯语的拼音就不难，只要你读音正确，就会拼写。英语则不一样，你的英语可能说得不错，但写的时候非常容易犯一些拼写的错误。这就是阿语的优势之一。我对学生们强调学习时一是要做到心到，每时每刻都要想到怎么把我们的知识去应用到听、说、读、写、译等实际能力中；二是要做到眼到，你要看到老师在黑板上的解释，老师在黑板上写的句型、例句等等，有的并不一定在课本上、语法书上出现，应该马上记下来，然后在课后不断地去复习，再和我们的语法书和课本进行比较，以便更好地弄懂这些东西；三是要做到嘴到，我们学习外语不能成为哑巴外语。学习阿拉伯语要会说，从低年级开始，语音阶段开始，就要把简单的语言知识和句型运用在我们的会话当中，和我们的同学进行外语对话。早晨的早读，有的时候可和我们的老师、外籍老师进行大量对话，不断提高。另外，有外宾访问的时候，类似世博会这种机会的时候，有重大阿拉伯庆典机会的时候，我们有机会参加的话就尽量用阿拉伯语来和他们进行交谈，也能使我们的口语能力不断提高；四是要做到耳到，也就是我们的耳朵要经常去听广播、电视。现在我们大家都有电脑了，电脑上我们也可以和外籍朋友、外籍老师进行对话。现在有些同学学习有很大的优点，绝大部分中国同学学习都非常认真，很刻苦，但是胆子比较小，比较害羞。老师提问时，他们只是看着老师，而不是马上就举手说‘老师我回答’。勇于回答老师的问题，努力与老师对话的精神很重要，不要怕说错。实际上开始学外

语的时候,每个人都会犯错,但是这些错误是可以通过操练来避免和纠正的。学习外语,就要在听、说、读、写、译这五种运用能力方面不断提高,使我们不断发展、不断提高,从而成为具有复合型的、应用型的(又有很好的国际知识的)外语人才,这也是我们每一位青年学子的愿望。现在我国和阿拉伯世界的经贸关系发展很快,虽然我们的阿拉伯语学生一年比一年多,然而还是供不应求,特别是具有高水准的阿拉伯语翻译人才,阿拉伯语师资,阿拉伯语科研人才还是供不应求。华东6省1市以及全国那么多大中小型的经贸公司、机构单位,和阿拉伯国家、中东地区那么多的单位,都有大幅度经贸方面的增长和发展,他们需要大量的高级翻译,以及驻外办事处的办事员。所以我们在这方面一定要严标准、高要求,使我们的专业知识得到提高,满足祖国经济建设、社会建设和发展的需要。这是我的一个体会。

采访者:您现在在上外也是一个督学的身份,您感觉现在的阿拉伯语教学跟您当时阿拉伯语教学有什么异同,或者现在又有了哪些进步?

周顺贤:现在你们的条件好多啦,是不是啊?每个人都有手机,每个人都有电脑,只要手指按一按,生词、句型就可以查到了。我们当时学习的时候每个人带本大词典学习阿语。我记得一位叫黄静山(音)的阿訇编的词典。现在你们的条件好多了,工具书很多,你们的教室,包括老师的办公室都有电视机,如果要接收国外的阿拉伯语广播电视的话,马上就可以收到了。这条件多好啊,你随时随地都可以听阿语广播,随时随地可以跟外部的世界进行交流,这是你们的优势。但是我感到现在的同学们还是缺乏实际的锻炼,也就是口头的、笔头的锻炼还不够,或者说有小部分同学他们努力刻苦的程度还不够。我们知道,受人尊敬的季羡林老先生是著名的梵文大师、国学大师,他曾说过,他没有什么别的诀窍,他唯一的诀窍是什么啊——两个字,勤奋!勤奋使我们能够达到科学的顶峰,勤奋使我们能够取得更大的成就。所以这是我们老一代的老师们对于同学们的殷切期望。每天都在学,应想着我要如何很好地完成除了书面作业以外,在口语方面的提高。不仅是对阿拉伯语的学习如此,其他各语种的学习都是相同的。

采访者：我们知道，您在也门、埃及都担任过一些客座教授，而在国内您现在也是上海、南京两地跑，在我们看来，这里有着非常多元的背景，您能不能谈谈这方面的感受。

周顺贤：我从改革开放以后，即 1982 年到 1984 年，在也门的塔兹技校进行教学，从 1986 年到 1989 年，在开罗的艾因·夏姆斯大学语言学院中文系担任三年客座教授的工作，除本科生的教学之外，还指导硕士生、博士生学习和论文写作。我从 1992 年到 1994 年又在也门首都萨那的古太白高级中学教学等等。我觉得，在国外的教学过程当中有很多的收获和体会，其中之一就是，我既然在一个阿拉伯的语言环境当中，到了那个地方，我就要向那儿的老师和同学们学习，充分利用那儿的语言环境，特别是在开罗艾因·夏姆斯大学工作的三年所从事的教学工作和国内大学教学规律上还有着不少共同点。我在那儿一方面努力提高教学水平，一方面不断地购买一些书籍和资料，回国工作后运用到国内的教学当中，我觉得是很有益的，对阿拉伯国家大学的教学制度、教学的一些规律有了不少的了解，也是一种收获。我现在常建议我们的上海外国语大学，及工作的金陵外语学院等青年教师有条件的话，到国外去工作一段时间或翻译，或者是从事教学。这些都是我们提高教师业务水平和教学质量的一个良好途径。青年教师到国外去两年或者更多的时间，对他们的提高一定会有很大的帮助。

采访者：您刚刚提到您在国外教学的时候会带一些书籍回国促进国内的教学，那当时您在上外的时候用的是什么样的教材呢？

周顺贤：具体地说，应该是 60 年代、70 年代到我退休之前的那段时间。当时我们教研组有教材小组来负责修改教材和自编教材。课程的不同决定了教材的不同。比如说听译课、报刊课等需要任课老师自己去选择教材，伊斯兰史、《古兰经》等，就要求我们去选择一些章节来进行教学。当时我们教研室经常开会讨论教材的问题，怎么样编教材，怎么样修改教材，怎么样编出能够适合我们各个年级的比较新的教材。

采访者：您刚才提到了《古兰经》，这是阿拉伯文化的象征。我们想了

解的是这些阿拉伯文化的主要特色对学习语言的学生来说，其意义又在哪里呢？

周顺贤：我觉得作为一位外语大学毕业的毕业生，无论将来从事什么工作，你都需要有比较宽泛丰富的文化背景知识。你从事翻译，但你不知道你将接待的是什么样的团体，比如说代表团，他是个教育代表团还是个体育代表团，是个政治代表团还是个经贸代表团……你们的谈话内容肯定是广泛的，会涉及到社会的方方面面。你如果有广泛的丰富的文化背景知识，你就能够运用自如，能够很好地完成你的任务，把翻译工作做得很好。

采访者：我们了解到您也翻译过一些电影，可否请您谈谈这方面的情况？

周顺贤：改革开放以后，我翻译的电影最主要的有三部，一部是上下集的叫《萨拉丁》(صلاحالدين)，这部电影反映的是埃尤比王朝的一段历史事实。13 世纪埃尤比王朝有一位将领萨拉丁，他率领部队抵抗了欧洲王国组成的十字军东征。十字军东征进行了好多次，侵占了巴勒斯坦，包括现

1988 年 1 月周顺贤于阿斯旺菲莱岛尼罗河的渡船上

在的约旦、黎巴嫩等地中海沿岸的领土。骁勇善战的萨拉丁率领他的部队打败了他们,取得了重大的胜利。这部电影拍得很好,是由埃及著名的影星扮演主角。还有一部电影《征服黑暗的人》,阿拉伯语叫做(قاهر الظلام),讲述的是埃及现代文学家塔哈·侯赛因的成长史。因为家庭贫困,他小时候得了眼疾,没有得到及时治疗而双目失明。长大后,他进入了爱资哈尔清真寺学习,并成为埃及第一批赴法留学生,在法国获得了博士学位。后来他带着法国夫人回到了埃及,在埃及担任教育部部长。他提出的口号是,教育如同空气和水,是国家每一个公民应该享有的权利。他又是一位伟大的文学家、作家,著作颇丰,最著名的《日子》是自传体的,多年前已经翻译成汉语了。《征服黑暗的人》是一部很好的电影,放映以后在社会上得到了比较好的反响。还有一部叫做《走向深渊》(الصعود إلى الهاوية),一部描述逮捕以色列间谍的比较典型的埃及好电影。我想如果能把这几部电影的原版以及翻译的电影拿到外国语院校来放一放,给大家看一看,对于增进大家对阿拉伯电影事业的了解会很有益处。而且在语言方面,通过汉语和阿拉伯语的对比,也会有一定的收获。

采访者:除了您刚刚提到的阿拉伯电影外,您对阿拉伯文学的翻译也有涉猎,请您谈谈对相关作家的一些印象。

周顺贤:我对埃及当代、现代的一些作家比较感兴趣,但我对他们的研究还很肤浅,所以我翻译的东西也是有限的。阿拉伯国家上世纪 30-40 年代以及 50-60 年代确实出现了一些伟大的作家,包括后来获得诺贝尔奖的纳吉布·马哈福兹(نجيب محفوظ),他们的作品反映了当时社会状况、社会斗争和人民的生活,这和我国解放以前 30-40 年代的社会文学状况有很多相似的地方。

采访者:那么在您看来如果阿拉伯文化和中国文化,我们把两者之间进行一个交流的话,什么东西是最重要的,或者说我们可以通过一些什么样的方法去促进文化之间的交流?

周顺贤:我觉得中国文化界或者知识界受西方文化的影响比较深,而跟东方文化、东方文学的交流以及彼此之间的影响相对来说比较不够。所以我们阿语界的任务就是要大量的翻译阿拉伯国家比较优秀的作品，把它们介绍到中国来，并把中国的优秀作品介绍到阿拉伯国家去，使彼此之间能够互相增进在这一领域的交流合作，取得可喜的进步。

采访者：您跟您夫人本来是同事，后来在任教期间慢慢培养出感情，那您和您太太在事业上是如何互相配合的？

周顺贤：我觉得我和我太太袁义芬老师结为伉俪是一件很幸福的事。我们两个是相同专业，在教学工作中，在翻译或者写作过程当中，一直是相互支持的。写作也好，翻译也好，我们都是彼此交流的，我翻好了作品会请她来修改、请她来看，她翻好了作品也会请我来修改。互相协商、互相切磋一些语言方面的问题和文学方面的问题是常事。在家务方面，我们也互相配合，勤俭持家。

采访者：再回到教学工作的话题上来，上外现在还是女生比较多嘛，男生可能虽然没有学得很好，但是工作可以找得很快、找得很好，您怎么看女生的就业问题？

周顺贤：南京大学金陵外国语学院在前两天进行了一场大型招聘会，有十几家公司在那儿设摊，他们需要外语人才。据我了解，我们上外的毕业生达到百分之九十以上的就业率，形势很好。我国经济发达地区跟国外的经贸交流发展得很快，需要大量的人才。我们学校（南京）部分男同学和女同学，第四年还没有毕业就跟江苏的公司签订了聘用合同，有的公司就把他们派往沙特的吉达、利雅得、阿尔及利亚的阿尔及尔工作，做翻译和办事员。他们的论文答辩只得放到网上进行。我跟他们预约好时间，于某个下午开通网页后就在网上答辩。现在沙特对未婚女翻译仍有限制，获得签证较困难，不能进入沙特。但是其他阿拉伯国家，包括埃及、马格里布的几个阿拉伯国家则还是开放的。所以我想，女同学也是一样，只要具有良好的素质和较好的阿语水平，不愁找不到工作。这是一个方面，另一方面我想说的是，毕业生要做好准备，就是说，不是所有的大学生都能百分之百地找到符合专业的工作。自古以来，改行的人还是不少的，就拿现在阿拉伯国家的一些政治领袖来说，他们有的是学医的，有的是学法律的，后来进入了政界。但是有一点倒是不变的，即我们进入大学后，有了较高的文化素质和文化基础的铺垫，到了社会上通过努力是能够很好地完成任务的。

马胜荣近影

马胜荣,1946 年出生,浙江建德人,新华社原副社长。1969 年毕业于上海外国语学院英语系;1971 年至 1973 年在北京外国语学院进修;1973 年 3 月进入新华通讯社从事国际新闻报道;1975 年至 1977 年在英国伦敦政治经济学院留学,专修东南亚事务。在新华通讯社工作的 40 多年中,他多次担任中国国家领导人出访的记者和记者组组长,先后到过 60 多个国家访问或采访,担任过新华社驻曼谷分社和科伦坡分社的首席记者;在新华社国际部担任过英文编辑室主任和部副主任;1995 年调任新华社副总编辑;2000 年至 2007 年出任新华社副社长兼常务副总编辑;2008 年至 2013 年为第十一届全国政协委员;2007 年至今兼任重庆大学文学与新闻传媒学院(现已更名为"新闻学院")院长、名誉院长、博士生导师;兼任北京外国语大学、厦门大学、四川大学、南方传媒学院等新闻院校客座教授,中国国际公共关系协会副会长、中国人民外交学会理事。曾兼任第三届中国环境与发展国际合作委员会中方委员、中国海外交流协会常务理事、中俄友好发展与合作委员会中方委员、中国新闻界最高人物奖"长江韬奋奖"评委会副主任、全国新闻高级专业职务资格评审委员会副主任、中华全国新闻工作者协会(全国记协)特邀理事等。

一位新闻人的踏实与精彩

口 述 人：马胜荣
采访整理：李一祺
采访时间：2013 年 8 月 4 日
采访地点：北京新华社总社

在有关的年鉴和网络上，我们都能轻易查到校友马胜荣的简历。当我们看完简历之后，会有这样的印象——他除了担任社会职务部分外，其他经历是很简单的。从参加工作开始，一直从事新闻工作，主要是国际新闻报道，日复一日、年复一年。他兢兢业业、辛勤耕耘，成为中国国家通讯社——新华通讯社职工中一位集国际新闻的采访与编辑、报道的组织指挥、报道的理论研究于一身的新闻工作者。

然而，马胜荣本人却是这样看自己的——他认为机会对于每一个人来说都是重要的，他之所以能够有所建树，重要的是他遇到了一些好的机会。“人总会遇到机会的，遇到机会的时候一定要抓住，用心将交给你的第一份工作做好，只有这样，你才有机会去做更多或更重要的事情。”他这样总结自己从事新闻工作的经历。

一、 上外求学——珍惜每个念书的机会

对于马胜荣来说，用“转折点”来形容 1965 年也许是恰当的。那年夏季，他参加了全国高考，如愿地以第一志愿考入上海外国语学院。迈入上外校门那一刻，成为了他丰富多彩、遨游学海的一生的开端。

1966 年，“文化大革命”爆发，全国的学校先后开始停课闹革命。本应为期 4 年的上外时光，马胜荣只在第一年接受到了正规教育。近 50 个

春秋过去了,马胜荣现在依然为没有机会在母校进行全面系统的学习而感到遗憾。但那一年的读书经历依然让他深刻铭记,他认为上外是一个“非常重视知识的地方”,而他也在这个重视知识的校园里,汲取了营养,为后来的继续学习和从事新闻工作打下了牢固的基础。

当时上外实行小班制教学,采取独特的“听说领先”教学方法。那段时间,这种方法处于实验阶段,授课的基本做法是:上课时学生们没有课本,只是听教师讲,跟着教师念,而后他们试着讲或者对话,下课之后再发讲义。这种教育方式给马胜荣留下了极其深刻的印象,他说这种方法可以比较充分地发掘学生们学习语言的潜力和运用语言的能力。当时,他所在的班还配备了一位加拿大籍的外教,对他的听力和口语能力的提高帮助很大。当时,马胜荣在班里担任班长,他经常带领班里的同学到上海大厦去探望外教老师,在学习语言的同时也加深了与外教之间的友谊。

上外是一块学习知识的圣地。马胜荣仍记得方重教授、杨小石教授、许天福教授、秦小孟教授等他十分敬仰的英语系名师。一些青年教师如戴炜栋、王长荣、侯维瑞、李瑞华等也是他和同学们学习的楷模。马胜荣当年对语音专家许天福老师印象特别深刻,他反复地听许老师的录音磁带,一遍又一遍地模仿。而当时浓厚的学习氛围也让马胜荣在漫漫求学路上找到了志同道合的同学伙伴。与其他同学一样,马胜荣坚持每日早起晚睡的学习习惯,认真复习上课内容和预习新课的内容,毫不松懈地背诵单词,并有效利用平日的晚自习时间。可以说,马胜荣为了抓紧第一年的学习机会,非常用心。

马胜荣担任奥运火炬手

“文革”浩劫使马胜荣大学后几年的正规教育成为了泡影。然而,他觉得既然有了进大学学习的机会,就应该抓住这个机会。因此,不论身处怎样的环境他都能尽力学习,不断汲取知识。马胜荣一位小学老师的妹妹家住上海,她是位精通外语的知识分子。在随后的几年里,他经常到她家里去借英语书籍阅读。平时,马胜荣也十分注意知识的积累,觉得有用的英语资料都会保存起来。图书馆里可以借到的书已经不多,但《北京周报》、《人民画报》一类的杂志在图书馆里还能看到，他经常去阅读这些杂志，利用这些刊物增加自己的词汇量和提高自己的阅读能力。回忆起那些年的动荡，他坦诚为错失了学习机会感到遗憾，但却认为这段经历也可以成为一种财富，因为那段时光使他对社会有了更深入的了解，对日后的记者生涯有不少帮助。

1970年，马胜荣离开上外到唐山的一个军垦农场劳动锻炼。一年后，他到北京外国语学院进修，再次接受正规的高等外国语教育，弥补了在上海被耽误的时光。1973年，他顺利进入新华社国际部工作。1975年，他得到了留学英国的机会，进入英国伦敦政治经济学院学习国际关系，主修东南亚事务。留学期间，马胜荣强烈地感受到了中西方教学模式的不同，利用留学的机会扩展自己的视野，提高自己的英语水平。他认为国外大学的导师每周都会给学生开出一个书单拓展学生阅读量、激发学生独立思考和判断能力的方法很不错，把这种教学方法同自己在上外、北外认真读书，夯实基础的教育方式结合起来，对个人发展非常有利。

二、记者生涯——把握每次采访的机会

1973年3月，马胜荣结束在北外的进修准备走上工作岗位。经过3年多正规的学习，他具备了比较坚实的英语基础，也学习了不少国际知识。在填报工作志愿表时，他毫不犹豫地选择了新华社。“上个世纪70年代初，我进入新华社工作，那是我选择单位时的第一志愿，可以说是如愿以偿。”他回忆说。

当时，新华社从事国际报道的人员基本上是外语院校毕业的，因为不掌握外语就很难在国外采访和发稿，也很难用第一手材料分析国际形势。当然，高校毕业生初分配到新华社时并不会立即被派到国外分社担任记者，而是先在编辑部做外文稿件的编译工作。马胜荣选择到新华社工作的动力之一，是他从初中开始就有做记者的愿望，在高中时曾在《浙江日报》上发表过文章也增强了他从事新闻工作的信心。进入新华社两年之后，也就是1974年9月，他被选调参加新华社采访第七届亚洲运动会的报道团，到伊朗首都德黑兰参加报道。当时他是报道团里最年轻的记者，工作经历不到两年，因此深感肩负任务之重。

那个时候,中国的体育记者装备比较差,没有录音机、没有电脑,只有英文打字机,中文稿件用手写。伊朗的语言是波斯语,这给英语系毕业的他增加了难度,幸好伊朗为各国记者团调配了英语很好的翻译,加上一些国家的体育代表团里也有英语翻译,因此采访也没有太大的问题,而且他的资料准备工作做得也比较充分,总体任务完成得还可以。他回忆说,当年为了抢时间采访篮球比赛,甚至还在楼梯上摔了一跤,膝盖都摔破了,但是最终还是圆满地完成了几个项目的采访任务。这次成功的外派经历为年轻的他带来了更多的机会。

1975 年初,马胜荣又获得机会采访了在印度加尔各答举行的第 33 届世界乒乓球锦标赛,紧接着得到了英国交换留学的机会,再之后又到曼谷采访了第八届亚运会、在美国洛杉矶举行的奥运会。2004 年,他率领一个 90 多人组成的新华社采访团赴雅典采访奥运会。

他与体育可能真是有缘。1977 年从英国留学回国之后,1978 年被抽调参加第八届亚洲运动会的报道。这一次,他可以说是比较得心应手了。那次的亚运会在泰国的首都曼谷举行,场地非常分散。但由于他已经参加过两次大型体育赛事的采访,而且都是洲际和世界级的赛事,因此心情不那么紧张,安排也比较有序。他不仅能够完成采访,而且还可以帮助记者团做部分协调工作。

1984 年,他参加了新中国成立后我国首次参赛的奥运会报道。这是一次国际性的综合性体育赛事,尽管由于政治原因,当时的苏联和一些东欧国家抵制了洛杉矶奥运会,但中国的参加为第 23 届奥运会带来了活力。

第一次采访国际性的综合性运动会是一次新的挑战。但有了前 3 次的采访大型体育赛事的经验,马胜荣感觉上已经比较自如了。让他意外的是,在美国采访要比在伊朗、泰国和印度都更加方便,比如,比赛之后采访运动员往往是记者的难题,但在美国基本上不是什么问题,组委会会组织一个记者“Pool”,让所有采访的记者可以共享有关的采访材料。每场比赛后不久,一篇与运动员对话的文字稿就会送到记者的手中,记者在写稿时可以选用。当然,如果一位记者想得到独家新闻,就没有那么容易了。

第 23 届奥运会,新华社记者在当时的通信技术条件下不可能配备电脑,只能用手提打字机写英文稿,中文稿件写在稿纸上,两种稿件都是报务员用电传发往总社编发稿。马胜荣负责采访足球,比赛在洛杉矶郊区的

“玫瑰碗”球场进行，球场离发稿中心很远，有时他自己就得上电传机打稿，虽然速度不快但总比来回跑发稿时效要快。因此，当时做记者光会写稿和改稿还不行，还必须学会改电传机上的纸条，否则就很难顺利地完成任务。

2004 年，当他作为团长率领一个 90 人的新华社记者团到希腊采访雅典奥运会时，中国的体育报道已经达到一个可以同世界主要媒体共同竞争的水平。中国记者不仅已经配备了电脑，同时还配备了多媒体的发稿设备，文字记者、摄影摄像记者和技术人员已经融为一体。中国媒体在国际大型体育赛事报道中的变化是中国国际新闻报道整体变化的一个缩影。

马胜荣认为，参加体育报道是培养记者能力的重要途径，可以为记者采访国际新闻和其他新闻打下一个比较良好的基础。参加大型体育赛事的报道必须具备 3 个条件：第一，对体育有一定的兴趣，自己看不懂的项目要学会怎么看懂；第二，要做好充分的准备工作，特别是资料要比较齐全；第三，要有较好的外语水平，在听、说、读、写等几个方面都应有相当的能力，否则就只能采访中国队，采访其他国家的队伍就会遇到困难。

马胜荣说，在新的世纪，记者要参加国际新闻事件的采访，除了别的条件之外，掌握外语是重要的条件，作为一个通讯社的记者更是如此。当然，记者也可以雇翻译，在上个世纪的 50 年代和 60 年代，他们的不少记者都是通过翻译的帮助采写稿件的。但是，时代不同了，现在的新闻记者如果不懂外语，那至少就缺了一条腿，行动起来就不那么自如了，因为现在采访、参加记者招待会、查资料、上网、抢时效，哪一方面也离不开外语。

他感到非常高兴的是，现在的年轻新闻工作者大多有较好的外语水平，有些暂时外语水平差一些的编辑、记者也有提高自己外语水平的强烈愿望，这就为他们参与国际新闻竞争创造了一个基本的条件。有人说，在新的世纪不懂外语就等于半个文盲，这个看法虽然有人觉得不全面，但是至少对于从事国际新闻报道的记者、编辑来说是有一定道理的。

马胜荣还多次带领记者组随中国国家主席、国务院总理到五大洲的一些国家采访重大国务活动，采访过一些外国元首，也采访过不少国际会议和地区性会议。越来越多的机会接踵而至，充实了他的记者生涯。

“机遇往往是可遇而不可求的，要认真做好每一件事，只有头一件事情做得好，别人才愿意把下一件事情交给你做。”他这样总结说。

这就是马胜荣的成功秘诀，简单又踏实，却蕴藏着智慧，是对许多办事浮躁的年轻人最真诚的告诫。

外语院校的毕业生从事新闻工作，尤其是国际新闻报道，有优势也有弱点。经过几十年的实践，马胜荣深深体会到，这份工作是极为艰辛的。然而，他依然深爱着新闻工作——虽然艰辛但却极富挑战性，其吸引力也许只有从事这一职业的人才能体会到。

马胜荣担任过驻外记者，采访过战争和武装动乱。在任驻外记者的这段时间里，对他锻炼最大的是在战争环境中的采访。从70年代末到80年代中期，他先后两次在曼谷分社工作。当时，泰国的邻国柬埔寨战争不断。他奉总社之命20多次赴柬埔寨境内的战区采访，有时深夜枪声骤起，有时不远处炮声震耳，有时还要小心翼翼地穿过雷区。说实在的，对从未经历过战争的他来说，心里曾经惧怕过、紧张过，但他没有退缩，因为新闻工作的吸引力正体现在这种挑战性的采访中。在斯里兰卡任记者时，那个岛国的种族冲突升级，他冒着生命危险采访了多党谈判、汽车爆炸事件等一系列重要新闻。

这段经历使他对国际新闻报道工作的艰辛有了切身的体会，对新闻工作的意义有了更深刻的认识。他说，从事国际新闻报道的编辑、记者如处在世界这个大舞台中心的观察家，用手中的笔和自己的心记录着世事的演变，记录着世界的历史。在以后的编辑工作中，他更加感到肩上的责任，加深了新闻工作对公众所产生的作用的认识。

80年末和90年代初是考验从事国际新闻报道的人的能力的一段时间。海湾战争、东欧剧变、苏联解体……马胜荣和他的同事们在紧张和忙碌中度过多少个难以忘怀的日日夜夜。

海湾战争爆发的前一天晚上，马胜荣被抽调到专门组成的报道组值大夜班。盯了一夜的电视、外电，并不停地同有关分社联系，次日凌晨战争爆发，新华社很快发出消息。此后，一连苦干了一个多月。苏联发生扣留戈尔巴乔夫的“8·19”事件，他正在值班。当新华社的英语稿件先于其他通讯社发出时，他感到尽到了一名中国新闻工作者的责任。在这段时间里，他常常是上完白班上夜班，上完夜班又上白班，艰苦是肯定的，但这就是新闻工作，或许只有钟爱新闻工作的人才能体会到这苦中之乐。

三、 新闻教育——为晚辈创造机会

现在,马胜荣主要致力于新闻教育,为年轻一代的国际新闻人才创造更多的成才机会。从 2007 年起,他担任重庆大学新闻学院的院长,现改任名誉院长,招收了多名博士和硕士研究生。同时,他还是北外、厦门大学、四川大学等大学的客座教授,撰写了一些专业论文和著作。谈及新闻教育、上外的复合型新闻人才培养,马胜荣见地颇深。他认为做新闻专业的学生要涉猎广泛,在学习语言的基础上要不断学习其他方面的新知识,这有助于培养他们日后在媒体行业中的敏锐触觉,便于判断形势,在海量信息中筛选重要新闻素材。

马胜荣建议外语高校新闻专业的学生要突出自己的强项。例如,语言类学校的同学要夯实语言基础,因为语言就是他们区别于其他高校新闻专业学生的重要标志,使他们具备不可替代性。

另外,记者这个行业需要积累,多年的积累可以成为财富。例如,记者采访笔记就是财富,尽管大量的采访笔记中,最终成稿的可能只有十分之一,另外的十分之九往往是对事件更加完整的补充。马胜荣多年的记者经历的点滴积累也成为他许多著作的珍贵素材,他笔耕不辍,出版过多部著作,包括《泰国漫忆》、《曼谷之夜》、《旅泰通讯评述选》、《难忘西雅图》、《描述世界——国际新闻的采访与写作》、《新闻媒介的融合与管理:一种业界视角》、《国际新闻采编实务》等。他还主编了《科索沃:点燃的火药桶》、《跨世纪的战略抉择——90 年代中俄关系实录》等。

他在采访结束时深情地感谢母校的老师们对他的教育和培养,并祝愿母校的新闻学院和传播学院越办越好。

2012 年 11 月白丽诗在上海寓所接受采访

白丽诗,1933 年生于上海,父亲是苏格兰人,母亲来自美国德克萨斯州。童年时在上海日军二战集中营中度过两年半时光。兜兜转转了数十年,她走过马萨诸塞州、香港和伦敦,然后又再次回到上海。1973 年,白丽诗以英国教师(专家)的身份来上外任教。在上外执教二十余年,桃李满天下。1989 年,白丽诗获上海市白玉兰奖章和国务院外国专家局颁发的友好奖,并被邀请去北京参加中华人民共和国成立四十周年国庆;1996 年,白丽诗因对中国英语教学的卓越贡献而获得英国女王十字勋章,由伊丽莎白女王二世在白金汉宫亲自为她授勋。

为中国的英语教学贡献力量

口 述 人：白丽诗
采访整理：缪安琪、胡颖文、刘宇
采访时间：2012 年 11 月
采访地点：上海白丽诗寓所

白丽诗（Betty Barr）的父亲白约翰（John Barr）是苏格兰人，当年曾在虹口区虹兆丰路（今高阳路）的麦伦中学（现继光中学）任教，母亲白露丝（Ruth Hill Barr）来自美国德克萨斯州，先任职于女青年会（YWCA），后在麦伦中学和沪江大学任教。

白丽诗 1933 年生在上海，并在这里度过了童年。因此，白丽诗爱称自己为"Shanghai Girl"，并笑称"我有三分之一的苏格兰血统，三分之一的美国血统，以及三分之一的中国血统"。

白丽诗的父亲曾在苏州学会了吴语，母亲则在北京学会了汉语。在回忆童年岁月时，白丽诗还清晰地记得家中有不少中国朋友，直至现在，她仍与几位童年好友保持着联系。1943 年，白丽诗一家与其他在沪"敌国"侨民一起被关进了日军在上海的一个集中营（即现在的上海中学），在她记忆中，那段岁月倒也苦中作乐。这个集中营共关押了约 1 800 名外国人，主要来自英国，其中还有几百名儿童。曾担任过教师的人在营中自发组织起来，创建了龙华学校，为孩子们提供教育。1945 年战争结束，白丽诗与母亲在重获自由后赴美一年，后又回沪，白丽诗进入现在衡山路上的上海美国学校读书。该校师生大多数为美国人，但据她回忆，有一名曾参加美军的教师甚为博学，开设了一门中国历史课，讲课非常仔细，她甚至依然保存着那门课的课堂笔记。

白丽诗后来又离开中国，在美国韦尔斯利女子学院（Wellesley

College)读完大学,又在苏格兰的一所大学学习教育学,一年后当实习教师,两年后通过专家评判获得教师证书。1959—1972 年间,白丽诗住在香港,一边在香港大学学习粤语,一边在英华女校教授英文。

提及这段经历,白丽诗特别强调教师学习教学法的重要性,这种以教育法为核心的培训模式在英国等西方国家非常普遍。同时,白丽诗认为,外语教师学会所在国学生的母语对教师同样重要,这样可拉近师生的距离。白丽诗的这段中学执教经历是她人生中特别有意义的一章,也为她之后在上外任教打下坚实的基础。

1970 年初,正在香港教书的白丽诗听到一个好消息,中国大陆开始招聘外籍教员,她便放弃了在香港的工作,于 1973 年进入伦敦大学学习有关教外国人学习英语的学科知识。学习期间,她向中国驻英大使馆提出回华任教的申请。

提及为何如此渴望到中国教授英文时,白丽诗回答干脆——“因为那儿是我的家”。

在使馆的邀请下,白丽诗如愿回到上海,在上海外国语学院英语系任教,与法国、德国、意大利和日本等其他外教一起住进了上海大厦。住宿条件应该不错,但由于 20 世纪 70 年代物资紧张,商品匮乏,她常常要去面向外国人的友谊商店购物,生活紧张却不失乐趣。

1973 至 1975 年间,白丽诗在上外每年都要负责培训十名英语教师,为“文革”中缺失学习英语机会的青年教师补课。这时,上海外国语学院已逐渐意识到教师接受英语培训的重要性,聘请专家入校任教的人数在不断增加。

白丽诗的教学很有个性,注重学生英语能力的培养,重视学生英语听说水平的提高。她毅然摒弃旧时的语法翻译法(即翻译文章,分析语法点)的教学模式,代之以交际式教学法,即鼓励学生在应用中掌握技巧,在学习读写的同时,鼓励学生多听、多说。

由于条件有限,白丽诗遇到的最大问题就是教学材料的来源问题。据她回忆,当时的许多材料都是由她亲自编写的,多为选自杂志的文章,让学生进行课堂阅读和讨论,随后撰写心得体会类的文章。有一次,白丽诗选取了一段报道美国乒乓球选手来华交流比赛的杂志文章,与学生共同讨论其文化意义。学生积极参与的热情给白丽诗留下了深刻的印象。

在执教过程中，白丽诗曾与学生一起，前往马桥、虹桥等公社边劳动边进行教学，上午劳动，下午她便将当日经历撰写成文，作为教材供学生讨论。当时她与女生同宿，但凡她一开口，身边的学生便掏出笔记奋笔疾书，认真记录她鲜活生动的口语。劳动结束，她的学生将笔记汇编成了一本 *The Sayings of Betty*。她还曾两次，每次约一个月，与学生一起去工厂边劳动边进行教学活动。

白丽诗就是这样一位既受学生尊重又受学生喜爱的老师，在课堂上能与学生频繁互动，课后又能与学生友好往来。她曾和同学一起去中山公园野餐，其中的几名学生后来成为她的同事。

1975 年，两年合同期满，白丽诗离开上海，回到苏格兰，为当地母语为非英语的孩子教授英语。

20 世纪 70 年代，白丽诗在上外任教时结识了英国籍的同事王珍珠教授（Margaret Wang）及其爱人王正文先生。王珍珠从 1956 年就来上外任教，担任高年级阅读、写作、文学等课程的老师，并为培训教师和审订各类外语教材做了大量工作，教龄长达 27 年，勤勤恳恳，兢兢业业，坚定不移地将一生献给了中国的教育事业，体现了高尚的国际主义精神。

20 世纪 80 年代初，为了提高全国的英语教学水平，我国教委与英国的文化委员会合作，在我国几所大学先后举办了英语教学培训班 ATTC（高级教师培训班）和 SMSTT（高中教师培训班）。两个项目均由英国文化委员会选派有经验的教员来华执教，白丽诗是其中一员，其时，她的职称已是高级讲师了。

白丽诗在上海执教期间，王珍珠教授溘然长逝，白丽诗与王正文成婚，从此定居在沪。

上外开办的 ATTC 每年一届，1984 至 1988 年间共举办了四届，约有 100 名青年教师参加，其中 10 名来自上外。这些学员后来都成为各大学的英语教学骨干或高级行政人员；SMSTT 每届为两年，其学员都是从吉林、辽宁、新疆、甘肃和宁夏等边远地区选送来沪学习的。

在上外执教 20 年，白丽诗认为，勤奋刻苦是中国学生的一大优势，不过也有一些常见的误区。她指出，英语学习的难点往往在于最简单的表达，如 he 与 she 的混用、冠词、come 及 go 的混淆等都容易被我们忽视。

对今天上外的学生，白丽诗提出以下几点希冀：一，通过不懈练习，扎实掌握听、说、读、写四大技能；二，不断提升学术研究能力，奠定思辨研究基础；三，深入了解语言背后的文化。

白丽诗同样也对今天的英语教师提出了几点殷切期望：一方面，教师必须系统地学习教学法，学会如何教学；另一方面，教师不仅要注重语言技能的培养，也要重视外国文化的输入，挖掘语言背后与文化息息相关的深层含义，教学生鲜活的口语，充分焕发语言的活力与生机。

如今虽已退休，白丽诗终身学习的信念依然坚定，她先通过远程教学完成了苏格兰斯特拉斯克莱德大学（University of Strathclyde）的硕士学业，后又在 2008 年以 75 岁的高龄成功获得了文化研究的博士学位。白丽诗仍常常受邀参加上外的博士沙龙，与博士生共同交流探讨所关心的议题。

回顾一生，白丽诗认为父母对自己的影响最为深远，艰难的岁月锤炼了他们高尚的品格，对中国的爱是那样地深情，这些都激励着白丽诗选择中国，坚持在中国教授英文，帮助更多的学生和教师实现学业和品格的自我提升。

提及一生中最骄傲的成就，白丽诗谦虚地称是教书育人，能为培养更多的中国英语教师而贡献一份力量是自己的最大的快乐。

1989 年，白丽诗获上海市白玉兰奖章和国务院外国专家局颁发的友好奖，并被邀请去北京参加中华人民共和国成立四十周年国庆，受到李鹏总理等国务院领导亲自接见；1996 年，白丽诗因对中国英文教学的卓越贡献获得英国女王十字勋章，由伊丽莎白女王二世在白金汉宫亲自为她挂上勋章。

这位可爱的“老外”已申请到中国永久居住权，爱好音乐、旅行的她笔耕不辍，已与爱人合著出版 *Shanghai Boy*, *Shanghai Girl* 等四本书。巧的是，现在白丽诗居住的地方正是她幼时住过的区域，她笑称，可谓“叶落归根”了。

祝愿白丽诗老师晚年合家美满，幸福安康，也愿这段动人的上外记忆代代流传，让上外人永远记住白丽诗、王珍珠等热情投身于中国英语教学事业的外籍教师，愿这份特殊的缘分长存长青！

访谈实录

身材娇小，精神矍铄，望之可亲，这便是白丽诗老师给我们留下的第一印象。冬日的阳光和煦温馨，她步伐矫健地向我们走来；她思路敏捷、言辞率真，时而叙述、时而沉思，仿佛在时光与故事的罅隙间悠然穿行。

采访者：您是一位受尊敬的外籍教师，上外人知道您、喜欢您，除了您教学上的认真负责以外，还因为您有一个动听而且响亮的名字——白丽诗！

白丽诗：我的父亲叫 John Barr，母亲叫 Ruth Hill Barr，而我的名字是 Margaret Elizabeth Barr，我的中文名字是这样来的。我父亲是苏格兰人，母亲是美国人，德克萨斯州的，而我是中国人。

采访者：很有意思，那么您又是怎么成为中国人的呢？

白丽诗：中国情结，可以说是秉承了父母亲的中国情结。他们很早就来到中国，在中国执教，父亲曾在虹口区虹兆丰路的麦伦中学任教，母亲先任职于女青年会（YWCA），后转入麦伦中学和沪江大学任教。就是在这样的背景下，我出生了，我是 1933 年在上海出生的，是一个“Shanghai Girl”，一个混血儿，有三分之一的苏格兰血统，三分之一的美国血统，以及三分之一的中国血统。

采访者：正如您所说的，您是一位上海姑娘，您的童年是在上海度过的，但那时恰恰让您和您的家庭逢上了战争，逢上了黑暗。听说，您的童年有一段时间是在上海的集中营里度过的，是这样吗？

白丽诗：是的，那是日军入侵上海后设的一个集中营，用来关押与日本为敌的外国侨民。1943 年的时候，不幸降临了，我们一家都被关进了集中营，那段岁月也给我留下了记忆。1945 年战争结束，母亲带着我去了美国，可一年后我们又回来了，母亲把我安排在上海的一所美国学校读书。

采访者：又回来了？这就是一种情结！命运、情结，有时候是很值得琢磨的概念。很想听听您最终选择上外的经过。

白丽诗：我是在上海学完中学课程的，之后，在美国韦尔斯利女子学院（Wellesley College）读完大学，又在苏格兰的一所大学学习教育学；1959—1972 年间住在香港，在香港的英华女校教授英文。在那个时候，我还是挺想念大陆，挺想念上海的。终于传来了消息，说是中国大陆要招聘外籍教员了，我急忙辞去工作，去伦敦大学学习有关教授外国人学习英语的专业知识。在学习期间，向中国驻英大使馆提出回华任教的申请。我终于如愿回到上海，进了上海外国语学院，成了学校英语系的一名教师。

采访者：还能回忆一下最初任教时的一些情景吗？

白丽诗：当时，上外的外籍教师都住上海大厦，用专车接送，我也不例外。和我同住上海大厦的还有一些来自其他国家的外籍教师。

我的任务是培训英语教师，确切地讲，是为"文革"中缺失学习英语机会的青年教师补课。

采访者：您当时进上外是一个什么样的身份？

白丽诗：签约外籍教师。我是签着合同进上外的，合同期为两年。1975 年，两年合同期满，我离开上海，回到苏格兰，为当地母语为非英语的孩子教授英语。

采访者：很有些传奇色彩。那么，您是如何又回到上外的呢？

白丽诗：这就要说到 20 世纪 80 年代初了，为了提高全国的英语教学水平，中国的国家教委与英国的文化委员会有一个合作项目，要在中国几所大学举办英语教学培训班 ATTC（高级教师培训班）和 SMSTT（高中教师培训班），其教员均由英国文化委员会选派。我荣幸地被选上了，于是，我又来到中国，又来到上海。

采访者：而这一次您真的就在上海住下来了？

白丽诗：没错，因为我已经有了家庭，在上海定居是丈夫王正文和我的共同决定。

说到这里，我必须提及另一位外籍教师王珍珠（Margaret Wang）教授，她是王正文的前妻，我的英国籍外教同事，一个我非常崇敬的榜样。1973 年，我来上外的时候就认识她了，在认识她的同时也认识了王正文。

王珍珠 1956 年就到上外了，比我来得早。她在上外教授高年级阅读、写作、文学等课程，还为培训教师和审订各类外语教材做了大量工作。我受英国文化委员会选派来中国任教期间，王珍珠溘然长逝，之后，我和王正文有了感情，我们建立了一个家庭，这是我中国情结的一个新的开始。

采访者：据我们了解，您的教学很有个性，特别注重学生英语能力的培养，可以说说您在这方面的心得体会吗？

白丽诗：我觉得旧时的语法翻译法的教学模式已经过时，必须以新的教学法来替代，这种新的教学法就是交际式教学法。说得具体些，就是要鼓励学生把掌握技巧放在实践应用中，要鼓励学生多听、多说、多写。

为了到达预期的教学效果，我当时就组织学生前往马桥、虹桥等公社边劳动边进行教学，上午劳动，下午便将当日经历撰写成文，作为教材，供学生讨论。我还组织过两次期限为一个月的劳动和教学并轨的学生下厂实践，同样是为了让学生在实践中掌握英语技能。

学生的求知欲给我留下了深刻的印象，只要我一开口说英语，学生便会立即奋笔疾书，把鲜活生动的语言记录下来。实践结束，学生把这些词语汇编成了一本叫 *The Sayings of Betty* 的小册子，非常有意思。

采访者：在教学上有没有碰到过一些困难？

白丽诗：困难也是有的，最大的困难就是教学材料的来源问题。由于条件限制，当时的一些教材必须及时编写，我就从杂志上选取文章，让学

生进行课堂阅读和讨论。说实话，工作量很大，也很辛苦，但乐趣就在其中。

采访者：您这种观点完全是出于对教育事业的挚爱。

白丽诗：说得不错，有爱才会有热情。除了日常教学以外，还会有一些"突击任务"，上外开办的 ATTC 每年一届，1984 至 1988 年间共举办了四届，还有 SMSTT 每届为两年，其学员都是从吉林、辽宁、新疆、甘肃和宁夏等边远地区选送来沪学习的。这些"突击任务"我都参加了。ATTC 项目结束后，我又与几位教师参与了 FRANC（后续研究及课本）项目，到边远地区去对培训教师的教学实践进行实地考察，都是很有意义的事。

采访者：中国情结，对教育事业的挚爱，这些我们都在您的身上看到了，学到了。我们知道，您已经申请了中国永久居住权，并且已经申请到了，您已是上外名副其实的一员，那么，您对今天的上外的学生有什么寄语？

白丽诗：提几点希望吧。一是要通过不断的练习来掌握和提高听、说、读、写四大技能；二是要提升学术研究能力来强化基础；三是要深入了解语言背后的文化环境。

对今天的英语教师，我也提出几点要求：一方面，教师必须系统地学习教学法，学会如何教学；另一方面，教师不仅要注重语言技能的培养，也要重视外国文化的输入，挖掘语言背后与文化息息相关的深层含义。教师必须要教学生鲜活的口语，充分激发学生的语言活力与生机。

采访者：听说您退休后还在努力学习，是这样吗？

白丽诗：用得上中国的一句老话，叫做"活到老，学到老"，我没有理由不努力。退休后，我先是通过远程教学完成了苏格兰斯特拉斯克莱德大学（University of Strathclyde）的硕士学业，2008 年的时候，我又以 75 岁的高龄成功获得了文化研究的博士学位。

采访者：如果有所小结的话，您一生最欣慰的是什么？

白丽诗：教书育人是我最大的欣慰；能为培养更多的中国英语教师而贡献自己的一份力量，是我最大的欣慰；能成为一个名副其实的“Shanghai Girl”是我最大的欣慰！

2013 年 10 月何寅在寓所与采访学生合影

何寅，1938 年生，教授。1962 年毕业于华东师范大学中文系。曾任我校外国语言文学研究所、国际文化交流研究所副所长、社会科学研究院副院长、《中国文化与世界》学术论丛主编。主要从事中国文化、中国古典文学的研究，开设过中国文学史、中国古典文学作品选读、古代汉语等课程。

编著有《中国文学简史》、《世界文学形象辞典》、《汉语国情辞典》、《中国文化与世界学术论文集》等。论文有《韩愈倡导古文运动是为了复兴儒学》、《明代哲学思潮与“三言”中的明代拟话本》、《从〈十日谈〉说到〈金瓶梅〉》、《再说〈牡丹亭〉》、《徐文长和他的四声猿——兼论歌代啸》、《日本的中国文化接受》、《谈日本的中国明清小说评论》等。

寄心外汉三十载
古稀笑谈任平常

口 述 人：何寅
采访整理：吴惟、邱琰
采访时间：2013 年 10 月
采访地点：上海浦东新区何寅寓所

去拜访何教授的当天是一个凉爽舒适的好天气，我从家里出发一路地铁颠簸到达上海另一个繁华的角落——浦东。

一路上再次翻看之前准备好的采访提纲，心中又对素未谋面的老教授多了几丝好奇。何老师在互联网上的信息并不多，特别吸引我眼球的就是老师在高翻页面上的简介了。开篇就直说自己“垂垂老矣”，并为“上外诸教授之中学历最低者”，让人忍俊不禁。也从这种略带自嘲的坦白中感受到了何老师的宽容大气，后来又写到自己的著作“不足观而几篇随笔倒是值得随意看看”。在我心中，老师，特别是大学教授应该是特别重视自己在学术上的建树的。这样对自己作品三言两语一带而过，甚至都有些“弃之如敝屣”的态度，就更让我觉得这位何寅老师真的非常与众不同。加之，老师的授课态度是“兴之所至，口无遮拦，喜之者抚掌，厌之者拂袖”，颇具孔儒遗风之感。

和我们采访小队另外两位同学在约定时间碰面之后，三个没经验的傻小孩左挑右选还是买了一个果篮。整顿整顿之后，我们略带忐忑地登门拜访。电梯门一打开，何老师已经撑着拐杖站在楼道里等候我们了。

“你们怎么才来啊，来来，快进来，快进来。”虽然何老师快 80 岁了，看上去精神头还很不错。乍一见面就给我一种“果然是老师啊”的感觉，整个人带着岁月沉淀过后的文气和温和。

进屋一坐定，何老师就问起我们怎么来的浦东，听说我们一路从松江坐地铁过来还直说我们辛苦辛苦,招呼师母给我们倒水喝。我们送上果篮聊表心意,何老师还说我们"还是没赚钱的小孩子,买什么果篮,这个钱学校能不能报销?一定要报了。"关爱之情溢于言表。

从坐定闲聊到采访结束,两个小时一晃而过,感觉意犹未尽。和何老师谈话的许多细节在回程的途中还不断地浮现在我们的脑海里。

何老师虽然看上去精神不错,其实前段时间刚刚做过心脏搭桥的大手术,还能非常耐心地和我们聊天,而且有问必答,十分不容易。由于饱读诗书,老师的回答往往都条理清晰而且妙趣横生。何老师是上外对外汉语专业的创始人,而我们本身又是研读这个专业,便和老师请教了很多这方面的问题,又与老师探讨外汉设立的宗旨和目标,感觉对自己的专业又有了更深的认识。

在整个采访过程中,印象最深刻的是何老师谈起他的两位老师的时候双眼中浮起的水光,充满着对先生们一生命运多舛的同情和追忆似水年华的悲伤。从这浅浅的泪光中,我们深深地感受到了这两位先生对学生的深切关怀和殷切指导,以及何老师古稀之年时对少年时光的怀念和感恩之情。

我们问何老师这五十多年的教书经历中有没有什么不平凡的事发生?有没有什么特别得意的著作?有没有什么特别杰出的学生?老师淡淡一笑和我们说,"没有,我就是这么普普通通的一个人,一辈子也是这么普普通通的,哪有什么不平凡的事呢?"

是啊,桃李不言,下自成蹊。我们大多数人都是这么普普通通的,可是从何老师身上你能感受到一个普通人普通生活中孕育出的智慧的果实,也许这就是生命的智慧吧。

我们的采访只是记录了一个普通老师普通的五十多年教书生涯,可是上外的文脉传承就是这么多普普通通的老先生用自己的一生勤勤恳恳地书写出来的,一代一代传承下来的,与其说是文脉不如说是人的精神之脉吧。

访谈实录

一、 青葱时节遇恩师，涌泉相报到暮年

采访者：作为一个上海人，何教授您的普通话算是上海老师中讲得很好的，给我们留下了很深的印象。那么您有在求学过程中特别地去练习过普通话吗？

何寅：你们觉得我普通话讲的好，那还是跟我高中时候遇到的老师有关。

我当时在上海市南中学上学。那个时候，市南中学只招男孩子，女孩子一个都没有。我们有一个语文老师，叫冯志远，他对我的影响特别大，也导致了我读书的时候就对语文十分感兴趣，我后来报考中文系也是因为他。

冯志远老师是东北师范大学毕业的，他的俄文讲得非常的好。冯老师自己十分喜欢俄国的小说，经常将他认为写得好的拿出来，自己改编成小话剧，让我们学生演。我跟着他演话剧，不光是锻炼了普通话，也教会了我怎么做人，怎么去关心人，对待人。

有一些俄国小说，你们今天的学生已都不常读了。我就记得当时冯老师很喜欢一篇小说，是契诃夫的《困》，讲的是一个到富人家做小保姆的穷人小姑娘的遭遇，他当时看着就落泪了。冯老师虽然很喜欢读书，却患有严重的夜盲症，晚上灯开得再亮都看不到。

由于喜欢俄国小说的缘故，冯老师与当时一位著名的俄语小说翻译家（名字我已忘记了）十分熟悉，常常给他写信向他讨教，谁知后来查出，这名翻译家是一名是胡风分子，被打倒了。冯老师也受牵连，被调到西北去教书。从此，我们与他联系就很少了，甚至连他在西北的地址都不知道。突然之间就被调走，这也是没办法的。

我们与冯老师重新有了联系，是在有一次市南中学的校庆上，我碰到了他的夫人。冯老师夫人是市南中学的历史老师，从她口中，我才得知他在西北教书期间，眼睛全部失明了，也听说他家里有一些经济上的困难。知道这个消息之后，我们中学里几个比较熟的学生商量，希望能资助他一

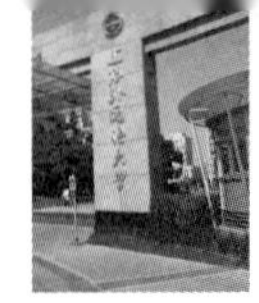

点钱。冯老师教了一辈子书，现在连看病都成问题，这是我们国家的耻辱。

后来我们还了解到，他从西北回到东北之后，并没有回上海，而是住在她的妹妹家。她妹妹收到我们凑给他的这笔钱之后，就给一个比较熟悉的记者打了电话，这个记者就写了一篇报道在东北发表，引起了震动。当时胡耀邦同志知道了这个事，就写了一个批示，说这样的老教授要引起关注。接着东北就重视了，这样一来，冯老师的境遇就有所改变。原来他连医药费都是一个问题，现在，他离休干部的待遇什么的都由国家包揽。

冯老师已经去世了。现在想起来，冯老师真的对我们特别好。他不光上课上得好，平时也对我们很照顾。他有时候会给我们大白兔奶糖吃，要知道，那个年代大白兔奶糖是最最好的东西。跟你们不同，我们这一代人真正地体会过国家的穷困时刻，也体会过贫穷是怎么影响到人们生活的各个方面。到了我大学毕业的时候，工资只有60块钱。这根本不够。那时候我家里有煤球炉，我也是有上海户口的，就有煤球发。我就跟隔壁的同学、同事说"你要烧什么都到我家来烧"，那时候穷到那个程度。

后来，东北有人到上海来，还跟我们讲失明之后冯先生是怎么上课的。他先是让看得见的人念给他听，大概读个三遍以后他就记住了，就根据听到的开始发挥。我心中十分怀念冯志远老师，可以说是他为我的发展奠定了方向，也告诉我如何教书育人。

二、首兴外汉业方始，远赴东瀛传汉学

采访者： 何老师，您是怎样来的上外呢？又怎样创办了对外汉语专业？

何寅： 我华东师大毕业之后留在本校有三四年的光景。那个时候我爱人大学毕业后被分配到了农村去当医生，我就考虑要把她调回上海，可是整个上海的院校，只有上外愿意来解决户口问题。那时候"文革"刚结束，买什么都要凭票，没票都买不到，户口直接与粮票、油票有关系，是很重要的，于是我就去了上外。总的来讲，上外的教学学习氛围相当好。

在上外呢，对外汉语这个专业是我由开始的，在这之前没有。最早我是教一个留学生班，班上的学生都是来自日本的。学生也各式各样。有大学生，有很有名的东大的，也有不太好的大学的，还有家庭主妇。学生中有些人的中文讲得比有些老师还好。因为我们上海老师，像"四川路"这个

“川”，卷舌音发不好，普通话就不是很标准。

这些学生都是由一个名为“赠书会”的日本组织派到中国来的。日本人也好笑，也没送几本书，就搞了个组织，然后发动日本人来中国学中文。当时一个班有 20 几个学生，在中国改革开放没多久之际，来中国看看。

带这个班，我就感觉：日本人非常地勤奋和用功，哪怕是家庭妇女，学很简单的几个汉字，他们都很努力。后来我到日本去工作的时候，这些学生就写信让我到他们家玩。这些学生来了一个暑假，这也是我们学校第一次接收留学生。后来留学生班就步入正轨了，全国对外汉语教学也走向正规。这个对外汉语教学是教育部搞的，最早开始的是北京语言学院，也搞得最好。上海最早的是我们上外和华东师大等一些学校。由我组织教学工作，从这里开始，就有了几年比较完整的教学计划，主要负责制定的是国家对外汉语教学办公室。

一开始，我们上外外汉主要是日本留学生比较多，也是由于当时日本跟我们关系好。后来，其他国家的留学生也逐渐有了，比如欧洲的、美国的等等。我们分班也不是专门美国人一个班，日本人一个班，而是打通的，这样也便于学生沟通，对教学有积极影响。

我们上课的时候，老师都是直接用中文的，这就叫“直接教学法”，为学生创造语言环境，学什么语言就用什么语言教。其实外国留学生也希望你用中文教学，再听不懂，听十遍也就懂了。

1992 年的时候，学校派我到日本去工作，一共待了一年多。那个时候中日关系好，学校之间就相互派教师交流，作为一种合作的方式。我们去日本教他们中文，他们就到中国来教日语，日本还派过一些引进到中国的日本电影的配音演员来中国。

我们过去，日常生活都用简单的日语，另一方面呢，也是日本教师中文说得好，我们交流基本没问题。后来，日本的孔子学院成立了。孔子学院这个制度，最早是德国人先开始的。我有好多朋友、学生在孔子学院教书，但是我认为啊，孔子学院的效果也不是这么理想。原因就是你教中文，只能教浅近的，稍微深一点的，学生理解就很困难。还有就是学院教师有的是在国外工作的，利用空闲时间去学院教书，教师本人中文修养不够，不可能讲得很深。

我还在香港工作过一段时间，过得很不习惯。你是中国人，他也是中国人，但是他绝对不讲中国话，要么讲广东话，要么就讲英语。香港人搞这一套，我不喜欢。香港唯一吸引我的地方就是书店，香港的书店里有各式各样的书，这是国内看不到的。

三、三尺讲台桃李硕，尤称此生太平凡

采访者：何老师，您在上外一直都教留学生吗？

何寅：我去日本回来之后，在上外就不再教留学生了，而是到语言文学研究所去带研究生，那是 1993 年。我在研究所主要搞比较文学，像传播学院的朱科，英院院长查明建都算是我的学生，听过我的课，查明建属于比较有头脑，自成一格。

比较文学不是具体的哪个作品和哪个作品比较，而更多的是国家之间的文化到底有什么差异。国与国之间的文化差异是很大的。中国一直是把儒家思想作为自己的指导思想，文学也是这个样子。中国的文化实际就是儒家观念、文化的形象化。对人的要求，也是指儒家思想对人的要求的形象化。那么就要用作品来具体讲。国外是讲究约束的，挣钱也好，法律也好，它对每个人的行为都有约束，你一定要按照他的约束去做。中国不是的，中国是很讲究人的自我要求，自己对自己的要求。现在就碰到很多问题了，现在一讲到国家法律上很多的要求，中国人就不习惯，说怎么老管着我，其实他不知道国外这个要求更早，也更具体，你是一定要这样，不这样不行。

我在研究所一直教到退休，那是 2000 年。退休之后，上外高翻学院的院长柴明炯跟我很熟，就邀请我回到高翻学院上课，但是就教了几节课，我讲话都讲不动了。前后下来就教了三年，教中国文化，一直到 2004 年。

我这个人，上课主要就是写板书，也不太布置作业。学生愿意做就做，不愿意做就不做，不主张硬规定，没必要。上外的学生总的讲蛮好的，到国外教书你就发现，国外大学生真的是一塌糊涂，他们从来不认真复习，也不做作业。我在京都教书的时候，我去上课之前，系主任就找我谈话，说何老师，希望你不要每个星期都给他们作业，也希望你不要老是提问，学生会吃不消的。上课的时候你就不要去管，因为学生干什么的都有，你最好别去管他。用功的学生自然用功，念得好，他自己会下功夫。有的学生没心思学习，你就让他去。我觉得这样也好。

我喜欢自己动脑筋比较多、有所创造、发明的学生。真的靠背，就是背得再多也没用。我在高翻学院上课的时候，有个学生跟我说，“老师，中国

没有哲学。”我跟他说，国外的哲学划分比较老套，以本体论为例，都必须存在一套体系，要满足哪几个条件，才把本体论说清楚。这个学生，他认为中国没有像国外这样的划分，就说中国没有哲学。我跟他这样解释之后，他下一堂课又跟我说了，说“老师，我还是不同意”，这个孩子蛮好的。

我跟学生上课的时候就讲求一个平等。王阳明说过，“满街都是圣人”，每个人都有他的可取的地方。我就觉得要实现平等教学，跟学生互动，学生爱说什么就说什么。

采访者：何老师，我们读到您的简介，是您在高翻学院教师页上的自我简介：“何寅，1960 年毕业于华东师范大学中文系，仅一纸本科文凭，并无学位，亦未留洋，为上外诸教授中学历之最低者。今年近七旬，垂垂老矣。与他人合伙编著之书如《世界文学形象〈辞典〉》、《汉语国庆辞典》、《中国文化与世界》、《国外汉学史》等多是虚应故事，不足观。文章如《日本的中国文化接受》、《白居易对紫式部的影响》、《从〈十日谈〉说到〈金瓶梅〉》、《明代哲学思潮与〈三言二拍〉中的明代拟话本》、《谈日本的中国明清小说评论》、《论徐文长》、《再说〈牡丹亭〉》等等，倒还可以看看。讲课则兴之所至，口无遮拦，并无章法。喜之者抚掌，厌之者拂袖，亦不以为意。”感觉您写的蛮风趣的，请问您当时是怎么想要写下这段话呢？

何寅：这是事实啊，你看现在哪个人是这样当教授的？就一张本科文凭。上外的其他教授都到国外去过的，不光有中国文凭，还要加上一张外国文凭。

本科毕业之后之所以没有往上读一个学位，不是不想读，是我那时根本没这个观念。我毕业的时候是 50 年代，还没有招研究生的说法，大学本科能念上已经很好了。硕士生首先是没有招的单位，学校也没有朝这个方向去努力。普遍地招硕士生、博士生是在改革开放，小平同志执政之后，这个风潮才开始。现在的上外，你不是博士生怎么当教授啊？首先人事这一关就不通过。

再讲我这几本书，前面几本，我说是虚应故事，是因为这些都是别人已经做好了的事情，我只是去理一理，没什么好看的。后面的几本呢，倒是自己的思考，还可以看一看。我到目前为止，没有什么得意的著作，生平无一著作本人得意。我就是个一般的人，平常人。没有创造发明，很平常，很乏味。

最后我对上外的寄语就是，今后，要在比较研究上多下工夫，研究过程中，不仅要学习各种语言，还要学习与语言有关的文化。因为文化不比较，就是一种浪费。

韩宗琦 28 岁时任中国油脂公司华东区公司副经理(1952 年)

韩宗琦,1925 年出生于山西省孝义市。1938 年 4 月参加八路军,1940 年入党。先后任八路军 115 师教导 2 旅宣传队分队长、连指导员,山东省滨北胶高县海青区区委书记、武工队政委、边区工商局干部科科长,江苏省苏南行政工商局秘书、党支部书记等职。建国后历任华东区油脂公司上海粮油进出口公司人事室主任、副经理,上海食品进出口公司经理、党委书记,公私合营上海市进出口总管理处总经理,上海市外贸局副局长、党委副书记,上海外贸学院党委副书记、副院长。1972 年,随上海外贸学院与上外的合并来到上外工作,任上海外国语学院党委书记。1984 年离休。

爱党之心炽热 爱学之心不休

口 述 人：韩宗琦
采访整理：查依帆、姚佳雯、林岚、缪迅
采访时间：2013 年 10 月
采访地点：上外立泰苑

采访韩宗琦老人那天，正逢学校离退休工作处举办敬老活动。只见韩老左手拄着手杖，右手拿着一个绿色的购物袋，俨然一个快活老人。他步履轻而缓，面带着笑容，微笑地和我们握手，和我们聊起来很是融洽，毫无“代沟”。采访中，韩老谈笑风生，妙语连珠，有时又话语沉重，神情严肃。

一、 九十年人生： 如佳酿醇香弥漫

九十岁高龄的韩宗琦，人生长度已快接近一个世纪，从他依然饱含热情的语调中，仍可感受到他九十年的丰富人生如同佳酿般地醇香弥漫。

经历过抗日战争、解放战争的枪林弹雨，也曾在新中国的外贸战线担负领导工作；亲历了上外与外贸学院的分分合合，又在“文革”动乱中遭受磨难；在上外党委书记的岗位上工作十几年后离休。韩宗琦的人生，可谓跌宕起伏，丰富多彩。

谈起少年时参加八路军的经历，韩老打开了话匣子。1937 年“七·七”卢沟桥事变发生，中国开始全面抗战。14 岁的韩宗琦，瞒着家人参加了八路军 115 师。在他少年时代，曾亲眼目睹经历过长征的红军的威武阵容，深深敬佩为抗战而改编成八路军 115 师的人民子弟兵。八年抗战，韩老曾先后任八路军 115 师教导 2 旅宣传队分队长、连指导员。解放战争期间，韩老先后担任了山东省滨北胶高县海青区区委书记、武工队政委和

边区工商局干部科科长等职务。

新中国成立后，韩老被组织上调到外贸部门工作。曾担任上海市外贸局副局长。上世纪六十年代初，韩老曾率领考察团赴欧洲作外贸专项调研考察，为改变中国外贸只和苏联等社会主义国家打交道的"一边倒"局面，打开通往西欧的外贸新局面，探了路，摸了底。

在欧洲考察期间，韩老亲眼看到了中国与世界先进国家之间的差距，对国家要大力发展外贸的迫切性感同身受。说到这段经历，韩老连说了几次"很不容易啊"。

上世纪六十年代初，中央外贸部下令要培养外贸人才。完成赴欧洲考察任务后的韩老奉命调入了上海市外贸局，担任副局长。之后不久，又调入上海外贸学院，担任了党委副书记兼副院长。

"文革"爆发，高校遭受重创。1972 年，韩老来到了当时深受"文革"破坏的上海外国语学院，担任了上外党委书记。面对当时的"四人帮"及其在上海的爪牙的肆虐，面对着当时的文革"极左"路线，韩老尽力而为地为逐步恢复所谓的教学秩序、有效地培养外语人才而辛勤工作。

二、 拨乱反正，正本清源 上外迎来"第二个春天"

"文革"肆虐，上外和全国很多高校一样，办学事业遭受了前所未有的破坏与摧残。1972 年，作为新任党委书记的韩老一到上外，映入眼前的情景是：不到 100 亩土地的校园破滥不堪。当时提出了"深挖洞、广积粮"。所以每个单位都在挖防空洞，校园里挖得一塌糊涂，到处是破砖破瓦，还有就是大字报满天飞。当时，韩老和上外的干部、党员、全校教师一样，对国家的前途深感忧虑。

1973 年 4 月，邓小平同志复出。不久，邓小平顶着重重压力，提出"要整顿"。于是高校迎来了"文革"期间的一次"整顿"。上外从 1972 年恢复招生，开始招收工农兵学员。当时，教师根本没有在教学中起到主导作用。学校实际上也不是以学为主，还是以所谓"斗批改"为主。大部分教师干部下放到安徽凤阳干校劳动，一年里有半年时间是在农村劳动。韩老在下乡的时候，发现有一部分老师顶住压力给学生上课，韩老给予肯定和支持，这居然成了反工宣队的“罪证”，受到了当时把持学校大权的工宣队一伙人的“批判”。

1976 年 10 月，我们党代表全党和全国人民的意志，一举粉碎了祸国殃民的“四人帮”。新的上海市委组成后，经过半年时间的考察和核实，对上外党委重新作了任命，韩老仍担任校党委书记。

粉碎“四人帮”后，韩老和校党委班子及时组织师生员工揭批“四人帮”炮制的“两个估计”的罪行及造成的恶果，正本清源，极大地调动了广大知识分子的积极性和主动性，促进了教育事业的发展。对中央关于迅速平反冤假错案的指示，韩老从心底拥护，坚定不移地在上外执行和落实这一得民心、顺民意的政策。韩老说，在“文革”中和“文革”前的历次政治运动中，上外干部、教师遭到立案审查的有 300 人，其中被公安局拘留的有 14 人，非正常死亡的有 22 人，被开除党籍、降级处分有 2 人。在原正副院(校)长 4 人中，一人被打成“叛徒”，3 人被打成“特务”。经过复查，这些同志平反昭雪，都恢复了名誉。校党委陆续为蒙受冤假错案的谭守贵、王汝琪、王季愚、张培成等领导同志召开了平反大会，恢复名誉，恢复职务。与此同时，对于上外所谓“九类人”的问题，韩老和校党委以及有关同志也费了半年时间，一个一个地看他们的材料，一一甄别平反。在 1957 年的整风反右运动中，上外被划 为“右派”的有 75 人，其中处级干部 1 人，科级干部 3 人，正副教授 5 人，讲师、教员 5 人，助教 9 人，学生 52 人。根据中央指示精神，本着实事求是、有错必纠的原则，经过复查，对包括全国著名的法语教授徐仲年在内的 75 名错划“右派”全都作了改正，恢复了他们的名誉。平反冤假错案的工作极大地鼓舞和振奋了全校师生，调动了师生员工的积极性和工作热情，大家真心拥护中央的正确路线。韩老说，他记得曾亲自带队，把遭受迫害、现已平反的同志组织起来出去旅游，让大家放松一下，做了一些安抚工作。

回想起 30 多年前那段拨乱反正、正本清源的经历，韩老心情颇不平静。他深深地为能和上外广大师生员工一起，在这样一个特殊的历史年代参与了事关几百个人政治生命的工作而欣慰。这一段经历，使韩老进一步深刻地认识到，在极左路线的错误指引下，大搞政治运动、群众运动，动不动就给人扣大帽子，整人、压人所造成的损党害国害民的恶果是多么可怕！对党的事业所造成的灾难性危害和损失是多么巨大。韩老说，这个教训是当前和今后的几代人都应该记取的。

三、勇于担当，为发展高等外语教育事业探路前行

1978 年 8 月，韩老去北京参加了由邓小平同志提议召开具有历史意义的全国教育工作大会。韩老完全拥护邓小平同志在大会上的讲话，小平同志讲话中提到，高校“办学靠教师”，对此，韩老深有同感。上世纪七十年代末八十年代初那个阶段，上外和其他高校一样面临教师队伍的“青黄不接”，必须抓紧培养新的师资力量，当时学校留了一部分表现好、有培养潜力的工农兵学员，有意识地选拔出学习成绩好的同学留校。还有那时“四年制外语培训班”的学生是，“文革”期间从上海 72 届至 74 届各中学毕业生中选拔出来的。他们年纪轻，热情高，思想素质也不错。校党委作出决定，把数十名培训班学员留了下来，作为学校今后事业发展所需要的培养对象。韩老认为，这是当时校党委做成的一件非常重要的大事，其作用和效应今天都能很清晰地看到。

韩老还谈起了曾经办了较长一段时期的上海外国语学院分院。韩老说，上外成立分院，是在上世纪七十年代末、八十年代初高校首次扩大招生的背景下搞起来的。那时上海各个大学基本上能办分校的都办了。上外的一批教师和干部承担了创办分院的工作。上外分院在徐家汇的一所中学校园里办了起来，校园只有区区六亩地，算得上是一所“袖珍大学”了，但在当时，确实让一大批有志于成为高端外语人才的青年人实现了他们求学的愿望，也为国家和上海培养出了一大批外语人才。上外分院圆满完成了在特定时期所承担的使命，上世纪 90 年代初期被并入上海大学，成为上海大学外国语学院。

韩老说，大学扩招了，还办起了分校，一时间没有那么多的教师怎么办呢，在当时，只有靠电化教学来帮忙了。1979 年，上级有关部门决定，由韩老带队，带上特批的 5 万元美金，组团赴香港采购了一批电化教育设备。这些采购回来的电化教育设备很快分配到各个高校去了。其中一部分录音机分配给了学校外语专业的教师。韩老诙谐地说，那种如今看来老的掉了牙的盒式录音机，当时可是很稀罕的。小青年手拿着这种录音机上街招摇一番，很出风头的。

韩老还提到了当时校党委就“外语教学如何适应经济建设为现代化服务”这一问题展开的思考和采取的一些举措。当时，胡孟浩等校领导提

出:“办学要密切结合社会需要。”面对当时各行各业都需要各类型外语人才的现实,上外的外语教学和人才培养要着手搞多元化(复合型)。韩老也极力主张,把经贸系先搞起来是有条件的(因原外贸学院专业教师还在),校党委一致决定恢复经贸系。“这对以后进一步组建新闻专业等复合型专业起到了探索作用,也拓展了上外办学的视角。”韩老对此很是欣慰。

四、晚年生活:尽享学习带来的充实和愉悦

在与韩老的访谈中,除了老人丰富的人生经历给予我们的震撼外,让人最受感动的,便是他那炽热的爱国爱党之心和孜孜不倦的学习劲头。

韩老虽年事已高,却一天也不曾忘记学习,从领导岗位退下来至今已经快有30年了。这30年来,韩老每天都阅读党报党刊。据原校党办主任吴人龙披露,韩老读报的劲头很足,有时一天要看好几份时政材料,为的是思想常新,在思想上跟上当今时代。韩老说,“一个人如果不学习,是绝对不行的。”他回忆起上海解放后,他开始做外贸工作,一方面要做外贸单位员工的政治思想工作,另一方面自己也要抓紧学习外贸知识,从外行迅速转变为内行。真的很不容易。他一直在工作之余,见缝插针地学习,后来才能胜任外贸局的领导岗位。也正是如此,上海外贸学院创办伊始,组织上就将韩老调入外贸学院担任党政领导。后来,又来到上外当党委书记。如果对外语教育、外贸工作以及相关人才的培养工作一窍不通,那是不可能胜任工作的。

在访谈中,有一位老同志出示了韩老让他阅读的几本杂志,韩老摆手笑笑,表示自己学得还不够。

韩老告诉我们,老年也是读书求知的好时光。人老了,精神不能老,思想也要“苟日新、日日新”,也要与时俱进的。离退休老同志在可能的情况下,要根据自己的实际情况,多读点儿书。他的晚年生活,是一个有智慧、长智慧、并继续享受着智慧带来乐趣的晚年,当然是一个美好的晚年。

韩宗琦离休后仍坚持认真阅读党报党刊

1988 年 3 月王宏在东京日语国际研讨会上发言

王宏,1925 年出生于台湾。上海外国语大学日本文化经济学院离休教授。上外首届日语系主任。第二届中国日语教学研究会会长。享受国务院特殊津贴。

“文革”后期受上海市教育局委托,主持编写了第一套以听说为主的专业用大学日语教材。在中国大陆和台湾出版日语专著 10 本。在中国和日本发表日语语法和日语教育的文章近百篇,2008 年设立“王宏爱心基金”,迄今资助经济困难学生近 100 名。

2012 年获中国日语教育贡献奖。

谋求日语教学研究领域里的重大突破

口 述 人：王宏
采访整理：王晓雨　俞皆文　徐毓珺
采访时间：2012 年 11 月
采访地点：王宏寓所

一、 从事教学工作以前

1925 年 11 月，我出生于台湾鹿港。那时的台湾地区属于日本的殖民地。从小学、中学到大学预科，都被灌输了日本教育。我小学 3 年级随父母到大陆，抗战胜利后转入北京华北文法学院经济系二年级就读，1948 年 6 月毕业。大学期间，我不满国民党腐败统治，追求民主，参加了“反饥饿、反内战”等学生运动。1947 年台湾“二・二八”起义爆发，我作为台湾省旅平同学会副会长，在北京地下党领导下，积极投入声援斗争。1947 年 12 月，我被学院地下党组织吸收入党，1948 年 2 月，加入台湾民主自治同盟北京地下组织。

大学毕业，我希望到解放区学习一段时间充实自我。经组织同意，1948 年 8 月赴解放区（泊镇），11 月被安排在石家庄的华北军政大学台湾队学习 1 年多。这样，有幸随台湾队参加了 1949 年 10 月 1 日的天安门开国大典。11 月，朱德总司令来出席台湾队的毕业典礼，并与大家合影。12 月，台湾队南下到上海，不久，我和另外 3 位台湾队学员被借调到九兵团协助解放台湾的准备工作。后来形势变化，1950 年底转为志愿军入朝参战，参加了第五次战役。之后部队整顿，我们 4 人被调回国内转业。

1952 年 8 月，我被调到上海外贸系统工作，先在土产出口公司，后在丝绸出口公司任行情研究组组长，长达 8 年。这期间被借调在北京、上海做外贸等方面的日语口译工作两年多。这段经历有助于我后来从事日语教学时期开设外贸日语课和创办日本经贸专业。

二、编写第一套听说领先的日语教材

1960年,上海对外贸易学院成立。同年8月,我被调去任日语教师,时年35岁,可谓是半路出家。报到3个星期就上讲台。将一个外贸日语调干生班从一年级教到四年级。1962年,上海外贸学院并入上外,这个班也作为上外的外贸日语班毕业了。到64年,国家经济好转,上海外贸学院又独立了,我也回到外贸学院教了1个班到二年级。1966年"文革"开始,学校停课,我也"歇业"了6年。1972年,外贸学院又一次并入上外以后,我就留在上外直到离休。

1972年5月,上外复课。之后不久,我接到编写教材的任务。这套教材的编写任务是由上海市教育局下达的,书名为《上海市大学教材——日语(日语专业用)》,俗称"上海市统编教材",一套三册,上海人民出版社1974、1975年出版。它是为三年制工农兵学员编写的。第一册我主编,第二、三册我审校、定稿。这套教材是在"文革"后期编写的,内容上带有浓厚的"文革"色彩,这是一个很大的缺陷。但是在语言方面,出于对我教过的两届学生采用以"语法为纲"教材后听说能力较弱的反思,第一册在"重点培养听说能力"、"强调反复操练"等方面做了一些探索。第一册语体上全部用敬体,体裁上都用对话体,以利于开口。零起点学生从第二周起就开始对话。课文方面,每课配有题材相近的2—3篇短文,以提高词汇的复现率。练习方面,每课配有较多的习题,多数习题可用口头进行练习,课内外注重二人对话操练。语法方面保留了原有语法体系,但教法上做了一些改进:先教课文,后教语法,即先实践后理论;多采用句型、图解、图表形式讲解;各课分散讲解语法后适时归纳整理。本书是建国后国内正式出版的第二套日语专业用教材,据我们所知是第一套日语专业用"听说领先"的教材。上外第二、三套教材也承接和发展了这套教材

王宏主编的我校第一套日语专业教材

的路子，对于学生听说能力的提高取得了显著的效果。

三、 语法教学与研究

1976 年，我承担日语教师进修班为期一年的语法课。这批教师是在本校学习 3 年毕业，留校上了一年课以后脱产进修的。我想在这门课里，从教学的实际需要出发，讲授一些教师不易讲清楚、学生容易错的日语语法上的难点、难题，主要是常见的近义语法的辨析。但国内外都找不到这类教材，我就边学边编边上课。这种语法是实用性的专题语法，而不是理论性的系统语法。在日本方面注重研究这一领域的是三上章一寺村秀夫一仁田义雄这一学派，所以我就一直注意吸收他们的研究成果。说到这里我还得感谢时任上外图书馆段昌华馆长。他在当时国家外汇十分紧张的情况下，订购了不少日语语言类书刊。在 1970 年代到 80 年代中期，我校这类图书的齐全程度可以说是全国高校中名列前茅的。因为我具有这种资料上的有利条件，才能编好教材，写出语法书。我还想，在研究日语语法的同时，要随时注意与汉语的比较。这样才能找出学习难点的所在。我也感到量化分析有时候也很能说明问题。我在不会使用电脑、缺乏语料库的情况下，靠手工做了一些统计分析，从中也获益不浅。

这种实用的专题语法课后来在研究生班和本科高年级开设过。这样日语语法逐渐成为我的主课和研究方向了。本来日语语法是我的软肋，逐渐变为强项了。这些教材经过教学检验、几经修改，被出版社编辑发掘、推荐，编写成为以下三本书出版：

《日语助词新探》上海译文出版社（1980 年 1 月出版）

《日语的时和体》上海外语教育出版社（1980 年 12 月出版）

《日语表达方式初探》商务印书馆（1981 年 10 月出版）

台湾台北鸿儒堂出版社出版了上述三本书的繁体字版。

这三本书吸收了日本学界六七十年代的最新研究成果，采用对比、辨析的方法加以整理，解决了教学中的难点。国内在这以前没有出版过同类书。佐治圭三、村木新次郎、田中宽教授在日本《国语学》（现名《日语研究》）等杂志对三书都作有评介。

八十年代，我还相继出版了《日语惯用语例解手册（人体词汇惯用语专辑）》、《日语助词“は”和“が”自学指南》（译著）、《日本展望小丛书》（4册）等。10 本专著总发行量 53 万册以上。在当时的条件下作为实用的教学参考资料颇受日语学习者的欢迎。

从 1980 年代初到 1990 年代中期，我先后在国内的《日语学习与研究》、《日语学习》和日本的《世界日语教育》、《中国语》，等书刊上发表了近百篇文章。其中，《“の”与“的”》、《“た”与“了”》等 7 篇日汉语对应关系系列文章得到了中日两国日语语法界的重视。经计量分析发现，这些日汉语对应词的对应率只有三分之一到三分之二。从这里我找到了不对应的用法以及难点的所在。当时我被称为日汉语语法对比研究“一马当先，‘产量’最高”的作者。

这里我附带谈两件事：

一是《中国日语研究文献目录》调查。1993、94 两年我参与日本国立国语研究所和国语学会策划的《海外日语研究文献目录》编制工作。我分担了中国内地部分，收集了著作 300 本、论文 2 300 篇的目录。该文献目录从 1997 年起就在日本国立国语研究所网站上可供查阅了。这让世界更好地了解中国大陆的日语研究成果。

二是日本国立国语研究所编写的《国语年鉴》有一个专栏刊登介绍国外日语研究学者，中国内地占了 3 名，我是其中之一。

四、开展对日交流，拓展教师出国进修道路

随着改革开放的进展，对日交流的机会也多起来了。

第一次是 1979 年 5 月，我作为“上海市学术交流友好访问团”的团员兼翻译访日 15 天。据说，市教育局要我校派出一名翻译，校方说我已是副教授 54 岁，这样才有了团员兼翻译身份的。作为团员就允许进行交流。于是我在大阪应邀谈了《日语复句里助词“は”与“が”的差异》，在东京日本语教育学会特别报告会上介绍了《上海日语教育的现状》。1980 年 7 月，我在该学会会刊《日本语教育》上发表了《中国日语研究的现状》。改革开放以后与日本日语教育界的交流或许由此开了头。第二、三次访日是

1982 年 1 月和 1983 年 10 月，我担任“上海大学日语教师代表团”副团长和团长。由市教育局组团，从复旦和上外各派 3 名教师构成，使用的是日本国际交流基金会的研究费。

通过这三次出访，我们考察了东京和大阪地区的一些大学，与日本的日语和汉语界教授进行了交流，出席了日本国语学会（现名日本语学会）的年会，并在大阪的日汉语对比研究会上发表《日语“の”与汉语“的”的对应关系》一文。还与日本国立国语研究所的所长、研究员亲密接触。我结识了寺村秀夫（大阪外大）、德川宗贤（大阪大学）、森田良行（早稻田大学）等一批日语界的著名教授。我做日汉语对比研究，也是受到了日本中国语学界的启迪。另外，我们与一些大学就开展校际交流的意向交换了看法。还购回了一批日语图书资料供研究用。

1983 年 8 月，我任日（日语）阿（阿拉伯语）系代主任。次年 3 月，日语系成立，被选为系主任。当时，我校日语教师除日本归国华侨和个别借调做访日团的翻译以外都没有到过日本。日语教师普遍迫切要求到日本进修以提高自身水平，并有利于提高教学质量。为了满足教师的心愿，我们就在上述三次交流的基础上，经过多方沟通、筹划，以胡孟浩院（校）长为团长的上外访日代表团于 1984 年 4 月和 1985 年 5 月两次访问日本。与东京、大阪、京都 3 所外国语大学以及法政、爱知、樱美林共 6 所大学签署了校际交流协定。代表团还走访了神奈川、静冈两县的教育厅（是我校日教的派遣单位）。同时，还与日本国际交流基金会和霞山会二赞助团体建立了较密切的关系。通过这两次访问，我校的毕业留校教师一般 4 年中有 1 年到日本进修或担

1984 年 4 月王宏（左一）在上外与京都外国语大学交流协议签字仪式上

任汉语教师的机会，充分满足了他们的心愿。这些经过出国进修归来的教师后来大多数都成为我校的教授。包括三届日语系总支书记以及日语资料室管理员都得到了访日进修的机会。这些访日活动的经费大部分也是由日方提供。与此同时，我们聘请外教、邀请专家来校讲学、合作研究，并举办了国际研讨会等。这在当时国内日语院校的对日交流活动中，是走在最前列的。此外，与日本大学的校际交流协定也为我校汉语教师创造了出国教学机会，还促使多批日本学生来我校短期留学，学习汉语。

五、 创办日本经贸专业

1983 年，上外领导要求结合各学科特点开设新专业。我们考虑日本是多年来我国的最大贸易伙伴国，结合我曾长期从事外贸系统的工作经验，认为开设日本经贸专业符合改革开放的需要。我们的设想是：低年级上日语基础课不变，高年级用日语上实用的日本经贸课，这是培养复合型人才的想法。师资问题我们采取了派出 7 名日语青年教师到日本各进修一门经贸课，学成后回校开课的办法来解决。这批教师回国后，大都编写日语经贸教材，并正式出版。我们也曾邀请出国进修教师的日本导师来我校集中讲过课，还请在沪的日本贸易公司总经理开过讲座。开设经贸专业是 1983 年 11 月获准，1984 年 9 月招生开学，每年招收 2 个班。开办以来，经贸班录取分数线一直高于语言班，毕业生也较受社会欢迎。用日语上经贸课已成为上外的一大特色。

这里附带说明一下社会办学。作为系主任不得不考虑改善教师待遇，以稳定教师队伍。我接任之初，发不出每季 10 元的奖金而曾向阿拉伯语专业讨过救兵，到了一年后的 1985 年，我们有能力向全系教工发放奖金达 590 元。这主要是承办了日资五星级酒店 650 名职工的日语培训。

1986 年 2 月，我年满 60 岁，请求按规定卸任，结束两年半的系务工作，改任名誉系主任。

六、 为全国日语教育做贡献

中国日语教学研究会 1982 年 2 月成立，它是受教育部指导的学会。首届会长单位是北京大学。第二届 1987 年 10 月在上外成立，我担任会长。1991 年 8 月移交给第三届，实际任期 3 年 10 个月，我任第三届研究会顾问。上外被推选为会长单位，据说是由于上外对日交流开展得好。八十年代是全国学会的初创时期，大家缺少经验，又缺乏经费。如何在此情况下开展学会工作成为当时的一大难题。但是在上外的支持和我们的努力下，在当时来讲是创造性地开展了包括全国日语教育全面调查、国际研讨会、专题讲座、巡回演讲会、老教师访日进修考察、选编论文集等等在内的多项活动。具体如下：

1. 全国日语教育全面调查

受日本国际交流基金会和教育部的委托，日语教学研究会 1990 年和 1993 年分别组织了包括大中小学、成人教育、业余教育在内的全国日语教育机构的问卷调查。这在日本是首次世界性调查，在国内也是建国后的首次调查。回收答卷每次千份以上。这次调查本来是可以将调查表收回送交日方了事的，但是我们借此机会，根据我国实际需要，特别是在大学部分增加了许多补充调查项目。日语广播、电视讲座不在日方调查范围，我们也摸清了实况。1993 年的调查还举办了《今后的日语教育》的征文活动，收到应征论文 83 篇，并在山东大学召开研讨会，对我国日语教育进行探讨，同时对调查报告进行论证、评估、修改和补充。通过这两次调查，我们首次弄清了全国日语教育的全貌。报告书还对历史发展、今后展望和存在问题等都有述及。两次调查报告的中文稿我们都打印发给了会员单位，上外《外国语》杂志刊登了详细摘要。这个详细摘要又被转载、译载过。日文稿在日本国际交流基金会日本语国际中心出版的《世界日语教育》刊物中两次都作为“特约报告”全文登载，传播到各国日语教育机构，扩大了我会在国际上的影响。现在这两份调查报告和资料还为中国日语教育史的研究者乐为所用。

2. 日语国际研讨会两次

一次是 1988 年 6 月，在上外（无锡）举行。德川宗贤、仁田义雄先生出席，参加学校 22 所，出席人数 50 人，发表论文 26 篇。这是我校作为会长单位首次举办的国际研讨会。另一次是 1990 年 8 月，在黑大举行。北原保雄、冈崎正继、户川芳郎、蔡茂丰（台胞）先生出席。出席人数 90 人，发表论文 42 篇。

3. 专题讲座 3 次

为培养日本文化史师资，1988 年 9 月在杭大举办为期 50 天的日本文化史讲习班，12 校各派 1 名教师参加，由石田一良先生（东北大学名誉教

授）主讲。1990 年 8 月，在吉林延边大学为朝鲜族大中学 163 名教师举办为期 2 周的日语讲座，着重于日朝语对比研究，由梅田博之（朝鲜语）、渡边实、川口义一先生主讲。1991 年，在大外举办为期 1 周的日语语音讲习班，50 校各派 1 名教师参加，由水谷修、柴田武先生主讲。

4. 巡回演讲会

1988 年和 89 年分两次在广州外国语学院、武汉大学、四川大学、西安外国语学院、天津外国语学院和山东大学等 6 校举办为期一周的日语语法、词汇等讲座。讲师为森田良行、佐治圭三、山内洋一郎、村木新次郎、王宏、苏德昌等先生。听讲者共达 750 名，主要是当地的专业日语、大学日语、中学日语教师，也包括部分日语研究生和高年级学生，也有从外地赶来听讲的日语教师。专题讲座和演讲会还向举办校和听讲者赠送了一批日语专业书籍和词典。在这几座城市举办日语讲座都是首次，它有力地促进了当地的日语教育水平的提高，得到各个方面的好评。

5. 老教师访日进修考察团

当时参加北京“大平班”学习的 600 名青年教师都访日了，而长期从事日语教学面临退休的年长老教师却没有机会访日，反差很大。老教师反应强烈却无法解决。我们知道这一问题由学会来处理确实有困难。一不动用国家经费、二不使教师增加负担，困难重重，难以解决。但是为了老教师的夙愿，我们还是尽了最大的努力。我们首先摸清了情况、打通了关节，充分利用了上外对外交流资源，终于组团成功。各大区选出来的 12 名在职老教师平均年龄近 60 岁。由上届副会长王长新教授任团长、皮细庚任秘书长，1988 年 11 月由上海飞往东京，访问了京都、奈良，从神户乘鉴真号返沪，为期 15 天。在东京还请日本日本语教育学会操办日语语法、词汇和日本文学的讲座。

这里应该提到，上述 4 项学会工作都获得日本国际交流基金会日本语国际中心等单位的大力支持，在此致谢。

6. 大区活动

为了便于就近开展学术活动，本届学会将全国划分为东北、华北、华东、华西和中南 5 个大区，由副会长或常务理事任大区负责人，设置副秘书长。东北、华北、华西大区各举办了 3 次研讨会，华东 1 次，共十次。经费由本会提供或适当补助。广州市、武汉市和北京、天津地区各举办了日语院校恳谈会 1 次。

选编出版《中国日语教学研究文集》第二、三、四集，分别由刘和民副会长、苏德昌副会长、刘耀武常务理事主编。

编组《会员通讯》15 期，每期印 200 份，发至各会员单位 1—5 份。此《通讯》刊载有本学会活动的最详细记录、国内外日语界信息，还刊登与本学会有关的论文。

中国日语教学研究会第三届理事会致上外的感谢信称：王宏在第二届工作期间"做出了卓越的贡献，赢得了会员的高度评价和尊敬"。

在 2012 年的中国日语教学研究会成立 30 周年的纪念大会上，因为"在第二届会长期间，为发展中国的日语教育事业，开展国际交流与合作作出了重要贡献"。我获得了"中国日语教育贡献奖"。

七、 老有所为、老有所乐

我 1994 年 69 岁离休，返聘了几年后告别了教学讲台。我想，如要继续进行日语语法研究就必须掌握国内外研究前沿信息，但这已是力不从心，也就画了句号。我将图书杂志捐给校图书馆，去做我老有所乐的首选——旅游。经历十多年的国内外旅游，我开阔了眼界，增加了见识，锻炼了身体，圆了旅游梦，已经没有什么遗憾了。另一方面已达耄耋之年，即使想旅游也不大受旅行社的欢迎了。

几年前上海译文出版社提出修订、再版我的《常用日语表达方式》一书，我考虑到此书已出版 30 多年，国内和日本方面似乎还没有以日语表达方式为主线来整理的日语语法教科书或教学参考书，所以同意再版。为了使它充分反映日本学界近年的研究成果，我又经过半年多的修订、增补了 5 万多字，2009 年改书名为《日语常用表达方式辨析》出版了第四版。另外，2009 年上外日本语学国际研讨会上我提交了日语语法论文一篇。这些可能是我最后一次专业活动了。

此外，我了解到有些内地来的新生入学初期经济上有困难，难以及时解决，就与上外教育发展基金会签订了《王宏爱心基金协议书》，从 2008 年起对家庭经济困难的日语本科新生提供助学金，7 年共帮助近 100 名学生（其中约 30 名为少数民族），累计资助 30.4 万元。这一活动目前还在继续。这也算是老有所为、老有所乐吧。

1990 年 4 月孙义桢主持西语系科研报告会

孙义桢,1933 年生,中共党员,1973 年从北京外国语学院调入上海外国语学院,从事西语教学四十春秋。从北京到上海,他所教的学生可谓桃李满天下。孙义桢一直在教学第一线,即使在任上海外国语学院西班牙语系主任期间(1985—1992)也是这样。他讲授二年级到四年级的多门实践课,并独自编写数种教材。在教学实践中,他积累了相当可观的语言素材,为编写词典打下了基础。从 1976 年起,他主持编写了《新时代西汉大词典》、《新汉西词典》、《新西汉词典》、《简明西汉词典》等多部词典,其中《简明西汉词典》(1986)、《新汉西词典》(1999)和《新时代西汉大词典》(2008)获上海市哲学社会科学优秀成果奖。《新汉西词典》和《新时代西汉大词典》均居世界同类词典之冠,被国内外图书馆和学者广泛使用,为国家文化交流事业和上外的科研事业增添了光彩。如今已到耄耋之年的孙教授早已退出讲台,却依然奋战在西汉、汉西词典编纂的第一线,为《新时代汉西大词典》的问世而努力着。

情系词典　笔耕不辍

口 述 人：孙义桢
采访整理：张竞婷、李一棋、舒则灵
采访时间：2012 年 12 月
采访地点：孙义桢的书房兼卧室

一、　青春梦想寄西语

孙义桢出生在浙江奉化的农村。在这里有江南水乡的水气氤氲，有典雅的粉墙黛瓦，有幽深的小巷深处。在这样美丽的环境中，发生的故事却有些凄惨。

孙义桢五岁便失去了娘，七岁又失去了爹爹，不得不由姑姑收养。亲戚们虽尽力呵护，不过依当时的财力也只能供他几口米汤、一碗淡饭、青菜萝卜罢了。可能因为父母离世得早，小小的他便跟大人学会了一些农活。他经常在田地里挥汗如雨，拿着镰刀割草，牵着黄牛在蓝天下放牧。没多久日军入侵，之后又是土匪来袭，这些都给孙义桢幼小的心灵罩上了阴影。

1945 年，抗战胜利了，人们的生活才渐渐安定下来。乡下办起了洋学堂，断断续续上过三四年私塾的孙义桢念起了小学。乡下生活艰难，学习并非易事，他一直念到快 15 岁才小学毕业。

1948 年是孙义桢一生中的重大转折。他的叔叔在沪做一些生意，生活条件还不错，将他接到了上海。15 岁的孙义桢开始就读于当时著名的由地下党创办的储能中学。该中学创建于 1942 年，曾以“民主革命堡垒，爱国志士摇篮”之名享誉沪上。在那所中学，他初步受到该校党组织的熏陶。

1949 年刚解放，孙义桢就汇入了浩浩荡荡的革命洪流中。在积极参

加各种社会活动的同时,他没有忘记自己读书的使命。孙义桢各方面表现出色,经组织严格考察,于 1954 年加入了中国共产党。

次年他参加高考,恰逢北京外国语学院(即今北京外国语大学)来沪招生。他顺利通过高考和选拔进入该校学习,被分到西班牙语系,成为北外西班牙语系的第四届学生,从此就与西语结下了不解之缘。

当时学校的西语师资和资料都异常稀缺,全系只有三个中国老师和三个从苏联来的西班牙老师(西班牙内战,许多西班牙共产党员逃到苏联),教科书都是老师现编现教。当时使用的西汉词典是 20 世纪 20 年代在西班牙、墨西哥做过外交官的中国人编写的,这是一部比较简单的双语对译词典,词条中有好多不够准确的释义,甚至存在误人子弟的错误。孙义桢凭借这本词典,敲开了西语学习的大门。

当时老师对学生们说得最多的话就是:十个农民辛苦劳作才养得起一个大学生,大学生要对得起劳苦农民的养育之恩。一切从当下做起,孙义桢怀揣青春梦想,决心学好西语,好在将来报效祖国。

那时,学校实行严格的军事化管理,早晨六点钟起床,这使他养成良好的有规律的作息习惯。天刚蒙蒙亮,伴着些许雾气,他便开始了晨读。有时对着一个没人的角落练习大舌颤音,有时自己反复练习动词变位,有时拿着原版小说津津有味地阅读,沉浸在知识的海洋中,孙义桢觉得是一种幸福。孙义桢暑假也不回上海,留校继续学习。勤奋阅读,夯实了基础,扩大了知识面。

二、 风雨岁月多变迁

开始的两年大学生活虽然辛苦,却又是那么快乐。从 1957 年“反右”运动起,正常学习生活被打破。1958 年,全国掀起“大跃进”,全民“大炼钢铁”。北外师生不可能置身于这个运动之外,结果炼出的是一块块黑不溜秋的铁疙瘩。这一切使他开始感到迷茫。

不过,1958 年,北外西语系全体教师和部分毕业生还是干了一件大好事。他们乘“大跃进”之风,艰苦奋斗,在一年多的时间里,完成了新中国第一部《西汉词典》的编写工作。词典 1962 年付梓出版,让新中国第一批会西班牙语的外交官、第一批西班牙语教师、第一批西班牙语翻译工作者从中受益。孙义桢当时还是学生，却参加了部分词条卡片抄写工作，这是他初步涉猎词典编写工作。

1959 年，因工作需要，孙义桢提前毕业，留下当老师。他依然记得初次登台上课的情景。为了上好第一节课，他从前一天晚上一直备课到深夜。第二天上课当然很顺利，孙义桢尝到了当一名教师的甘苦。

那时国家正值困难时期，年轻教师中有些人出现了浮肿。系党总支书记叫来孙义桢，下了死命令不让其“开夜车”。为了提高效率，孙义桢抓紧一切时间写教案，编教材，抄录有用的词句，不断积累，充实了课堂的教学内容。

1964—1965 年间，“反帝防修”运动推向高潮，孙义桢却参加了两卷本的《西班牙语二年级试用本》的编写工作。《试用本》如期出版，但“文革”开始了，“试用本”没用多久就呜呼哀哉，孙义桢想起来也觉得有些辛酸。

1966 年 5 月 7 日，根据毛主席的指示，北京各高校在全国各省农村地区办起了“五七干校”。不久，孙义桢随北京外国语学院的师生来到武汉市沙洋县的“五七干校”，边劳动边思想改造。夏天非常闷热，但孙义桢仍能自得其乐。他偷偷将一本原版西语小说拆散了带到干校来，从那本小说撕下一张放进衣袋里，有机会便拿出来偷偷看上一段，背一段。

20 世纪 70 年代初，中美关系的局面打开，中国的外交活动多起来，在沙洋的北外师生于 1972 年返回北京，重新开始教学生活。1973 年夏天，一个偶然的机会，组织上把他从北外调到上外。孙义桢的家原本就在上海，这样，他十载牛郎织女的生活结束了。从父母双亡起到现在为止，他终于有了一个完整意义的家庭。他已到了不惑之年，淡淡地品尝了一回人生的酸甜苦辣。1973 年秋天，他面对着一个深受“文革”影响的工农兵学员的班级。这个班级爱挑剔老师，在一年级换了七位老师。孙义桢作为第八名教师，踏上了二年级的讲台。他凭着工作热情，凭着对年轻学生的爱护，一直教到他们毕业，并与他们建立了良好的师生关系。

1972 年，上海在全市招了一大批成绩优秀的高中生，把他们送到安徽凤阳上外“五七干校”，办起了一个多语种“外语培训班”。孙义桢于 1975 年秋季又被派往那里，边劳动，边教学。直至 1976 年“四人帮”粉碎前夕，

孙义桢才回到上外。

三、 呕心沥血编词典

上外虹口校区虽小却让他感到温暖,较为完备的设施和环境让他感到舒心。

自教书以来,他养成了一种习惯:无论备课还是看西文小说和报刊,见到常用词的词义及其用法以及特殊语法结构就用卡片抄录下来。十多年以来,卡片积少成多,到 1976 年,竟多达三万余张。

孙义桢在教书的同时,又把部分注意力转移到编词典上。他深情地说:"我的主要工作就是教书,但编词典是国家的需要,也是学生的需要。我只想把脑中的 ABCD 变成实实在在的能查阅参考的工具书。"

1975 年,国家新闻出版署希望上外西语系编写一部《简明西汉词典》。校、系领导将此任务交给孙义桢。词典编写小组刚成立,他又被派到安徽凤阳上外的"五七干校",直到"四人帮"被粉碎,他才回来。1976 年秋天,编写词典工作才正式开始。作为一名助教,要主持一部 250 万字左右的双语词典谈何容易,不过他还是把这项工作接了下来。当时"工宣队"还在学校,一切工作由他们领导,做什么事情都要"政治挂

1986 年 6 月孙义桢(左一)与编委讨论《新汉西词典》编写稿

帅”、“宣传毛泽东思想”，编词典也不例外。“简明西汉词典编写大纲”上也强调了这一点。不过，孙老师在编写词典过程中始终把握以下两点：第一，《简明西汉词典》是一部双语词典，是为我国与讲西语国家进行语言交流服务的，宣传某种思想不是它的任务，也不可能是它的任务。但词典是有政治立场的，遇到西藏、台湾一类词条，必须标明是中国的。第二，它是一部简明双语语言词典。在编写的时候，西语中常用词、基本词应是着力最多的地方，应结合中国学生学习西语的难点，并注意收录富有时代色彩的词语。上面提到的他在教学过程中积累的三万多张教学卡片，在这里就用上了。

在孙义桢的带领下，在上海译文出版社两位西语编辑积极配合下，编写人员艰苦奋斗了四年，《简明西汉词典》于 1981 年问世。出版后，词典受到学西语学生和大学毕业后走上岗位不久的西语工作者的广泛欢迎。商务印书馆的西语编辑凭着多年的经验，认定《简明西汉词典》是一部不错的词典。

1983 年，商务印书馆西语编辑趁着在上海出席会议的机会委托我校编写《新汉西词典》。这是一项艰巨的任务。上外立即成立了一个由五位教师组成的编委，并指定孙义桢编写一份由汉语拼音 B 字母开头的词条小样。三个月后，他拿出初稿，经五位编委连续两天的讨论，认为小样的路子是对的，上外能编写《新汉西词典》。

编写工作开始了，但也有波折。事实上五位编委中自始至终参与编写的只有两位，即孙义桢和卢传山。另外三位情况是这样的：一位长期在国外攻读博士学位，一位编了十几页之后，就调往校内其他单位工作；一位时而出国进修或出国打工。在剩下两位编委中，卢传山的年龄要比孙义桢大八、九岁。这样，孙义桢就走上了一条词典编写的“不归路”，没有周末、没有节假日、没有寒暑假的生活开始了。他每年至少工作 350 天，甚至退休后还要每天工作七个小时。逢年过节，除了看望比他年长的亲戚之外，他哪里都不去，连工会、退管会组织的旅游活动，他一次都没有去过，就待在家里编词典。《新汉西词典》、《新时代西汉大词典》（上海译文出版社）的初稿一半或多半都由他编写。审稿完了，他最后还要统稿，真可谓呕心沥血。

“了解对方,宣传自己”,这是学习外语专业的根本目的。1955 年孙义桢进北外学习西语,当时院党委书记传达了外交系统领导的指示,孙义桢一直把它牢记在心。话虽简单,意义深刻,外语工作者可为之奋斗终身。用现在的话来讲,外语工作者,既要讲所学语言国的故事,更要讲中国的故事。外语工作者的优势就在这里,要尽量发挥。虽然已编写了《西汉大词典》,可如果不编一本与它相配的《汉西大词典》,孙义桢心里总觉得没有尽到“宣传自己”的责任。所以在年近八旬的时候,他还想为此一搏。改革开放以来,中国快速发展,成为世界第二大经济体,也许很快会上升为第一大经济体,这在世界上引起了巨大的震撼,因为它改变了当前的世界格局。百年之前,中国落后挨打的局面迫使中国有识之士如饥似渴地学习通过翻译传到中国来的各种书籍,了解西方,学习西方。而今,这种情况正在发生变化。许多国家的有识之士渴望了解中国这个古老的国度怎么在这么短的时期内焕发青春、变得光彩夺目。于是出现了世界范围的学习汉语、了解中国的大潮。编写一部带有原创性质的《汉西大词典》恰逢其时,也是西语工作者不可推卸的责任。这样,他联络上海和北京西语专家,以上外教师为主,组成了编委,开始编写《汉西大词典》。孙义桢说:“如能圆梦,也算对得起生我、养我的父老乡亲,对得起教过我西语的老师,对得起助我、促我、评我、笑我、批我的西语界的同仁,对得起努力帮我的家人,对得起培养我的党和国家。”

他将西语系原有的词典编写团队又集结起来,还吸收了北京部分优秀的西语工作者,建立了汉西词典编委会。他说:“我们的团队就是一个大家庭,大家都有一个共同梦想,就是把词典编好。”

自 1998 年退休以来,他与团队成员已协力编好了《新西汉大词典》等四部词典,现在他又在为新词典《新时代汉西大词典》的编写而努力着。

孙义桢曾任西语系系主任,对教学工作十分认真。他说:“我当时就告诫教师,一定要重视‘备、讲、批’,即备课、讲课、批改作业都要认真,这是对教师的基本要求。”今天的上外西语系教师们仍然秉承这一作风,踏实认真教学。

孙义桢早已桃李满天下,他的一些学生如今活跃在翻译、外交、教学领域,而他则一直保持纯粹的学者之心。他说:“中国需要知识分子站在世界前沿。一生就这么点时间，我就把一生都奉献给中国的西语事业吧。”

访谈实录

神州大地上，在各学科领域里，不少年过八旬的老人还在忙，孙义桢教授便是其中一位。他铿锵有力地说：“我还有个梦，我想与西语同仁编本汉西大词典，从目前的情况看，我有办法完成。这样我便可以了此一生了。”

他在接受采访时小心翼翼地抱着由他主持编著的五本厚厚的西语词典，聊起词典时像谈论着自己的孩子一样充满情感。

退休后，他每天凌晨 4 点便起床，开始编写词典。他把一天分为几个时间段，每天工作 7 小时左右，一年工作时间为 350 天。

这是他老年生活的全部。于是，带着无限的敬意，我们采访了孙义桢教授。

孙教授家中的布置朴素而简单，书架上满满的都是各种词典，西汉词典、汉西词典、英汉词典、汉英词典、古汉语词典……

桌上放着他的稿纸，已经有厚厚几叠了，上面留着他清晰整齐的字迹，有的地方贴有他小心翼翼用剪刀剪补上去的词条。这间小屋，是他与他的宝贝们共勉的家，也不断续写着他的词典人生。

采访者：孙老师，您爱上了西语，并且和字典结缘。我们对您颇具传奇色彩的一生很感兴趣，这是我们这次采访的原由。

孙义桢：谈不上传奇，我只不过是西语界中普通成员，做了我应该做的事情。我一生自始至终在做一件事——从事西语教学和编纂西班牙语词典。编写西语词典是从上世纪七十年代开始的。谁知编了第一本之后，就一发不可收拾。现在已进入晚年，过着退休的日子，我对词典的钟情就一直没改变过。

采访者：这叫矢志不移，是值得崇敬的。我们首先很想知道的是您怎么会和西语结下不解之缘的？

孙义桢：我出生在浙江奉化的农村，是蒋介石的故乡。我的童年并不幸福，五岁便失去了娘，七岁爹也过世了，所以不得不吃上百家饭。亲戚们也有自己的家庭自己的生活，对于我大家也尽力呵护。不过，依当时的财力，也不过是几口米汤、一碗白饭、青菜萝卜罢了。因为父母离世得早，我很小就在田地里劳动了，拿着镰刀一下下割草拾稻、牵着牛在蓝天下放牧等。日军的入侵以及土匪的来袭都给我留下了痛苦的记忆。1945 年，抗战胜利了，乡下办起了洋学堂，我才有机会进小学读书。至今我依然记得有一位刚毕业的大学生在洋学堂教过我们几天英语的情景。乡下生活艰难，我一直念到 15 岁才小学毕业。1948 年，我在上海做生意的叔叔把我从农村接到了上海，这是我人生的一次大的转折。

采访者：您觉得童年的不幸对您日后从事外语工作有没有关联？

孙义桢：有，因为我懂得了感恩，从一个穷孩子成长为新中国的外语工作者实属不易，这使我更加珍惜来之不易的读书机会。这机会是共产党、新中国给的，那就得有感恩之心，下决心要努力学习，不辜负党和国家的希望。1949 年解放，我投入了革命的洪流中，积极参加党组织的游行活动，在一些思想交流活动中踊跃发言。尽管活动众多，但我始终没有忘记读书的使命。储能中学党组织，根据我在各方面的表现，让我在 1954 年加入了中国共产党。次年参加了高考，又遇到了北京外国语学院来挑选学生，经过学校的选拔考试及高考，我顺利进入北京外国语学院。当时专业是不能选择的，每个新学员都是这样，我要服从专业分配，就这样进了西班牙语系。

那时学校实行严格的军事化管理，早晨 6 点钟起床，一刻钟的时间洗漱吃饭，这使我养成良好的作息习惯。每天早晨天蒙蒙亮，我就伴着些许雾气开始阅读。有时对着一个没人的角落练习大舌颤音，有时自己反复练习动词变位，有时候拿着原版小说津津有味地阅读。

刚才我已经说过，1948 年的时候我的叔叔已经把我从农村接到了上海，但我学习在京城，离上海很远，所以暑假也就不回家了，留校继续学习。有时候也会随便逛逛北京，看看颐和园秀美风光，看看故宫历史印记，看看香山似火红叶，但大部分时间还是学习。是学习，夯实了基础，扩大知识面；是学习，让我发现了西语的美。这种被誉为“与上帝交流的语言”，无论是小说还是诗歌，都有一种别样的美感。

采访者：可以描述一下当时的学习环境和学习条件吗？

孙义桢：当时学习西语资料异常欠缺，全系只有三个中国老师和三个从苏联来的西班牙老师，教科书都是老师现编现教。当时的字典是一本20世纪20年代在西班牙、墨西哥做过外交官的中国人编写的。薄薄的一本，甚是简陋，词条有好多现在看来是不够准确，甚至误人子弟，更没有什么例句。但就是这样，我依旧如获至宝，学习起来丝毫不敢含糊。

采访者：您因工作需要提前毕业留校，您是作为北京外国语学院的一名教师而留校的，但是，您又是怎样转入词典编撰工作上来的呢？

孙义桢：我是作为一名西语老师而留校的，至今仍记得第一次登上讲台的场景。开课前一天的晚上，我一直备课到深夜，课时的内容在脑中不知过了多少遍。我一直要求自己要努力做得最好。为了把课上好，我很注意积累，把要点、难点及时做成小卡片，没想到，这些小卡片为后来的词典编撰工作提供了基础。1958年，北外全体西语教师和部分毕业生，乘“大跃进”之风，艰苦奋斗，编撰了《西汉词典》，我也被邀请参加了。这本词典于1962年出版，融合了很多的例句，有一定实用价值，也为我后来教授西语学生带来了方便。

采访者：后来，您从北外调到了上外，可不可以请您讲讲这个过程和原因？

孙义桢：1964至1965年间我参加《西班牙语二年级试用本》的编写工作。刚出版的教材没试用多久，就被“文革”废了。

“文革”期间，我去了武汉市沙洋县的“五七”干校进行思想改造。低矮的房屋，破旧的窗子，矮墙上刷着白漆，周围的环境都是用红色颜料刷着的毛主席语录。干校生活单调无味，建房、种树、种粮食、种蔬菜、喂猪等繁重的体力劳动早已是家常便饭，还有各种政治运动来配合思想改造。

我那时的生活乐趣是因为我有着一个小秘密，一个谁都不知道的、不

能说的秘密。在来干校之前，我偷偷带上一本西语原版小说，有时撕下一页来装在口袋里，有机会就将这一页偷偷拿出来背，我相信干校生活一定会结束，知识的积累会有用武之日。

1971 年，当时周恩来总理已预见到中国外交活动会频繁起来，下指示给外交部，准备把在沙洋干校的北外师生调回北京。1971 年秋，我被先召回北京。我拿着盖有外交部有关部门公章的介绍信，去天津、邯郸等地调查已被选拔进入北外西语系的工农兵准学员的家庭背景和政治表现。1972 年春，在沙洋干校的全体师生回到北京，我继续教学工作。我家在上海，经过七年的“文革”苦难旅程，思家心切，向系领导提出申请，要求回上海工作。1973 年夏天和上海外国语学院的一名西语教师对调，我回到了久别的上海。

采访者：您编写《西汉》、《汉西》词典的重头戏是在上外演绎的，请您讲讲这个过程？

孙义桢：正好赶上了机遇，1976 年“文革”结束，开始编写《简明西汉词典》。领导把这项任务交给了我。我在前面已经提到，自教书以来，我养成了一种习惯，无论是备课还是看西语原版小说和报刊，见到常用词、用法以及特殊语法结构就用卡片抄录下来。十多年来，积少成多，到 1976 年，竟多达三万余张，原为教学工作准备的材料，意想不到为编写《简明西汉词典》提供了有实用价值的语言素材。说到这里，我讲一段插曲。编写《简明西汉词典》是 1975 年定下来的。编词典自然要写个大纲。当时学校的一切由“工宣队”领导，做什么事情都要“政治挂帅”、“宣传毛泽东思想，”编词典也不例外。不过编写大纲还没有完成定稿，我又被上外领导派到上外安徽凤阳的干校教学，为期一年，因为 1972，上海在全市招了一大批成绩优秀的高中生，把他们送到安徽凤阳上外“五七”干校，办起了一个多语种“外语培训班”，我在那里边劳动还教学。直至 1976 年“四人帮”粉碎前夕，我才回到上外。现在再把话说回来，我在干校一年里，词典编写组敲定了编写大纲和一份编写好的词典样稿。我看了都不满意，不过我没有表示，事实上工宣队还在，即使有看法也不便表达。我编词典有自己的准绳：语言词典就是语言词典，语言是属于全社会的，不分阶级的。当然编词典的人应有自己的政治立场，最基本的一点就是爱国。我就按照这个思路与词典组教师和译文出版社两位编辑奋战四年，于 1981 年《简明西汉词典》出版了。问世后，得到西语界的好评，它是一本实用的双语词典，无牵强附会的与词典无关的带有浓厚政治色彩的宣传内容，与当时同类出版物相比，形成了鲜明对比。也许是这个原因，《词典》被台湾、香港地区四五家出版商改头换面盗版了。我们是在无意中发现的。大概是 1985 年，我们在系里阅览室看到了一本台湾文桥出版社的《简明西汉词典》，是台北辅仁大学西班牙语文学系主任兼研究所所长（西籍）雷孟笃（Prof.Dr.J. R..Alvarez）校订并作序言，对《简明西汉词典》大为推崇。我们拿来一看，原来是上外西语系编的。所谓“校订”，只不过是一块遮人耳目的一块牌子，因为《简明西汉词典》里的拼写错误，他一个字母都不改，照原样出版。1989 年，台湾文桥出版社老板来找我，承认有此事，还说其他四家出版社也是这样干的。至于赔偿之事他哼哼哈哈不了了之。该词典经历了历史的考验，上海译文出版社于 2014 年 1 月再次印刷出版。

采访者：您曾任上外的西班牙语系系主任，你们编写的《新汉西词典》被公认为中国西语学习者必备工具书之一。如今，已过耄耋之年的您早已退出讲台，却依然奋战在西语词典编纂工作的第一线，可以问一下您这样做的动力究竟在哪里吗？

孙义桢：退休了，意味着人生翻开了新的一页，我自由了，可以摆脱很多的行政的各种繁杂的琐事，可以更加专心投入地编词典。

我退休后编了三本词典，现又在编《新时代汉西大词典》。大环境好了感觉也就好了，应该趁着有生之年多工作，我既然选择了西语，那就得把一生都奉献给我国的西语事业。

采访者：可以谈谈您在上外工作那段时间里的感受吗？

孙义桢：上外对我来说是一种全新的环境，校区虽小，却有较为完备的设施。

我是 1973 年秋到上外西语教研室，教了两年书，送走了第一届工农兵学员班。1975 年到 1981 年那段经历，我在上面已经讲过了。1982 年秋，我又回到讲台。《简明西汉词典》被商务印书馆西语编辑认定是一部很好的词典。他们于1983年来上海委托上外西语教师编写一部中型规模的《新汉西词典》。这是一项十分艰巨的任务。当年由五位教师组成的编委，每个编委分担同样工作量，分享同样权利。我被指定为召集人，并被指定编写一份由汉语拼音B字母开头的词条样稿。三个月后，我拿出初稿，经五位编委讨论通过。因各种原因，事实上，真正坐下来编写和审稿的只有两位，卢传山和我。卢传山比我大九岁，他忠实地完成了分给他的那部分工作，其余三位剩下的大部分编写工作只好由我来完成。这样我这个编委的召集人成了事实上的主编。经过七年努力，《新汉西词典》稿子交给了商务印书馆。稿子在商务印书馆又折腾了一番，于1999年1月问世了。从此，中国西语界对上外西语教师刮目相看。往后就开始编写大词典，不再细说。上外因编写了《西汉》、《汉西》词典，在外也稍有名气。在西班牙马德里、墨西哥的墨西哥城、美国南部大书店书架上都有上外西语教师编写的词典。2006年，几名西语教师和我合编的《汉西·西汉》词典，由外教社于2008年出版。2010年Larousse出版社从外教社购得版

1987年8月孙义桢(左一)与哥伦比亚教授研讨《新汉西词典》样稿

权，采用西班牙著名词典商标 VOX，在西班牙巴塞罗那和墨西哥城同时出版，面对整个西语世界。

说到上外编写词典的环境，首先要讲大环境。现在社会稳定，对编写词典十分重要，编写一部中型词典，需要八、九年时间，大型的则要更长时间。如果没有稳定的环境，这些词典是编不出来的。所以我们说社会稳定是人人分享到的最大红利。说到上外的学术环境，总体来讲，很好。就拿我们这个编写团队来说，从 1975 年建立以来，从没有散过伙，快有四十载了，就是个明证。编成一部词典，首先是团队的功劳。所以我借此机会感谢同我一起工作过的年过花甲和古稀的同仁。

李棣华、陈师兰夫妇在居住小区内合影（2014 年）

李棣华，1936 年 9 月生，浙江绍兴人。法语教授，博士生导师。早年就读并任教于北京外国语学院。1973 年进入上海外国语大学，长期从事法语教学工作，曾任上海外国语大学法语系主任。70 年代后期，致力于青年教师培养和教材编写工作，与外教 Roland Depierre 共同为青年教师授课。1978 年秋开始编写《法语课本》三、四册。有多篇论文在上海外国语大学学报《外国语》及武汉大学《法国研究》等期刊上发表，含《前提（la presupposition）学说简介》、《法语中的名词结构句》、《法语修辞中的重复手法》等；主要研究方向为法语句法和章法研究，著有《法语让步从句的归类与表达》和《法语章法研究》。另有《法语用法词典》（与钱培鑫等共同编写）出版。译有《储蓄》、《神秘的居所》、《田园交响曲》、《大个儿莫纳》、上海越剧院的《红楼梦》以及数部电视连续剧。担任了《法国文化史》第三集、商务印书馆出版的《拿破仑三世传》和联合国教科文组织翻译和审校工作。1998 年获得法国“棕榈叶教育骑士”勋章。1999 年退休于上海外国语大学。

学贵在持之以恒

口 述 人：李棣华
采访整理：王阿敏、伏刘畅、夏盛泽
采访时间：2013 年 6 月
采访地点：李棣华寓所

我们对李棣华教授的采访在李老师家中进行，李老师和夫人陈老师（上外意大利语教师）热情地接待了我们。

李棣华教授在语言学，特别是法语教学及章法研究方面造诣颇深。2013 年，他和爱人一起曾将家中收藏的国外原版书慷慨地捐献给了学校图书馆，供大家阅读。

李老师介绍了上世纪 50 年代学习条件很差：没有字典，听不到法语广播，全校只有 2 台钢丝录音机让学生听老师的课文录音，更不必说丰富的课外阅读材料了。就是在这样简陋的条件下，李老师度过了他的大学时光。

李棣华老师 1973 年来到上海外国语大学（当时为上海外国语学院）工作，起初的工作是负责一个海军培训班的教学，后来才正式开始了在上外的教学工作。

教学工作渐渐步入正轨之后，李教授又将工作重心放在了教材编写上。在他和同事们的共同努力下，教材编写得十分好，为不少兄弟院校所采用。

后来，李老师赴法教学。他前后 3 次法国之行分别处于不同的时代，所经历的事情也各不相同。无论是随团翻译，还是去语言学院教中文，抑或去联合国教科文组织做审校，李老师都能很好地完成任务。在职期间，李教授还获得了法国政府授予的“棕榈叶教育骑士奖”。

退休之后，李老师不幸身患重病。虽然通过手术治疗病情得到了抑制，但是几年之后病情再度发作，使得李老师无法工作，而只好休息养病了。

最后，李老师也向我们谈到了他本人对上外培养学生的看法和教学方面的观点，交流了上外学风的变化，并且给我们这些年轻的学子们提出了宝贵的建议。

访谈实录

采访者：（面向陈师兰老师）您是陈师兰老师吧？我们看到您两位9月16号去学校捐赠图书的新闻了。

李棣华：对，主要是她（陈师兰老师）最近把从国外买回来的小说理了一下，觉得留着没有太大用处，而学校如果要买的话也要花很多钱，换外汇啊什么的（很麻烦）。

陈师兰：另外嘛，学校也不大会去买这种小说书。

采访者：对，学校里的书有些比较陈旧。

李棣华：都是参考书、工具书之类的……

李棣华（左二）、陈师兰（左三）在家中与采访学生合影

陈师兰：这些文艺类书籍对学习还是有用的，可以多看一些书，所以我就想，还是捐给学校吧。

采访者：很多人藏书，都不大舍得捐掉，因为自己看的书会很爱惜，捐出去怕大家不珍惜。您是怎么想的？

陈师兰：主要是想发挥书的作用。

采访者：有没有一点犹豫？

李棣华：没什么犹豫的。我们现在年岁大了，眼睛也不好了，不太有时间去看这样的书了。

主要是她在整理，顺便把我的一部分书给捐掉了。我还有一部分在这里，将来再捐。你们需要什么书，假如我有的话，我可以给你们拿去看，无论是文艺小说还是工具书。我在外面主要是工具书收集得比较多一点，因为我在法国有个朋友，很要好的。那个时候我在东方语言学院教法国人汉语，他们只要求我每周教三、四节课，其余时间都由我自己支配，但是只提供我奖学金，而不是工资。好在我有个法国朋友有一定的地位，他说你的待遇太低，买书的钱不够，我帮你想个办法。他让我开了些书单，然后他就把书单发到各个出版社，人家就把书免费寄给我。

采访者：原文的工具书有哪些呢？我们现在作为初学者，用罗贝尔或拉鲁斯的法汉词典比较多，别的我们不是很熟悉。

李棣华：主要是语言学方面的工具书。后来，陈伟和张彤，你们认识的，是我那时候带的博士生。那个时候我的研究方向比较冷门。你们知道，语法主要讲词法、句法。那我后来在外面才知道，有些人在研究章法，就是句子和句子之间的关系。我也就收集这方面的材料。有些东西我给了张彤参考，她写的那篇论文就是跟这个有关的。

采访者：那您当时带了一些博士生去研究这方面的东西吗？

李棣华：我当时也不晓得。我在国外才碰到的，以前在国内的时候没接触过，或者即使研究也不从这个角度出发。当然，传统的语法还是最最要紧的，章法没有句法那么重要。

采访者：这的确是我们本科生接触不到的东西，老师也不会突然跟我们讲这个。

李棣华：研究这个有一定的好处的。知道了这个以后，就会懂得，不光是动词变位、性数搭配等要正确，还要注意文章上下文之间的联系。

采访者：那这种东西研究起来会不会规模很庞大？

李棣华：要庞大也可以很庞大。相对来说还是比较窄的。

采访者：这是分类研究吗？小说、议论文等不同体裁的章法研究体系不一样吗？

李棣华：这属于 stylistique（文体学、语体学），文体论方面的。我这个（章法研究）不是这样的。

采访者：大概是什么时候研究的呢？

李棣华：大概是八十年代吧。回来以后我就写了篇东西，就在我们学校的《外国语》杂志上发表。这是我的第二篇文章。以后又陆续发表的几篇文章都是跟这个章法有关的。

采访者：那您怎么会学外语专业呢？

李棣华：我不是上外毕业的。我之前是北外的，我学外语专业是非常偶然的。怎么说呢？我高中就读的是上海北郊中学，它在解放以前和解放初期是沪江大学附中。上海在解放前有很多像圣约翰大学这样的教会学校，是外国人办的，沪江大学也是这样，因此它的附中外语基础比较好。这实质上和我一点关系都没有，因为我是高中才进去的，我原来的爱好是理工，外语不是强项。但我在班上的成绩还可以，马马虎虎。高中毕业前夕，北京外语学院来上海招生了。我本来是喜欢理工科的，让我考大学的话也不会选择外语的。毕业前的一个星期，校长找我谈话，说北京外语学院来招生了。你们年轻人可能不知道，那个时候，周总理参加了万隆会议，提出和平共处五项原则，得到了很大的成功，因此外交上很需要发展。但之前也发生了克什米尔公主号事件，你们知道吧？国民党把炸弹放在印度的飞机里面，把我们的一些记者给炸死了。本来周总理要坐这个飞机的，后来幸亏没有坐。因为外交需要，校长就鼓励我们（报考）。那个时候的北京外语学院是外交部领导的，不是教育部领导的。

采访者：那是什么时候啊？

李棣华：我是 1955 年高中毕业的。那个夏天嘛，学校动员我们考北京外语学院。

采访者：响应国家号召，我觉得这个理由蛮让人激动的。

李棣华：我跟你讲，那个时候，上海的毕业生占全中国的十分之一。因为是解放初期，全国的教育水平都比较低的，高中生也比较少。北外来上海招生，无非是因为上海的生源比较好。上海学校不少，他们到原先的教会学校去招，因为教会学校外语基础比较好。来了以后，在我们学校里招了一大批。那一年，北京外语学院总共招了十个班级，十个班级里面，四个是学英语的，其他的法语、德语、西班牙语各占两个班。

采访者：那个时候法语所占的比例也算比较大了。

李棣华：每个班级大概只有 16 到 18 个学生。

采访者：比我们现在的班级规模还小。

李棣华：小得多了。那个时候，外交部要求学生要多练口语，上课的时候老师不停地让学生作口语问答。

采访者：那这样招生也要通过高考吗？

李棣华：也要考的。

采访者：是有点像现在的自主招生吧？

李棣华：也不像自主招生。它是参加统一考试的。

采访者：那有什么分数限制吗？

李棣华：那也不知道。反正就是让我们报考。后来我因此还挨了批评，那是因为我原来是喜欢理工科的，不喜欢文科。后来他们让我考外语学院，我在填志愿的时候只填了“北京外国语学院西方语言专业”别的学校和别的专业一概不填。

采访者：那进了北外之后呢？

李棣华：进了学校之后就由学校分配我们具体学哪一国语言。那一年，北外招 10 个班级，总共新生不到 200 人，而我们北郊中学，和我同届的人中，进北京外语学院的总共 12 个人，比例相当高。我的班级总共 18 个人，三个是北朝鲜的留学生，剩下 15 个中国学生中间，有 5 个是北郊中学的毕业生。也就是说，我的大学同学三分之一是我的高中同学。其中有一个同学，他跟我高中同班 3 年，大学同班 4 年，研究生同班 3 年，一共是十年。

我后来又在北外教了好多年书。

采访者：您是研究生毕业以后就在北外教法语吗？

李棣华：其实我当时研究生还没有毕业，但学校要人了，要我赶紧教书去。教了一年书之后，学校又划给教育部领导了，教育部就来问我研究生论文答辩了没有，我说没有，他们说这不行，要补。我就这样先教了一年的书，又补了一年的论文。

采访者：后来又是怎样的机遇让您回到了上海呢？

李棣华：就是因为她（陈师兰老师）啊。本来她在北京，后来又被调到上海来了。本来我并不想去上海的，想让她留在北京，毕竟我在北京待了好多年了，也有很多同学朋友在那里。但上海那边不肯放陈老师。那个时候是“文化大革命”，我写了封信给上海市委，请求把我调到上海去。上海市委组织部给我写了封回信，说“李棣华同志，你的来信收到。上海地处海防前线，所以你不能进入”。她不能过来，我又不能过去，这就不好办了。所以拖了两三年，期间夫妻分居。

采访者：李棣华老师不是上海出生的吗？

李棣华：我到北京去念书，户口就迁到北京去了。你读哪个大学，就落户在哪个地方。学生的户口是集体户口，调不出去的。等你后来成家了，有房子了，就可以到公安局去单立家庭户口。老师也是在集体户口里面，等结婚了，国家分配房子了，才可以迁出去。

采访者：那时候的教材是什么？是法语原版的教材吗？

李棣华：我在北外上学的时候，用的是苏联教材。书里面的注释全都是俄语，词汇表的解释也都是俄语的。我们的老师就会给我们发另外的材料。老师给我们发的讲义，用的纸都是很差的纸，是油印的。

采访者：您那时候学的内容有什么偏重吗？

李棣华：那个时候，到了三、四年级，我们学的比较多一点，也只能拿一些法国的文学作品的片段来当教材，比如第一课是都德的《最后一课》，下一篇就是莫泊桑的，第三课是伏尔泰的。也不是全部都拿来，也可能是选段、改写的、缩写的。

采访者：当时的课程有分得很细吗？像现在的文学课、精读课、文化概论课这样？

李棣华：那个时候有精读课，一个星期要花很多时间，大概七八个小时的上课时间。那个时候一节课大概是50分钟或3刻钟，上午有四五节课，中间有个课间操来当休息。

采访者：您说那个时候是比较注重口语的，因为国家需要这样的人才。但那个时候没有现在这样的复读机之类的设备，你们是靠什么练口语的呢？

李棣华：我们那时候，每天早晨起来是非常紧张的，甚至是连小便都没时间，要赶紧下去集合。6点钟铃一打，最晚要在6点一刻在楼下集合，洗脸都不行。集合之后是跑步，锻炼完了之后就朗读学过的课文，要高声朗读。大家都在院子里走来走去地念书。整个学校的人都在，所以后来我们一听就能分辨不同国家的语言。朗读完了之后,就找结对的同伴,互相讲故事。故事的内容往往是大家都知道的,比如愚公移山、龟兔赛跑,但是要用法文讲出来。我的合作对象叫吴建民,你们认识吧?原来的驻法国大使。北外原属外文部领导,我原来的同学,三分之一的都分配到外交部了,一般都当过大使。

采访者:那时都是统一放、统一听录音的吗?

李棣华:是的。1955 年时全校只有两台钢丝录音机,一个月能分到一小时就已经很好了。我是到二年级以后才看到第一部法国电影,*Fanfan La Tulipe*,翻译成中文叫《郁金香芳芳》。

采访者:那您大一的时候,也很少有什么课外的拓展资料可以读吗?

李棣华:到了大二的时候,我们有泛读课。老师会布置十来页的讲义,让我们一个星期看完。上课的时候,老师会问我们看懂了没有,如果说看懂了,就让我们回答问题;没看懂,就给我们讲解。精读课一个星期只有两三页的东西,让我们反复操练。到了三年级的时候,有法译中,四年级有中译法。

采访者:那一个星期不到二十页的内容,对你们来说足够了吗?

李棣华:我们还可以到图书馆去借书,但图书馆的书很少,而且一二年级的时候也看不懂原版小说,当时我们也没有字典。解放以前出了字典,但小得要命,解释不准确,而且里面错还不少。我印象最深的是"réciproque"(相互的)在字典里变成了"réciprocique",后来出了好几版,但到我毕业的时候这个错也还是在那里。改革开放之前,即使到了我在上外编教材的时候,材料也是非常少的。

采访者:您是什么时候到上海的呢?

李棣华:我是 1973 年到上海的。总算是过来了。

采访者:您一进上外,就开始教法语了吗?

李棣华：我当时是晚来了一些。本来应该在开学之前来学校报到的。当时的法国总统蓬皮杜访问中国，这是外交部的事情，我是不参加的。但翻译紧张的时候，也会把我们年轻教师派到外交部，参加翻译工作。当时有个老师的爱人家里出了点儿问题，没法脱身，就让我晚一点去上海报到，先去参加法国记者团的翻译工作。所以我往后延了一两个月才去上海。到了上海，学校已经开学了，工作也都分配好了，没有给我分配。恰好上海吴淞那边的海军外训大队需要上外帮助培训刚分配来的法语翻译，我就成了这个培训班的老师。

采访者：听说，那个时候一旦有需要，就会把一个单位里面的人集中起来进行短期的外语培训。

李棣华：是的。但这个对我来说是件苦差使，因为他们终究不是正规的毕业生，而我在北京外语学院教的是三年级的本科生。给海军上课的材料也没有，上头也不管，只是把工作安排好，让我教就是了。那个时候来上课的人中，就有尹卓，他现在常常在《今日关注》这个电视节目里面担任嘉宾，现在是少将。当时他的水平比别人高，在部门里相当于领导，后来没空也就不来上课了。其他人都从头到尾上了两三个月的课。这是我调来上海之后我做的第一份工作。这以后学校就给我正式安排工作了。

采访者：您当时主要教授什么呢？

李棣华：我当时是教"老头班"。那时候，我们国家要往外派专家，就要让他们学习外语，好让他们能在外面工作。他们都是大学老师，或是上海的农业方面的专家。因为他们的年纪比其他同学大多了，比我小不了几岁，我们就叫他们组成的班为"老头班"。

采访者：您初期做的工作都好有挑战性啊！

李棣华："老头班"的水平不高的，他们也是从基础学起的。当时束景哲教的"老头班"主要是上海的老师，而我教的是杭州的老师。这样的"老头班"，那时总共有二个，我教的那个班都是数学系、化学系的老师，都是各个领域的专家。我还有他们的照片吧……（去找照片）……他们有的现

在都是省教育厅的厅长……

陈师兰：他们现在都是教授了，都是很棒的。他们学完了外语之后，要到国外去教人家。那时候，政治气氛很浓，什么都给你规定好了，外文报纸都看不到。

（翻看李棣华老师和学生的照片）。

李棣华：这是我的"老头班"的学生，都是杭州的。你们看这些我和北外学生的照片：这个是赵进军当过驻法大使。这个是他太太。我去北京的时候，他们知道了，就要请我吃饭。这个是关呈远，是中国驻欧盟大使兼中国驻比利时大使。这个叫王学涛，后来改名叫陈涛，是外交协会的副会长。这个是欧洲时报的社长。

采访者：现在系里的老师还在说您当时编的教材还是很经典的。包括现在重新编的教材用的还是您之前的结构和内容。我们非常想知道，编教材是您当时自己的教学需要，还是有统一的政策安排？

李棣华：那我就来讲讲我到上海外国语学院干过的几件事儿。

第一件就是，教海军外训舰队这批学生。第二件就是教"老头班"，他们后来都出国帮助非洲做了不少工作。

后来 1975 年、1976 年又到安徽凤阳上外五七干校待了一年。

在"四人帮"被打倒以后学校要开始干业务了。当时系里面的一位负责人找我谈话征求关于系发展的意见。我提了两条：第一，培养青年教师，师资队伍不强的话是不行的。当时虽然我们学校有毕业生了，但是整体的语言水平还是不行的。第二，要搞教材。不久他就跟我说让我去负责培养青年教师。

法国有个专家来，叫 Roland（Roland Deplerre），以他为主教学。他的学生当中有一半留在学校，还有一半都侨居到国外去了。留在学校的有曹德明，有王建平，有范晓蕾，有花秀林，还有上外附中的高月清他们当时都是青年教师。我感觉这一年对我有很大的帮助。法国专家在上面讲课，他们 12 个学生在下面听课，我也在一旁跟着听。那时，我才发现我们都是很闭塞的，"文化大革命"期间我们和世界是隔绝的。那个时候他给我们讲的东西都很新鲜，包括米其林车胎，以前都不知道的。我和法国专家一起商量上课用什么材料，一起设计口译课。口译课，他讲一段法语，我讲一段中文，就是这样对话。然后上课的时候，让这12个学生听录音。听完一段法语，然后请学生把它们翻成中文，接下来就听到我讲的中文，让他们翻成法文，就这样。我们两个人搞这个课程，搞了一年，我认为我的收获也很大的，（更）不用说对他们12位年轻教师（的影响）了，他们（后来）都成为了骨干教师。

这一年完了以后，我编教材了。编教材也有客观原因，教育部里让我们编。后来我们开了一次会，这也是我第一次参加的教育部组织的校际会议，在南京开的。复旦大学、我们上海外语学院、南京大学、北京外语学院，好多学校的法语教师代表去开会。开好会就分工，决定上外编写一年级、二年级的教材，北大编三年级、四年级教材，就规定了。回到上海以后，我就开始编二年级的教材，那时候材料少，少得可怜，不像现在网上（就可以）下载。我觉得我编的教材有一个缺点，就是课文太短。有时候出版社的老师说"李老师，我觉得课文不长嘛，后面练习怎么那么多"？因为练习是自己挖空心思想出来的，我自己努力可以努力得出来的，课文没有资料就不好办。这本教材也用了几年吧，还是花了不少心血，对不少学生还是有用处的，为后来的教材也提供了些帮助。

采访者：当时编教材带着团队一起编的吗？

李棣华：嗯，是的。（陈老师找来了李老师编的《法语课本》（第三册，第四册上、下）和《法语章法研究》。）我想给你们看的是其中（《法语课本》）有一个练习，叫做Pour ou contre（赞同还是反对）。当时，我看到法国的教材里有个练习，就是让同学辨别作者某句话想要表达的意思。我看到这练习觉得很好，就把它引进来，但只在一课课文有这个练习。我们那个法国的专家Roland Deplerre，或者说我们团队，（看到以后）就在所有课文后面都加了这个练习，我觉得挺好的。（指着《法语课本》（第三册）的编写人员页）编委会里除了那个法国专家，还有汤老师（汤寅荪）是负责打字的，王敏华后来才加入，参加工作就少一点。还有下面的参与人员（樊元洪、薛金华、李蕾蕾）就更少了，只是出了一点练习。

采访者：后来您当选系主任后都干些什么呢？

李棣华：系里面整个教学安排都得管的。比如说，我当系主任的时候做了一个调查报告,向所有毕业生发信,问他们在上外学的东西哪些是有利的,哪些是上外做得不够的。根据同学的回信,我们感到当时精读课打下了扎实的基础,这是好的,泛读课也是好的。但是有些学得比较多的东西比如文学,毕业后用处不大;有的需要用的,但学校里没有学。他们当时都到法国的企业工作,而商业方面的知识却没有。也不知道法语如何表达。为克服这方面的缺陷(我)当时就想到组织老师开些课,后来搞了一个商法的研究生班。

我们法语系拥有几位有特长的老教师。我之前的系主任是漆竹生,他不仅是法语教授,而且是法律教授,法语好,法律又好。另外一个是法国高等商学院毕业的岳老师,他达到了可以用法语开玩笑的水平,他是法国长大的,法语水平比汉语高。还有一位稍年轻的老师,和我相差 15 岁,他当时是震旦大学毕业的,学法律出身,当了松江区法院的审判官。这些又懂商业又懂法律的人才在那儿,都快要退休了,我的看法是应该抓住他们,让他们在能够发挥余热的时候赶紧给学生开商法方面的课。

当时到重庆去开会,各个学校的老师都在那儿,教育部也有老师在那儿。我就跟教育部的人提出来,我们学校有优势在那儿,我的意见是我们搞一个学商法的研究生班,社会上很需要。我提出来以后不久,教育部就打电报到上海要我们拿出方案来。我从重庆回到上海以后就和系内同事及老先生们商量,拟定了一个办研究生班的报告。

采访者:当时那个研究生班有多少个人?

李棣华:也不能算是一个班,前后也就四、五个学生。等到他们毕业,老教师也分别退休。后来上外法学院组建,我们系就不再单独办班了。

采访者:您之后又去法国教学?您当初怎么出去的?

李棣华:我出去过好多次。第一次,还是在华国锋时代。那时候比利时有个电化教学设备展览会,教育部决定组团去参观,要求上外音像出版社派一个懂法语的人随团出访,但是上外音像出版社派不出人,就向我们系里面借人,参加教育部组织的团,学习人家的视听教学。我作为团员兼翻译出去,当时待的时间不长,先在比利时待了一个多星期,又在法国待了两个多星期就回来了。那时候还真让我开了眼界，我第一次接触到电脑，我是我们学校第一个学电脑的人。当时我们参观法国的报社，看到他们的编辑打字，一个字错了，立马纠正，很方便。不像我们这边打字机，一个字错了要用修改液，然后再放准在打字机上，很麻烦。后来我在系里面也是要求老师们懂一点电脑，我还给他们培训，还教他们简单的编程。后来计算机的变化越来越大，编程序用不到了，那时候我们有的是 apple 机，一篇长的文章都打不下来。再后来 286、386 什么，现在越来越好了，win7、win8 了。这是第一次出去，那时认识了接待我们的东方语言学院系主任。不久后，他就提出希望中国派老师过去当中文老师，他们提供一个奖学金名额，在法国只要每周上四节课，其他时间都是自己的。这是第二次出去的原因。

第二次去法国，整整一年，一年都在东方语言学院，教法国学生中文。

采访者：这边系里当时还同意您出去？

李棣华：都是由上面指派，很困难的，哪会让你出去。那时候挺逗的，东方语言学院发文到教育部，希望能够派上海外国语学院的李棣华到他们那儿任教。教育部就表态了："什么话？你们怎么能够指定人呢？"教育部就发文到我们学校，让我们学校派一个人到法国的东方语言学院去教书。巧合的是，我们这边派出去的人就是我，教育部也就让我出去了。这是不谋而合。当时派老师出去真的很严格的。

第三次去法国，是去联合国教科文组织当审校，这个时间比较短，只有一个月。审校就是看翻译出来的文章，改掉不妥当的地方，最后要签名，出问题要我们审校负责。

采访者：像您当时去法国东方语言学院，说是因为您之前去过，那里的人觉得您很优秀，然后跟国家推荐您去。那学校里有没有什么青年教师培养计划可以把他们送到国外去？

李棣华：有啊，我在当系主任的时候就派了很多教师出去。那个时候国家就已经有奖学金名额了。

采访者：那您获得棕榈叶教育骑士奖是什么时候？

李棣华：这是哪一年我也搞不清楚了。

采访者：应该有证书吧？

李棣华：有的。（后来陈师兰老师找来了李老师的棕榈叶教育骑士奖的证书，是98年获得的。）

采访者：您获得这个奖项时有什么感想吗？有没有觉得很突然？这个奖项是需要申报的吗？

李棣华：没有申报的，他们（法国领事馆文化处）看中我了就给我了，这个不稀奇的。

采访者：他们那边会有一些人专门来审核您发表的文章和出版的书吗？

李棣华：那当然是有的。它（这个奖颁）给的是在中国推广法国的文化、语言等等或者说促进中法友谊有一些贡献的（人）。比如说花秀林老师，她也拿到的。花秀林老师，因为她那个时候是搞电台教学推广法语的，所以就给她了。拿这个（奖）也不是十分稀奇的事情。

至于我呢，可能是因为带博士生的关系吧。应该说我感到我自己招博士生有点赶鸭子上架，我自己的能力还是差一点，要大家一起合作才行。我们带博士生啊，不是说我们说要招博士生就可以招了。首先要求你们学校是个博士点，就是国家同意的博士点。这个，我们是很早就有了（博士点），当时漆竹生老师，也就是当年的法律教授，那时候他就已经是博士生导师。但是他没有招生。

采访者：那当时是为什么不招生？招生也要经过国家分配名额吗？

李棣华：这个是博士点，（代表）你有这个资格可以招博士生。但是呢，我们就没有招。时间长了就不行了，不光是我们学校，南京大学也是这样，南京大学何如老师，就是我们老师辈的，他也是博士生导师，他也没招。没招最后就不好办了，你占了博士点的名额却不招生。复旦大学想招博士生，但他们没有资格，因为不是博士点；上海外国语学院有资格，南京大学有资格，但又不招博士生。那么这个时候，我当了教授，要你招博士生你只能招啊，是硬着头皮招的。我那个博士生培养应该说是大家的功劳。不是我一个人给他们上课，陆楼法、曹德明都上了课，我当然也上课了，然后论文指导一下，（博士生）是大家共同培养的结果。像张彤啊，陈伟啊，都是大家培养的结果，他们自己努力的结果，不是我一个人的功劳。

采访者：张彤和陈伟是第一届博士生吗？

李棣华：是的。陈伟因为要出国所以论文答辩要晚一点，实际上两个人论资格是陈伟高，陈伟比张彤要早毕业好多年，但是作为博士研究生是张彤先通过。那时候我们跟南京大学有一点竞赛关系，到最后是我们先通过。可能，我是说可能我们学校是全国第一所培养出法语博士生的单位。这个我没有把握的。但是我们比南京大学早，这是肯定的。

采访者：您是不是很少做文学翻译？

李棣华：文学翻译也做了不少。其实我05年以后就什么工作也不做了，"保命哲学"，所以没什么翻译的作品发表了。发表的都是05年以前翻译的东西。这以后陆续有些人当了资深翻译家，今年翻译家协会突然提出来让我去当资深翻译家，我想你现在来找我干什么呢？因为我们外语学院（上外）有个特点，就是重科研的东西，重在教材，重在论文，像章法这些，或是在《外国语》上面发表文章——《外国语》这本杂志上我发表了不少文章，但翻译作品往往是不算的。所以人家让我翻译了，我就翻翻，不来找我也无所谓的。

李棣华（中）与第一届法语博士生合影

采访者：那时候有"自费留学"这个说法吗？

陈师兰：没有自费出去的。像我那时候自己申请的奖学金，学校还审来审去不给我去，不花学校的钱也不让你去，他总觉得你出去以后就不会回来。

采访者：那时候已经有这种现象，就是出国后不回来这种现象了吗？

陈师兰：我们那时候少，他们法语有。（李老师笑着点头）。那次我不但出去后回来了，回来了还给学校交了钱：按照国家的标准省下来的钱，虽然不是国家给的，还是交给学校了。那时候意大利使用的还是里拉（里拉为意大利货币单位，2002年7月1日起已被欧元取代。从1946年1月4日至1960年3月29日，意大利一直实行多种汇率；1960年3月30日，意大利正式规定里拉的法定汇率为625里拉=1美元），我交给学校260万里拉。你想人家出去如果不告诉学校，那学校根本拿不到钱，但我们就自觉到这种程度。多数人出国是很困难的。

采访者：有这样一种说法，就是说法语专业上外是口语比较强，复旦可能是书面比较强。这是因为上外当时有刻意地去培养学生的口语能力，还是刚好那时候的学生比较擅长口语？

李棣华：不是，这个跟传统有关系。但是我们总归是认为应该要全面发展，心里这样想，培养的时候就各方面多注意。那么有些单位本身口语不太强，有些老师口语不太好，结果他就培养出那样的学生。前些时候，上海某个大学有位老师想到我们上外来，他是一位不错的老师。他想来那怎么办呢？我们就请他来参加了一次硕士研究生答辩，当评委。但他口语好像是不太好，后来我们就决定算了。这并不是我在什么方面否定他，他应该说还是不错的，他笔译了许多东西，但是我们还是考虑到你来了以后还是要上课的，所以经过考虑还是算了。

采访者：您在上外也教了很多年的书，那从您一开始教到最后退休前的几届学生，您感觉有什么变化吗？就学风这方面而言。

李棣华：到了上海以后，我感到前面几届学生更好，就是我们那些工农兵学员，包括董伟琴这些学生。前面几批学生，就是70年代初期，"文革"以后刚刚开始进来的学生，他们都是在农村劳动锻炼过的。还有就是恢复高考时候的几届学生，我也感到那个时候（的学生）比较用功。他们都是农村呆过好多年，一旦有机会，就非常努力。而后来的（学生），学业上面努力的也有，但是都是有些好有些坏，我的印象是不太好的、不太求上进的学生的人数多一点。

采访者：您后来教的学生里有特别刻苦的学生吗？就是您说有好有坏的时期。

李棣华：怎么说呢，我去各个班上上课，觉得挺奇怪的。那些好的学生都坐在前面，坐在最后面几个学生老是聊天，反正我也管不了，不管他们，但我心里面是真的不太愿意教这样的学生。

采访者：两位老师对我们年轻人有什么寄语吗？

李棣华：第一，做人是最要紧的，要做一个正直、诚信的人。并不是说我是党员怎么样，我是干部怎么样，这些不重要，我的看法是做一个正直的人最最重要。第二，读书嘛，总归是要不断地学。朱熹有首诗说得好"问渠那得清如许，为有源头活水来。"这句话他就是说，要活到老学到老，一定要不断地学。当然我自己不行了，现在什么都放弃了，但是至少在以前来说，还是比较用功的。所以我感到，对学生的希望，除了要做好人以外，学习还要持之以恒。

采访者：老师，因为您已经经历过学习跟工作两个阶段了，所以您工作的时候可能会发现，如果当时学习时期再多学一些某些方面的知识可能会更好，尽管您学习时期已经很努力了。您有没有这方面的心得体会可以分享给我们这些刚刚开始学法语的学生？

李棣华：我感觉我自己的知识面应该说是比较窄的。因为原来喜欢理工的，有的时候在理工方面我还挺感兴趣的，家里面很多东西我自己动手，比如自行车坏了一般来说我都自己修，还有手表换电池之类都是我自己愿意动手做的，在这种范围里我还可以。但是总的知识面是窄的。经济方面的，商业方面的，艺术、宗教、哲学方面的等等，有关人文的知识对我们学外语的人来说很重要。知识面太窄，很多东西一开始我一点都不知道，到后来才稍微知道一点，但是比起那些从小感兴趣的人就差了一大块，我感到我这方面知识面比较窄，这就是不利的。很多时候，因为人家有这方面的知识，一点马上就懂了。比如讲到一个世界上有名的作家或者哲学家，他的思想是什么，我往往不知道。知识面窄吸收就困难，外国人在讲，你不知道他讲了什么东西。这是很吃亏的。所以能够看就多看一些各方面的书，要来者不拒。

周振华在寓所接受采访

周振华，1938 年生，上海松江人。1962 年毕业于北京外国语学院法语系。1962 年至 1963 年任职于上海交通大学外语教研组。1973 年至 1998 年在上海外国语大学供职，期间多次完成外事任务。1980 年前往联合国教科文组织担任大会同声传译；1983 年至 1985 年赴法国巴黎三大教中文课并担任巴黎市政府中文小学第一任校长。曾随黑龙江医疗队赴毛里塔尼亚参与为期 2 年的医疗对口支援工作；1986 年，参与大亚湾核电站学生的培训工作；1995 年，作为交通部上海海运集团油轮的随同翻译，经历了为期 11 个月、穿越三大洋、15 个国家的“海员”生活。曾为刘少奇、周恩来、江泽民、朱镕基等党和国家领导人做过翻译。

学好外国语 走遍天下都不怕

口 述 人：周振华
采访整理：宋碧云
采访时间：2013 年 11 月
采访地点：周振华寓所

1962 年，我从北京外国语学院法语系毕业，在上海交通大学度过一段短暂的教学工作后，便调到北京语言学院来华留学生部，参与在华的法国和法语国家留学生的管理工作，教了一批外国留学生。这批学生中，有 1980 年任法国驻沪总领事安邦济（Claude Ambrosini）和夫人干丽莲，我在北语工作时期与他们结下了深厚的友谊。

“文化大革命”后期，我调回上海。1973 年起在上海外国语学院任职，直至 1998 年退休。

很多人说，我的成绩都是在校外完成的，也许吧，在学校里我确实显得有些默默无闻。除起初几年担任教学工作外……不过，那些年里，我一直代表上外在海外从事很多外事工作。其中有：担任联合国教科文组织同传翻译、在法国报纸当记者、在法国的一所小学任校长。有一段时间，我还在穿越太平洋、大西洋和印度洋的远洋船上当翻译。我还担任过赴毛里塔尼亚医疗队的翻译。为来华友军教授地雷爆破等军事知识。业余时间，还写过法国总统传记。做过的工作还真不算少。

我的海外工作经历虽不无精彩，却也充满了艰辛。我曾和远洋船队一起在海上漂泊长达 11 个月，那是一段与恐惧、艰苦作伴的日子。在毛里塔尼亚参与医疗队工作的两年，那也是骄阳与汗水构成的岁月。许多人以为我在国外工作很潇洒，可以赚大钱、享福。他们并不知道我所经受过的那些艰难啊。每当遇到艰苦的工作和艰巨的挑战时，我总是尽力做好，不曾

有过推诿和畏惧。

要问,为什么我去了那么多的国家,担任过那么多各不相同的角色?那么,我要说,是我所学习的法语,为我打开了走向世界的大门,给我创造了丰富多彩而又极具挑战性的生活。

访谈实录

采访者: 老师您好,请问您的法语是在哪儿学习的?

周振华: 我是北京外国语学院毕业的。1957 年北京外国语学院第一次公开招生,在当时的江苏省松江专区 7 个县(1958 年松江县等多个县划归上海)里只招了我一个。我当时是在松江三中(现为松江区立达中学)读书。那时候北外实行本科五年制学制,我是从 1957 年一直读到了 1962 年。

1962 年大学毕业。毕业分配时,学校领导问我个人有什么要求,我说我老家是在松江佘山,希望回老家上海。就这样,毕业后我被分配到上海交通大学。当时的上海交大和现在不一样,那时的 9 个系里有 8 个系的专业是海军船舶制造方面的,剩下的一个系是电气机车系。而在那时,法国的电汽机车算是最好的。我的第一个学生就是电气机车教研组主任,他是个副教授。

1965 年 10 月 1 日周振华与北语留学生在天安门观礼台

采访者: 您之后为什么很快又回到了北京工作呢?

周振华: 1963 年,我的工作发生了第一次变动。抗美援朝结束后,朝鲜希望能走向国际社会。可是,朝鲜代表团出访国外却没有自己的翻译,翻译都是中国人。所以,1963 年 12 月,朝鲜党中央国际部派来了两批人马来华学外语,一批学法语,一批学英语,都去北京学习。朝鲜领导人金日成说,中朝是兄弟。于是就直接把这批人送来中国,想安排在北外学习。当时北外是直属中国外交部的,外交部领导不同意这样安排。于是就把这批朝鲜学生安排到了北大。当时的北大校长陆平提出要求,说学生我可以接收,但上课的老师都排满课了,需要中央另外派老师来教这批朝鲜学生。所以教育部就从广东省高教厅、江苏省高教厅、上海市高教局这三个地方找教师。广东、江苏这两个地方都找不到,而在上海,找到两个符合条件的教师,其中一个就是我,另一个叫洪美华。洪美华比我早四年毕业,也在交大当法语教师。但是通知她动身去北京的时候,她已经怀孕 6 个月了,再去搞这个强化训练不合适。这样就把我顶了上去。就这样,1963 年 12 月到 1965 年 3 月,我就到北大教书了。

当时,非洲有个刚独立的国家叫马里,马里要走社会主义道路。但独立后整个国家都非常穷。马里政府抽调了一大批部长以上干部,兵分两路,一半去苏联学习,一半来中国,在中国人民大学学习。就这样,我又一次被教育部抽了出来。报到前,组织上让我先回家 7 天,可是回去报到时,情况又发生了变化。之后我的组织关系就从上海交大调到了北京语言学院来华留学生部,主要管理在华法国和法语国家的留学生,当时的法语地区留学生中有法国的、阿尔及利亚的、柬埔寨的,也有讲法语的越南学生。所以在北语,不免会发生很多有趣的故事。1980 年,法国在上海建立总领事馆,派出的第一任总领事 Claude Ambrosini 夫妻俩都是我当年在北京语言学院教过的学生。他的中文名字安邦济,就是我帮他取的。我的学生如今代表法国总统在上海担任总领事,可想而知,我的事情就很多了。他夫人干丽莲也是我在北京语言学院教过的学生,他们结婚时我是证婚人。他们俩是旅行结婚的。在我的建议和安排下,他们先后到郑州、洛阳、西安度蜜月,从上火车启程到整个行程结束,我们一路都是同住同吃。他们对我的印象是很深的。

采访者:后来您是怎样回到上海的?

周振华:“文化大革命”后期,北京第二外国语学院和北京语言学院合并,语言学院被成建制地取消了,我就到了北京第二外国语学院去教了一年法语。“文革”后期,经过了那么多的折腾,我原来的那一股热情都没有

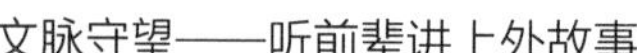

了，人也变得有些悲观。于是我就向组织提出要求，要回老家，回上海。终于在 1973 年，我找到了一个京沪对调的户口，就这样，我又回到了上海。

1973 年，我到了上外，直到 1998 年从上外退休。这期间上外给了我很多工作，我也培养出了几批学生。其中有吴贤良（现在法语系任教）那一班学生；有曹德明（现任上外校长）那一班学生；也培养了一些外国留学生，可以说是“桃李满天下”了。但是因为经常安排我承担外事工作任务，教学工作时常中断，所以那时候我在学校里还是没啥名气的。

采访者：那么您完成了哪些外事任务？

周振华：1980 年，第 21 届联合国教科文大会召开，我顺利通过考试去担任了大会同声传译，一去就是一个月。有了同声传译这个身份后，一些特殊的外事任务就会交给我来做。其实早在 1965 年，我曾和刘少奇、周恩来等党和国家领导人一起吃过饭。上世纪九十年代间，我也曾为江泽民、朱镕基等党和国家领导人担任过翻译工作。

1983 到 1985 年期间，上外曾派我到巴黎三大东方语言文化学院中文系教中文。在此期间，我还在巴黎高等翻译学校校长博士班进修。教学和进修可以说是同时进行的，上课的时候上课，听课的时候听课。巴黎的大学上课时间是上午十点到晚上十点，没有固定教室，随身背着书包。高等翻译学校和巴黎三大就在一个楼里，原来是北约的一个司令部，后来变成了学校。

1985 年春周振华在巴黎第三大学校园与学生合影

还有一个小插曲是，我在巴黎曾创办了巴黎市政府第一所中文小学，我当了第一任校长。学生都是华侨子弟，都是中国人的脸啊！但是中国话却一句都不会讲，所以他们的家长就要我把汉语和中国的一些文化传统教给这些孩子。

在法国的那段日子里，我还有另一个任务，就是在《法国通讯》兼任一些新闻报道工作，我当时在法国境内可是有独家报道权的。为此法国有关方面曾审查了我一年多。国家有关部门也对我这段工作进行审查。最后都认可了。我在法国做记者的这几年里,写了很多报道,但署的姓名都是化名。

采访者:从几张照片上看,您和赴毛里塔尼亚医疗队也很有渊源。

周振华:我们国家很多地方的医疗系统都有对口支援非洲国家的任务,比如上海对口支援阿尔及利亚,黑龙江对口支援毛里塔尼亚,由中央有关部门统一分配。当时黑龙江省卫生厅那里缺少法语翻译,于是黑龙江省卫生厅就向上外要一个法语老师去医疗队当翻译。

1989 年春,中法关系跌入低谷,我辞去法国驻沪总领馆首席翻译工作,回校任教。那段时间学生闹学潮,乱哄哄的。在学校没有课可以上,所以我就答应了这个任务,先到黑龙江省卫生厅教了援外医疗队医护人员 4 个月的法语。

那时候,中国医疗队在国外工作环境很差。接受治疗的对象可以说从总统到马路上要饭的都有,不管什么人都要找中国医生看病。因为只有我们中国医疗队是免费治疗的,医疗费不要,药钱也不要。我在赴毛里塔尼亚医疗队工作了整整两年。

黑龙江省赴毛里塔尼亚医疗队负责其国家卫生中心和两所医院,也就等于是全国的疾控中心。这是我们中国承诺的,药品也是从中国运过去的。没有一个翻译在场,没法给病人看病。所以,凡是部长以上的官员看病,都由我这个翻译出马。其他看诸如头疼脑热的小病,则不一定要我当翻译了。我在黑龙江曾给医疗队全体人员培训了 4 个月法语,医疗队的人基本上都能说一些法语简单会话,掌握了一些法语基本词汇。不然就我一张嘴,一个疾控中心、两个医院,我就是跑死也来不及啊。不过,如果总统、总统副官、部长等重量级人物来看病,我不出面就不行了。因为医疗队的同志才学了 4 个月的法语,说不上几句法语的。

采访者:这两年的工作中,您对中国医疗队有什么样的看法和感受?

周振华:我们中国的医疗队确实了不起。毛里塔尼亚气候酷热,有时室内温度竟高达 56 度;室外的热风吹过来就跟火烧灼着你一样。我们的医疗队一待就是两年,在极其艰苦和困难的条件下,夜以继日地治病救人,

挽救了很多毛里塔尼亚人的生命。

采访者：听说您还做过"海员"？

周振华：交通部上海海运集团有一艘船是油轮，韩国制造，老板是德国人，船长船员全是上海派出的。这艘船在印度洋上航行，途经很多英语国家，也有法国的海外省留尼旺和法语国家比如毛里求斯、马达加斯加，以及科摩罗岛。如果遇到加油、加菜、联络，就需要这么一个翻译。我受派遣，随船出航，在海上航行长达 11 个月，途径 15 个国家，横跨太平洋、印度洋和大西洋。

我的感受是，在远洋轮上当海员真的很辛苦也很危险。比如油轮一着火就完了。差不多是天天睡在"火山口"，这种不安全感整整持续了 11 个月。

远航途中，曾发生这么一个事。船过好望角时，海浪非常大。船上的海员因和船长起了争执而罢工，不肯开船。于是，国内就派出飞机将另一批海员送过来替换掉罢工的海员。结果全船包括船长和烧饭的厨师在内的人都走了，就我一个翻译仍坚守岗位。我为什么不能走呢？因为我们上外跟这个公司是签有合同的，我怎么能走呢？我就是牺牲了也不能走啊！

所以，别人以为我在外面赚大钱，其实哪有这回事！担任远洋油轮上的翻译，实在是很艰苦也是有危险的。

采访者：您在海外完成了很多重要任务，但是学校里的老师和学生对您却并不熟悉。您对此有怎样的看法？

周振华：上外给了我很多任务，不管是去非洲也好，去法国也好，去联合国教科文组织当同声传译也好，或者去哈尔滨工作也好，这些都是我在上外工作期间完成的。尽管我也培养了几批学生，有外国学生也有国内学生，都说我桃李满世界，但是我在上外却是不大有名的。有的同事曾打趣，说我是"出国专业户"。而我出国期间所经历的危险和所吃的苦，是很少有人知道的。虽然经济上有了一些收益，但也失去诸如评职称等机遇。我的学生都已经是副教授、教授了，而我呢，从 1978 年一直干到退休却一直都是讲师。此所谓"收之桑榆"，却"失之东隅"吧。

采访者：您是什么时候退休的？退休后还继续参与教学工作吗？

周振华：我是1998年退休的。退休后曾在第二军医大学参与非洲国家军医教学课程的法语翻译工作。记得上的课是心血管内科，我不是医生出身所以也不懂，就现学，记了好多学习笔记。

还有就是在上海体育学院担任中国国家击剑队法国教练的翻译。这些都是组织上派的任务，当时我们的击剑水平不如法国，法国的击剑队早就拿过奥运会冠军，法方派了拉斯洛教练来训练国家击剑队。

再有就是在位于浦东的一个中美合作进修学院和上海法国学校任教，给法语国家的学生上中文课。

2003年12月至2005年10月，我受聘于绍兴文理学院，任中法合作教学班赴法留学生法语强化培训工作，获好评。

多年来，我忙中偷闲，编译了题为《密特朗——法国最著名的陌生人》的法国前总统密特朗的传记。我对密特朗很熟悉，人家说我是密特朗专家。为什么叫"法国最著名的陌生人"呢？因为密特朗是总统，是法国最有名的人；但大家对他都很陌生，都不了解他怎么当总统的。这不就成了"著名的陌生人"了吗？二战时，当时为法军士兵的密特朗被德军俘虏，关在德国集中营里，逃跑了3次。这些历史，大家并不知道。对密特朗的这段战俘经历，我在这部传记里有详细的记载。上海教育出版社还曾约我写一篇希拉克的文章，可是我没时间，就没有写。

采访者：做了那么多年的翻译工作，您认为翻译具有什么样的作用呢？

周振华：我认为，翻译有独特的作用。举个例子讲，没有翻译，不同国家的领导人就没法沟通。因为不能要求一个领导人什么外国语都会，这是不可能的。其次，掌握一门外国语，就能打开很大一扇门——我到过24个国家，还曾在国家多个政府部门以及海外学校工作过。之所以能胜任，不就是因为我掌握了法语吗？如果我不懂法语，或法语功底不扎实，那么，我这一辈子决不可能去过那么多国家、在国内或在海外从事过那么多不同角色的工作。所以，九九归一一句话，学好外国语，走遍天下都不怕。

2012 年 12 月钱绍昌于上外松江校区

钱绍昌,1930 年生,杭州人。上海外国语大学新闻传播学院教授,著名影视翻译家。中国翻译协会授予其资深翻译家荣誉称号。翻译作品有《鹰冠庄园》、《大饭店》、《钻石》、《蒙特卡罗》、《成长的烦恼》、《冷暖人间》、《根》、《浮华世家》、《迷人的香水》、《荆棘鸟》、《卡萨布兰卡》等,10 年来共翻译了 600 余部(集)影视片,其中《成长的烦恼》、《根》、《荆棘鸟》等先后获全国电视译制片一等奖。与此同时还将一百余部(集)国产片译成英语,部分在国际上获得金奖。

从教上外　蜚声译坛

口 述 人：钱绍昌
采访整理：钱惟颖、杨蒙洁、李东帆
采访时间：2012 年 12 月 8 日
采访地点：上外虹口校区图书馆

2012 年 12 月 8 日下午，我们“文脉守望”小组一行，在虹口校区图书馆采访了著名影视翻译家、新闻学院教授钱绍昌。虽经历了一上午的“全国影视翻译研究论坛”，走进采访室的钱绍昌依然神清气爽、面色红润。83 岁高龄的他，花白的头发梳得一丝不乱，格子衬衫外罩一件褐色毛衣，举止投足间俨然有一股上海“老克勒”的派头。

63 年前，钱绍昌在大学念书期间就开始“翻译工作”了，是当外事翻译。记得那是 1950 年 6 月，他才 19 岁，刚念完圣约翰大学医科二年级。此时世界民主青年代表团即将访问上海。这是解放后上海第一次接待数量较大的外宾。市长陈毅对此甚为重视，指示当时的外事处（即现在的外办）处长黄华全面负责接待工作。外事处设立了翻译组，由副处长俞沛文负责。解放初期上海缺乏外语人才，市政府从两所美国教会大学（即圣约翰大学和沪江大学）挑选了五人，其中四人是英文系应届结业生，全是女的，只有他一个男的，而且是医科学生。钱绍昌认为，他之所以“中选”，大概跟他的中学是教会学校（圣芳济）有关。他们办公地点在外滩的上海大厦楼上。因为大厦的门口有解放军站岗，所以给他们每人发了一块布制的出入证，别在胸前。钱绍昌觉得很新鲜，也很自得，戴着证件到处转悠。他们第一件工作是将一批近 30 万字的有关上海历史、文化、政治、经济的资料译成英语。有很多政治和经济的内容过去在学校里没有学过，特别是解放后新出现的名词，根本翻译不出来，汉英词典里也查不到。词典都是解

放前出版的，内容太陈旧，所以只好从当时仅有的外文资料《新华社外文电讯》里去找，可是往往找不到，这时他们就自己“创造”。最后用了两个多月时间，他们总算把这批资料翻译出来了。

不久，世界民主青年代表团抵沪。陈毅市长接见了代表团全体成员。代表们早就听说陈毅是有名的“虎将”，见面之后发现他英姿焕发而又温文尔雅，谈吐风趣，大家都很高兴，非常崇拜。

钱绍昌为英国代表内特尔登（Nettleton）做翻译，陪他参观、访问、做讲演、出席欢迎会、座谈会等等。所到之处极受欢迎，由于那时西方国家跟中国尚未建立外交关系，而这位英国青年能冲破重重障碍来访问刚解放的新中国是难能可贵的。

内特尔登 20 来岁，比钱绍昌大不了几岁。他对新中国的一切均感到好奇，钱绍昌常被他问得不知所措。例如，中国把“民主党派”直译为“democratic parties”。他就问，那么共产党是否就是“不民主的政党”了？钱绍昌说，当然不是。就向他解释这是毛主席在抗战后期提出来的，专指民主同盟等民主党派，以区别于不民主的国民党。他听了以后觉得不太满足，耸耸肩，不以为然。

等到翻译任务结束，英文系毕业的 4 位女生就被全部留在市府外事处。外事处的领导问他愿不愿意留下。他觉得当翻译很不自由，像“尾巴”一样跟在别人后面，亦步亦趋，特别是在陪外宾吃饭的时候，人家宾主痛快地交谈，而他得放下筷子或刀叉替他们翻译，太“难熬、难过”了。何况他当时年少气盛，选择医生这个职业是受范仲淹的影响——“不为良相，当为良医”。因此他决定回到圣约翰去念医科，离别了译坛。谁知这一别达 30 年之久，待到重做冯妇时已是半百老翁矣。

1952 年，圣约翰大学医科学院与震旦大学医学院合并成为上海第二医学院。钱绍昌 1954 年毕业后被分配在附属广慈医院（后改名为瑞金医院）工作，后来有幸被送往苏联列宁格勒医学院进修两年。在广慈医院做外科医生时，他所在的团队因在我国首次成功治愈大面积深度烧伤病人（上海第五炼钢厂炉长邱财康）受到毛主席、周总理等国家领导人专门接见。回想起当时的情景，他微微摇摇头说：“那时候的报道，现在看来是有些夸大了，其实很多老教授、著名专家都为邱财康会诊，我们年轻人也就是跑跑腿而已，但因为接见活动都让年轻人去，所以我就得到了许多宣传和表彰的机会。"

后来，他将这次治疗烧伤病人事例改编成话剧《红旗飘飘》。剧本经修改后，在上海、北京人艺都有演出。当问及写该剧本的初衷时，钱绍昌笑着说："当时年轻嘛，天不怕地不怕的。"

"文革"中，他五载铁窗，险些丧命。出狱后，他已年近半百，老之将至。因为他头上还戴着一顶"刑满释放分子"的帽子，广慈医院拒绝接受他回院工作。他也不知道自己该到何处谋生。他很少上街。偶尔上街，也是低头而行，因为有的熟人即使与他狭路相逢，也会转过头去，佯装不认识。人情冷暖，世态炎凉，至此方有深刻感受。此时，恰逢上海外国语学院招聘高级英语教师，他决定前往一搏。凭着深厚的英语根基，他从 300 多名候选人中脱颖而出，成为了新中国历史上第一个以刑满释放人员的身份走上大学讲坛的人。

1980 年 9 月，上海外国语学院由于"文革"十年而致教师队伍青黄不接，登报招聘英语高年级教师。他为生计所迫，便鼓起勇气报名应试。应聘者须经过笔试、口试。考试那天，他还迟到了一个小时，盖因学校太远，而他又坐错了车。到了那儿一看，他倒抽一口冷气，两间阶梯教室里坐满了正在奋笔疾书的应聘者。他此时的心情，犹如老童生应乡试，好不胆战心惊。

试题要求将陶渊明的《桃花源记》译成英语，不准翻阅词典。好在这篇文章他幼时念过，对原文理解尚不致有误，便提笔硬着头皮匆匆译完交卷。中午休息时，他怀揣饭盒躲在角落里悄悄地吃饭。其他人都在热烈讨论，因为他们不是外语专业的老同学，便是教外语的同行。下午则是将一篇英语文学评论译成中文。回家的路上他自忖，被录用的希望极小，因为别的应聘者基本上都是英语教师，大多是教中学的，也有少数是大学教师，只有他是个医生。

在家中干等了一个星期，忽然收到书面通知，说是笔试及格了，让他过两天去口试。口试时，得知笔试及格者共 16 名。主试者是裘劭恒教授。裘劭恒教授一上来就用英语问他："你本来是个医生，怎么会来应聘英语教师？"他也以英语回答，滔滔不绝地谈自己坎坷的经历。按规定是每人口试十分钟，他却一口气谈了 20 多分钟。他们听得津津有味，也忘了打断他。后来秦小孟教授看手表，提醒说："够了，够了。你回家去等着吧。"

这次口试他自己觉得很有把握，因为他自幼就身处讲英语的氛围。谁知在家中足足等了十天都音讯杳无。他想，准是政审不合格。怎么可能录用他呢？别再痴心妄想了，还是随便找一份差事混口饭吃吃吧。就在他完全绝望之际，第二天接到一个传呼电话。是一个陌生人打来的，带着北方口音。

对方说："我们是上外的，你被录取了。"

他这时毫无思想准备，一时懵了，弄不清是怎么回事，就问道："你找我有什么事呀？"

对方又说了一遍："我是上海外语学院人事处的。你口试及格，被录取了。恭喜你。请你明天上午来人事处报到。我姓董，你直接来找我好了。"

一到上外人事处，那位董老师告诉他，口试及格者只有 3 人，他这个 49 岁的"半老头"还是最"年轻"的，其他两位均已年近花甲，分别是沪江和燕京两所教会大学英文系毕业的。董老师立即给他办了录用手续，发给他上外的红校徽（这红校徽在当时是很吃香的），然后带他到英语系见系主任章振邦教授。

章教授十分高兴地迎接了他，接着说："我们决定请你教高年级的英语精读课。有一个班的任课教师突然病倒了，急需找人代课，你就辛苦一下吧。请你后天就上课。"

他一听慌了，立即推辞说："我从没教过外语，怎么能一上来就教高年级？至少也得让我先实习一段时间吧。"

章教授笑着鼓励说："你能行。我们知道的。今明两天你去旁听一下别的老师的课，到后天就可以讲课了。"

从此，他手中的手术刀换成了粉笔。他的人生开始了一个全新的篇章。

他这个"刑满释放分子"怎么会被破格录用？这在他的头脑中一直是个谜。直到三年后他的错案得到纠正时，上外的人事处长王益康才告诉他："当时 300 多名应聘者中你的考分最高，可是你头上却有一顶'帽子'。在讨论是否录用你的时候有过激烈争论。让一个'刑满释放分子'登上大学教师教席，国内尚无先例。最后是王季愚院长毅然亲自拍板的。"

对于王季愚院长的这种知遇之恩，他是终生难忘的。

此事在《文汇报》报道以后，激起了社会上广泛反响，都称赞上外领导有胆有识，敢于录用一个“分子”为大学教师。此文引起了很大震动，多数人均认为这是重视知识分子的大好事，但在“乍暖还寒”的政治气候下，也有对此事大加挞伐的。

令他最痛心的是，王季愚这位可敬的革命老人和外语界前辈不幸在1981年就离世了。

他做了外语教师，鸭子被赶上了架，讲课时心里虚得很，胆战心惊，于是从图书馆里借了不少英美经典著作来读。1985年，在执教近五年之时，他评上了副教授。1986年11月7日，《文汇报》资深记者郑重得悉此事，认为有新闻价值，就采访了他，写了一篇特稿，题为《从医学专家到外语教授》，文中谈了他年轻时在医学上的成就、“文革”中苦难的经历和以后的种种变化。郑重的文笔好，文章写得很感人。刊出的那天早晨，他6时半就离家坐校车来校上课，尚未看到报纸。当他8时走进课堂给国际新闻研究生班上课时，全班同学热烈鼓掌欢迎他。他愣住了，不知道是出了什么事。待见到他们的课桌上摊着《文汇报》，他才明白。他还接到许多读者的来信，同情他，鼓励他，使他深受鼓舞。

上外国际新闻专业正式成立后，真正懂新闻专业的英语教师只有一位。当时钱绍昌虽已年逾六旬，仍广泛阅读新闻学的外语书，包括

2012年12月钱绍昌开设“英语新闻漫谈”讲座

Principles of Journalism, *News Interviewing*, *News Reporting*, *News Writing*,边看书边教学。有时候他也会有讲错或不懂的地方,过后会查阅、纠正,学生们都很尊重他。也许是做过医生的关系,加上他喜欢看杂志书籍,知识面广,所以课堂上常常充满笑声。

上外的"不拘一格"使他有机会走上讲台,并活跃了近三十年,也让他从此与翻译结缘。

1988 年上海电视台译制科科长黄其对他说:"我这里有一部美国的长篇电视连续剧《鹰冠庄园》,很好看的。你愿意译吗?"

他说:"让我试试看吧。"

此剧情节曲折,跌宕起伏,冲突尖锐,悬念不断,演员阵容又甚强大。他最感兴趣的是对白精炼而流畅,幽默而含蓄,翻译起来极为过瘾。

电视剧在上视"海外影视"栏目一播出,收视率极高。许多亲友纷纷打电话来问他:"翻译《鹰冠庄园》的那个钱绍昌是你吗?"

尽管在此以前他已译过不少文章和小说,但其读者量怎能与电视观众相比?至少《中国日报》上的文章是用的他的英语拼音署名 Qian Shaochang,这是何许人也?他顿时成了"影视新朽"——新进入影视界的老朽!

自此片约不断,他已是骑虎难下,欲罢不能。"老牛的牛鼻子给牵住了",身不由己,只能向前。由《鹰冠庄园》,而《大饭店》,而《钻石》,而《蒙特卡罗》,而《成长的烦恼》,而《冷暖人间》,而《根》,而《浮华世家》,而《迷人的香水》,而《荆棘鸟》,而《卡萨布兰卡》……十年来共翻译了 600 余部(集)影视片。其中《成长的烦恼》、《根》、《荆棘鸟》等先后获全国电视译制片一等奖。与此同时他还将 100 余部(集)国产片译成英语,也有一些在国际上得了金奖。由于他个人经历独特,各种媒体常加以介绍。朋友们说他是"老来红",也有的说他"因祸得福"、"你搞外语比当医生更好",他只好对那些好心人的评语报以苦笑,心里却想的是一句古话:"得失寸心知"。

有的人开玩笑说,钱绍昌这教师当得比医生更赚钱。其实当翻译很辛苦,根本没有多少稿费,更别说版权了,纯粹出于个人兴趣,看到自己翻译的作品被群众所肯定心中非常有成就感。他还自豪地告诉大家,他翻译的电视剧收视率最高超过 36%,可说是风靡一时呢!

“搞翻译的人，中文比外文更要好，翻译家要有自己的风格、特色，好的翻译家也是文学家。”

钱绍昌坦言，在上外做教师期间瑞金医院曾先后 3 次邀他重返医生岗位，都被他婉拒。不完全是因为离岗多年知识水平跟不上现在医疗事业的发展速度，更因为他热爱现在这份工作。教育和翻译工作带给他的成就和乐趣是只有他自己才知道的。

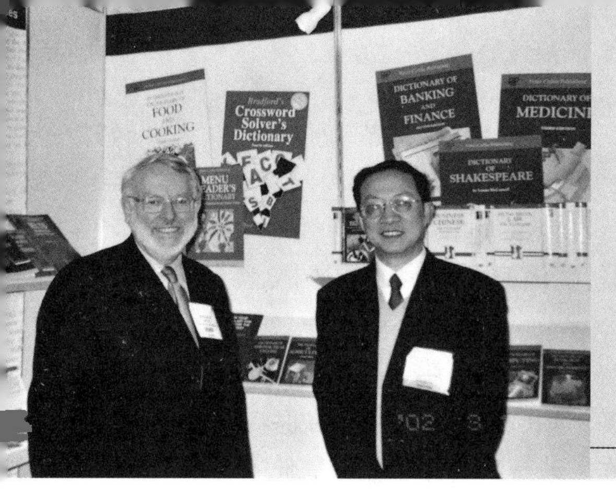

2002 年英国书展上汪义群（右）与彼得柯林出版商洽谈合作事宜

汪义群，上海外国语大学教授，上海戏剧学院客座教授，长期从事英美文学与戏剧的教学与研究。1962 年考入上海师范学院英语系（今上海师范大学），1968 年到 1979 年在上海市安图中学教书，1979 年考入上海戏剧学院攻读欧美戏剧研究生，1984—1986 年在英国肯特大学英语系、伯明翰大学莎士比亚研究院任访问学者，其间被国际戏剧协会英国中心吸收为海外会员。1987 年调入上外，1994—1995 年作为富布莱特学者在美国宾夕法尼亚大学从事当代美国戏剧的研究，其间应邀赴密苏里—堪萨斯大学英语系作莎士比亚演出与研究的讲座。同时，他还担任全国美国文学研究会及中国莎士比亚研究会理事，先后被聘为《外国戏剧》编委、中国莎士比亚研究会刊物《莎士比亚研究》编辑部主任、全国优秀教材（艺术类）评审委员会委员、上海话剧艺术中心文学顾问。1996 年到 2006 年在上海外语教育出版社工作，曾任出版社总编辑。退休后受邀在牛津大学出版社（上海）担任英语教材部主任。

主要著作有：《奥尼尔创作论》（中国戏剧出版社，1983）、《当代美国戏剧》（上海外语教育出版社，1992）、《奥尼尔研究》（上海外语教育出版社，2006）等。主编五卷本《西方现代戏剧流派作品选》及《外国现代作家研究丛书》等。在《外国文学评论》、《外国文学研究》、《当代外国文学》、《戏剧研究》等刊物上发表论文 40 余篇。另有诗歌、小说、戏剧翻译 20 余种。

戏剧人生

口 述 人：汪义群
采访整理：应允
采访时间：2013 年 5 月
采访地点：上海外语教育出版社

他是研究尤金·奥尼尔的专家，长期从事英美文学与戏剧的教学与研究；他曾远赴重洋，作为中美富布赖特学者在宾夕法尼亚大学进行当代美国戏剧研究；由于在戏剧方面颇有建树，他曾多次受邀成为戏剧演出艺术顾问；在学术之外，他还担任过上海外语教育出版社的总编辑。他就是上海外国语大学教授：汪义群。一生跨界不少，却始终与戏剧有着不解之缘。汪教授与戏剧又有哪些不可不说的故事呢？这个周末的午后，汪教授向我们娓娓道来。

一、 谈经历：三度十载，与戏结缘

1966 年，"文革"伊始，刚从上海师范学院（即现在的上海师范大学）本科毕业的他被分配到一所中学教书，一教就是十几年。等到 79 年可以报考研究生的时候，由于喜欢看演出、看戏剧，同时考虑到以前本科阶段学习的是英语，他便报考了上海戏剧学院的欧美戏剧专业。直到 1987 年，汪义群才离开上戏，来到上外英语系，不日便被调往上海外国语大学外国文学研究所开展文学研究工作。期间他曾作为富布赖特学者前往美国进行研讨交流，回国后便去了上海外语教育出版社。汪教授笑言："我的经历基本上就是十年一段：大学毕业后十年在中学，中学以后到研究所差不多十年，研究所到出版社也差不多十年，出版社到退休又正好十年。所以人的一生真的很快很快,十年一下子就过去,几个十年一下来,也就退休了。”

二、 谈戏剧: 钟情戏剧,丰富立体

当初出于兴趣所选择的专业,如今已伴随汪老师走过了大半辈子。汪老对戏剧有着特殊的情感。在他看来戏剧与诗歌、小说、散文等体裁相比,既有相同点又有其独特性:戏剧和小说很像,有情节、人物和故事,但它跟小说有一个很大的区别——即时性。“小说的话,看的时候有不理解或者记得不清楚的地方可以回过头再看一遍,戏剧是过去就过去了,没法回头看。”戏剧的很多元素便是这样,一旦错过,便不可再现,这也正是即时的魅力所在。因此戏剧要同时兼顾文本内容和剧场演出,其间就要经历“二度创作”。我们的人生又何尝不像戏剧那样,一旦过去了就不能像翻书那样回到过去重新开始呢?这一次性的生命旅程,是不是在提示我们要珍惜这不可预演不可返回的人生呢?

汪教授接着又讲到戏剧研究领域之丰富,我们既可以研究文本,把它作为文学作品来读,又可以将其作为一个演出来看,研究导演对于文本的理解、阐述乃至重构。小说里时常会出现以作家身份进行刻画景物与人物心理,但戏剧则是让人物直接对话。除此以外,舞台上的戏剧除了导演的元素以外,还有演员、表演、灯光、服装、美工等,呈现在观众面前的是一个多面的、鲜活的东西。

汪教授久负盛名的是其对尤金・奥尼尔的研究。而汪教授最开始接触奥尼尔是出于偶然,那是在“文革”之后。据汪教授回忆,1949 年之后中国学界对美国文学的认可和关注程度不高,对美国当代戏剧的研究也就更少了。最初他在图书馆找到一本奥尼尔的《榆树下的欲望》,读过之后有一种从未有过的想要翻译它的冲动。翻译之后,起先在研究生宿舍传阅,后来系里的老师也知道了,他的翻译甚至在本科生中间也传开了。自此之后,汪教授便对奥尼尔作品产生了浓厚的兴趣。当时欧美文学译本不多,奥尼尔的中译本大概也只能找到两三本,所以他大量阅读原版剧本。大量的阅读为汪义群广博的戏剧文化积淀打下了基础,也使他成了“文

革”以后中国大陆最早研究奥尼尔戏剧的学者之一。

对于奥尼尔戏剧的深入研究，汪教授同时兼顾了奥尼尔的戏剧文学地位和个人兴趣。他表示，奥尼尔是美国到现在为止唯一一个获诺贝尔文学奖的剧作家，在美国戏剧界就相当于莎士比亚之于英国。也有评论说在奥尼尔之前，美国的戏剧只有舞台没有戏剧，剧本都是从欧洲引进的，奥尼尔可以说是一位开创性的人物，具有不可比拟的历史影响力。

另一个吸引汪教授的是奥尼尔对戏剧的各种流派做了充分实践。奥尼尔创作初期是写实主义，中期有一段是象征主义、表现主义、意识流的，经历了各种流派的实践最后又回归到写实主义。但是这时候的写实跟最初的写实又很不一样，它吸收了很多流派的风格和精华，虽然用的是写实主义的手法，但是在表现人物内心方面非常出色。奥尼尔作品的丰富性也是汪老多年潜心钻研的乐趣和动力所在。

三、 谈治学：书海博览，学有所专

谈及戏剧话题的汪老如数家珍，向我们热情地描述着戏剧的魅力。而我们也被汪老旁征博引、思路清晰的陈述所吸引，不禁感叹他的戏剧知识

1984 年汪义群(左二)参加第 21 届国际莎学会后与莎士比亚专家 Michael Hattaway 一家相聚

之渊博。汪教授说，他在上海戏剧学院研究生阶段读欧美戏剧时，涉猎面很广，什么书都读，非英语国家的作品只能通过译版来读，但更多时候还是选择自己最有兴趣的欧美戏剧。

而说到治学之道，除了博览之外，汪教授还有一些自己的见解。他觉得现在国内的教学分科还不够细。他说："比如有人介绍我时会说这位是外国戏剧专家，其实这话不通。人家首先要问，这外国戏剧指的是什么？英国戏剧还是德国戏剧？法国戏剧还是俄国戏剧？另外还有美国、加拿大、北欧、日本、印度……都是外国。我们的外国戏剧课程，往往让一位教师从荷马史诗讲到拉伯雷，从莎士比亚讲到契诃夫，这真有点强人所难。而中文专业在这方面的划分就比较细致，某人专攻先秦文学，某人专攻唐宋文学，或明清文学，或现当代文学，分得很清楚。这也是我们外语专业应该借鉴的。"

汪教授对英国的教育大为赞赏。他说自己在英国时修了一门英国戏剧史，是由 4 位教师合上的。一位是中世纪专家，专门上 Medieval drama；一位是莎士比亚专家，专门上 Elizabethan drama；一位是现代戏剧专家，专讲萧伯纳、高斯华绥；一位是当代戏剧专家，讲奥斯本、品特、威斯克等等。汪教授认为，如果专业领域分得足够细，每个老师都把自己的精华传授给学生，学生就能汲取个人之所长。而从教师的角度来说，一个学者应该努力成为他本领域的权威，拥有与该领域相关的开阔的视野。比如，一个专门研究戏剧的学者，一方面应该对文学和艺术，对文化史、思想史、哲学史的整个背景有所了解，不断拓宽自己的知识面，另一方面也必须在某一个相对狭小的专业领域内做到十分的精深。这确实不容易，但我们应该朝这个方向努力。

采访临近尾声，汪教授也对现在的上外学生提出了自己的期望。他觉得作为外语院校的学生，在校前两年打好外文基础非常重要。随后则可以在适合自己的领域有所发展，方向可以是多元的。他以自己的人生经历做比，鼓励我们无论从事什么样的事业，在人生的上坡路上都要尽量努力做到更高，精益求精，充分利用年轻人时间和精力上的优势，将自己感兴趣的事情做到更好。

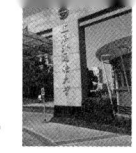